UNLOCKING THE WORLD

PORT CITIES AND GLOBALIZATION IN
THE AGE OF STEAM 1830-1930

解鎖世界

從 口岸城市 看 蒸汽世紀
如何打開技術、商業、文化、意識形態、地緣政治
環境等全球化的關鍵發展與影響

JOHN DARWIN
約翰·達爾文
黃中憲——譯

《倫敦沃平區，碼頭區俯瞰》，一八〇三年，出自 Thomas and William Daniell之手（© British Library Board. All RightsReserved. Bridgeman Images）。

目錄

第二部　蒸汽的天下

獻給

Jan-Georg Deutsch

序

愛德華時代（1901-1910）英國皇家海軍的大戰略家、外號「傑基」（Jacky）的英國海軍上將費雪（Fisher）曾說，「五把鑰匙鎖住世界」，分別是新加坡、好望角、亞歷山卓、直布羅陀、多佛。在英國控制下，這些地方扼守歐洲與世界其他地方之間的海路，使這些海路不受任何敵對強權的艦隊威脅：不久，此一計畫便受到德國U型潛艇戰的破壞考驗。英國將其「大艦隊」（Grand Fleet）駐守在奧克尼群島（Orkneys），徹底實現費雪的構想，封住從北海進入大洋的最後一個出口。在本書中，我們徹底反轉費雪的比喻，改變了他口中的大部分地方。十九世紀是輝煌的時代，世界各個海岸和口岸從此不再拒斥外界或封閉；遼闊的大陸內陸從此擺脫高昂的陸路運輸成本所導致的與外界隔絕；原本因為危險和湍急而難以逆流而上的河川（包括一八四〇年代之前的塞納河），因為技術改進和蒸汽動力航行而暢行無阻。蒸汽世紀於一九三〇年步入尾聲時，世界上幾乎每個人口稠密的地區，已享有按照時刻表定期行駛的汽輪和火車提供的便利，以及笨重、低成本貨物的交易。這是世界史上一次翻天覆地的變革，造就了我們今日的世界。這是了不起的技術成就，可謂蒸汽的勝利，但也是地緣政治上的創痛。蒸汽強化了中國、印度、澳大拉西亞（Australasia）、美洲、北亞和中亞的大陸開放態勢。但這些地方的大門，係由歐洲帝國和他們在美洲的後代——盎格魯美洲和西班牙美洲的移民共和國、巴西帝國——的陸軍、海軍、移民、農奴、奴隸、契約工所強行打開。脅迫性外交、軍事征服、驅離原住民（或將他們化為農奴）等，為許多人清除了障礙，包括商人、行政官員、收稅員、礦工、種植園主、自耕農或小農，以及緊跟著過來的不同宗教的教師、神職人員、傳教士——文化劇變的媒介。蒸汽充分發揮其在陸上和海上載運人貨的功能時，已有遼闊的新疆域被併入新興的西方商業帝國、治理帝國、移民帝國裡。

動筆撰寫此書，源於想探索全球化歷史、尤其是「蒸汽全球化」歷史。本書以此關鍵假設為架構：「我們」自一九九〇年起的全球化並非獨一無二，而只是一連串全球化裡的最近一次；透過了解先前的幾次全球化，最能充分理解此全球化與眾不同之處；全球化趨勢愈是積累，卻也受到危機和逆勢的衝擊；不可把全球化理解為純經濟現象（我們常這麼認為），而必須視之為技術、商業、文化、意識形態、地緣政治、環境等諸方面改變的關鍵時刻，這些都將賦予每一次全球化有別於其他全球化之處。因為我們在全球化裡所交易的物品，不只貨物，還有錢、人、觀念、資訊、消費習慣——以及生物群系，即動物、植物、微生物。每次全球化的「性質」，都是透過它們之間的複雜互動形成。因此，全球化的催化劑，即全球化的「調節閥」（套用蒸汽技術的術語），在邏輯上，係屬**機動性**，即有形、無形之物能從世界一端橫越遼闊空間到另一端的輕易程度和速度。

不管是過去還是現在，最重要的在於全球化的**衝擊**：全球化對落入其羅網或被冷落在其邊緣的人的影響。即使是漫不經心的一瞥，都能看出一點：全球化製造了贏家和輸家，且往往徹底翻轉了先前贏家的好運勢。在相對的生活水平上、在文化自信上、在能否免於外力支配上，或許都能感覺到得與失。在最好的情況下，全球化全面提升民生福祉；在最壞的情況下，則可能攸關生死。諸多歷史辯論著墨於為何世上某些地區繁榮一時，後來卻江河日下，變得相對貧窮。同樣耐人尋味的是，在強化傳統文化體的文化一致性，或在削弱其協調一致性，且有時帶來令人不勝唏噓的後果上，全球化到底起了多大作用。這些疑問皆可針對任一時期的全球化而提出，但本書的重點在於「蒸汽世紀」，在此期間，全球化的擴散程度和強度致使該時期的全球化最接近當今的全球化。同樣在這時期，可取得的資料和資源比此前任何時代都豐富。

但仍有個問題：如何掌握全球化這種分散於多地、涵蓋範圍如此廣闊的現象，如何就其錯綜複雜的結構予以充分的理解？全球化從何而來？如何發散出去？促成全球化為何者？全球化的「受體」如何接收全球化？全球化多大程度上重塑了其過程中所影響地區的經濟、文化、政治、人口？地緣政治——或暴力——以及市場力量，多大程度推動全球化？有個顯而易見的地方值得觀察，那就是沿海大城——口岸城市——其驚人成長係此時期的鮮明特點之一。因此，甚於今日的是（即便九成世界貿易經由海上），這是海上運輸的時代，掌握「制海權」以利商業或軍事目的，係稱霸世界的關鍵。亞洲、非洲、澳大拉西亞、美洲等地的口岸城市，係歐洲的金錢、製造品、觀念、人員以及人力賴以大量投入這些地方的入口，也是歐洲榨取貢品、原物料、利潤、租金這些「收益」的管道。歐洲供給驅動全球化的動能時，便認為接下來會出現前述情況。世界會「解鎖」，資本、勞力、貨物、觀念得以自由移動——依照歐洲的準則改造、「改良」「落後」或未開發的內陸地區。但事態真如此進展？西方人控制全球化所釋放出的改變，控制到什麼程度？

口岸城市係各種推動全球化的力量和當地城市相遇之處。在口岸城市，我們能貼近觀察到接受改變的模式或適應、抗拒改變的模式；內陸地區據以被拉進口岸城市之網中的條件；口岸城市能多大程度重塑其新興腹地的文化和政治。但重要的口岸城市之多，到底要挑哪些來談？本書打算挑幾個城市來檢視歐洲所領導的「蒸汽全球化」在以下諸地帶來的各種衝擊：在盎格魯美洲的「移民世界」；在英國統治的印度；在和東南亞及中國沿海地區的相連的地區，亦即歐洲的影響較間接的地區。非洲、拉丁美洲、澳洲、紐西蘭以及中東地區因此只能略過。這些地方同樣值得探究，但令人遺憾的，在本書中只能順帶一提。我也很清楚，熟稔我所探討的那些城市的歷史學者，或許會覺得我有失公允或忽略其歷史的重要部分。我希望，把它們放在比較性框架裡並凸顯這些城市的全球重要性，能稍稍彌補此一缺憾。可以確定的是，在全球史這個快速成長的學科裡，口岸城市理應得到其所能得到的所有關注。

本書的種籽或許在我小時候搭聯合城堡（Union Castle）航運公司的郵船赴開普敦途中便已栽下，當時是貨櫃船還未問世的時代，碼頭的景象和聲音、口岸的繁忙，烙印在我腦海。眾多且愈來愈多學術著作供我用來探索此書所談到的主題，但本書中的許多想法係透過在牛津大學全球史中心的談話和活動而更有條理。我要誠摯感謝該中心的同僚。本書主要論點的早期版本，曾在海德堡、康士坦茨（Konstanz）、蘇黎士、普林斯頓等大學，強行向在場的聽眾發表過。該中心的兩名同僚，詹姆斯·貝利希（James Belich）和已故的揚—格奧爾格·多伊奇（Jan-Georg Deutsch），尤其必須耐心聆聽我個人的淺見。揚—格奧爾格是最親切、最大方的同僚，謹以本書獻給他，以表達對他的懷念。

牛津大學納菲爾德學院（Nuffield College）提供給其研究員的設施、獎勵、支持無可挑剔，能享有這些，我備感榮幸。一如先前幾次，我也要誠摯感謝Penguin出版社賽門·溫德（Simon Winder）的關注、熱心和卓越的意見。理查·杜圭德（Richard Duguid）主管出版事宜，伊娃·霍奇金（Eva Hodgkin）提供寶貴的幫助。塞西莉亞·麥凱（Cecilia Mackay）協助挑選了圖片。地圖出自傑夫·愛德華茲（Jeff Edwards）之手。

頁二六一的引文，承蒙Robert Penn Warren Literary Estate的託管人惠允使用。我要鄭重感謝約翰·伯特（John Burt）教授和Welch and Forbes LLC的艾德·沙利文（Ed Sullivan）先生周到

的協助。

本序寫於英國仍因為疫情而封城期間。這不禁令人想起，一如在蒸汽世紀，全球化不只帶來繁榮，還帶來許多震撼和逆轉。史學家熱愛觀察歷史上的重大轉捩點，但一如我們此刻所發現的，人一生還是不要經歷這種轉捩點比較好。

約翰·達爾文

二〇二〇年六月

引言：鑰匙與鎖

一八三〇至一九三〇年期間，蒸汽使世界改頭換面。位於中國、印度、歐洲、美洲的幾大經濟體被海路和鐵路（以及日益增加的電纜）串連在一起，透過這些線路的流動，人員、貨物、觀念、金錢的規模和頻繁程度前所未見。結果不只使前往世上各個地區更為容易、成本更低。隨著蒸汽動力問世，商業力、技術力、軍事力的集中程度，來到此前世界史所未有。一八三〇年後的百年間，其中大半時期，大體上來說，只有歐洲和美國，即新興的「西方」，有機會使用蒸汽這個廣被運用的新動力來源。於是，在這大半時期裡，蒸汽動力的擁有者得以重整世界秩序。他們以鐵為原料打造出新的網絡，如願取得控制權：拓殖、商業、統治的帝國；運送貨物、移民、郵件的汽船隊；用以強行打開偏遠內陸以利占領和貿易的鐵路。這股欲將世界改造為歐洲邊陲的動力，以數十個口岸城市為動力樞紐，其中有些是新興口岸城市，有些則經過大刀闊斧的改造，以滿足新主子的需求。

口岸城市是「門戶城市」。[1]不若「傳統」城市基於戰略地位，多位於其所在的農業「省」，並從該省取得其倚賴的剩餘物資，門戶城市則和傳統城市不同，興起於兩個不同區域交接的邊緣處。它們是不同經濟體（和文化體）的產品集散之處，或將貨物從一種運輸模式轉到另一種模式之處：在船、火車、貨車、河船或（今日）飛機之間轉換之處。數量甚大的貨物往往因此必須分裝成不同尺寸的箱子或小包，以利接下來的輸送，於是口岸城市也成為其他服務業者的發源地：貨運代理商、保險業者、兌錢商和銀行、貨物承運人和卡車司機、碼頭工人和搬運工，以及以管理貿易為業的商人和代理商。口岸城市是極重要的資訊交流處，關於其所欲連結的兩個（或更多個）區域裡的市場情況、消費者需求的商業情報，便是在此蒐集、消化、散布，而且一般來講，透過商會、「市價表」出版品、或在玉米、棉花、稻米、糖、穀物、木材、羊毛、黃麻纖維或橡膠等商品市場裡每日與人的相遇，來蒐集、消化、散布情報。不可避免的，口岸城市也成為細心權衡政治風險的所在，因為在攸關其利益的區域裡發生戰爭、叛亂或政權易主，可能危害口岸城市（或使其前景看好）。事實上，出於商業利益考量，口岸城市自然會想要厚植對其供應商和顧客的政治影響力，也想要尋求有力統治者或有權勢者的保護。

口岸城市當然並非都面海。只有少數符合「口岸」的字面意思。或許我們會想再追加一句：並非所有口岸城市皆位處沿海地區。面朝沙漠或大草原等這些非穿越不可的無人煙荒地內陸口岸城市，與臨海的口岸城市有一些共同特色。人們闢建撒哈拉沙漠綠洲，充當地區性

「口岸」。[2]黎凡特地區（Levant）的大馬士革、阿勒頗，在西撒哈拉沙漠對「岸」的馬拉喀什（Marrakesh）、廷巴克圖（Timbuktu），戈壁西端的喀什、葉爾羌，皆為靠「沙漠之舟」進行買賣的商隊行旅的目的地。從中國經內亞到地中海地區的「絲路」，便連接起一長串這類內陸口岸城市。十九世紀下半葉，芝加哥（本身也是臨湖口岸）或聖路易（也是臨河口岸）之類重要的鐵路樞紐站，亦發揮類似功能；兩城規模尤其迅速成長。布達佩斯和維也納（角色如同東南歐的芝加哥、聖路易）亦然：這兩個多族群共居且猶太色彩濃厚的城市，在一九一八年奧匈帝國解體，便受困在民族主義濃烈的殘存國家裡。

但就世界現代史的大半時期來說，相隔遙遠的兩地間，其文化、貨物進出口，臨海城市始終扮演最吃重角色——光是海上運輸向來幾乎比陸上運輸來得便宜這點，就必然會如此。就不同大陸間（歐洲與美洲之間、歐洲與亞非洲大半地區之間）的交通來說，許多航海難題一旦解決，船就成為主要的交通工具。直到二十世紀初期西伯利亞橫貫鐵路建成，才有人想到可用另一種方法從歐亞大陸一端去到另一端——除了那些時間多到一無是處的人之外。遠洋客輪稱霸歐洲和世界多數地方之間的交通，直到一九五〇年代為止。面朝全球的口岸城市擅場了甚久。

大部分口岸城市最初是貿易季開始時，當地商人和船長雙方會面所在的貿易海灘。其時間點或許受制於風（在「季風帶世界」，風向幾乎是規律性的改變），或受制於冬季出海的危險，或受制於豐收時節的到來——此時消費者有錢買進「船來」品。如果貿易海灘交易熱絡，便會招來當地統治者或重要人士的注意，並成為稅收來源：事實上，這些人所提供的保護或許為當地人樂見，因為可免於較不受控制的劫掠。對雄心勃勃或管理眾多朝廷之事的統治者來說，這片海灘或許會成為有組織的商業中心，用來供給絲織品或象牙之類能贏得威望、標誌權威地位的外國奇珍異貨。[3]在中世初期的倫敦，剛抵達的船貨，國王享優先選購權。[4]口岸城市的建立，可能是為了推動某個遠大恢弘的帝國計畫（創建於西元前三三一年的亞歷山卓是最著名例子），或為了發展成貿易商和漁民的避難所（威尼斯便由此而來）。地點始終至關緊要。經年不斷的淡水水源極為重要。適當深度且平靜的近岸水域和得以阻擋猛烈風勢的屏障，顯然也是必要條件：有上游水源的河口因此受到青睞。縱觀世界許多地方，能抵禦來自海上或內陸侵略者的攻擊，係屬必備條件。太靠近一望無際的大海，可能招致海盜或敵手突擊式的襲掠。類似小海灣的地點，兩側有山屏障，往往受垂青（里斯本便是典型例子）。有時，海島是理想地點，前提是島夠小且易於防守，而且自海上登島有其限制。在備受陸上攻擊威脅的地區，海島或許不可或缺。位於岩質小島上的蒂爾（Tyre）；威尼斯；荷姆茲（位於波斯灣口）；新阿姆斯特丹（後來的紐約）；蒙特婁；孟買；檳城；新加坡；香港；拉穆（Lamu）、蒙巴薩、基盧瓦（Kilwa）、莫三比克（都在東非沿海）；拉各斯（Lagos，位於非洲西岸），都屬這一類。有狹窄堤道和陸地相連且具防禦力的半島，則為另一種理想選擇：亞丁、布什爾（Bushire）、波士頓、查爾斯頓（Charleston）、加的斯（Cadiz，腓尼基語Gades），就屬此類。

口岸城市未必不會衰落。其港口可能因為上游開墾或砍伐森林而淤積。其與海之間的淺灘和沙洲可能位移，阻礙其對外出入。最壞的情況是，口岸城市可能毀於一場大暴風雨或地震、海嘯——而這便是一六九二年牙買加羅亞爾港（Port Royal）的命運。口岸城市可能失去其資助者的保護或資助者另覓所愛之處。東印度公司將其事業轉到孟買，蘇拉特（Surat）隨之開始沒落。口岸城市的財富來源可能枯竭，或其生產可能被移到遙遠的他處。由於一七六三年失去新法蘭西，失去與加拿大的貿易，加上一七九一年的海地叛亂，法國的拉羅謝爾（La Rochelle）進入長達百年的商業萎縮期。[5]隨著野生橡膠樹變成東南亞大面積種植的作物，亞馬遜河畔的瑪瑙斯（Manaos）逐漸沒落。口岸城市可能因為領土分割而失去其腹地，有巨大天然良港的弗里敦（Freetown）就落得這下場。[6]貿易路線可能改變，繞過舊港、擁抱新港：斯里蘭卡的加勒（Galle）便得此命運，一八七〇年代中期時已讓位給可倫坡。技術進步可能不利於既有的口岸城市：吃水較深、需要較大機動空間的較大型船舶；需要使用低成本燃煤的汽輪；需要出入通道和空間供闢建大型調車場的鐵路。如何回應這些威脅和其他許多威脅，係口岸城市的政治課題。

一旦由海灘發展成口岸城市，該城市的商業幾乎每個層面都需要相應的管理。供卸貨的河岸、碼頭、突堤碼頭由誰擁有或控制？應由誰來決定是否需要新碼頭？誰來出錢蓋新碼頭，或出錢清出吃水較深的船所需的水道？該對到港的貨物課以哪種費用，這些收入的支用該由誰來決定？由誰來保護碼頭上的貨物，確保商人財產得到保護？由誰來決定貨物該如何賣掉——透過個人決定或按照公訂價格？誰來控制勞動力供給，畢竟口岸需要許多勞力活？誰來管束口岸總會吸引來的旅人以及過境者？誰來確保他們的身心健康，以防隨船過來的傳染病進入？誰來決定此口岸是「免稅」口岸，還是該以關稅和規費阻絕外來貨物？誰來守口岸，使免遭來自海上、陸上掠奪者的攻擊，或免遭對手阻撓？一般來講，會由貴族治理口岸城市，並管理其政事。他們必須安撫或壓制該城市相衝突的利益團體，但能否如願，會完全取決於他們和附近的權力中心（不管是權貴、國君或總督皆然）的不穩定關係。有時「國君」會倚賴該口岸，使自己的利益與該口岸的興衰休戚與共。但更常見的情況，是他會根據自身內陸領地的要求，權衡是否滿足該口岸的要求，或（更糟糕的）利用該口岸的資源，投入不計後果的擴張戰爭。只是口岸城市的特權階級通常需要國君的支持，以維繫他們的權威，尤以人民起事，反對口岸城市社會嚴重的貧富不均，而使他們的地位受到威脅時為然。當為了改善口岸，而必須借新債、課徵新費用或侵犯行之已久的權利時，最高統治者的許可尤其重要。最受重視的，無疑是統治者授予海外貿易的特權或獨占權。

口岸城市的地位高低，以及其不受外力控制的相對程度，通常取決於其商業繁榮的根源。在十九世紀中期以前的漫長歷史裡，大多數時間，最興盛的口岸城市通常從事轉口貿易。也就是說，這些口岸城市對其周邊區域的貿易和產品的依賴程度相對較低，反之，其商業關係的往來，則以類似口岸和遙遠異地的供應商、顧客為主。基本上，它們是市場，也是倉庫，國外的貨物輸入該地，再轉出口，且往往轉出口到其他海外買家。這裡的商人倚賴信任網絡和關於遠方市場、其他集散地商人的商業情報。地理位置、易進出的港口、對海上航路有相當把握的控制皆為主要因素。此處的商船隊，攸關能否為自身碼頭爭取到貿易和能否擴大銷售、轉售的利潤。交易活動不斷，提供了比農業經濟體大上許多的資產折現力，催生出提供信貸和外匯的銀行。在有利的條件下，這類轉口貿易城市得以自治，不受領土統治者節制，或依靠統治者所急需的現金買到自主權。國王若遠在異地，或許需要在口岸城市築堡設防來保住其權威。例如，法蘭西國王必須在波爾多蓋通佩特堡（Château Trompette，現為開放空間），以震懾住令人頭疼的市民。[7]倫敦塔的用途類似於此。

相對的，日常必需品口岸的存在，主要為了集貨、出口鄰近內陸的產品，並藉由進口製造品和奢侈品來取得購買內陸產品的資金。這類口岸的出口品，來自森林、農地、葡萄園、牧草地或礦場，能否取得這些地方的產品，攸關這類口岸的繁榮與否。保護其腹地是優先要務，若因戰爭或叛亂而使其腹地大亂，這類口岸的商業會一落千丈。因此，從利害角度來看，日常必需品口岸與統治者、地主菁英的關係更是密切。這類口岸需要他們幫助，以維持通往該口岸的河川、道路通暢，並使競爭口岸未敢侵門踏戶。貿易往往需要先行貸款給生產者或持有抵押品，因此，這類口岸對當地的勞動、財產體系投入甚深，唯恐該體系遭到破壞。轉口貿易口岸與多方維持聯繫，其較富裕的市民可能遊歷甚廣，反觀日常必需品口岸則很可能倚賴某個特定市場，其文化和政治，比起具有國際色彩的口岸，往往保守得多。許多大型口岸的確既出口內陸產品，也經營轉口貿易。於是，波爾多既是進口、出售糖、咖啡等殖民地產品的轉口貿易城，也是出口葡萄酒的日常必需品口岸[8]。有些口岸可能由一類口岸擴大為另一類口岸（例如倫敦最初只是出口羊毛的日常必需品口岸，後來擴大為轉口貿易口岸），或者轉口貿易功能不彰，回復為日常必需品口岸（今哥倫比亞的卡塔赫納／Cartagena、馬德拉斯／清奈、巴達維亞／雅加達、雪梨皆屬此類）。誠如後面會提到的，十九世紀商品貿易的巨幅成長，間接表明許多古老的轉口貿易城和內陸經濟之間的關係日益緊密。

不管貿易是順差或逆差，每個口岸城市都需要許多外地人。口岸城市的「涉外」交易取決於對遠方市場和產品的認識。更貼切的說，需要可靠的經紀人和合夥人，他們一旦未履行債務，可能導致破產。家族關係或虔信同一宗教，便是防止生意伙伴背信的最佳保證。國外的商人團體和人在家鄉的親戚進行買賣，彼此會有信任感。同樣的，人在國外的商人，若能與同胞、族兄弟或教友進行買賣，會比較自在。此外，外人帶來專門知識、資訊、新觀念，有時還帶來資本——經商得以有成的諸要件。不管是哪個口岸城市，境內外國人口及種族的多寡，都是該城市繁榮程度的指標：評量該城市通商範圍的可靠指標。在本書所探討的所有口岸城市裡，商業的活絡都與外地人才（華人、印度人、中東人、歐洲人）的持續湧入和他們所帶來的人脈密切相關。中世紀倫敦和安特衛普境內有義大利僑民和來自波羅的海地區漢撒同盟僑民；十九世紀紐奧良有來自紐約、法國的僑民；新加坡有華人僑民。如蒙特維的亞（Montevideo）之類的中型口岸城市，十九世紀時，境內將近四分之三商人是外地人。[9]就連蘇丹沿海蘇瓦金（Suakin）之類逐漸沒落的紅海口岸，有許多都來自異地。某個一九一一年去過該地的外人寫道，該口岸「如今住著形形色色的人，包括吉達人、葉門人、（來自阿拉伯半島南部的）哈德拉毛人（Hadramutians）、印度人、阿比西尼亞人，他們的利益，與紅海其他口岸、乃至與亞丁、孟買、蒙巴薩的關係，幾乎甚於與他們後方的……大陸的關係。」[10]

不管來自何處，商人都得融入複雜且往往易起爭執的口岸城市社會。而口岸城市生活的兩大禍害，加劇口岸的社會緊張：商品貿易多變的本質和流行病上門。後者在熱帶或亞熱帶地區的口岸為禍最烈，但在十九世紀晚期之前，流行病在歐洲、北美洲的口岸也很常見。每個口岸城市都有一群律師，專事解決（或挑起）該口岸的商業紛爭。口岸城市可能有行政長官、駐軍，幾乎各個都有專為統治者徵稅關稅的海關。與航運利益相關者眾多，但並非總是和諧。船東、造船業者、船舶業務代理人、碼頭老闆、倉庫管理者、引水人和碼頭工人，在如何改善口岸或分攤成本上，鮮少意見一致。鐵路通到口岸後，帶來新一批利益相關者和龐大的勞動力。經理人、經紀人、辦事員、工程師、司機、機修工，以及諸多火車站站長、鐵路信號員、清潔人員和搬運工等，前來為火車終點站的客貨輸運提供服務，配置修理車間和調度場的人員，為火車配置職員，並維護鐵軌。針對口岸城市社會的精神需求，會有抱持明確卻往往觀點對立的神職人員和博學人士前來，或專為口岸城市的「浮華世界」（妓院、賭場、客棧和酒館等）制訂的規章。這些場所無疑滿足了廣大移工裡，水手、船工、搬運工、板車車夫的需要，而這些移民中，男性占口岸城市人口不成比例的高。口岸城市的富裕和頻有流行病發生的雙重因素，同時吸引了醫生（或自稱是醫生的人）前來。在亞洲的口岸，他們可能出身不同的醫學傳統，除了西方的，還有中國、印度的醫學傳統。十九世紀口岸報紙上的廣告，說明具興奮作用的飲料、藥丸和對治本地或外來疾病的其他特效藥銷路甚好，因為，除了人從海外帶進來的疾病，口岸城市衛生條件差和位於低海拔、往往附近有濕地的河口位置，特別容易染上多種疾病。

更為棘手的問題，是如何，或是否要控制來自臭名遠播的「疫區」的旅人入境，尤其是來自據認瘟疫或霍亂盛行之地的旅人。在西方，一般來講，這靠檢疫來控制。檢疫濫觴於十四世紀晚期，並在地中海地區有了標準化作業。最初的作法要入境者在與外界隔絕的檢疫站待上四十天，然後授予「無疫通行證」（pratique）。因此，一八三〇年代從希臘返回英國的旅人，會在馬爾他島接受檢疫，再繼續返國行程，英國本身有約二十一個檢疫站。儘管針對「接觸傳染」是否為黃熱病或霍亂等疾病的肇因曾有過激烈的醫學辯論，儘管商人強烈反對阻撓自由貿易之事，在英國，檢疫還是施行到一八九六年才廢止，在其他地方，則施行得更晚。[11]爆發疫病，極不利於商業，該將此事公開到何種程度，便成了爭議。因此，口岸城市的記者及其所屬報社，面對了比疫病更為兩難的境況。報社通常為商界人士所有或與他們站在同一陣線的人。報社的職責之一，便是宣揚口岸的成功和據認美好的前景。報紙上充斥商業資訊和廣告。但幾乎每個口岸城市都有紛爭，而且報社必然會被捲入其中：如改善環境衛生的需要，對住房制定標準的需要，改善治安的需要，為馬路鋪設路面、設置路燈的需要，而這些需要都會使業主荷包失血或侵犯他們的權利。記者也可能與另一群有勢力的人來往。因為，在十八世紀下半葉和十九世紀，已有許多口岸城市供養（在某些口岸城市，則是更早之前）藝術家、攝影師、建築師、植物學家和其他科學家（通常以行醫為業），以及對附近內陸的歷史、人種誌有興趣的人。他們的角色定位不清。他們蒐集、解讀、提供科學知識或「有用」知識。但是——或許無意中——他們也在歐洲以外的世界為入侵該地的殖民者熟悉新地理環境效力，使殖民者更加想要往更內陸推進，而且——暗地裡——申明了歐化文化的首要地位。

在欣欣向榮的口岸城市，該城的經商豪族猶如「城堡裡的大王」。他們的主要合夥人則構成該城的貴族菁英。他們的境遇當然不盡相同。在歐洲國家，他們可能遭王朝統治者或（後來）民族主義政府或民粹主義政府限制了權力。在殖民地時代之前的亞洲，他們或許得充任「公行」，例如廣州的「行」（或稱洋行）或荷蘭、法國、英國或丹麥等大型貿易公司的商館館長與「文書」（writer）。不管是擔任「公行」，還是商館館長，往往都隨之享受到獨占貿易的好處：對外貿易僅限特權人士。到了十九世紀中期，這些重商主義結構已大抵解散，凡是有本事的人、幸運兒以及關係良好的人，皆得以從事貿易。在口岸城市的商業裡，那主要意味著交易商品的能力，因為商人、口岸城市若想致富，唯有仰賴商品買賣。

不管是哪種交易，商人都不由得成為錯綜複雜且無法預料的交易及生產鏈的一環。不同商品來到市場的方式有很大差異。有些商品來自收獲愈來愈少或（最終）完全絕種的邊境地區，透過四處搜刮食物的掠奪者、狩獵、捕撈、設陷阱或採掘等方式取得。除非商人自己願意「忍受荒野生活的簡陋不便」，否則，就只能仰仗經紀人或合夥人，將他的商品拿去和內地居民交易，換得象牙、毛皮、野生橡膠或鳥巢，再經由貿易小徑把交易來的商品送到河邊或鐵路盡頭的站點。為管控貨源不定的風險和蒐集商品的成本，商人有時偏愛組成卡特爾（如加拿大西北部的毛皮貿易公司），或訴諸強制性手段，而在十九世紀晚期的剛果，強制性手段導致種族滅絕。就倚賴種植者或牧民來取得的商品來說，情況則有所不同。在這方面，商人可能會與小農或靠農奴、奴隸或無地勞動者生產的大地主、大種植園主打交道。商人得在每次收成前預付款項，以滿足自身所需，如果商人不再自行生產食品原料，更加需要如此。商人受制於動態的環境：乾旱或瘟疫可能使作物或牲畜傷亡殆盡，商人隨之無利可圖，甚至資本重挫。過度放牧或耗盡地力可能重創其貨源。流行病可能徹底摧毀整批勞動力或削弱其生產力。或者，接連幾季的豐收，或他地新生的產量，都可能導致供過於求，使價格慘跌。商人可能高價買進，卻必須廉價賣出。商人的海外買家說不定會倒閉，隨之收不回欠款。金融危機，或開戰傳言，會使銷路大跌。商人時時提心吊膽，唯有靠「通信」掌握外界動態，預測價格水平。

經商能否有成，也取決於農業內陸裡一連串環環相扣的體制。誰掌控土地分配或誰有權除掉「不合作」的居民，例如那些致力於自給自足農業或行刀耕火種農業的居民？財產歸個人擁有，因而得以充當抵押品，或歸家族、部落或種姓兄弟會共同擁有，沒有東西可拿來擔保，因而借錢給這類人可能收不回款項？能取得自外移入的工人來開墾新地或擴大產量，或者外部勞力的移入受限於種族排斥或高遷移成本？國家是否願意花錢改善境內設施——開鑿運河、建造鐵公路——或過度節約或太窮或太亂而無法這麼做？國家願意讓貿易免除關稅、規費，願意免除價格管制，或決意維持重商主義規則和統一指揮的經濟？

這類問題攸關口岸城市能否成為商品腹地的重要中心。最重要的是，口岸城市是價格的產生地。市場愈大，愈能取得可信賴的價格資訊，對買家和賣家來說皆然。口岸城市足以維持報紙和價格指南的發行，而且（自一八四〇、五〇年代起）甚至得以維持一家電報局的營運。交易商和代理商得以在此碰面。[12] 信貸與現金的流動，使銀行和更晚出現的證券交易所得以壯大。農業社會所需的許多服務性事業，會在口岸城市落腳：醫生、律師、教育工作者、神職人員，以及衣物、五金、工具、（在美國南部）奴隸的零售商。但對於想要取得不受限嗣繼承權或共有權限制的「無主地」、較良好的道路、低關稅、勞力自由移動，想要透過遊說，使免受海盜、航運卡特爾危害或免遭統治者侵門踏戶的商業利益集團來說，口岸城市也是他們可據以達成前述目的的行動基地。在採行代議制的地方，找個咄咄逼人的保民官，為其申明自己的主張，向行政當局遊說，是明智之舉。若非如此，當地的貴族或許可透過給予好處買通統治者派駐當地的總督，讓總督替其在統治者面前疏通。順利的話，過一段時日，繁榮的口岸城市可能開始具備大城市的一應特質：不只形成市場，提供信貸設施和保險，建立起運輸體系和加工業，而且藉由自行募集資本，在財政上達到獨立自主。[13]希冀有此命運的口岸，寥寥可數。

本書的重點，在於探討口岸城市在全球化上所扮演的角色。「全球化」一詞常被用來描述二十世紀尾聲，世界不同區域間猛然加速的經濟連結：貨物、金錢、資訊、勞力顯而易見的高速流動性。最初，全球化常被人認為，是現代獨有的現象，前所未見且無可比擬。但把視角往歷史更深處探去，讓人覺得這並非事實——「當今」的全球化，只是地球相隔遙遠的諸多地區間一連串日益密切的相遇裡，最新近的一次交會。[14]這些相遇及其塑造而出的連結，其實始於好幾萬年前，始於智人首度移出非洲、殖民歐亞大陸之時。其他的拓殖行動隨後跟進。約四萬五千年前，原住民社群從澳洲北部「沿海地區」擴及澳洲全境。一萬五千年前，美洲人首度從東北亞移居美洲，大概經由一連串在沿海地區的「短期遷徙」達成。阿茲特克人、印加人的非凡帝國便是他們留下的遺產，亞馬遜河流域一處失落文明或許也是。西元前第一個千年期間，來自印尼群島的移民拓殖馬達加斯加島。西元前一〇〇〇年至西元後一二五〇年之間，玻里尼西亞探險家，在肆無涯際的大海上經歷一連串驚人航行，發現了從斐濟到復活節島之間、夏威夷群島到紐西蘭之間，所有適合居住的島嶼，並占據這些島。[15]他們或許在歐洲人出現於太平洋之前許久，就與美洲西岸有某種接觸。[16]長程貿易網出現在青銅器時代（西元前三〇〇〇至前一〇〇〇年）。西元前一〇〇〇年後，錢幣使用、法典編成、為商人提供信貸、「疆域至少達百萬平方公里的大帝國」問世（新亞述帝國、阿契美尼德帝國、古希臘帝國、孔雀王朝帝國、漢朝帝國、羅馬帝國），催生歐亞大陸大半地區的長距離通商（包括奴隸買賣）。[17]「全球化世界的先決條件，早已完備。」

因此，全球連結，歷史悠久。但在這段歷史裡，我們可看到連結變得更強固、更密切、範圍甚廣的階段和時期，以及連結似乎放慢、乃至倒退的階段和時期。可能有人會主張，全球化一詞應專指一四九二年美洲與世界其他地方「合併」之後的時期；或主張，應把全球化視為純經濟現象，直到十九世紀後期真正「全球性」的經濟問世時，才有全球化可言。事實上，這兩種說法似乎過度劃地自限，即使出於兩種不同的理由。

把全球化理解為人、貨物、金錢、技術、觀念、信仰、生物——動植物和（較不易看到的）微生物——的長距離交換，才是最為妥當的。這樣的交換早於哥倫布遠航之前許久，或者早於歐洲人「發現」澳大拉西亞之前，便已存在。把美洲植物、疾病、白銀帶到歐亞大陸，並把「舊世界」的動物、傳染病、征服者、奴隸帶到美洲的「哥倫布大交換」，的確大幅度改變了亞洲、歐洲、非洲之間的洲際連結。[18]十九世紀後期，人與貨物也的確以前所未見的規模在世界各地移動，到了一九一四年，也的確出現與當今全球經濟表面上相似的全球經濟。但這兩次大幅加速的全球化都奠基在更古老的基礎上，以及先前的全球連結階段。兩者都必須理解為更廣泛、更複雜的過程，而非只是新的貿易模式。它們其實體現了新的一批文化關係、人口關係、地緣政治關係、生態關係，以及深受技術、商業左右的關係。事實上，不難看出，幾乎在歷史的每個時期，商業交換活動的範圍一直深受消費者的文化偏好、人口分布、強行打開市場的武力、不同自然環境可被「馴化」、開發的難易程度所影響。探尋全球化歷史，絕對得在這些不同組成部分之間的複雜互動裡，以及它們於世界不同地區形成的結合裡進行。全球連結始終程度不一（且至今依舊）：一時有利於某地區，一時又有利於另一地區；不斷在創造新核心、新邊陲；改變各大陸的均勢、財富、文化自信。

全球化的催化劑（和全球化局限的根源），可在流動性——在世界各地和橫越遼闊內陸地區的相對移動——裡找到。在最早的時期，馬、駱駝等役畜的馴化和輪子的發明，擴大了陸上運輸的範圍，一如帆和導航儀器擴大了海上運輸的範圍。現代早期（約一四〇〇至一七五〇年左右），船舶設計以及導航技術的改良，使哥倫布、達伽馬得以開創新航運路線，更多沿海地區得以開始相互接觸。但陸上移動依舊所費不貲且緩慢，大體積貨物的運輸大多只能走內陸水道並運送到鄰近地區。一七七〇年代中期，亞當·斯密比較了帆船時代愛丁堡與倫敦之間陸運、海運貨物的成本。他推斷，「六或八個男子……借助於水力，所能運送、帶回的貨物數量……與有百名男子照看，靠四百匹馬拉的五十輛寬輪貨車，在同一時間裡所運送、帶回的貨物一樣多。」[19]

這時仍是「始技術時代」（eotechnic, 1000-1750），[20]在該時代，移動所需的能量來自風和水流，並有人力和獸力加持。這些能量供給受限的程度，不只決定了海陸運輸的數量、速度（從而還有成本），也決定了運輸的必要路線。陸運需要為人畜提供食物和水，因此，除非是在供應無虞之地，有時必須千辛萬苦偏離原有路徑尋找必要的「燃料」。在遼闊的乾旱地區，運輸路線偏好利用稀樹草原或一連串綠洲；在溫帶，則盡量避開濃密林地和山區或沼澤。在海上，船隻找風和有利的洋流，並選擇能盡量發揮兩者效用的路線。為了從歐洲抵達東亞，船隻順著吹向巴西沿海的信風航行，而後才轉東，一過了好望角，便維持在遠離西風帶的南邊航行，然後轉北，駛過蘇門答臘、爪哇兩島之間。這就是十五、十六世紀之交所開闢出來，最終改變世界的航線。風與洋流的季節性變化，左右了航線以及航行時間，支配了接近陸地和抵達口岸的順序，進而影響貨物載運及商品交易。由沿海與內陸的經濟體、文化體、政治實體共同構成且涵蓋世上大半地方的網絡於焉誕生，在此網絡裡，相隔遙遠的沿海地區的彼此接觸，說不定比與其附近內陸地區的接觸更為頻繁。

只要前述情況不變，全球連結便會持續倚賴這一長串的口岸城市，而口岸城市則藉由人與貨物的流通保有一席之地。在距離的藩籬被打破之前，那些連結能夠深入內陸多遠，會因時代不同而有極大差異。在接下來各個章節裡，我們將看到流動性的徹底改變如何導致前現代的這個體系改頭換面。十九世紀中期，蒸汽動力用於航運一事，已促使長程海上航行不但可以直達目的地且有固定航班，並且節省大量時間。該世紀更晚期，頻頻往返航行的大型鋼製或鐵製船身的汽輪，促使船舶運載量大增，經濟移民和大體積貨物的運輸有了革命性改變。但真正的革命性改變，在於蒸汽對內陸的衝擊。航行於河川的汽船使口岸城市的觸角擴及到更上游處——過去，強勁的水流使這一切都不可行——從而擴大了商業化農業的範圍和海運在大陸社會裡的影響。這類汽船助長了運河的開鑿和對塞納河或易北河之類「不可靠」河道的控制，打開了印度河、恆河、伊洛瓦底江、湄公河、長江、剛果河、尚比西河、尼羅河、尼日河這些位於亞洲、非洲的大河，成群的歐洲探險家、冒險家、商人、傳教士——偶有歐洲的陸軍、海軍、砲艇——得以溯河而上深入內陸。一八八五年，一支二十六艘汽船的船隊，載運一萬名英國印度軍的士兵，上溯伊洛瓦底江四百哩，抵達曼德勒，短短幾日便拿下緬甸的末代國王。[21]

但改變的最大動力仍屬蒸汽火車頭。鐵路，猶如鐵製的河川，「打開」陸地，貨物運輸因此不再仰賴長久以來的水力。鐵路線、開闢鐵路支線、通常隨之出現的電報線，預示（或威逼）獵人、牧人或自給自足農民的天地，將在短期內轉變成充斥著現金作物、精緻農業、外來移民、鐵絲圍籬、債務的景象：十九世紀後期的阿根廷，在這方面的改變之快，只遜於少數地方。[22] 對生活方式的衝擊或許一樣劇烈。

而後面幾章，我們會看到在亞洲社會這方面的改變有多劇烈。在較古老的奴隸—移民社會，對外連結的改變將全盤重整日常生活習慣。在帆船時代，從臥亞、澳門返國的葡萄牙大商船，中途停靠巴西巴伊亞州（Bahia）的大港，並以船上的瓷器、布、東方奢侈品換取巴西的黃金、鑽石，並帶回麵包樹、芒果、油椰、椰子等樹種和植物，這類景象早已司空見慣。巴西人養成了一些「東方」習慣：在門口拍手以表示人到；盤腿而坐；使用陽傘以示身分地位；女人足不出戶；蕾絲頭紗及披肩且偏好色彩鮮艷的服飾。[23]一八三〇年代有個法國旅人發現，連有錢的種植園主也幾乎沒有家具，而且是睡在吊床或行軍床上，不是床上。[24]十九世紀下半葉，隨著汽輪航運問世和歐洲境內新市場出現，以及前往東方的舊航路沒落，歐洲人的生活風格席捲其所到之處。厚重、深色的歐式服飾和高禮帽成為體面人士的社交打扮——在盛暑的熱帶，「強烈的自我折磨之舉」。[25]本地食物遭唾棄，轉而青睞進口食物。種起胡桃樹、蘋果樹、梨樹，好在美洲重現歐洲風情。對歐洲貨的熱愛，擴及來自歐洲的家具、藝術、音樂、交際花。「由於火車、城裡衛生設備、煤氣燈照明……歐洲工人、白人工匠、外來技師，和空氣一樣不可或缺。」[26]

但蒸汽全球化的影響並未擴及全世界，其衝擊程度當然也非各地一致。如果說始技術時代的技術使移動局限在某些路徑，其後由蒸汽、煤、鐵所組成的複合體同樣如此。蒸汽船更甚於帆船，偏好利用某些「幹線」，原因之一在於取最短路線到下一個停靠口岸可節省燃煤。對帆船而言無傷成本的偏離幹線、隨處晃蕩，對汽船卻會造成利潤損失。每隔一段航程就得補充燃料，導致整段航行變成在各個加煤站之間進行，而汽船偏好停靠大型加煤口岸，因為煤炭補給無虞，價格極具競爭力，航行便更難隨心所欲。隨著依固定班表行駛固定航線的「班輪」（遠洋客輪）日益成為運送郵件、乘客、乃至貨物的首選，此一趨勢更是顯著，蘇伊士、巴拿馬兩運河（分別於一八六九、一九一四年啟用）的「引導」效應，更強化此趨勢。十九世紀後期，停靠口岸的選擇同樣受制於更深水的港口、更快速補充燃料設施、現代貨物處理設施的需要——唯有經費充足的大型口岸經得起這類設施的花費。成群的次級口岸倚賴一主要口岸服務的等級體系於焉誕生。

類似的引導效應出現在鐵路上。鐵路建商規畫路線時，會避開急轉變，維持易爬升的坡度：不到百分之三的坡度被認為適當。[27]他們偏愛河川或開闊平原。除非為了非營利目的而建造，否則，他們的路線規畫，會以有現金作物（或礦物）並得以支付龐大固定成本的地區為主。眾所周知，在歐洲人世界以外的地區，多數鐵路從口岸往內陸延伸至備受青睞的物資供給區，但並未有「支線」連結。實際上，鐵路所構成廊道，只是將口岸城市的影響力輸送到特定地帶，而口岸大半腹地的運輸，仍靠旅行隊、獸拉車、騾隊或搬運工。[28]此通則多數例外，可見於歐洲和美國。這兩地和全球的連結，比世上其他任何地方更為密集且廣闊，絕非偶然。晚至一九三〇年，歐洲、北美的鐵路線總長，仍占世上鐵路線總長度的四分之三。[29]在全球大部分地方，人們認為種植作物若要獲利，離鐵路不能超過十五哩，一如在澳洲的小麥產地所見。[30]但若結合汽輪和火車（或蒸汽河船），便得以創造出「樞紐」，即海路與陸路交會之處。電報和海底電纜更強化此趨勢。[31]口岸城市成為汽輪和火車這兩種即將迅速成長的蒸汽驅動交通工具的重要會合點，亦成為漫長的十九世紀期間歐洲全球化作為的前進基地。

今人很容易就會視全球化為一種現代性的力量，將無可避免的漫延至「落後」地區或前現代地區。今人大多認為，全球化必然帶來解放——從貧窮、迷信、仇外、農奴或奴隸處境中解放。我們可能會把全球化的提倡者視為自由的積極擁護者：自由貿易、自由取用之地、自由勞動。今人可能會認為全球化必會催生出尊重法律、自決以及和平這個最高價值的地緣政治局面。但本書主張，全球化在歷史的不同時期呈現不同的面貌，沒有任何一種準則適用於每個時期。一八三〇至一九三〇年的「蒸汽全球化」，則明顯不同於此前和此後的全球化。但不同到何種程度，在哪些方面不同？接下來三章將提出部分答案。要回答此問題，難處之一係蒸汽全球化所帶來的衝擊極其不定，而這既因為地理差異，也因為此全球化因時而異。再者，我們不只必須把蒸汽全球化視為商業現象，還必須視為文化現象和地緣政治現象。這論點適用於蒸汽世紀（本書重點），一如適用於先前的各個歷史時期。

若想理解蒸汽全球化的變化和限制，最適當的作法便是觀察全球化在口岸城市裡運作的情形，亦即口岸城市做為全球化進入大陸內部的跳板，其實際的社會樣貌。而這些城市的歷史使我們得以更詳細看出「全球」如何與「地方」結合：外來代理人、技術和武力如何制伏、拉攏或適應其在沿海地區所面對的商業和文化。在何種情況下，一避風港會壯大為位居樞紐的口岸城市？那純粹是在商業上走運所致，或有其他因素左右？外人或本地企業家在擴大此口岸城市的商業上發揮了多大的作用？哪種商品使口岸商人得以吸引新的內陸買家？他們如何為主宰某市場的產品，進而打造回程貨運？他們在哪裡找到貸款和資本，以打進內陸？他們的貿易如何攸關鐵路開通到口岸，誰能支應興建鐵路的經費？誰提供勞力，以滿足口岸運輸和碼頭所需的人力或增加有利可圖的商品在內陸的生產？口岸城市成為哪種政治實體，該城市與內陸統治者保有何種關係？口岸城市能成為新民族國家的核心，或因地處大陸邊緣而注定被視為半外國之地？簡而言之，在把其內陸改造成十足商業性的消費者、生產者經濟，使他們的經濟行為「歐洲化」，把他們永遠綁在以歐洲為中心的全球經濟上，口岸城市能起多大作用？口岸城市能把內陸社會的政治改造為類似歐洲民族國家的理想狀態（儘管不是實然狀態）：井然有序；受法律約束；保護財產；矢志追求「道德進步和物質進步」？

這些疑問背後的根本問題，或許是以下這個相對晦澀的問題：口岸城市能否勝任文化改造的代理者一角。其他的大城市或受君王或貴族、軍人或神職人員控制，權充政府、軍隊的總部，而口岸城市的主業在貿易和交易。在十九世紀的西方，口岸城市的文化和特質明確屬於商業的和資本主義的——那是有買賣、有盈虧、有放款和欠債，有工資和工作的世界。口岸城市體現了個人私利至上、不受對家族或家庭古老義務束縛的價值觀；對可獲利的知識進行系統性的追求；嚴謹且可敬的宗教禮儀；尊重財產和商業成就，甚於尊重階級、出身或神聖氣質。歐洲以外的重商主義社會，當然受到自成一體的道德、社會威信觀規範，其中有些觀念與歐洲觀念的相容程度甚於其他觀念。這些社會靠諸多不同種類的政權保護——而且必須忠於政權。接下來要問的便是：歐洲具有技術魅力和致富力量的蒸汽全球化，將非歐洲地區帶入新興全球經濟的網絡及橋頭堡裡，並讓這些地區文化歐洲化，其過程到底是成功或失敗。

世界史的大半時期，口岸城市一直被視為財富和經濟機會的富集之地，通常與農村社會的貧窮、壓迫有著天壤之別。由於口岸城市，人們得以擺脫麻木的農村日常作息、擺脫地主、家族、階級、村鎮的索求、對歉收、饑荒的恐懼。但口岸城市，一如所有城市社會，有其自身困擾，尤以不斷遭遇本地固有疾病（人口過度稠密、衛生環境差、牲畜無所不在所致）和外地人所帶來的更致命的疾病（瘟疫和霍亂是其中最令人膽寒者）侵襲為然。口岸城市的經濟榮景很容易便毀於戰爭、封鎖、航運損失或供給路線崩潰。會波及整個商界的不利情事——拖欠借款、需求下滑、作物歉收或政權更替——係口岸城市永遠擺脫不掉的隱患。或許，沒有哪個地方像口岸城市如此汲汲於吸收新資訊（和傳言）。

口岸城市能積累龐大財富，但本身基礎很脆弱。然蒸汽世紀，大半時候是繁榮的盛世。何以致之，又更早期時，口岸城市的發展受到什麼限制？要回答這些疑問，得先回顧蒸汽世界之前的歲月——從口岸城市的發跡（或其附近）切入。

第一部

形成全球連結

中國式遠洋帆船圖，同時列出從中國至日本的海路，約一八五〇年（圖片來自History/Bridgeman Images）。

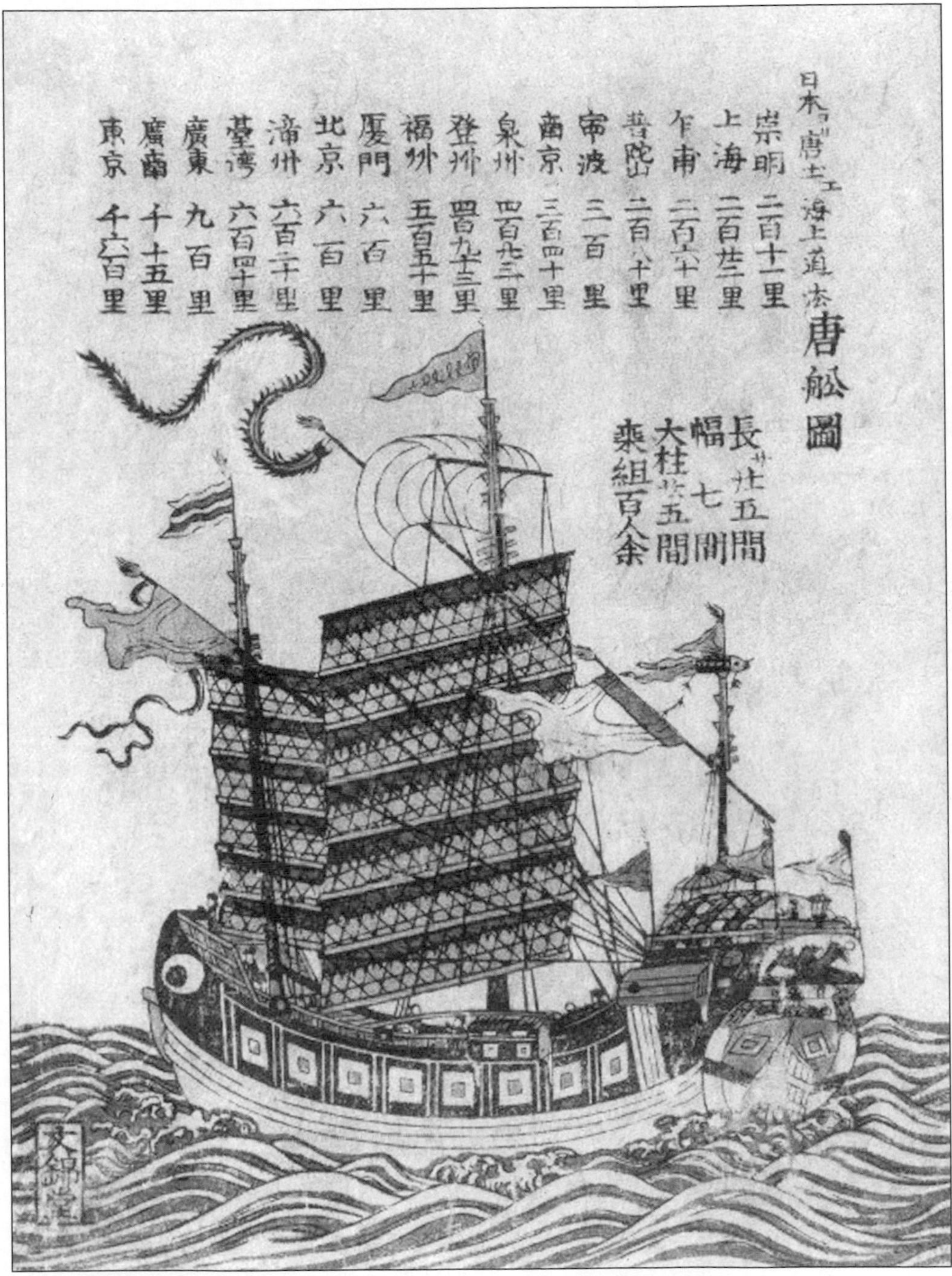

繪在彩色玻璃窗上的小船，十五世紀。Musée de la ville de Bourges.
（© Leonard de Selva/BridgemanImages）。

第一章　舊世界的口岸城市

起源

海上長程貿易，作為世界史的一部分，已至少五千年。此貿易或許源於最早期城市社會的統治者的需求，他們想要在本地便能取得外來商品或足以代表個人社會威望的商品。美索不達米亞地區的城市似乎已和印度河流域哈拉帕文明（Harappan civilization）的城市有貿易往來，或許從西元前第三個千年期晚期的某時，便經由波斯灣的「迪爾蒙」（Dilmun，通常被認定為後世的巴林）展開貿易。這時，已有船隻定期航行於埃及、黎巴嫩之間，以買進黎巴嫩雪松木，然而受制於風力和海流，船隻走環形路線，中間取道克里特島和利比亞沿海。[1]西元前二〇〇〇年以前，有考察隊從埃及派出，經由紅海前往蓬特之地（Land of Punt，約位於今葉門或厄利特里亞境內），尋找象牙、烏木、芳香植物、儀式用香料。[2]接著，青銅時代結束之際，進入瓦解、混亂期。但西元前一〇〇〇年後不久，沿海城邦國家出現，先是腓尼基人的城邦，然後是希臘人的城邦：提爾（Tyre）、西頓（Sidon）、迦太基、加的斯（Cadiz）、比雷埃夫斯（Piraeus）、科林斯（Corinth）、拜占庭、馬賽等。[3]提爾首開先河，連接起地中海東西兩岸。建立在一座離島上的提爾，極其仰賴大陸取得食物，但其海上貿易得到新亞述帝國（935-612 BC）保護。當時，新亞述帝國占領巴比倫（今巴格達附近），開闢了一條往波斯灣的商路。來自提爾、西頓的腓尼基商人，往返於地中海各地。他們在西元前約八一四年建立迦太基城，以扼守西西里島和北非之間的狹窄水道。荷馬時代（c.700 BC），希臘城市已出現在地中海、黑海周邊和北非境內。作為財富與權力來源的口岸城市，逐漸成為古典世界的顯著特色之一。

與此同時，在印度洋周邊，出現了一個更廣闊的海上世界，從東非沿岸綿延到南中國海。印度商人足跡遠及非洲的證據，最早出現在西元前一九〇〇至前一三〇〇年。[4]西元前五〇〇年時，位於印度西岸訥爾默達河（Narmada River）河口的布羅奇（Broach／Bharuch），已是銷往波斯灣、紅海、地中海市場的印度穀物、木材、紡織品、金屬的重要集散地。西元前一〇〇年，得益於對夏季往北吹、冬季往南吹的季風規律變化的認識，印度在紡織、冶金和天文、導航方面的創新所產生的影響，擴及整個印度洋地區。[5]西元前三一年羅馬人征服埃及，使亞歷山卓和紅海岸的貝雷尼凱（Berenike）這兩個口岸，成為印度貨賴以大舉傾銷至羅馬帝國的管道，而用以換取印度貨的織物、寶石、乳香、銅、葡萄酒、奴隸等，則經由這兩個口岸運到印度。[6]在亞洲另一端，西元前二二〇年征服華南，使秦漢兩朝的版圖擴及濕熱、易生瘧疾的嶺南以及有廣州作為口岸的珠江三角洲——此地區或許可視為熱帶東南亞往北的延伸。[7]中國的絲織品在西元前二世紀時，似乎已由陸路抵達西方，中國和地中海地區的海上貿易在西元一世紀時才真正開始。[8]也在此時前後，供羅馬治下埃及商人使用的著名手冊《厄利特拉海航行指南》（*Periplus of the Erythrean Sea*，今斷定完成於西元四〇至七〇年間），描述了連結起地中海、紅海以及麻六甲海峽和更遠地方的口岸網絡，以及大半由印度商人管理的海上貿易。[9]如果說西元二五〇年時歐亞大陸已如晚近學者所主張的，一起被拴在「一個全球體系裡」，[10]海上貿易和陸上貿易則為此體系的形成提供了大半的膠合作用。

口岸城市及其所服務的帝國可能興起又衰落，用吉卜林的話形容，「與尼尼微、提爾偕亡」。二二〇年後，漢帝國瓦解，中國直到六世紀後期才再度歸於一統。而西方的羅馬帝國於四七六年後瓦解，地中海北邊的城市網絡大多跟著垮臺。七世紀初期時，東羅馬（拜占庭）帝國深陷於和波斯薩珊王朝（Sassanids）、伊斯蘭阿拉伯半島的叛亂勢力三面對抗的困境中。這些亂局對海上貿易的流動影響多大不得而知，但有一點似乎可以確定，即舊羅馬帝國境內的密集海外貿易因其政治上的解體而受到重創。[11]口岸城市可能遭其對手劫掠或摧毀——迦太基、科林斯便慘遭羅馬人毒手。口岸城市可能被沙淹沒，被淤泥填滿，被瘟疫摧毀（這很可能便是貝雷尼凱的命運：曾經一度繁榮卻於西元五五〇年時成廢墟）[12]，或遭外籍商人抵制，如西元八七八年廣州穆斯林遭屠殺，阿拉伯、波斯的商人即回敬抵制。在紅海、波斯灣和會遭強風、季風雨侵襲的印度沿海地區，生存環境嚴酷，城市要力抗大自然的力量才能保住繁榮，要長久存在，則機率渺茫。然而到了西元約一〇〇〇年，我們已能看到四個重大轉變，將合力打造出非洲—歐亞大陸的遼闊貿易網絡，而且這個貿易網絡會長期運行，直到哥倫布、達伽馬時代和那之後。

在歐亞大陸的舊世界

第一個重大轉變，或許也是最重要的，係中國的「中世紀經濟革命」。[13]自七〇〇年代起，中國經歷了一段非凡的經濟擴張期。數個因素促成此時期，而一如在經濟轉變上所常見的，把中國的繁榮昌盛解釋為這些因素的總合所致，最站得住腳。從地理上講，顯著的特點是，人口和農業往南移入長江以南較溫暖、多雨地區：這是「促成一個經濟革命時代的強大推力」[14]。採行水稻種植，使一年有機會收成兩次或三次，養得起更多的人口。漢人拓殖今華南、西南部愈來愈廣的區域，並實施集約種植和密集商業的交易模式。唐（618-907）、宋（960-1279）兩朝的政治一統，為增加農業生產、促進跨地區貿易的防洪治水、開鑿運河工程，提供了穩定的環境。商業整合程度的提高，降低了對本地產糧食的依賴，助長勞力專門化和分工——誠如亞當・斯密的著名論點所說，這是改善生產力和取得物質進步的關鍵條件。於是，宋朝時，靠近長江口且位於新市鎮上海（約一〇二四年新建）附近的新開墾地，開始專事生產原棉，並從更西邊的產米鄉村取得所需的糧食。[15]在這個活力更勝從前的環境下，一連串科學、技術創新，推動中國進步。木版印刷的應用，有助於新農技等新知的普及。產量較高的稻米種籽廣為種植。煤被用來熔煉鐵礦砂，增加了鐵製品產量。十三世紀中期，槍枝問世。中國人用紙鈔彌補錢幣的不足。朝廷輕稅薄賦，透過使士紳同化於以皇帝「天命」說為中心的儒家「教條」達成有效的治理，中國成為日益繁榮、技術變革的廣大區域，歐亞大陸其他地方效法的典範和嚮往的地方。

於是，對中國製造品的需求日增，中國製造品成為歐亞大陸其他地方的菁英渴望入手的消費品。中國絲織品和瓷器尤其受到追捧。銅鐵製品、糖、稻米、書籍亦輸出國外。中國的消費者則對來自亞洲其他地方的異國貨需求大增，尤其是東南亞的林業產品、海洋相關產品：來自蘇門答臘的樟腦、象牙、錫、黃金；來自婆羅洲的藤、珍稀木材；來自印尼群島東部諸島的珍禽和檀香木。中國與南洋的海上貿易催生出一連串東南亞的海洋國家：一至五世紀，湄公河三角洲的扶南；七至十世紀，從今日越南中、南部扼控往中國沿海海路的占婆；九至十三紀，位於蘇門答臘南部，扼控穿過印尼群島、穿過巽他海峽和麻六甲海峽這兩條幹道的室利佛逝。十四、十五世紀則有阿瑜陀耶（今曼谷附近）、麻六甲。這些國家是將中國與位於西邊孟加拉灣、阿拉伯海（印度洋兩大部分）的貿易區結合在一塊的商業樞紐。十世紀起，印度，一如中國，在印度河—恆河平原、孟加拉、德干半島和位於戈達瓦里（Godavari）、卡韋里（Kaveri）兩河三角洲的東南沿海地帶，貿易和農業拓殖漸次擴大[16]。砍伐森林和建立城鎮，表明人口有增無減，而這或許一如在中國所見，源於帶來更多降雨和更穩定收成的「中世紀氣候異常」。[17]甘蔗、棉花、槐藍屬植物當成「現金作物」栽種。印度西海岸的古吉拉特和貢根（Konkan）地區，與波斯灣和以巴格達為都城的阿巴斯帝國（Abbasid Empire, c.750-1258）貿易量甚大。阿巴斯帝國的銀流流入西印度的口岸，以買進胡椒、珍珠、紡織品、寶石。[18]但到了十世紀，經由東南亞，與中國日增的貿易，已讓孟加拉灣的科羅曼德爾（Coromandel）沿海地區受惠，有利於朱羅帝國（Chola/Cola Empire）在該地興起。朱羅王朝可能曾在九九三年入侵斯里蘭卡，而且有可能在一〇二五年攻擊室利佛逝，以擴大其商業網，並得以控制印度與中東之間、印度與中國之間的所有貿易路線。[19]

在遙遠西邊的拉丁基督教世界，亦可看到類似模式：人口日增、耕地面積擴大、城鎮與貿易成長、歐洲北部和東部逐漸拓殖（與中國境內向南移動的趨勢相反）。在此，重要原因之一或許也是十至十三世紀後期盛行的較溫和氣候，帶來較溫暖的天氣和較長的生長季。[20]隨著地主更加富裕，他們更敢於花錢買城鎮藝匠的勞動成果和長程貿易所帶來的奢侈品、珍饈、足以彰顯社會地位的商品[21]。歐洲，一如中國，經歷了一場「中世紀經濟革命」。日益增加的城市人口需要穀物和葡萄酒，促進來自波羅的海、西西里島的穀物貿易、來自加斯科涅（Gascony）、安達盧西亞、希臘諸島和其他地方的葡萄酒貿易，以及運送這些貨物的航運業。十三世紀，商業榮景來到最盛，並有從德意志、波希米亞、薩丁尼亞島流入的白銀加持。[22] 由中央控制的貨幣收入成長，使「王廷城市」（court city）得以有機會興起（因四處遷徙而耗盡府庫的王廷自此可定於一處），而隨著這類城市的興起，消費進一步成長。到了十二、十三世紀，製布業已在法蘭德斯、托斯卡尼牢牢紮根，其羊毛除了較多來自本地，還有來自英格蘭、西班牙。為取得來自中國、印度的香料、胡椒、絲織品、細棉布和其他貨品，歐洲人前去敘利亞、埃及的市場，或前往黑海邊的商業中心。威尼斯、阿馬爾菲（Amalfi）、熱那亞的財富，靠此貿易積累。

這一遼闊的商業交易網，由數個彼此部分重疊的貿易線路組成，只是較為鬆散：東亞與東南亞之間；東南亞與印度之間；黑海以及中國之間的整個歐亞大陸北部（即絲路）；串連起印度、埃及、波斯、肥沃月彎串的路線；地中海北部、東部、南部沿海地區之間；以及在世界的遙遠盡頭，從不列顛群島延伸到波羅的海、從挪威延伸到法國，並在前沿處與地中海、近東連結的歐洲北部貿易。[23] 其中最重要者，係以近東、中東的伊斯蘭國度為中心的貿易線路，或許晚至一四〇〇年代都是如此：包括倭馬亞哈里發國（Umayyad Calophate）和（西元七五〇年後）繼起的阿巴斯帝國，其帝國版圖東抵今阿富汗境內；法蒂瑪（Fatima, 969-1171）、阿尤布（Ayyubid, 1171-1250）、馬穆魯克（Mamluk, 1250-1517）等三王朝治下的埃及。此絕非偶然。八世紀起，伊斯蘭中東走過一段「黃金時代」，在此期間，出現高工資、高生活水平（或許一八〇〇年後才被超越），技術創新（尤其是灌溉方面的創新），引進新糧食作物和工業作物，在信貸轉移和航運合同方面有新作法——這一生產力暴漲現象，可能肇因於西元五四一至五四二年「查士丁尼瘟疫」後實質工資漸漲。[24]以城市為基礎且在歐洲北部、西部已大多遭毀的上古文明，在此地區繼續成長茁壯。城市是以大馬士革為都城的新哈里發帝國的根據地。統治菁英繼續住在城裡，而且（更重要的）在城裡消費。他們能這麼做，是因為阿拉伯人承繼了拜占庭帝國的稅制，藉此把鄉村的剩餘產品移到城鎮——這或許是其得以保住貨幣化經濟以及倚賴貨幣化經濟運作的商業機器的關鍵條件。經由波斯灣、紅海將地中海、印度洋連在一塊的貿易路線倖存下來且甚為興旺。以尼羅河為基礎的埃及農業經濟尤為健全。在這裡，中央集權的政府和稅制，根基尤其穩固：事實上，埃及是近東經濟的基石而且長久扮演此角色。阿拉伯人征服波斯，提高了波斯灣的重要性，巴斯拉（建於六三八年）成為服務阿巴斯王朝都城巴格達的最大商業中心，而巴格達當時人口已超過百萬。八世紀初期，阿拉伯人帝國主義兵鋒閃電般出擊，已打造出有共同的伊斯蘭信仰及文化的遼闊「伊斯蘭風」（Islamicate）世界。在這個從西班牙綿延到阿富汗的遼闊世界裡，穆斯林商人、學者和想要從軍或為官者，能較自由的四處遷徙。奴隸買賣則從撒哈拉沙漠以南的非洲和歐洲北部斯拉夫人居住區吸取勞力。黃金從非洲內陸往北運到地中海沿岸，再到埃及，擴大了製造錢幣所需的貴金屬存量。九〇〇年代時，東非沿海也已漸漸伊斯蘭化，該地的穆斯林口岸基盧瓦（Kilwa）正提供象牙、琥珀、奴隸、黃金等給北部的市場。阿拉伯籍航海員和商人拓殖印度西海岸，阿拉伯人和波斯人的足跡遠至廣州。猶太籍銀行家和商人，在伊斯蘭世界裡被視為「有經之人」（people of the book）而備受尊重，在此世界與印度的所有重要貿易裡扮演關鍵角色，先是在巴格達，然後在開羅，其中有些人千里跋涉，定居於印度馬拉巴爾（Malabar）沿海的口岸。[25]

當然，我們不應誇大此一商業體系運作的順暢和穩定。其免不了受外力衝擊和劇變的影響。一〇五五年，塞爾柱土耳其人占領巴格達，打亂了波斯灣與印度的貿易，巴斯拉元氣大傷。自此，其貿易大多移到埃及。一〇六〇年代起，佛朗機人（譯按：Franks，當時近東人對西歐人的稱呼）向地中海的攻勢，在一〇九九年第一次十字軍遠征和十字軍入侵巴勒斯坦時達到最高峰。而蒙古人的遠征——一二一六年入侵波斯，一二五八年消滅巴格達和阿巴斯王朝——進一步打擊伊斯蘭世界心臟地帶的城市和貿易，使該地區的牧民和游牧民更加抗拒城市生活和「農耕」生活。一三〇〇年後不久，這個「半球」的歐亞大陸經濟，整個出現全面衰退，在某些地方甚至更早。此衰退的原因，學界莫衷一是，有可能係「馬爾薩斯式」危機所致，即賴以生存的工具趕不上日增的人口所需，農業經濟由於日減的收益而受到損害。歐洲的「中世紀溫暖期」退去，代之以「小冰河期」，生長季隨之縮短，此前數百年的繁榮不再——一如一場「大寒」（Big Chill）摧毀十一世紀波斯的棉花經濟和其城市的繁榮。[26] 襲捲中亞的較低溫氣候，可能是傳播瘟疫的跳蚤從野生嚙齒目動物轉移到較「靠近人類聚居地生活」的老鼠身上的原因。這些老鼠（搭上商旅的便車）沿「絲路」往西遷，一三四〇年代後期時已抵達歐洲和中東。[27] 腺鼠疫，即「黑死病」，在第一次猛烈攻擊後，還一再捲土重來，造成人口銳減，或許達五成，而牲畜和其他不同型式的財富得以倖免。受此傷害最嚴重，可能是埃及，該地的農業生產特別倚賴龐大勞動力。[28]反觀其他地方，這場流行病可能有助於提高工資，促進可節省勞力的創新。但一百多年後，歐洲、中東的人口才逐漸恢復。印度受害程度似乎相對較輕。[29]

與此同時，在中國，十三世紀蒙古人的征服，使許多地方民生凋敝，尤以北部為然，人口從一億兩千萬大幅銳減為六千五百萬至八千五百萬之間。[30]十四世紀中期，推翻蒙古人統治（明朝取而代之），竟帶來更多災難：隨著農村居民離鄉避難或死於饑荒，農業全面崩盤。[31]異常低溫的天氣也可能是原因。[32]明朝開國皇帝的第一要務，係恢復農村秩序、限制人口流動。出海和海外貿易遭嚴格限制。[33]

及至一四五〇年代，隨著歐亞大陸逐漸復甦，其經濟局面開始改觀。最顯著特點之一，便是西北歐的日益繁榮和商業整合程度愈來愈高。這時，有條重要的交易走廊從南英格蘭經低地國、南德意志、隆河流域，進入有威尼斯、熱那亞兩大口岸的北義大利高人口密度的城市網。曾向歐洲輸出高價值商品的伊斯蘭中東，這時買進歐洲布料的可能性高於賣出自產布，歡迎歐洲商人和船舶到來的可能性高於派出自己的商人和船舶。但這個地區仍是歐洲與亞洲間據以經由陸路或海路交易貨物的主要集散地，尤以埃及為然。此地區的商人和水手橫越紅海、波斯灣、阿拉伯海，帶回歐洲人迫切需要的精緻織物和香料，尤其是胡椒。

在歐亞大陸另一端，明朝中國派鄭和下西洋，完成令人讚歎的帝國遠航壯舉。一四〇二至一四三三年之間，艦隊七次遠航，把中國的商業、軍事力量從南洋擴及西洋，遠至卡利卡特（Calicut）、荷姆茲、亞丁、非洲東岸，索得貢物和貿易，並要求當地統治者效忠。其中一次遠航甚至帶回一隻長頸鹿。一四二二年後，這股闖蕩大海的衝勁似乎消失，然一四三一至一四三三年鄭和最後一次遠航，遠至荷姆茲、麥加、摩加迪休，最後死於回程途中。[34]成本高昂似乎是明朝對遠航失去興趣的最可能原因：南京的造船廠已建造或下訂約兩百一十七艘船。明朝也正忙於遷都北京，而遷都也是所費不貲的浩大工程。不過，明朝中國的海外活動並未就此告終，此舉表明明朝的重心從南洋、西洋轉移到保衛中土，防止外敵從內亞入侵一事上。遷都北京之舉肯定了一個不爭的事實，即王朝存亡有賴於皇帝坐鎮中國的北方門戶。

中國的製品依舊有市場需求，但從許多方面來看，印度是此時歐亞大陸經濟的中心、長程貿易的樞紐。印度的重大優勢，在於其能供應數量龐大的原棉。十五世紀時，印度棉製品已漸漸成為整個「舊世界」銷售最普及的商品。這要歸功於印度藝匠在棉布織造和最後加工的高超手藝。他們透過印花、上色、施加染料，製出種種迷人的圖案和色彩。棉織業存在於印度許多地方——孟加拉、科羅曼德爾、馬拉巴爾沿海地區、古吉拉特等——並且迎合多種市場的需要，不同市場所偏愛的質地、成品面貌、色彩各不相同。專門化，而非集中化，係棉織業的特點。[35]從商業上來看，印度製造商受益於印度及其市場和消費者，早就和東方、西方建立起連結，同時也受益於印度商人的無所不在，其足跡最西至亞丁，最東至麻六甲。印度漸漸成為世界工廠，從十五世紀據有此地位至十八世紀中期為止。

哥倫布（1492）、達伽馬（1497-1498）遠航前夕，一種與眾不同的全球化模式出現在非洲—歐亞大陸全境。印度和棉可能是催生此模式的推手。但當時的世界也是由數個自成一體——儘管彼此相連——的貿易領域構成的區塊化世界。商人鮮少能將其貨物從歐亞大陸一端送到另一端，儘管他們的市場在另一端。距離太遠，情況太沒把握，而且時間不利於他們有限的信貸。他們反而可能會把自家貨物送到某個門戶口岸（或往往和自家貨物一起去該口岸）——亞歷山卓、亞丁、卡利卡特或麻六甲——然後在該口岸賣掉貨物，再由買家送到下一個交易地點。即使在這時期，從古吉拉特到麻六甲都可能要花上整整一季，商人得等冬季季風吹起，才能啟程返回。季節風向（尤其季風）和洋流會左右商業活動的速度，有時左右其方向。在大部分口岸，熱絡的貿易季和死寂的時期交替出現。整個歐亞大陸上，多種技術逐步發展：導航與武器；紡織品、陶瓷器、金屬器皿的製造；將水力、風力運用於碾磨、抽水、磨粉、壓碎；用木頭、石頭建造大型結構物；利用獸力補強人力上。這是倚賴風、木、水的複雜技術，但沒有任何一種技術獨占，和十九世紀橫掃千軍的蒸汽不同。不同地方各有所長，而非集中於一或兩個地方，此乃大部分種類的製造業的通則，尤以棉業為然。印度的棉製品可能行銷許多市場，但未取代或排擠掉當地的紡織業，反而補強當地紡織業或與之結合——全然不同於所向披靡的十九世紀機器製棉製品。因此，存在某種程度的全球分工。事實上，是印度和中國而非歐洲，此時仍是高價值消費品的供應者。這時，金錢（金或銀），作為支付款而非投資，從西方流到東方，而非從東方流到西方。

這時的世界，同時也是諸多截然不同的政治經濟並存的世界。在中國，帝制政權避免背負公債，輕稅薄賦，但把管理水道、治水防洪的重任集於中央，並推動移民墾荒，提供官倉。在季風亞洲的稻米經濟體裡，稻米農業的高生產力和其產生的剩餘穀物，使統治者不必倚賴借貸和金融家，從而免於陷入在其他地區興起的各種資本主義。[36]在從摩洛哥綿延到南印度這個被稱作「撒哈拉亞細亞」（Saharasia）的沙漠帶，沙漠與乾草原貫穿人們定居的農業區，以騎馬的機動性（和其軍事效益）為基礎的「後游牧」政權，（往往以非固定坐鎮一地的方式）統治農業子民，並向他們課稅，強徵他們入伍，以滿足其作戰需要。在遙遠西邊的歐洲，同樣上演王朝擴張戰爭，國君和城邦已開始倚賴公債和借貸，倚賴銀行家和金融家。銀行家和金融家滿足國君和城邦的財務需要，藉此換得包收稅款權、事業獨占權或開礦特許權，例如富格爾家族（Fuggers）藉由借錢給哈布斯堡家族，得到蒂羅爾地區的銀礦股權。[37]

這時的世界也是從斯拉夫人國度和非洲將奴工硬拖往中東的人口流動世界。但一般來講，多屬大陸內遷徙，而非大陸間遷徙：漢朝拓殖中國南部、西南部；阿拉伯人拓殖北非，往東遠至中亞（但規模不大）；撒哈拉沙漠以南非洲的地區性遷徙（人數仍無法確知）；突厥人移居安納托利亞和北伊朗；德語移民在歐洲的東進。蒙古人的征服偉業，可能由一批戰士菁英領導，但似乎靠各地盟友（往往是穆斯林）的軍隊打下。[38]但蒙古人，以及如帖木兒的其他「征服世界者」，習於強徵專業人才和藝匠為其服務，並把他們遷至他處，他們因此遠離家鄉數百哩，甚至數千哩。[39]攻占並破壞城市（巴格達是諸多例子之一），導致倖存者流散他鄉或淪為奴隸。突厥人入侵北印度，由德里蘇丹國當先鋒，引發一波往南印度的次要遷徙。[40]從摩洛哥綿延到爪哇的伊斯蘭世界，具有朝聖傳統和範圍特別廣闊的穆斯林商業活動（往東遠至中國沿海地區）。伊斯蘭世界幅員的遼闊，為伊斯蘭旅人和學者提供了不可勝數的探索領域。其中最著名的，莫過於伊本・白圖泰（Ib Battuta, 1304-1369），他在外遊歷二十五年，最西遠至坦吉爾（Tangier），最東遠至北京，途中靠其身為伊斯蘭法學家的威望，得到支持或工作機會。[41]印度尤其讓來自阿拉伯人國度、中亞、波斯的穆斯林軍人、文人學士嚮往，他們在這個次大陸上，諸多靠武力建立的國家裡尋找致富的機會：印度在中世紀伊斯蘭世界的角色，猶如後來的「美國」。最重要的，這個遼闊的長條狀「乾旱地帶」（Arid Zone），有單峰駝、馬、牛可作為交通工具，還有可餵飽牠們的牧草地，促使走陸路橫越歐亞大陸這一大片地區（相對）容易。[42]

在流動性如此高的世界裡，文化交流必然不少。蒙古人的威名促使蒙古汗朝庭和可汗的服飾及威儀廣受採用（西元一二六〇年後，蒙古帝國分裂為元朝中國、以伊朗和伊拉克為主體的伊兒汗國、位於中亞的察合台汗國，以及又稱金帳汗國的欽察汗國）。蒙式袍服仍是王族的制式衣著。[43]蒙古帝國一統歐亞大部，有利於外界與中國的陸路往來，中國的瓷器受到亞洲各地人民的欽羨、模仿、渴求，一如中國的絲織品是精緻、富裕的代名詞。中國在視覺藝術上的技法，尤其是華麗的裝幀技術，也廣被仿效。[44]伊斯蘭的擴張，把阿拉伯、波斯的宇宙論、字母表、文學作品傳播到從西班牙到中國的歐亞大陸廣大地區。關於農學、醫藥、占星術或特定食物、藥品特性的知識，從「已知世界」的一端傳到另一端。另一方面，這類文化交流和散播，受到某些顯而易見的限制，甚至對那些財力足以取得遙遠異地的手工製品、知識、消費品的富人亦然。其中最重要的限制，源於語言、文字、宗教的障礙，因為就連伊斯蘭都無法吸引所有人。隨著在地語言、文學成長，尤其是歐洲和南亞（或許受伊斯蘭化文化的進逼刺激所致），文化散播面臨更多阻礙。[45]中間人、譯者、經紀人的角色，在外交、商務、學術研究上，愈來愈重要。流散各地的族群，例如猶太人和亞美尼亞人，其網絡和人脈跨越文化藩籬，在兩方都被認定為「外人」。他們專精於扮演這些角色，並從中獲利，往往為此付出相互猜忌、遭不公平對待的代價。一如後世所見，許多自外輸入的文化慘遭修改、「本土化」以供在地使用，它們的外來性幾遭抹除。

事實上，「舊世界」全球化的面貌，當然受到地緣政治力量的需要和約束影響：非洲—歐亞大陸各地政治力量的分布格局。歐亞大陸走過「征服世界者」以乾草原武力為基礎一統天下的時代，但到了一四五〇年代，此一時代已一去不復返。帖木兒死於一四〇五年，他的短命帝國隨之解體。明朝的擴張，無論在陸上和海上都受到抑制：越南於一四二六年擺脫明朝統治，一四七一年吞併占婆（今越南南部）。東南亞大陸區的其他地方，被六個或更多個政權分割。西元一四〇〇年後，麻六甲蘇丹國支配蘇門答臘、馬來半島的諸多小型口岸國家。[46]在印度次大陸，該地區最強大的國家德里蘇丹國曾遭帖木兒催毀，境內分立許多信印度教或伊斯蘭教的地區性政治實體。更西邊，伊兒汗國（伊朗和伊拉克）已分裂成數個後繼政權，其中，統一埃及、敘利亞的馬穆魯克帝國，使開羅成為伊斯蘭近東真正的首都，既是政治首都，也是文化首都。以一四五三年攻占君士坦丁堡之舉為代表的鄂圖曼人擴張，在此階段，矛頭似乎指向北邊的克里米亞半島（一四七八年鄂圖曼人入主該地）和西邊的巴爾幹半島。在巴爾幹半島，鄂圖曼人遭遇威尼斯人為保護其在黎凡特地區貿易路線而建立的海上帝國：威尼斯人拿下的海上據點，分別是一二〇九年的內格羅蓬特島（Negroponte）、一二一一年克里特島、一三八六年為扼守亞得里亞海入口而拿下的科孚島（Corfu）、一四八九年塞浦路斯島，以及希臘群島裡的一些零星要地。威尼斯與熱那亞爭奪通往東方的海路，後者於一三四六至一五六六年據有希俄斯島（Chios）這個重要的貨物集散地，以及克里米亞半島上位於卡法（Kaffa）的貿易據點，熱那亞人於此買進來自高加索地區的奴隸供輸出至義大利。在西邊，熱那亞人與加泰隆尼亞人的亞拉岡王國以及一西地中海的海上強權爭雄。其中，亞拉岡王國一三四三年起統一了馬霍卡（Majorca）。[47]在北歐，英格蘭、法蘭西境內王朝制國家的逐漸整合為一重要發展。在東歐，雅蓋隆家族（Jagiellons）十四世紀後期統一了波蘭－立陶宛這廣大疆域，國土從波羅的海綿延到黑海。哈布斯堡家族正藉由聯姻打造其帝國，一四七七年在既有中歐領地之外，增加了勃艮第、低地國這兩處，一五一六年時又已多了西班牙大半領土。但在中世紀下半葉，歐洲境內沒有獨大的強權。波羅的海、北海的沿海地區，在南德意志和北義大利，城邦國家大多保有自主地位，或自組商業帝國，例如漢撒同盟。

整個歐亞大陸，還有非洲北部、東部沿海地區，政權分立、競爭而非一統一的大國，則屬此時的常態。於是出現由帝國（明朝帝國勢力最強）、（常因內鬥而元氣大傷的）王朝制國家、城邦國家以及「港口公國」（例如麻六甲或卡利卡特）組成的「混合經濟」局面。同樣重要的，係海上群雄並立的局面。明朝自海上撤退，放棄鄭和遠航所可能打造的海上霸權地位，對局勢造成了深遠的影響。除了明朝，沒有任何一個統治者的勢力足以控制南海——當時世上最重要的海上航路之一（如今亦然）。孟加拉灣周邊國家都不敢奢望以其海上武力控制孟加拉灣這片位於印度洋東部的廣大水域。[48]在印度洋西部水域，位在阿拉伯、波斯、印度、非洲海岸之間的阿拉伯海，情況更是如此。歐洲的「狹窄海域」，群雄角逐則激烈許多。地中海、英吉利海峽、北海、波羅的海，都出現商業性、戰略性的激烈競爭。但即使在這裡，制海工具也付諸闕如。各海上強權都未足以把其對手驅逐進口岸裡或透過封鎖消滅對方，即使威尼斯亦然。[49]但西元一五〇〇年後，此局勢的局部或說全部，已猶然改變。

來自中國的慢船

在這些相對而言較良性競爭的環境裡，一連串相類似的口岸城市有助於連結起「舊世界」——從日本海綿延到歐洲在冰島、亞速群島的大西洋據點。雖說長江邊的南京是鄭和七次遠航的基地，但對來自中東多數循海路的商人來說，中國東南部的泉州（馬可波羅口中的「刺桐」）是最遠的去處。十四世紀中期身在泉州的伊本·白圖泰（Ibn Battuta）寫道，「刺桐港是世上最大的口岸之一，不，不僅如此……是世上最大的口岸。」[50]對其他人來說，若想以來自埃及、印度、東南亞的貨物，買進中國瓷器和絲織品的話，也只在廣州。自唐朝（618-907）或更早以前，廣州便可見來自印度洋各地的商人蹤影，他們通常自成一區住在廣州城裡。貿易受到帝國當局嚴密規範，但外國人受制於自身的法律和首領（headman）。[51]中國與印度洋口岸間的直航並非沒沒無聞，但來往中國的航程，中途停靠東南亞口岸的情形卻愈來愈常見，因此南中國海成為自成一體的海洋區。對中國商人和移民來說，這個「亞洲地中海」老早就是商業擴張的領域和勢力範圍。南中國海有其獨有的風向規律、水道、淺灘以及礁石，要靠船長、船員的專門技術才能安然通過。東南亞境內已發展出數個為當地貿易、過境貿易提供服務的口岸城鎮，包括稱霸此島嶼區多年的室利佛逝轄下諸多口岸城鎮。只是到了十五世紀後期，最重要的口岸則是位於今曼谷附近的阿瑜陀耶和位於馬來西亞西海岸的麻六甲。

阿瑜陀耶始建於一三五一年，或許為華人所建。它成為明朝所青睞的貿易伙伴，以本地產物換取中國的陶瓷、絲織品，吸引來自周邊內陸的孟人（Mons）、傣人、高棉人，以及阿拉伯、波斯、中國、印度的商人。阿瑜陀耶把魚、米、鉛、銅、錫、金、象牙、紅寶石送到麻六甲，換取鴉片、丁香、紡織品、地毯、寶螺、樟腦、奴隸。阿瑜陀耶需要控制其來自內陸的物資，促使其往內陸擴張，成為昭披耶河流域的內陸帝國，而與麻六甲的競爭，則使其往印度洋西進，並於一四六〇年代時併吞丹那沙林（Tenasserim）。[52]一六〇〇年代初期來此城的荷蘭人曾描述，阿瑜陀耶「和倫敦一樣大」（人口或許二十萬），有石造城牆、又寬又直的馬路、林立鍍金建築和高塔的宮殿建築群。[53]但就長距離貿易的中心來說，阿瑜陀耶不若麻六甲。麻六甲建於一四〇〇年左右，由來自蘇門答臘南部室利佛室一名反叛的王子所建。麻六甲靠風發達起來：「兩個季風相遇」之處。每年後期從中國過來的帆船，乘著東北（冬天）季風抵達麻六甲海峽，然後隔年夏天乘著自五月吹起的西南（夏季）季風返鄉。一四三三年，鄭和的船隊從麻六甲航行到中國，花不到兩個月。[54]四百年後，快速帆船走同樣旅程，可能花不到一個月，但常見是六個星期。[55]但要從麻六甲繼續航行至印度西海岸，則必須忍受百無聊賴的等待，到下一個冬季季風降臨，要返鄉則要再等下一個夏季季風，於是中國、印度往返一趟要花上兩年。較明智的作法，是將手上貨物轉手給另一批商人。於是，麻六甲成為當然的貨物集散地，來自印度洋的貨物會於此裝載至另一艘船，以踏上經由南中國海的後段航程，中國貨物則會在此用以換取印度貨、中東貨。

麻六甲完全靠貿易為生，尤其是胡椒交易，中國和歐洲對胡椒都有無法滿足的需求。麻六甲地跨一河的兩岸，城邊有往下綿延至海的濃密森林圍繞：據說夜裡有老虎出沒於城中街道。但十五世紀後期，已有約十二萬人口，其統治者蘇丹，不但榨取了龐大的關稅收入，為了一己之利，自身也從事貿易。來自科羅曼德爾的泰米爾人、古吉拉特人、爪哇人、中國人是城中主要僑商：每個僑商族群自成一區（「甘榜」，kampong）居住，由自己的沙班達爾（「港主」，shahbandar）治理。主宰來自埃及、波斯灣貨物貿易的穆斯林古吉拉特人，是最有勢力的族群。因為他們的存在，麻六甲才成為伊斯蘭在東南亞的勢力重鎮。[56]下個世紀來過此地的一個葡萄牙人論道，若非地處多濕地且不利於人體健康的位置，此地本有可能發展成更大的城市。[57]從麻六甲，商人可搭船往北至孟加拉或往西至科羅曼德爾，但若要前往埃及或波斯灣，下一個停靠站很可能會是馬拉巴爾海岸上的卡利卡特。

不若麻六甲，位於沿海的地理位置未給予卡利卡特太大的優勢。一如印度西海岸的其他口岸，從紅海、波斯灣乘著西南季風可輕鬆抵達該口岸，從馬斯喀特（Muscat）過來或許只要十或十二天。[58]但五月至九月上旬，馬拉巴爾海岸海象極為險惡（後來保險契約禁止船隻在這段期間停靠該地任何口岸），因此，最好在季風接近尾聲時抵達。卡利卡特本身幾無躲避風浪之處，天氣惡劣時船隻只能疏散到附近的河溪裡避難。卡利卡特得以繁榮，拜附近奎隆（Kollam，舊稱Quilon）被毀和其信印度教的統治者札莫林（Zamorin，「海上老大」）張開雙臂歡迎穆斯林商人過來的決定之賜。一三四三年伊本·白圖泰來到此地時，它是印度西南海岸的最大口岸，中國、中東間貿易的主要貨物集散地。阿拉伯籍水手和商人（通常是來自阿拉伯半島南部的哈德拉毛人），與當地人通婚，其後代為信仰伊斯蘭教的混血族群「馬皮拉人」（Mappilas）。印度教徒受制於本身的宗教貞潔不得出遠洋，因此，卡利卡特的貿易大多由阿拉伯人、馬皮拉人和後來古吉拉特的穆斯林掌控。卡利卡特緊臨河畔和海岸，沒有城牆。往內陸一哩，坐落著統治者的宮殿，有大片人工栽種的椰林將其與卡利卡特城隔開。更往內陸，有信印度教的顯貴人物的莊園，莊園遍布沿海平原，生產胡椒和薑，此城的財富和名聲大半來自這兩種作物。[59] 達伽馬一四九七至一四九八年的遠航壯舉，就來到卡利卡特。那時，此城因港口淤積，或許已沒落，不久後便由科欽（Cochin）和其南邊的瀉湖取代。[60]

從卡利卡特，商人可能乘船返回更北邊的古吉拉特。但如果其基地或市場在中東，他的下一個停靠港會是位於波斯灣口的荷姆茲，或紅海入口附近的亞丁。荷姆茲是無淡水可用的島，以此為商業城市，或許令人費解。此城得以發跡，源於附近古艾什島（Quaysh）的阿拉伯籍統治者，決定將原本位於古艾什島的舊貨物集散地遷到荷姆茲，因而買下荷姆茲島。後來人稱荷姆茲王國的這個地方，施行強勢的商業帝國主義路線，攻取巴林（其糧食和水的來源），將其控制範圍擴及波斯灣兩岸和阿曼沿海地區，其諸多對手一蹶不振。伊朗高原和位於波斯灣最深處的巴斯拉的對外貿易，紛紛落入荷姆茲掌控。十五世紀結束之際，此城本身或許有五萬人口（非貿易季期間人口則少上許多）。波斯人、阿拉伯人、俾路支人、古吉拉特人主宰此城商業：城裡通常有四百名左右從事絲織品、珍珠、寶石、香料貿易的外籍商人。每年兩次，大馬士革、阿勒頗的商人組成陸路商隊來到巴斯拉，而後乘船下波斯灣到荷姆茲。在荷姆茲，他們能買進來自中國、東南亞、印度的紡織品、香料、米。波斯灣區本身的出口相對較少：椰棗和一些小麥，但特別是馬。在印度，馬不易飼養，因此進口馬是印度境內統治者甚想入手的商品。此一貿易有利可圖，卻甚有挑戰，很大程度上有賴物流技術。而其貿易平衡則透過香料交易。[61]一如在麻六甲、卡利卡特，海關是重要機關，反映了統治者對海關收入的關注程度。

荷姆茲是波斯灣貿易和通往黎凡特地區、該地區諸口岸海上航路的真正樞紐。鄭和七次下西洋，其中五次便是以荷姆茲為目的地。十六世紀初期葡萄牙人侵入印度洋時，以荷姆茲為早期目標也絕非偶然：他們於一五〇七年攻打該城，一五一五年將其納入控制——希望封死取道黎凡特地區的貿易路線，以利於他們所開闢繞行好望角的海路。亞丁向來是荷姆茲的對手，而且是非常強勁的對手，以至於荷姆茲慣用於對付波斯灣區競爭者的手段也無法止住亞丁。亞丁為古老的城鎮，至少自九世紀起就是重要的商業中心。一如麻六甲或卡利卡特，其地理位置甚為重要。亞丁位在往返印度的季風路線西緣，經由海路可輕易往來東非沿岸。[62]但取道紅海前往埃及的海路，情況則完全不同。紅海以境內礁石和淺灘而惡名遠播。由於盛行北風，因此，往南至亞丁的船必須等到四月才能北返，往往只航行至吉達（麥加的口岸），船貨在此卸下，靠陸路商隊運至

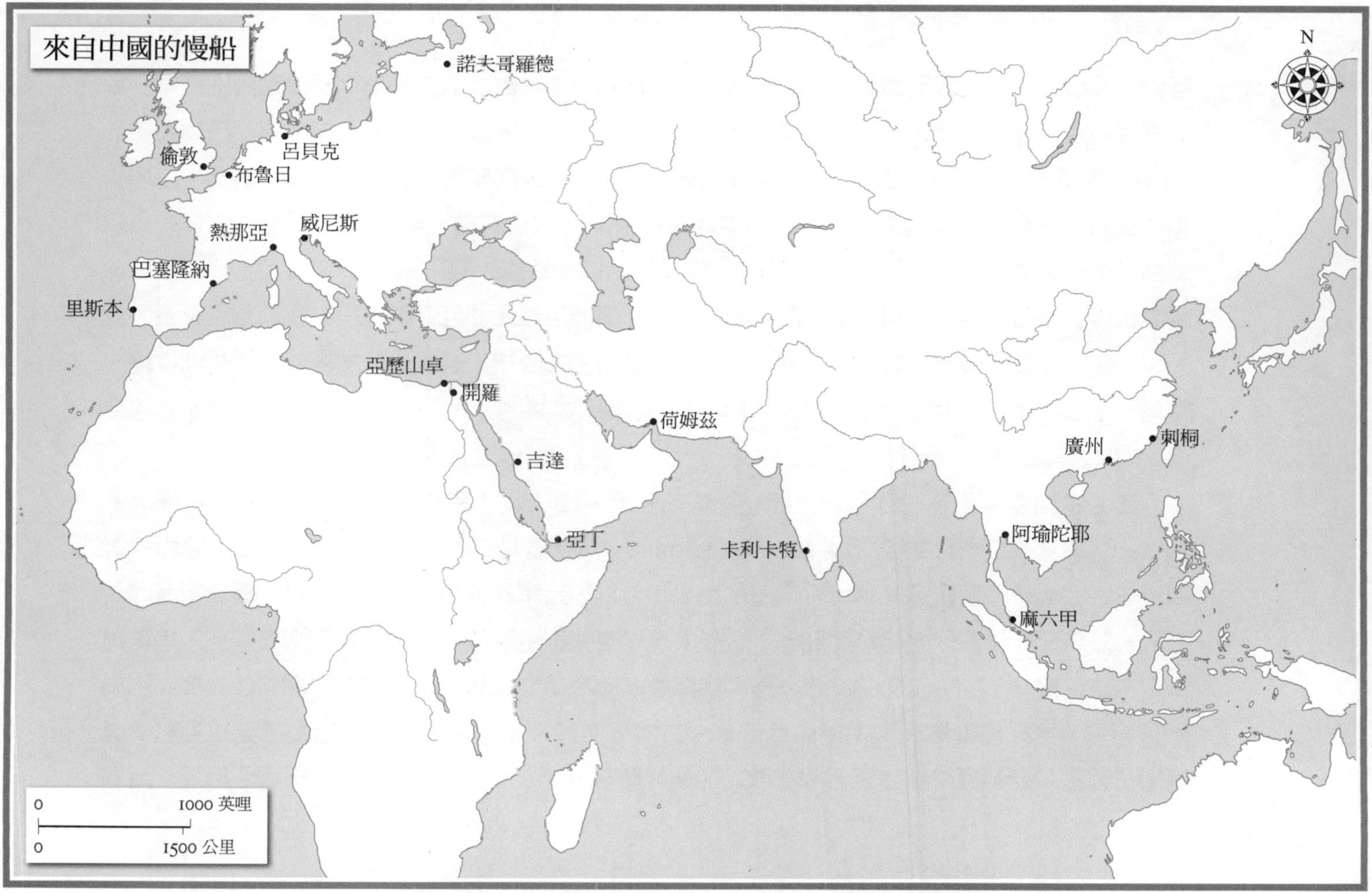
來自中國的慢船
諾夫哥羅德
呂貝克
倫敦
布魯日
威尼斯
熱那亞
巴塞隆納
里斯本
亞歷山卓
開羅
荷姆茲
吉達
亞丁
卡利卡特
廣州
刺桐
阿瑜陀耶
麻六甲
N
0
1000 英哩
0
1500 公里

開羅。因此，十月起從印度乘著冬季季風來到亞丁的船貨，要等到隔年春天才會轉運至埃及、地中海地區的市場；而從開羅載回的貨物會在七月底抵達亞丁，以趕搭晚夏季風，前往印度西海岸（此時，西海岸已無通行危險）。[63]一如麻六甲，亞丁靠風繁榮起來，風是其財富的根源。一名評論者盛讚亞丁是「中國的前廳、葉門的貨物集散地、西方的財庫、貨物的源泉。」[64]要拿地中海地區的貨物換取來自印度的貨物，亞丁是顯而易見的理想地點，商人得以免於來回一趟耗時兩年的漫長危險旅程。亞丁有安全的港灣，但冬季時易出現波濤洶湧的海象——貿易停擺的季節。亞丁易守難攻，或許是同樣重要的因素。要從陸上逼近，得取道一條狹窄的堤道：其海岸線有築了鋸齒狀垛牆守護。一五〇三年，一名來到亞丁的旅人驚歎道，「平地上所見過……最牢固的城市」；另一人則說，「美極了」。[65]

與荷姆茲或麻六甲不同的是，亞丁不是自由邦，儘管拜其地理位置之賜，可能享有某程度的自主。突厥裔出身的葉門拉蘇爾家族（Rasulids），原統治亞丁，但十四世紀後期，影響力衰退，本地氏族和軍閥得勢。從紅海口進入紅海往北行，即進入馬穆魯克人的國度。屬於是傭兵地位的馬穆魯克人統治埃及和敘利亞，一二六一年打敗進犯的蒙古人，使他們成為最強大、最有威望的伊斯蘭國家。但一四〇〇年後，隨著鄂圖曼人往敘利亞推進，馬穆魯克帝國面臨來自北方日增的壓力，其內部經濟則因黑死病肆虐後人口銳減而陷入失序。馬穆魯克蘇丹因此更加決意發展經由開羅、亞歷山卓至歐洲的香料貿易（尤其胡椒貿易）。開羅是馬穆魯克王朝的都城：他們已建造宏偉的護城城堡，從高處扼守其權力中心開羅。[66]開羅也是香料貿易的中心。來自吉達或亞喀巴（Aqaba）的商隊把胡椒運至此城脫手，然後買家裝運上船，順尼羅河而下（航程七天左右），以從亞歷山卓轉運出口。[67]

亞歷山卓是埃及的主要口岸，有東西兩個港口，東港口供基督徒船隻停靠，西港口只供穆斯林船隻使用。只是地中海貿易日益倚賴較大型的寇格船（cog），即寬體帆船，運送貨物，而只有亞歷山卓東港口適合寇格船停靠。反之，位於尼羅河口的羅塞塔（Rosetta）和達米埃塔（Damietta），夏季時北風迎上高漲的尼羅河水，船隻停靠非常危險。[68]亞歷山卓標誌著由穆斯林稱霸境內商業的印度洋世界的北界，歐洲商業勢力的南界。但一四〇〇年代後期，這座有城牆環繞的城市已大半衰敗或淪為廢墟，原因之一是其腹地縮小和產業衰落。但即使亞歷山卓城衰敗，口岸卻依舊繁榮興旺，城區移到城牆以北，分布在港口南沿。[69]對馬穆魯克人來說，亞歷山卓是面對異教徒、面朝戰爭之地（dar al-harb）的邊城。一三六五年，亞歷山卓遭呂西尼昂家族（House of Lusignan）出身的塞浦路斯國王劫掠，受到嚴重破壞（此舉或許是為壯大其所屬口岸城市法瑪古斯塔（Famagusta）。隨後，馬穆魯克人再強化亞歷山卓城的防禦工事，強化對開羅的控制。但亞歷山卓也是基督徒商人、穆斯林商人的交易地。威尼斯、熱那亞、加泰隆尼亞的商人來到此城購買東方貨，尤其香料。馬穆魯克蘇丹樂見他們的存在——其實已日益倚賴他們前來進貨，藉以挹注其國家財政，尤其藉以取得收入，以支應愈來愈高漲的奴隸進口開銷。[70]馬穆魯克蘇丹盡心竭力維護將亞歷山卓與尼羅河以及南方貿易連在一塊的運河，[71]允許威尼斯人、熱那亞人和其他人在境內常駐領事——以解決他們的私人糾紛以及他們和馬穆魯克王朝官員之間的協議——允許他們經營商館（fondaco），即外地商人在亞歷山卓的倉庫暨住所。香料貿易其實由威尼斯人把持，但他們必須和蘇丹的官商交易，必須照蘇丹所訂價格買進規定數量的胡椒。這是讓雙方都受惠的安排，只是雙方關係仍不時陷入緊繃。威尼斯人覺得在開羅配置一名代理人，以掌握上行紅海、越過沙漠抵達馬穆魯克王朝都城的最新交通狀況較為穩妥。[72]

原因之一係威尼斯與亞歷山卓間的香料貿易受到威尼斯當局的密切管控。威尼斯人是以槳帆船運回珍貴的胡椒，而非速度較慢的寇格船。每年九月上旬，威尼斯人派遣這類大船出發，四或五星期抵達亞歷山卓，將船上的毛織品、毛皮、蠟、銅以及大量金銀原物料卸載至小船上，轉運上岸，因為東港口沒有碼頭。把貨物從港口移到附近海關，從海關移到其後面的兩個威尼斯人商館，必須遵守複雜的規定。[73]威尼斯商人在埃及享有例外的特權：不必像其他基督徒遵守歧視性規定，得以在馬穆魯克人的領地隨意走動。[74]但威尼斯堅決要求在二十天裡完成穆達（muda），即每年胡椒、香料的採購，以讓甲板大船得以在聖誕節前返航，以免冬天降臨，航運停擺。透過海關拍賣和從蘇丹的官商進貨，威尼斯人每年運走約一百五十萬噸胡椒。[75]

離開亞歷山卓後，海上旅人進入新的海上世界。這個世界從黑海經地中海綿延到大西洋，經北海、波羅的海，遠至「大諾夫哥羅德」（Great Novgorod），即歐亞大陸毛皮貿易首府，其由諸多進貢國構成的帝國，版圖及於北極圈深處。如果說地中海地區，由於其對外連結的密集（部分因為糧食補給不定所致），[76]由於其與季風世界和該世界貿易的緊密連結，而仍是「中心」，歐洲的沿海區域這時則形成一個連貫的整體。西元一三〇〇年後，在北歐收成不定的時期，地中海船隻，包括槳帆船和寇格船，定期往北航至英格蘭和低地國，最初或許因當地穀物（大宗貨物）需求而被吸引過去。[77]這是與幅員遼闊、盛行季風的大洋大不相同的海上世界，其變化比較不規律。海象的多樣性高出許多，有賴多種導航技術。歐洲「半島」鋸齒狀的海岸線，有利於口岸和口岸城市的激增，境內國家的林立亦具有同樣的作用。威脅南亞境內口岸生存的生態壓力，在這裡沒那麼強烈。但歐洲也受惠於一個以宗教為基礎的共同文化，就和伊斯蘭已成為亞洲多數商人生活的共同精神依歸差不多。

十五世紀後期，威尼斯是歐洲最大的口岸城市，[78]主宰地中海東岸，為第一個擁有常設海軍的歐洲國家，亞洲商品（尤其胡椒、香料）在歐洲的最大出口市場。威尼斯的商業連結遍及歐陸各地，其崛起說明了一個口岸城市在沒有帝國保護或國王支持下能達到的驚人富強程度。最初，作為水手的避難所，根本名不見經傳，所有必需品都靠貿易取得：尤其是穀物、充當燃料的木頭、用於造船的木材、用以製造該城立基的木樁材料。威尼斯用武力擊潰附近諸多競爭對手，擺脫早期對拜占庭帝國的依賴，成為由其總督（Dodge）和元老院（Senate）統治的主權國。威尼斯是地中海通往中歐、北歐的最北端門戶，經由海路可輕易掌握黎凡特地區、黑海和（先前已提過）東方的消費者和產品，憑此有利位置，經商致富。但單憑經商本事，無法獲致這樣的財富。威尼斯既以經商有成著稱，也以其治理體制聞名。其政權受規則約束，擁護慣例和合約，鼓勵社會團結，同時反映務實的實利主義。威尼斯政府不斷撥款清淤以維持港口進出順暢；撥款成立兵工廠，以維持其海上武力；購買穀物以填飽（可能）滋事的窮人；遵循馬基維利*外交，藉此從諸大國的衝突中得利。[79]

實際上，商業與政治的結合，使威尼斯遠不只是個商人城市。十五世紀時，威尼斯擁有龐大的商船隊，共有約四十五艘槳帆船和超過三百艘至少一百噸重的帆船。憑藉龐大的槳帆船船隊，威尼斯把亞得里亞海變成猶如威尼斯大湖，並將其對手拒於此海域之外，並保護自身船隻。槳帆船建造費用高昂（經費由國家負擔），但船行速度快，在水淺的沿海水域易於靈活操縱。出租給商人使用，編入護航船隊裡，由此為黎凡特地區貿易所需的大量金、銀物料所提供的保駕護航以及保險成本，也盡皆壓低。商用槳帆船大多靠船帆航行，但槳手組成的「輔助引擎」，使此類船的航程得以更為規律、航速更快，有助於保住寶貴的船貨，免於落入海盜或對手之手。拜占庭帝國版圖漸次萎縮之際，威尼斯將從科孚島到塞浦路斯島的諸多愛琴海島嶼也納入其掌控。在水手偏愛航行於可見到陸地的水域且夜裡繫泊的時代，這些島嶼是威尼斯槳帆船的中途停靠站——由於必須為人數頗眾的槳手提供食物和飲水，中途找地方停靠更有其必要。還有專為威尼斯市場生產棉花、葡萄酒、糖、葡萄乾的種植園。因為威尼斯不只是口岸城市，還是帝國，擁有前哨基地和殖民地，例如距威尼斯甚遠的塔納（Tana）。威尼斯的商人以位於亞速海邊的塔納為據點，經營來自中亞和中國的陸路貿易，直到鄂圖曼人拿下君士坦丁堡，基督徒船舶再無法進入黑海後，此事業才停擺。威尼斯所實行的，是後來被稱作「重商主義」的路線：亞得里亞海和其殖民地的船舶都必須在威尼斯出售其船貨——以讓其商人和其公共財政得利，因為每筆交易都要繳稅。事實上，良好的財政是威尼斯成功的法門。威尼斯的達克特金幣（ducat）猶如當時的美元。威尼斯政府鼓勵，有時強迫，其城民借錢給國家，紅利以威尼斯的收入作保——這筆借給政府的錢，就是所謂的「蒙帖」（Monte）。[80] 在里亞爾托（Rialto）——威尼斯城的商業中心區——能找到銀行業者和匯票、期票以及寶貴的商品、訊息等。在莎士比亞的《威尼斯商人》中，薩拉尼奧（Salanio）便問道，「里亞爾托橋上有什麼消息？」因為商人與旅人，包括來自歐洲各地欲前往巴勒斯坦朝聖者，川流不息地通過此城，其中包括在此搭上朝聖槳帆船前往雅法（Jaffa）的朝聖者；他們帶來千真萬確的消息，還有各種資訊和傳言。

* 編注：馬基維利（Niccolò di Bernardo dei Machiavelli, 1469-1527），義大利學者，其著作《君主論》被譽為「現實政治的聖經」，卻也引發極端的討論，他也因此被稱為「暴君的導師」、「民族主義國家的理論先驅」、「近代政治學的開山始祖」，聲譽兩極。其中又以「政治無道德」而為人所知。

威尼斯雖強大，還是有挑戰者不甘屈居其下。位於達爾馬提亞（Dalmatia）沿海的拉古札（Ragusa，今杜布羅夫尼克／Dubrovnik），十四世紀中期時已逃離其掌控，巧妙利用其與羅馬教廷的關係對付新興的土耳其人強權，壯大自己，並維持廣大的海路、陸路貿易網。但威尼斯真正的對手是熱那亞。一如威尼斯，熱那亞於十三世紀後期時已打垮其鄰近對手比薩（Pisa），而且一如威尼斯，熱那亞靠貿易壯大，從北歐與黎凡特地區、黑海、更遠地方之間的貿易獲利。一如威尼斯，熱那亞建立了殖民地和貿易站，包括位於克里米亞半島的卡法（Kaffa，今費奧多西亞／Feodosia）和位於愛琴海的希俄斯。科西嘉島成為它的殖民地。一如威尼斯，熱那亞從外部、從指望財富而投奔該城的人身上，吸納到大半的勞動力和人才。熱那亞豢養了一支龐大的商船隊，包括一三七九年時令威尼斯感受到威脅的槳帆船。西元一三〇〇年前，熱那亞的船隻已通過直布羅陀海峽，直抵英格蘭、法蘭德斯，發展出導航技術和專業的新發明。

熱那亞不斷因政治衝突而遭到破壞，且不時落入外人掌控，但它並非只是較弱、較不穩定、較不獨立自主的威尼斯。[81]它的商業體制明顯不同於威尼斯，比起威尼斯，個人主義、機會主義的性質更濃，而且倚賴國家支持的程度遠低於威尼斯。[82]但真正的差異則見於熱那亞完善的銀行業。其中最值得關注的，便是聖喬治銀行（Casa di San Giorgio）的崛起。熱那亞的稅收全數繳入聖喬治，而在熱那亞掌有地中海、黑海諸多殖民地期間，這些殖民地的財產，都由此銀行掌控。聖喬治管理熱那亞政府的公債（至一八〇五年為止），也充當存款銀行。它為熱那亞港口的重大改善工程出資，管理熱那亞的自由港區（Portofranco）。[83]這股源源不絕的龐大收入，以及其所打造的金融網絡，為熱那亞作為主要信貸來源的卓越地位打下基礎。整個西地中海地區，還有在拓殖馬德拉群島（Madeira）、加納利群島（Canaries）期間，熱那亞商人和金錢係不可少的商業擴張推手。

熱那亞在西地中海的主要對手，係加泰隆尼亞地區的口岸城市巴塞隆納。加泰隆尼亞的商人（誠如前面已提過的），活躍於黎凡特地區，也活躍於北非——善用有利的海流，將船隻往南送，經巴利阿里群島（Balearic Islands），抵達馬格里布地區（Maghreb）諸口岸。[84]巴塞隆納商人財力不如威尼斯、熱那亞商人，享有的政治自由也不如後兩者。他們經商得以有成，其實靠加泰隆尼亞的亞拉岡王國殘酷無情的海上帝國主義（約一一五〇年起，巴塞隆納與該王國合併）。馬霍卡島（繁榮的阿拉伯人商業中心）和巴利阿里群島一二三五年時已被該王國拿下，為巴塞隆納的擴張清除了障礙。到了下個世紀，西西里島、薩丁尼亞島、科西嘉島被併入加泰隆尼亞人的版圖（但科西嘉島不久便脫離他們掌控）。經過與熱那亞一番難分軒輊的搏鬥，亞拉岡聯合王國（Aragonese Crown）將其勢力範圍擴及東地中海，曾短暫拿下十字軍的雅典公爵領地。一四四二年，占領那不勒斯城，完成對南義大利全境的支配。但到了一四〇〇年代中期，黑死病以及鄂圖曼人稱霸東地中海，導致巴塞隆納商人失去在東地中海的貿易，與此同時，該王國王室竭澤而漁，極力榨取巴塞隆納的利用價值，巴塞隆納最終陷入內戰，商業一落千丈。水能載舟，亦能覆舟，王權能造就口岸城市，亦能催毀之。

相對的，位於伊比利半島大西洋岸的里斯本，讓世人見識到國王的特權和恩庇能如何轉化為紮紮實實的商業優勢。一名海上旅人，必須對抗自大西洋流入的洋流，才得以穿過直布羅陀海峽，進入里斯本的雄心世界。一一四七年之前，里斯本一直是個伊斯蘭城市，把目光望向南邊的馬格里布地區和穆斯林所控制的安達魯斯（Andalus）。基督徒從穆斯林手裡收復阿爾加維地區（Algarve），加上開始有穿過直布羅陀海峽的定期航運，使寬闊的太加斯河河口成為從地中海至北歐的船舶當然停靠地。僅被授予狹小腹地的葡萄牙國王，以里斯本為都城，讓該城獨攬穀物等商品的進口業務。外籍（尤其熱那亞籍）商人和水手聚集里斯本，使該城在十五世紀中期時已猶如船舶設計、地圖繪製、導航技法的實驗場。一四一五年，里斯本已是葡萄牙人征服休達（Ceuta）行動的基地。休達是摩洛哥的要塞，俯扼直布羅陀海峽。冀望將非洲黃金流轉向，或許是激發此行動的動機之一。一四二〇年代起，拓殖馬德拉島（「木材島」）之舉，助益更大許多（至少短期來講是如此），從該島得到葡萄牙所急需的木材、穀物，以及獲利率最高的商品，糖。如果可以，葡萄牙人大概會想併吞加納利群島。十四世紀中期起，歐洲水手就知道此群島的存在，但約一四〇〇年起，卡斯提爾已在該地建立殖民地。一四三〇年代，葡萄牙人已開始拓殖西邊約八百哩處的亞速群島。這是令中世紀地圖繪製者生起無限懷想的神祕島群之一（一如神話中存在於大西洋的島嶼布拉吉爾／Brazil）。法蘭德斯移民一四五〇年代來到亞速群島種小麥和甘蔗。一四六〇年代，弗得角群島是里斯本最南邊的前哨基地：熱那亞商人從黑海運來奴隸，供應島上甘蔗田所需勞力。[85]葡萄牙水手已在尋找傳說中祭司王約翰（Prester John）的王國，並在幾內亞沿海地區探勘黃金。一四八〇年代，他們在今日迦納沿海地區築起一座要塞。不到十年，狄亞士（Bartolomeu Dias）已駕船繞過好望角。

對多數行經里斯本的威尼斯或熱那亞商人而言，這個海上帝國令人興趣缺缺。這裡不過是他們前往北方大市場的中途過境處。法蘭德斯的布魯日（Brughes）十三世紀起就吸引義大利商人定期來訪，已成長為法蘭德斯境內熱絡毛料貿易的中心。一場天賜的洪水打開一條通到北海的水道，不久便由一條運河改善其航運功能。由於憑藉河川可南通法國、東通萊茵河，布魯日很快就吸引歐洲各地的商人前來。義大利商人和船舶往北只及於此，這裡因而成為一處交易場所，他們得以用絲織品、礬、染料、葡萄酒、水果、香料換取來自波羅的海的貨物：毛皮、魚、蠟、蜂蜜、穀物。交易量龐大，有賴於信貸，而長距離貿易的規模，則需要匯票以及保險：於是布魯日成為北歐的「金融首府」——在此可找到義大利人的銀行。北歐第一個證券交易所（bourse），就位在布魯日，儘管第一個以此目的而成立的證券交易所後來才出現於安特衛普——而bourse一詞，便來自Beurs客棧外的廣場名稱。[86]

一如大部分繁榮的口岸城市，布魯日能晉升到如此地位，遠非只靠經商的便利。它得到其君主法蘭德斯伯爵（Count of Flanders）保護並賜予特權。法蘭德斯伯爵維護布魯日的「獨家交易口岸」（staple）的地位——溯其運河過來的貨物都必須在該城求售——並扼殺該城的競爭者。外籍商人——一四〇〇年代中期或許多達四百人——掌有布魯日的長程貿易，享有更多的自由——在威尼斯，外籍商人必須住在供「該國國民」居住的宅院裡——但必須透過當地的「旅店老闆」（hosteller）進行買賣，由「旅店老闆」提供住宿、經紀、信貸。當地人並未享有完全的自由。法蘭德斯伯爵所看重的，乃是極盡可能提升貿易額，而非為布魯日的貴族提供特別有利的經濟環境。因此，他出手讓外籍商人在宮廷裡享有同等待遇，限制「旅店老闆」所能收取的費用。布魯日雖受此優渥的待遇，卻還是有其罩門。它通往大海的水路逐漸淤積。隨著斯海爾德河（Scheldt）的諸水道改道，西水道的條件漸漸優於東水道，使通抵附近安特衛普的碼頭變得更為容易，安特衛普的地位日益上升。安特衛普位在低地國的南北主路線上，與科隆關係密切，吸引許多德意志商人前來。科隆是萊茵河畔的主要貨物集散地，把南德意志諸城市和波羅的海貿易連在一塊。[87]外籍商人開始遷出布魯日，移至安特衛普。但最重大的打擊來自政治。低地國移交給哈布斯堡家族時，該家族青睞對其忠心的布拉班特（Brabant）甚於較不忠誠的法蘭德斯。一四八四年，攝政王馬克西米連下令所有外商離開布魯日轉至安特衛普，多數外商遵循此命令。接下來的一個世紀裡，安特衛普成為「眾所公認西方世界的商業首府」，[88]直到它也成為政治浩劫的犧牲品為止。

只有好奇心最重的地中海商人，才會在到了布魯日之後繼續前進。從利潤角度看，這麼做的確獲益甚少。但真如此的話，此人不會在阿姆斯特丹久留，而會先去漢堡，再走陸路到位於特拉維（Trave）河畔的呂貝克。畢竟，當時，阿姆斯特丹在海上貿易領域仍屬小角色，漢堡則已因其產量甚大的啤酒而聞名。到了呂貝克，此人會發現自己置身漢撒同盟的商業地盤裡，亦即以呂貝克為中心的商人大聯盟。呂貝克在史前時代就是歷史悠久的「貿易海灘」，其位在橫越霍爾斯坦（Holstein）地峽的陸上運輸路線、靠波羅的海那端的盡頭。長期以來，商人偏愛走此地峽，甚於繞過日德蘭半島（Jutland）末端斯卡恩（Skaw）的危險海路。一一四三年建城時，屬「德意志人的」的城市，或許是中世紀德意志人往北、往東拓殖行動的一部分。呂貝克早期靠鹽醃鯡魚致富：坐落在瑞典西南海岸外的大鯡魚場和南邊四十哩處呂訥堡（Lüneberg）的製鹽廠之間（鯡魚捕撈上岸後，必須在大約一天內用鹽醃或用煙燻以免腐壞）。[89]但它乘著波羅的海、北海之間長程貿易的浪潮而興起：呂貝克是從西邊的倫敦、布魯日延伸至東邊列巴爾（Reval，今塔林／Tallinn）、諾夫哥羅德的商業軸線的樞紐。呂貝克的商人可能曾夢想著成為北方的威尼斯。但現實是，他們的地域受到大上許多的限制。在北邊，他們被強大的丹麥王國圍住（一三世紀大半時期呂貝克是丹麥帝國的一部分）。波羅的海的毛皮、蠟、魚、穀物貿易撐不起威尼斯所享有的那種榮景：一四九〇年代，威尼斯光是與埃及、敘利亞的貿易額就比呂貝克的貿易額多出至少一倍，而且波羅的海貿易或許只及於地中海貿易的十分之一或更少。[90]呂貝克也無法將附近諸多貿易城市納入支配：但澤（當時也是德意志人的城市）擁有廣闊的波蘭腹地，不久就在財富上和其並駕齊驅；漢堡這個曾是呂貝克位在北海岸之「外港」的城市亦然。[91]反之，自一四一八年起，呂貝克則成為由諸多德意志商人城市所組成的漢撒同盟的公認領頭羊。

漢撒同盟最初可能係為解決商業紛爭而成立，其成員最終增加至約七十個城鎮，次級加盟城鎮或許達百個或更多。遙遠的科隆，萊茵蘭地區的首要城市，亦是此同盟一員。漢撒同盟的壯大，在某種程度上反映了中世紀北德意志君權的衰弱，卻也是波羅的海沿岸的德意志口岸集體防禦丹麥擴張威脅的表現。漢撒同盟在商業上的重要性，在於其讓加盟城市的所有城民享有貿易特權：免除（或減少）稅金；轉出口未賣出之貨物的權利；遭偷竊時迅速獲賠；萬一商人死於國外，其財產可獲得保障。[92]漢撒同盟的商業策略所憑恃的，包括揚言抵制的威脅以及搶劫對手船隻這兩種作法。在林肯郡的波士頓或諾福克郡的金斯林（King's Lynn）之類的英格蘭口岸城鎮，漢撒同盟在黃金貿易地段據有房地產。[93]此同盟在國外也有常設的四大商站（Kontor），即可供德意志籍商人在其中居住、貿易的商業機構，並享有某種不受當地法律管轄的外交豁免權：分別為設在布魯日、（後文不久會提到的）倫敦、貝爾根（Bergen）、諾夫哥羅德（最晚設立的商站）。其中，貝爾根為漢撒同盟從事有利可圖的淡鱈魚乾貿易的中心。淡鱈魚乾來自羅弗敦群島（Lofoten Islands），富含蛋白質。在貝爾根，漢撒同盟的商站猶如德意志人的殖民地，有商人，還有藝匠和工匠，他們都住在「德意志人碼頭」上的商站建築裡或附近（此商站建築如今仍可見到）。在諾夫哥羅德，商站為德意志籍商人提供住宿之處，牢牢控制獲利甚大的毛皮貿易。

漢撒同盟的商人長久把持波羅的海和北海之間的貿易，但到了十五世紀下半葉，呂貝克和漢撒同盟相對來講已沒過去風光。荷蘭商人和船舶進入波羅的海。君權日益高漲：一四二六年，丹麥國王開始對通過丹麥、瑞典之間的卡特加特海域（Kattegat）的船隻收取受人唾棄的厄勒海峽通行費（Sound tolls）。[94]莫斯科大公國的最高統治者一四七八年吞併諾夫哥羅德，設於該城的漢撒同盟商站不久瓦解。漢撒同盟遭遇來自南德意志繁榮城市和富格爾家族之類強大銀行業者的強力競爭。漢撒同盟的回應係採守勢：不讓外籍商人在呂貝克、但澤貿易，不使用信貸。[95]這兩個作法對挽救危局可能都幫助不大。呂貝克和但澤的發展陷入停滯。[96]主要例外是漢堡，而這或許反映了一股更深層的力量在發揮作用——一五〇〇年時，大西洋貿易的重要性已日益提升，不久就橫掃一切，壓下其他地方的貿易。

本書中的海上旅人來到布魯日後，可能轉向往西航行，而非往東，然後溯泰晤士河上到倫敦。倫敦是羅馬人所建，但在羅馬對不列顛的統治結束時遭棄。後來，在更上游約八百公尺處，以灘岸市場的形式重出江湖，即撒克遜人所建的「倫登維克」（Lundenwic），地點就在今日的科文特花園區（Covent Garden）。西元約九〇〇年時，由於維京人入侵，倫敦城所在被迫退回有羅馬人所建城牆保護的舊址。[97]西元一〇〇〇年，倫敦已有一座橫跨泰晤士河的橋，使倫敦成為英格蘭東南部交通的要衝。或許因為這個理由，它取代溫徹斯特，成為英格蘭首府。諾曼人築起白塔（White Tower，後來倫敦塔的一部分），以保護此城並申明其對此城的控制權。倫敦的貿易和收入成為國王的重要資產。

倫敦的重要源於其扼控一片遼闊的河邊腹地，包括大半的英格蘭南部、東部；源於其作為政治、行政首府，吸引來稅收、王廷、高消費菁英；源於其位在受潮汐影響的泰晤士河邊，受保護但又易抵達的地理位置；最重要的，源於其與法蘭德斯隔海相對的地理位置，法蘭德斯是中世紀北歐的商業、工業心臟地帶。一三四八年黑死病爆發前夕，倫敦有人口約八萬，使其成為歐洲最大城市之一。一世紀之後，人口已銳減，但到了十六世紀初期，倫敦富裕程度（根據稅額評定標準）已是其在英格蘭的最近對手諾里奇（Norwich）的十倍。[98]倫敦的貿易對象主要是法蘭德斯，最初透過出口羊毛。到了十五世紀，南不列顛各地所製造的布匹，已成為倫敦最大的出口商品。英格蘭貿易的顯著成長，吸引許多外籍商人，主要是義大利人（來自佛羅倫斯、熱那亞）和德意志人（來自漢撒同盟口岸）到了中世紀後期，倫敦已遠非當年的灘岸市場，這時，泰晤士河邊分布著專門買賣特定商品的諸多碼頭，包括葡萄酒、鹽、穀物、魚、香料、木材、柴。河岸上隨處可見商辦建築，因此要到河邊，只能經由狹窄的巷弄。[99]倫敦商人和船舶挺進波羅的海、地中海，日益挑戰義大利、漢撒同盟商人的獨占地位。

一如其他口岸城市，倫敦既得益於商業成功，也得益於政治勢力的加持。英格蘭國王能從倫敦收到海關稅收，而倫敦亦能從事貸款業務——放款人通常是外籍商人和銀行家，例如佛羅倫斯的巴爾迪（Bardi）、佩魯齊（Peruzzi）——倫敦因此成為英格蘭國王的極寶貴資產。同理，倫敦的不滿，對英格蘭國王來說也格外危險，尤以勞工騷亂或人民對物價上漲的憤怒，其程度無異於英格蘭境內更大範圍政治動亂。倫敦獲英格蘭國王授予某種程度的自治，並以繳稅、獻上一連串「禮物」、花錢買下國王授予的獨占權、商業特權，作為回報。[100]其中最有價值的特權之一，係讓「自由民」（享有完整公民權的極少數人）得以在英格蘭全境貿易，免於像一般外來商人那樣必須繳交通行費和規費。這一特權使倫敦商人得以打入南安普敦之類興盛的外港，然後扼制這些外港的競爭力。[101]倫敦商人得益於國王用兵歐洲的野心，因而締結軍事合約，同時得益於本身實質上壟斷布匹的出口。但英格蘭國王也運用其權力保護外籍商人，使他們免於遭在倫敦和其他地方不時爆發的仇外暴力（和商界同業的猜忌）傷害：外籍商人及其所掌握的金融資產大有價值，不得擅自驅逐他們。十五世紀後期，倫敦有約三千名「外人」，其中既有商人，也有工匠——因為倫敦也是製造業重鎮，有許多有錢的消費者。[102]時間和技術更是倫敦的助力。隨著帆船的操控更為靈活，從英吉利海峽繞過北岬（North Foreland）溯泰晤士河口而上的航行變得更容易掌控（南安普敦的重要性因此大減），而大西洋貿易、漁場的重要性日增，使位在歐洲南北貿易、東西貿易交會處的倫敦更受倚重。

口岸與模式

在哥倫布時代之前歐亞大陸的口岸城市裡，我們得以看到許多形塑後來口岸城市歷史的特點（以及某些挑戰）。從政治上來看，它們妾身不明。有些口岸城市，例如麻六甲、荷姆茲、威尼斯、呂貝克、漢堡，享有主權或相當於主權的地位。就麻六甲來說，遠離大國，可能有助於其擁有這樣的地位；荷姆茲、威尼斯、漢撒同盟城市則利用海軍申明其所宣稱擁有的權利。但或許，大部分口岸城市受制於或近或遠的內陸統治者。這些統治者的態度南轅北轍。對卡利卡特的札莫林或葡萄牙王來說，「他們的」口岸是極重要的資產，是其財富與權力的主要來源。他們樂見外籍商人到來，只要能促進口岸的海上貿易前景，便竭誠歡迎。法蘭德斯伯爵（布魯日的最高統治者）、英格蘭王、開羅的馬穆魯克蘇丹，也深知口岸城市能帶給他們的好處，既授予特權，也訂定規則，以約束本地商界菁英的保護主義本能。到了十五世紀，英格蘭國王的收入已有一半來自貿易。然而，內陸統治者距口岸遙遠，或把重心擺在陸路和難防的邊患，對口岸漠不關心（如在印度所見）或主動與海上事務保持距離（如一四三〇年代時的明代中國），則實屬常態。但或許，這些「遠在異地」的統治者都有一個共通點，即他們對口岸的控制程度有其局限——因為他們倚賴商人在商業、財政上的配合，因為挑戰約定成俗的自由有其危險，或因為坐鎮異地行使統治權，統治者得倚賴代理人，而代理人擺脫不掉當地勢力影響。其實，現代以前的統治者，幾乎個個苦於缺乏強制性權力，通常只有短期間有這類權力可行使，但不久，面臨叛亂或破產，此權力就蕩然無存。

但這些「舊世界」口岸城市，國際色彩如何？幾乎在每個地方，口岸城市的貿易都不能沒有外籍商人：沒有他們，口岸城市形同敲響喪鐘。整個歐亞大陸，長程貿易靠離鄉背景的僑商維持——華商、阿拉伯商、波斯商、古吉拉特商、猶太商、希臘商、義大利商（威尼斯、佛羅倫斯、熱那亞商）、德意志商。商人把兒子或侄子派到國外從事買賣，或親自押貨出國。他們需要當地的熟人（最好是教友）提供市場動態、殷勤招待，碰到糾紛時提供仲裁，碰上災難或死亡時保住其財產。因此，許多口岸城市有外僑居住區或殖民地，其「首領」（甲必丹）或領事代表外僑和當地當局打交道。一般來講，外籍商人必須從當地商人進貨，把貨物賣給當地商人，不得從事零售。他們的移動往往受限——但或許也沒多大誘因驅使他們往內陸走——時時提心吊膽財物遭沒收，本人遭驅逐出境，或更糟的情事。源於商業或宗教因素的排外心態，出於對手的操弄或因謠言而爆發，係時時存在的隱患。如果統治者不放在心上，或本身與外人有齟齬，可能就會大禍臨頭。當然，外籍商人可能集體離開、抵制口岸一事，使統治者投鼠忌器。外籍商人能藉由通婚或得到國王特別照顧而輕易取得當地身分，以及在基督教、伊斯蘭教世界裡，倫理規範、宗教儀禮準則所規定的行為規矩、正義觀頗為一致，往往減輕恐外心態。某種習慣性的海洋法規範地中海地區（羅得海法／Rhodian sea law）、西北歐（奧列隆法典／Rules of Oléron）的海上貿易和船長、船員間關係。甚至，不管是在哪種文化裡，商人的私利考量，再再使互信和光明正大交易成為商業成功的條件。[103]

口岸城市最重要的商業活動，係長程貿易。但我們不中得想問長程貿易對其腹地的經濟轉型，或對資本主義的散播更廣，起了何種促進作用。此問並沒有明確的答案。在農村仍占主流的世界裡，長程貿易只占經濟活動的一小部分。大部分貿易局限於一地方或一地區，在眾多內陸市集城鎮中進行。就連海上貿易一般而言也屬短程，局限於沿海，把穀物、木材、魚或鹽從一地運到附近的另一地。口岸城市的港口充斥著這種海上貿易，以及穿梭於它們的港灣裡的小船、平底船。但若長程貿易的數額不大，其所能掙到的利潤有時卻是高昂。根據某估計，一公斤胡椒的賣價（賣給歐洲消費者），最高達到向種植農收購價的三十倍、威尼斯人在亞歷山卓買進價格的兩倍。[104]所費不貲。歐洲人每年花在購買香料的錢，可用來買進足以餵飽一百五十萬人的穀物。[105]但長程貿易的重要性，或許既在於其所創造的財富，也在於其所催生出的制度和習慣。由於周轉時間長達一年或更久，商人必須充分掌握動態，必須持續詳實紀錄。保持聯繫和簿記甚為重要；某種形式的保險不可或缺。為裝滿一艘船，商人必須建立起自己和商船船長之間的合夥關係。貨物若會從一貨幣體系運到另一貨幣體系，商人得掌握匯率或利用因此應運而生的銀行。義大利人的經商方法成為歐洲其他地方的制式作法，這絕非偶然。[106]長程航行（中國和東南亞間或地中海和北大西洋間的航行）的需要，催生出導航技術，改良了船舶設計，亦是如此。

但有多少「舊世界」口岸城市可算是資本主義的搖籃？判定資本主義存在與否的標準，通常包含穩健的財產權、履行合約的能力、大抵自由的貨物、勞動力（有可能是奴工）市場以及願意且能夠以行動支持前述事物的國家。長程貿易和其所需的船舶是資本的首要需求、實際執行資本主義的要件。但口岸城市商人對自由貿易或市場整合興趣不大，他們的獲利也非只靠（乃至非主要靠）創業本事。商人所追求的，係藉由統治者的授予或藉由強勢壓下所有競爭，取得獨占地位——經濟學家所謂的「尋租行為」。他們靠借錢給國王、領受國王的厚賜來追求財富。口岸城市社會，在切實可行的情況下，竭力約束外部商人的活動，作風就和前述商人差不多。若可以的話，他們會藉由領土擴張（如熱那亞、威尼斯、阿瑜陀耶所為），或藉由打造「非正式」的商業獨霸帝國（同樣是熱那亞，還有荷姆茲），創造出更大的獨占區。「舊世界」的大半地區林立多個管轄權（管轄權既因國而分，在國內也因地而有不同）一事，也有助於口岸城市的壯大。這些管轄權賦予不同的特權，強加不同的稅和通行費。有人主張，打破這些特權和稅費並擴大市場（達成分工以及「亞當斯密式」成長或前工業時代成長的基本先決條件），並非出自商人之手，而是一心想集權中央的統治者所為。[107] 此論點在中央集權化且官僚體系化的中國已行之有年。而在未走到這一步的地方，或在特權捍衛者勢力牢不可破的地方，市場始終不大，成長則處於停滯。

誠如上文所間接表明的，「舊世界」口岸城市有利於「全球化」，但那是特定且有限的一種全球化。不過，這些口岸城市也面臨可能使其由盛轉衰，乃至消失的挑戰。流行病是主要禍害之一，一旦遇上，通常會導致一半的城民喪命——但長遠來看，流行病具有提高生活水平、消費、貿易的效應，至少在歐洲是如此。要維持口岸交通通暢，必須不斷清淤，或就亞歷山卓來說，保持其通往尼羅河的路線通暢。船舶設計、操控靈活度上的改變，有利於某些口岸，卻可能有損其他口岸，或使口岸必須花費巨資升級港口設施。內部政治——統治者的垂青與否——能讓口岸得到特權，也能拿走特權。社會秩序隨時都會生變，若想維持安定，則有賴貴族安撫次要商人、店家老闆、藝匠、勞動窮人不滿的能力——在物資匱乏或其他災難時期，社會動盪，這些人的不滿，對口岸社會來說更加危險。但最大的危險或許來自地緣政治。統治者的掠奪，其危害遠不如統治者的雄心和該雄心所引發的戰爭來得嚴重。貿易中斷；口岸遭夷平（一三三八年南安普敦的下場）；海上的混亂和暴力提高保險成本或使船舶不敢前來。沒有一國稱霸海上，或沒有諸海上強權的合作，只要是海上航路變窄而讓人有機會劫掠到豐厚財貨的水域，海上劫掠（不管是得到許可或未經許可的劫掠）便猖獗了起來。

這些便是「舊世界」口岸城市的情況。「哥倫布時代之前」的全球化未及於美洲，也未及於澳大拉西亞。但此前兩千年期間，全球化已創造出具有導航技術、經商能力、消費習慣、拓殖作為、文化偏見的大環境，而且不久後，美洲大抵上就會被強行整合進這個大環境。整合程度如何以及會帶來什麼始料未及的結果，接下來幾章但見分曉。

廣州十三行區，約一八三五年，中國畫。TaylorGallery, London.
（Bridgeman Images）。

第二章 哥倫布序曲

「發現亞美利加、發現經好望角通往東印度群島的航道，係人類歷史上所記載的兩樁最偉大、最重要事件，已帶來非常深遠的影響……。」亞當・斯密在《國富論》（1776）中如此蓋棺論定，無非是重述了雷納爾神父（AbbéRaynal）在其《兩印度群島的歷史》（*Histoire des DeuxIndes*, 1770）中的觀點。[1]哥倫布於一四九二年發現一條往返加勒比海的可行海路，連同達伽馬一四九七至一四九八年繞過好望角航至印度，為往來於美洲、歐洲、亞洲、非洲之間的直航開闢新航線。一五一三年，葡萄牙人已抵達中國南海岸，中途取道東非的索法拉（Sofala, 1501）、印度臥亞（1510）、麻六甲（一五一一年占領）。一五五三年，他們取得澳門，作為其在中國沿海的貿易站。與此同時，葡萄牙已在巴西東北部立足，由於風向、洋流之利，那是船隻往來里斯本、東方途中相當便利的停靠地。隨著葡萄牙人將甘蔗從馬德拉島移植到巴西，奴隸逐漸被人從安哥拉橫越南大西洋運過抵，巴西殖民地的一個「次殖民地」於焉誕生：位於安哥拉的羅安達（Luanda）於一五七五年建立，有如葡萄牙人的新拓居地一般。與此同時，一五七一年，西班牙人橫渡太平洋，在菲律賓群島創建馬尼拉，以來自墨西哥、祕魯的白銀為誘惑，吸引中國的商人前來。到了十六世紀後期，已有一個新的全球海路網與歐亞間的舊陸路貿易同時運行，而來自歐洲的海商則欲打進印度洋、南中國海稠密的商業交通網裡。一五〇〇至一八三〇年，我們不妨稱之為「哥倫布全球化」的時代，其基礎已在這時打下。

其實，誠如前述，哥倫布全球化本身是歐亞大陸西端（和北非）與歐亞大陸濱臨太平洋的東端之間，更久遠的全球連結史的終章。在哥倫布時代之前的歐亞大陸，羅馬與中國間的貿易、伊斯蘭從阿拉伯半島西部傳播至中國邊疆的驚人速度、技術、遊戲（例如棋戲）、文學風格的擴散、對象牙[2]、香料、寶石、絲織品[3]之類奢侈品的喜好、把貴金屬當錢幣使用一事，都藉由歐亞大陸久遠的「半世界」歷史裡的一連串通商以及不經意的接觸而得以有機會實現。[4]因此，對中國製品（哥倫布想買的）的需求、他所認為會用到的導航技術、西班牙人帶到美洲的那種消滅異教徒的精神，係西歐和歐亞大陸的中國、伊斯蘭文明長久往來的文化、技術、政治的遺緒。全球化或許分成數階段，或許有加速、放慢的時刻，但全球化也是層層積累的產物——吸收、改造或重新發明承繼自前人的一套技術、路線、宇宙論、商業制度、文化品味、威信觀等。每個階段之所以在歷史上自成一個時期，源於一批新的客觀條件，即商業、技術、地緣政治力量、環境改變或疾病方面的新條件。這些新條件使新路線得勢，凌駕於舊路線之上，有利於新的消費習慣、新的空間觀、新的遷徙目標、新的宗教信仰領域、新意識形態。

哥倫布全球化

哥倫布全球化所代表的第一個意義，係歐洲長年遭局限的世界地位經此而得以擴張至超乎尋常的程度。歐洲商人，由葡萄牙人、荷蘭人、英格蘭人和其他人接力上場，壟斷了繞過好望角到亞洲的新長程海上貿易。歐洲國家——西、葡、荷、法、英——把「新世界」（或他們所能抵達的地方）轉化為歐洲的附屬物。哥倫布全球化只是歐洲擴張的序曲（非常普遍的觀點）嗎？歐洲人在特殊的機緣巧合下，進入「新世界」，而這些特殊的機緣的確擴大了歐洲人對經濟、文化、社會的影響力。如果歐洲人如願找到他們想要的——願意通商且照「舊世界」模式組成國家的人——歐洲人對美洲的征服和拓殖可能會推遲數世紀（他們在亞洲就是如此）。但征服「新世界」者振奮人心的偉業、可劫掠的財物無窮無盡的傳說（和實情）、宛如天外飛來的大量金銀原料、促進大西洋遠航的因素，助長將拓殖和海上貿易作為致富、主宰地緣政治捷徑的行為（並使追求拓殖、海上貿易的意識形態被奉為圭臬）。大西洋帝國主義改變了歐洲人對地球形狀的理解，帶來嶄新的地圖繪製文化。[5]自此，歐洲可被想像成已知世界的十字路口，而非其邊陲。歐洲為傳教事業和宗教擴張創造出新舞台，不久也為異議人士創造出避難所。美洲產物，尤其糖，助長新型態的消費。[6]美洲大地成為遷徙的目標，其移民社會成為社會實驗場，但並非總是無害的社會實驗。在美洲，歐洲人確實意識到，他們不能沒有農奴。

但若認為此一全新的大洋格局所產生的全球效應，只在或主要在歐洲為人所知，那無疑是錯誤的見解。糧食與工業作物（例如高粱、稻米、甘蔗、棉花和以及隨之轉移的技術），長距離、跨越不同氣候區的轉移，為「舊世界」農業長久以來的特點。香蕉於西元三〇〇年後的某個時候被馬來水手從印尼帶到東非，隨即擴及非洲大陸各地。新作物改變了當地的生態，增加了人口。但一四九二年後的「哥倫布大交換」，引進大量且多樣的多產型新作物傳到歐亞大陸社會，且以驚人速度為人們採用。[7]地瓜、花生、玉米於十六世紀中期時已在中國定植，通常被認為是中國人口從一七〇〇年的一億六千萬增加至一個世紀後三億五千萬的功臣之一[8]，儘管玉米的栽種直到一七五〇至一八二〇年才見遽增。[9]來自巴西的木薯成為熱帶非洲的主要糧食作物之一，玉米亦然。事實上，用玉米供養相對較稠密的人口，很可能是西元一六〇〇年後西非森林地帶裡出現強大阿善提帝國（Asante Empire）的主要因素。[10]我們或許甚至可進一步推測，「新世界」作物在非洲種植所推動的人口成長和黑奴跨大西洋的反向流動是否有因果關係。[11]

在貿易領域，美洲對全球的衝擊同樣鮮明。位於南北美洲的殖民地，成為大面積栽種產物的來源，其中有些作物是人們從歐亞大陸帶過去的，例如甘蔗、咖啡樹、槐藍屬植物，有些則是原產於美洲，例如菸草、可可樹等。這些產物仰賴農奴生產，他們迅速取代歐洲、中東境內較老的勞力供應者，削弱了「舊世界」生產者、商人構成的整個產業鏈。但歐洲人從美洲取得的最有價值「紅利」，實屬美洲盛產的白銀，其中約四分之三出口歐洲，或間接出口至亞洲。白銀擴大了歐洲諸經濟體的貨幣基礎，支應了歐洲的戰爭開銷。但西元約一六〇〇年起，運至歐洲的白銀，四成多轉運至東邊的亞洲。[12]在亞洲，白銀較為稀缺，銀價較高，於是，光是把白銀運到那裡，獲利就很可觀。但白銀貿易真正的重要性，在於歐洲人所能買下的亞洲貨，因而得以比以往多上許多，因為亞洲對歐洲貨的需求始終不大。一六六〇至一六六五年，英國東印度公司運載了約四萬公斤白銀到東方；到了一七五〇年代，已增至十倍多。[13]歐洲消費者這時能盡情滿足其對中國瓷器、絲織品的需求，對印度棉布的需求，而中國、印度的生產者則大量增產，積極回應這一蓬勃的新市場。景德瓷，以及愈來愈多的福建茶，經由廣州（華南沿海的最大貨物集散地）大舉輸出。印度麥斯林紗和棉布從古吉拉特、科羅曼德爾、孟加拉往西運，其中大半由東印度公司的船舶運送。[14]美洲的奴隸穿印度棉衣。[15]白銀成為全球貿易的主要貨幣，據某些估計，一五〇〇至一八〇〇年墨西哥、祕魯所開採的白銀中，中國消耗掉一半至三分之二，其中大半橫越太平洋直送至馬尼拉。[16]中國的需求係使西屬美洲如此有價值的推手。

西元一六〇〇年後所開始出現的全球模式前所未有。哥倫布全球化已把美洲、歐洲、印度、東南亞、中國拉進一個大循環裡，擴大了亞洲與歐洲、歐洲人殖民地的貿易規模，把西歐人轉化為長程海上貿易的主要運輸者。歐式裝帆船有其不凡的優勢：順風行駛時比中式帆船慢，但頂

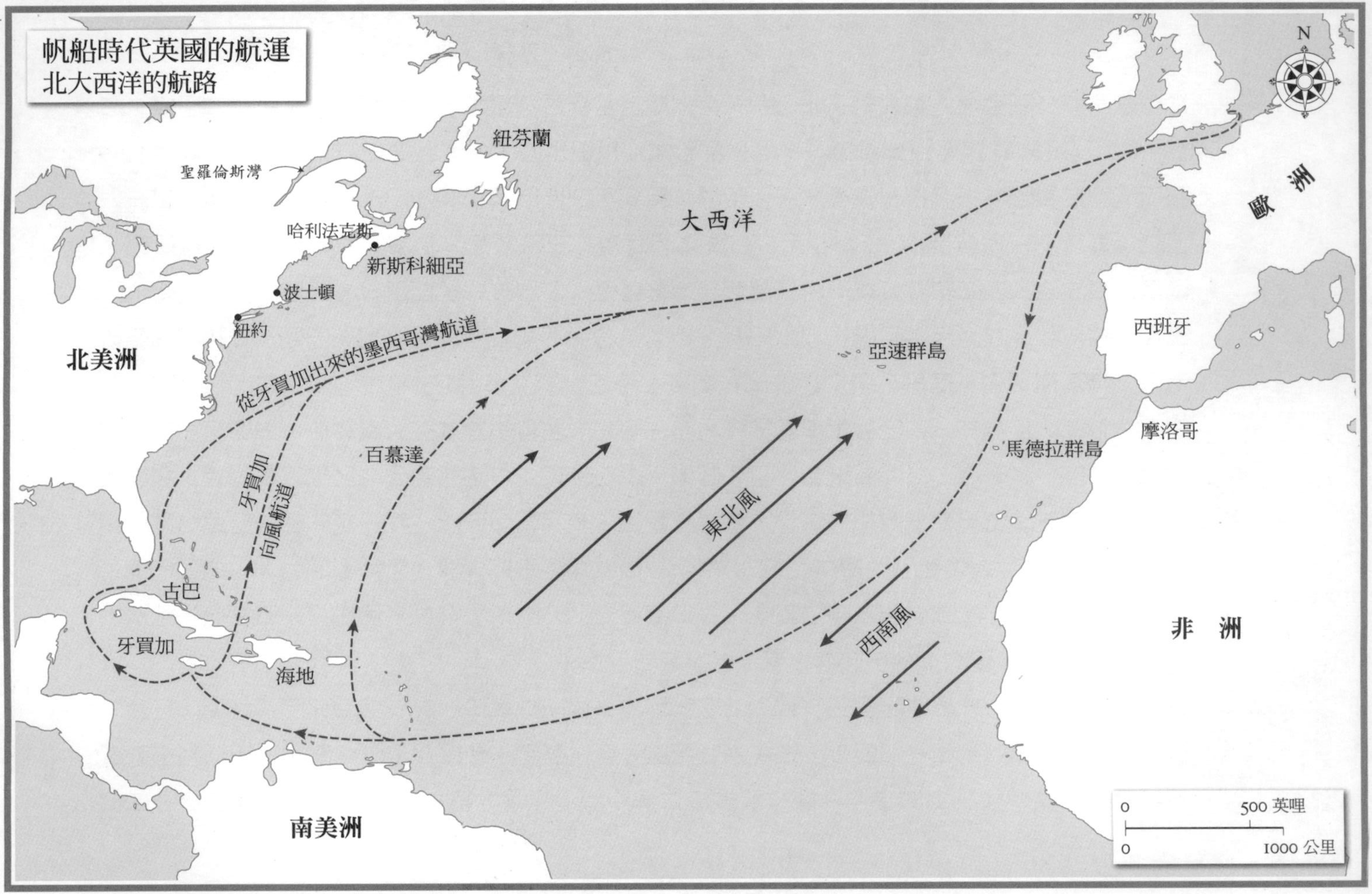
帆船時代英國的航運
北大西洋的航路
N
紐芬蘭
聖羅倫斯灣
哈利法克斯
新斯科細亞
波士頓
紐約
北美洲
大西洋
歐洲
西班牙
摩洛哥
亞速群島
馬德拉群島
從牙買加出來的墨西哥灣航道
牙買加
向風航道
百慕達
東北風
西南風
古巴
牙買加
海地
非洲
南美洲
0
500 英哩
0
1000 公里

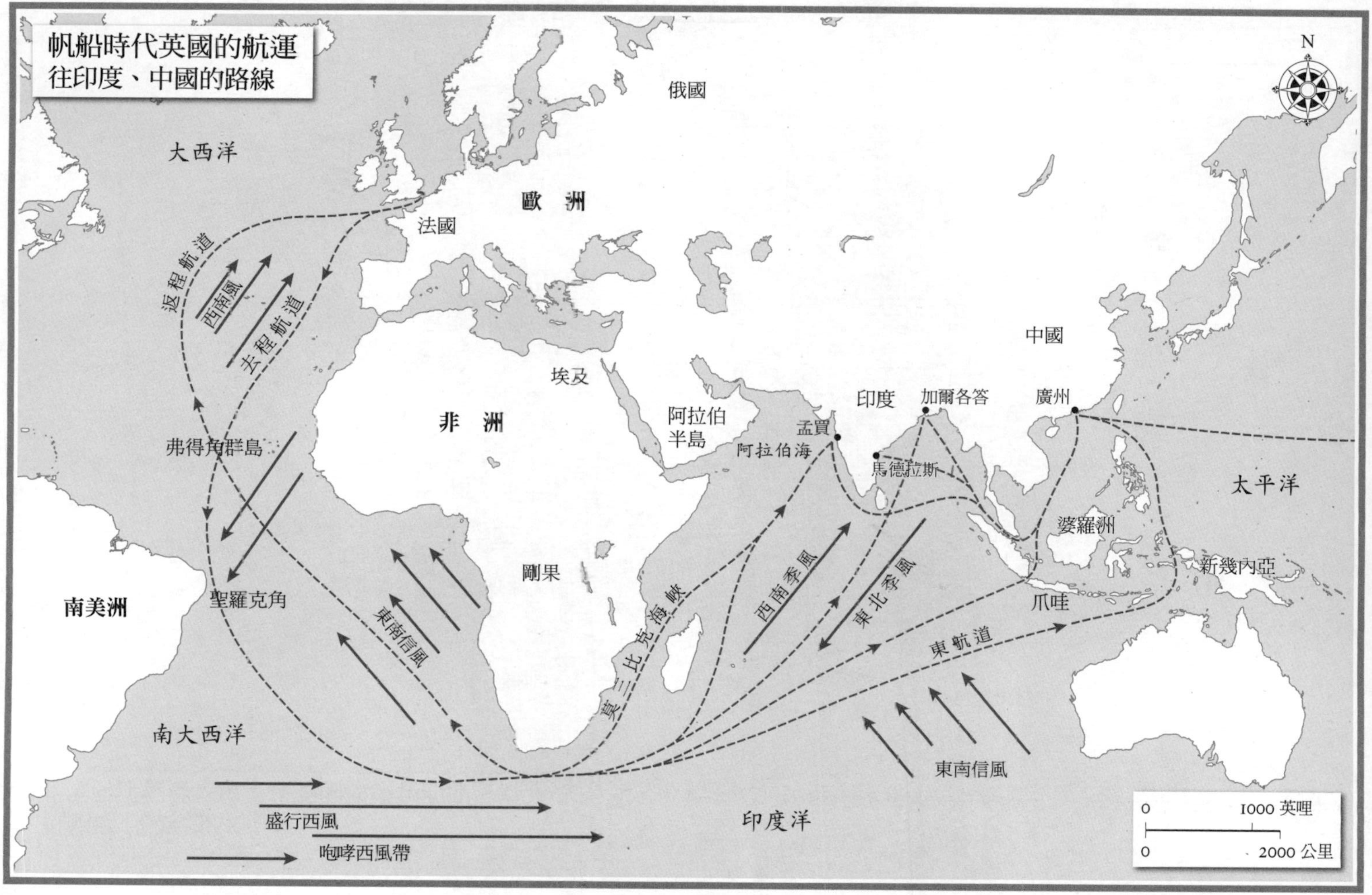

帆船時代英國的航運
往印度、中國的路線
N
俄國
大西洋
歐洲
法國
返程航道
西南風
去程航道
埃及
非洲
阿拉伯
半島
印度
加爾各答
廣州
中國
孟買
阿拉伯海
馬德拉斯
弗得角群島
太平洋
婆羅洲
新幾內亞
剛果
聖羅克角
南美洲
東南信風
莫三比克海峽
西南季風
東北季風
爪哇
東航道
南大西洋
東南信風
盛行西風
咆哮西風帶
印度洋
0
1000 英哩
0
2000 公里

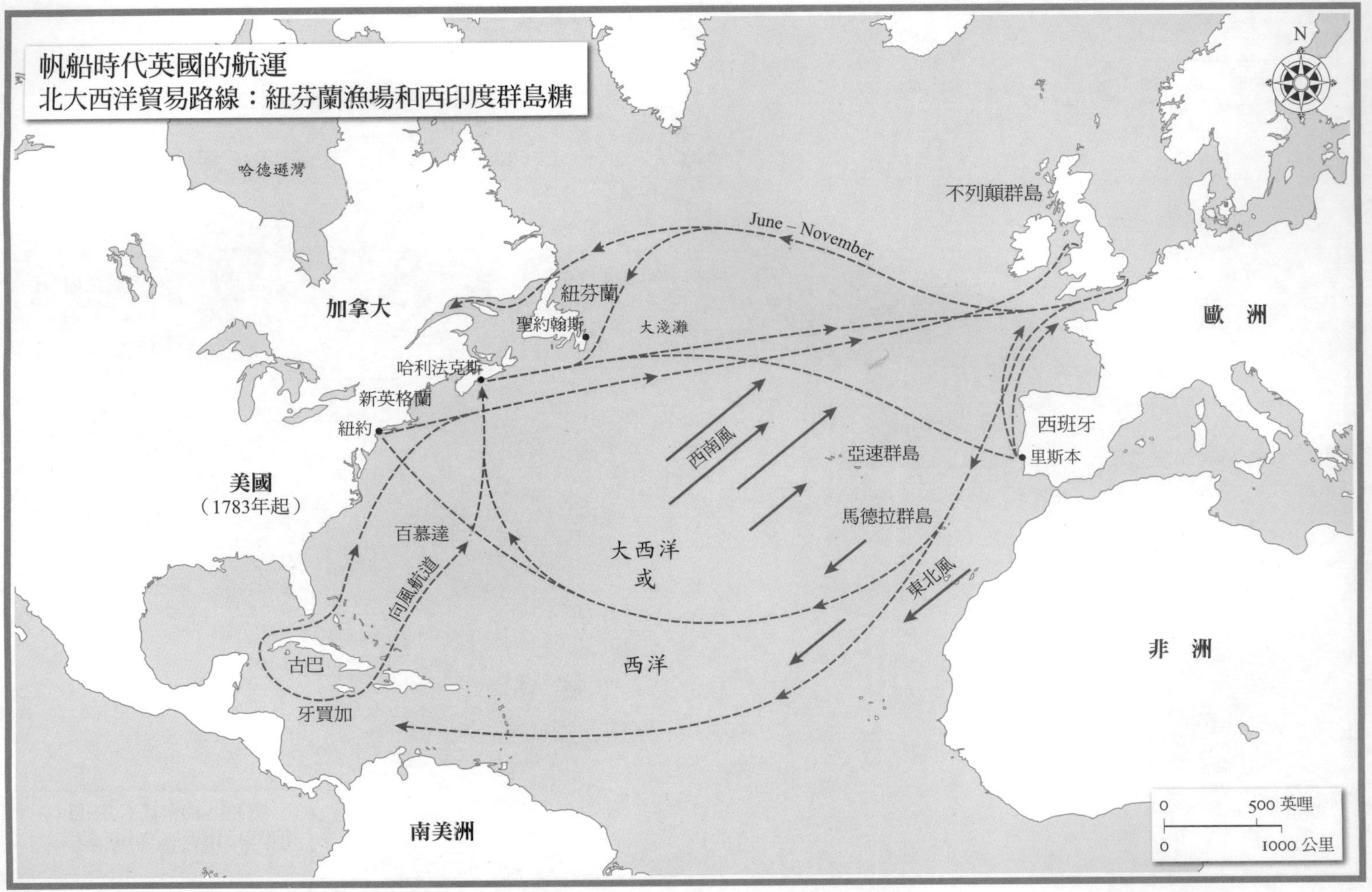
帆船時代英國的航運
北大西洋貿易路線：紐芬蘭漁場和西印度群島糖
N
哈德遜灣
不列顛群島
June – November
紐芬蘭
加拿大
聖約翰斯
大淺灘
歐　洲
哈利法克斯
新英格蘭
紐約
西班牙
西南風
亞速群島
里斯本
美國
（1783年起）
馬德拉群島
百慕達
大西洋
或
向風航道
東北風
非　洲
古巴
西洋
牙買加
0
500 英哩
0
1000 公里
南美洲

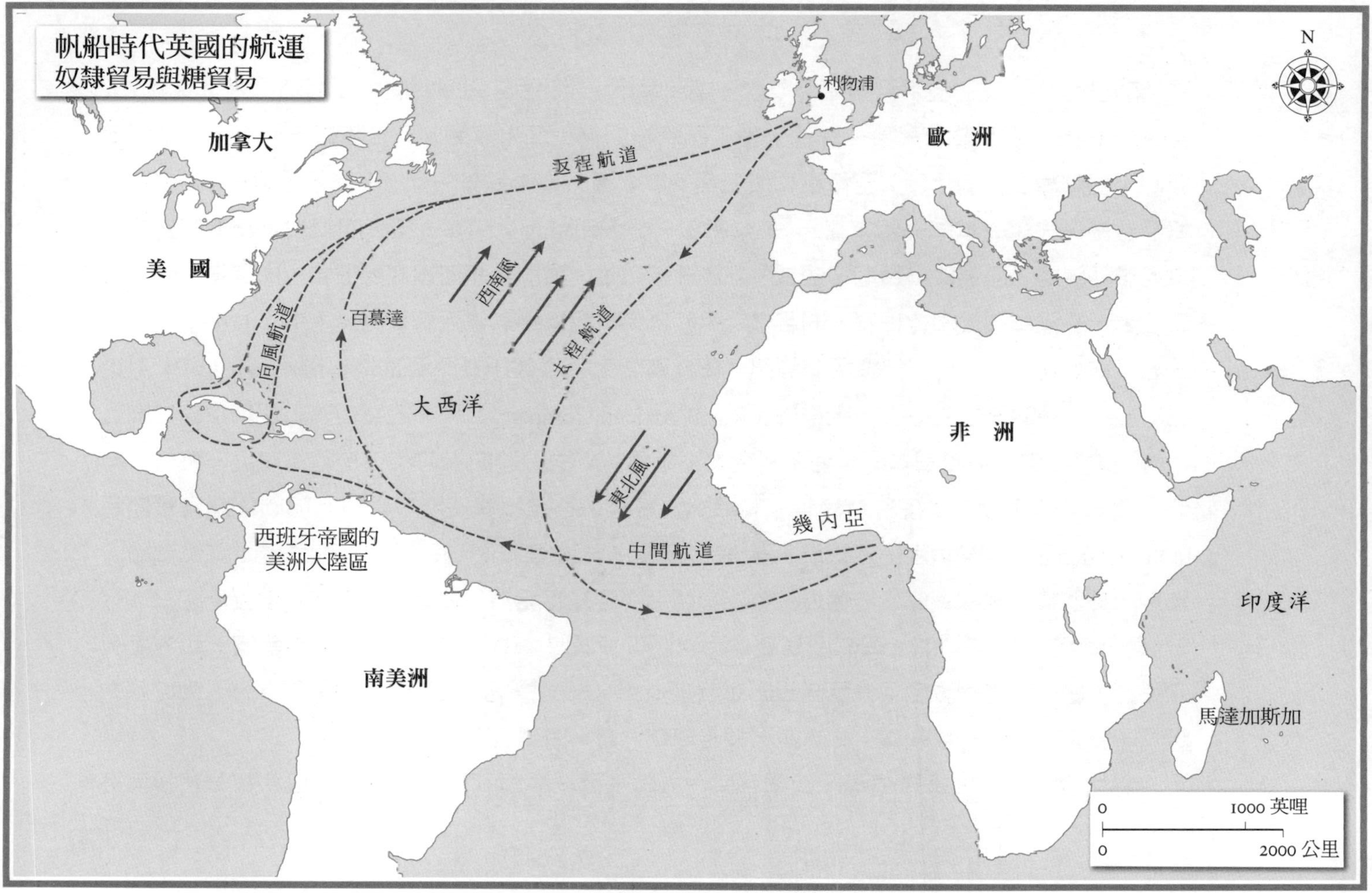
帆船時代英國的航運
奴隸貿易與糖貿易
N
利物浦
加拿大
歐　洲
返程航道
美　國
西南風
去程航道
向風航道
百慕達
大西洋
非　洲
東北風
幾內亞
西班牙帝國的
美洲大陸區
中間航道
印度洋
南美洲
馬達加斯加
0
1000 英哩
0
2000 公里

著支配印度洋、南中國海的季風前行時，船速較快。[17]亞洲的地區性貿易（又稱「港腳貿易」／country trade）仍把持在本地人手中，唯一例外是已在此搶占到地盤的荷蘭東印度公司。該公司從位在巴達維亞（雅加達）的總部打造出扇形貿易網，在各地設了約二十八個「商館」，最西為葉門的摩卡，最東為日本的長崎。[18]十八世紀，馬德拉斯（今清奈）與馬尼拉之間逐漸發展出極為活絡的貿易，印度棉布運到馬尼拉，換取美洲白銀，再轉運到西屬美洲出售。哥倫布全球化已把印度、中國打造成世界工廠，也助長非洲黑奴被集體轉運到美洲種植園（一五一九至一八〇〇年共八百多萬人）。印度紡織品是歐洲人用以賣給非洲奴隸主以換取黑奴的產品之一；[19]一七三〇年代，印度棉布已占皇家非洲公司（Royal African Company）運至西非之貨物的三分之二至四分之三。[20]哥倫布全球化有利於歐洲人遷移至美洲（一五〇〇至一七八三年約一百四十萬人）和華人遷移至東南亞——兩者遷移的人數都少於黑奴——而在東南亞，華工在巴達維亞周邊腹地（Ommelanden）的新甘蔗田裡耕作。[21]在東方和西方，哥倫布全球化都是新舒適觀、新消費觀、新奢侈享受觀的強力推手：印度織物改變了歐洲人的衣物品味，推動大眾時尚，使歐陸的物質文化改頭換面。[22]哥倫布全球化也把歐亞非洲的疾病（包括麻疹、天花、瘧疾、黃熱病）往美洲大力擴散，數百萬缺乏抗體的美洲原住民就此失去性命——這是他們在「哥倫布大交換」裡所換得的——並對十七、十八世紀一再襲擊人類的瘟疫，起了推波助瀾的擴散作用。

或許最重要的，是哥倫布全球化使海上世界改觀。受風力、洋流和其季節性變化（尤其季風）支配的海運人貨流通，創造出新停靠港和新式鄰近關係。北大西洋風的順時鐘吹送，支配該海域的海路。加勒比海成為從歐洲至美洲航運的重要十字路口，從而是歐洲諸國在拓展殖民地上爭雄對抗的主要場域。葡萄牙人和荷蘭人爭搶巴西東北部，原因之一在於（對他們二者來說）該地區都位在他們繞經好望角至東南亞且受風支配的海路上。錫蘭（斯里蘭卡）位在孟加拉灣、阿拉伯海的會合點上，葡萄牙人、荷蘭人和後來英國人都想據為己有。荷蘭東印度公司設在巴達維亞的亞洲總部扼守爪哇海峽，而此海峽係從歐洲進入南中國海、進入通往中國的海路主要入口。定期有東航的歐洲船造訪的好望角，[23]成為大西洋、印度洋之間的警衛室，一六五二年落入荷蘭東印度公司之手，作為其東印度帝國的前哨基地。後人審視這段歷史時，往往著墨於歐洲人的豐功偉業，但非洲人、中國人、印度人，也以奴隸主、或商人、或船東和造船者、或生產者的身分，積極掌握長程海上貿易與歐洲商業勢力進入亞非洲所帶來的新機會。離鄉背井的新舊僑商，扮演起大洋貿易在此時所提供的新中間人角色：亞美尼亞人、哈德拉毛人、猶太人等。在東南亞的大半地方，華商成為荷蘭東印度公司所青睞的伙伴，借助荷蘭人的支持，展現他們卓越的經商能力。[24]一六八〇年代中期，清朝一放寬海禁，即有來自廈門、廣州的中國帆船把中國製品運到暹邏（泰國）、印尼群島，換回稻米和異國奇貨，例如珊瑚和供儀式、製藥、化妝、棺木之用的檀香木。[25]

但我們不應把這個繁忙的情景誤認為人們可自由移動的世界或一看重世界主義的世界，也不應以為商業交易總額始終有增無減。一如當今之世，貿易不免陷入衰退期、混亂期。十七世紀中期美洲白銀供給漸減、一六四四年明清改朝換代之後中國的劇變、歐洲人兵戎相向打亂海上貿易（例如一六四〇至一六六三年葡萄牙人、荷蘭人、西班牙人在東南亞、印度沿海地區、西非與巴西的三方衝突）[26]、一七二〇年後波斯的無政府狀態、印度境內饑荒一再發生所產生的效應，[27]或一七九一年催毀世上最富裕殖民地聖多明哥（St Domingue，海地）的奴隸革命，再再促使長程貿易變成困難重重、不確定且具投機性。一連串暴風雨、一次暴力活動、國家支持的海上劫掠（即所謂的「私掠巡航」）或商品供過於求，便足以打亂公司的營運，即使最謹慎管理的公司亦然。[28]葡萄牙人、西班牙人早期的冒險活動，或許為新式貿易打下基礎，不久，荷蘭、英格蘭、法蘭西三國的東印度公司隨之跟進。但其實在約一六九〇年後，我們才得以看到大西洋貿易的快速成長。一六五一至一六七〇年，美洲年出口值平均約六百二十萬英鎊，但一七六一至一七八〇年間達到兩千一百九十萬英鎊。[29]歐洲從亞洲進口紡織品、茶葉有增無減，非洲與「新世界」間的奴隸貿易大增。[30]一六〇〇至一七〇〇年，約一百八十萬非洲人被運到大西洋彼岸；十八世紀期間則是六百四十萬。[31]全球貿易或許在一六九〇年前便已問世，但其可能達到的規模，在下個世紀才為當代人清楚認識到。儘管如此，切不可誇大其重要性。縝密的計算已表明，十八世紀後期，歐洲從亞洲的年進口量（五萬噸），幾乎裝不滿今日一艘貨櫃船。[32]統計資料不足，難以確切掌握當時情況，但若說印度或中國的出口占了這兩地全部經濟活動的很大比例，似乎也不可能。

更不可能的，是哥倫布全球化已創造出自由貿易、公開競爭一說。多數歐洲國家施行「重商主義」政策，以將外國勢力拒於其殖民地之外，並盡可能限制進口、盡可能用國產品取代舶來品。儘管受到眾多消費者喜愛，印度紡織精品在英國仍普遍被斥為「東方的」（意味「不道德的」）奢侈品，浪費人們寶貴的金銀。先是課以重關稅，然後禁止進口。一六八六至一七五〇年，印度棉布遭禁止在法國國內市場販售。[33]大部分歐洲專家認為，海外貿易是掠奪性的零和賽局，一國有所得，即代表另一國有所失，認為經濟能否安好，關鍵仍在於極難預料的穀物收成。歐洲人將亞當．斯密所極力譴責的那種限制和排斥加諸對外貿易，也稀鬆平常。在世界另一端，德川幕府主政的日本，在對外往來上，規定只准和荷蘭、中國商人往來，而荷蘭人只准進入長崎港口的一個小商業區，一七〇八年將每年獲准靠岸長崎的中國帆船限制在三十艘。[34]清朝皇帝於一六八〇年代放寬其外貿禁令，但歐洲人只准在南方口岸廣州通商，且受到嚴密監督，一七五七年，此「一口通商」體制更加嚴格。歐洲人在亞洲的「官方」公司則竭力維持其在亞洲對歐貿易上的壟斷地位，不讓本國的「闖入者」分一杯羹。西非的統治者用心於將他們的歐洲籍客戶的活動範圍局限在沿海地區，以保住其對奴隸供給（與價格）的控制權。印度則罕見的較願意接受來自海外的商人，或許是因為一七〇〇年後，蒙兀兒王朝中央權威衰落，已使南亞沿海地區建立起對通商友善或倚賴通商的新政權。

誠如這些限制所間接表明的，當時的輿論並不相信全球化可取（當時人也不會用「全球化」一詞），不管歐洲人或亞洲人或非洲人皆然。晚至一八一一年，德川幕府官員仍鄙斥舶來品對日本有益之說：他們告訴一名遭逮的俄羅斯人，「我國人民不想與外邦通商，因為不缺必要之物。」[35]一七九二至一七九三年，為開啟中英外交關係而奉派使華的馬嘎爾尼使團，把彰顯西方技術水平的器物獻給中國皇帝時，中國皇帝的駁回之詞，如今廣為人知：乾隆皇帝致英王喬治三世的信上寫道，天朝「從不貴奇巧，並無更需爾國製辦物件。」[36]非洲人除了買本地紡織品，或許也買印度製的紡織品，但要求圖案和顏色符合本地傳統，再將進口布混充本地產品。[37]非洲人購買衣物或許多了進口紡織品的選項，但他們無意打扮得像歐洲人，保留了過去的式樣、形式、風格，男人偏愛纏腰布。[38]但受全球貿易衝擊最大的地區是西歐，而且對全球貿易進程和其後果的猜疑，西歐表現的最是強烈。

這有一部分源於歐洲人征服行動的殘忍拙劣和訴諸壟斷一事，讓西歐某些人覺得，商業擴張的前景已遭扼殺。亞當・斯密主張，若未破壞「新世界」最先進的文明（指墨西哥和祕魯），與該地的貿易規模會大上許多，這就和禁止民間商人參與對亞洲的貿易，抑制了該貿易一樣。[39]美洲境內龐大的奴隸人口，能消耗掉的商品非常少：連要強迫奴隸主提供最起碼的衣物配給，都要靠頒定法規、法律才能辦到。不滿之情不只針對商業。[40]一如歐洲境內其他作家，亞當・斯密譴責歐洲與世界其他地方的商業往來所具有的殘酷、不公義特點，認為總有一天歐洲要為此付出代價。[41]對英國境內針砭時弊的人士來說，一七五七年後「納博卜」（譯按：nabob，在東方致富的有錢人）從印度帶回國的驚人財富，儼然催生出具有「東方」品味和道德觀的富豪統治菁英，儼然將腐化政界。與此相差無幾的，是憂心蓄奴污染英國本土社會的心態，一七八〇年代已催生出日益高漲的反蓄奴浪潮，儘管奴隸貿易和奴隸勞力大大攸關商業的榮枯（一七七二年著名的曼斯菲爾德裁決——宣告蓄奴「可憎」，在英國沒有法律依據——就彰顯此憂心）。[42]根據此觀點，哥倫布全球化讓得天獨厚的少數人受惠，不利於自由、道德、平衡的經濟。

在法國，對蓄奴的批評更是充滿敵意，雷納爾神父在其廣被閱讀的《兩印度群島的歷史》裡已發出令人恐懼的預測：歐洲人的殘暴不仁會挑起一場奴隸大叛亂，從而摧毀加勒比海地區在世界貿易裡扮演的關鍵角色。[43]法國的大西洋貿易十八世紀時急速成長（事實上，成長速度高於英國的大西洋貿易）。殖民地聖多明哥讓母國法國獲利甚豐。波爾多、南特、拉羅謝爾（La Rochelle）之類的口岸，靠糖、奴隸貿易繁榮。雷納爾的抨擊基本上從道德角度出發。但憂心全球貿易會削弱法國國力和法蘭西政府的心態也很盛行。孟德斯鳩在其影響力甚大的《法的精神》（*Spirit of the Laws*, 1748）裡已指出，大洋貿易的興起，已創造出新式的流動性商人財富，而且此類財富威脅到擁有廣大領土之君主國（例如法國）的國力和威望。[44]法國在商業和海權上的主要對手英國，就是最鮮明的例子。孟德斯鳩樂見此事：英國的商業遲早會垮掉。[45]以佛朗索瓦·魁奈（François Quenay）和其《經濟表》（*Tableau économique*, 1759）為核心形成的重農學派

（Physiocrats），更覺事態急迫。魁奈主張，商業立國的國家不穩定且較為動盪。商人沒有定性，沒有忠誠之心。他們的事業易受害於競爭和攻擊，其財富看不見，而且無法任意調用於促進公益。「他們的資產係分散且隱密的信貸……流動且以金錢為後盾的財富，非君主所能取用。」[46]此外，他們能行使的影響力太大，已把英國改造成「倉庫國」。絕不可讓法國落得這樣的下場。國家財富和安康的真正基礎只有一個，即農業生產：「大國不應為了成為搬運者而丟掉犁」。重農學派的綱領，係力挽狂瀾，使法國重拾農業立國體制所預示的穩定，避免採取官方大舉借債之路（英國模式），使商人的影響力不致越界。一七七五年，英國在北美諸殖民地叛亂，似乎正證明他們的先見之明。法國財政大臣杜爾哥（Turgot）預言，英國過度倚賴貿易，會陷入破產、社會革命的境地。[47]

但商業，即今人所稱的「全球化」，當時也可能被歐洲思想家視為道德進步、社會進步的根源。孟德斯鳩說，「商業是破除最具破壞力的偏見的解方……商業已……把對所有國家風俗的認識廣為散播：各國風俗被拿來彼此比較，從此比較中形成最大優勢。」[48]大衛·休謨的觀點與此相似：「比起安於本國自產商品的王國……進出口龐大的王國必然較為勤奮。」[49]亞當·斯密、雷納爾（狄德羅是其研究助理團隊一員）、重農學派所提出的批評，反映了他們的以下信念：哥倫布全球化的**方式**，使此全球化在道德上令人反感，經濟上流於浪費，政治上破壞穩定且本來就會引發衝突。亞當·斯密說，「商業本應使國與國，一如使人與人，團結為一體，和睦相處，卻成為最容易恣生不和、敵意的根源。」[50]的確有許多情事讓當時人覺得，世界貿易地盤的爭奪，係加勒比海、北美洲、印度、東南亞、西非境內「與殖民地有關」的戰爭層出不窮的肇因。在一七五六至一七六三年的七年戰爭中，英國人圍攻、拿下魁北克、哈瓦那、南印度的法屬本地治里（French Pondicherry）、馬尼拉：可說是殖民國家的「世界戰爭」。哥倫布全球化助長以蓄奴為核心的海上大帝國，使歐洲諸國的局部地緣政治對立演變為全球現象。結果是使這些國家的貿易和國民背上供養艦隊、軍隊的龐大固定成本和防衛遙遠貿易站的重責大任。令人慶幸的，是晚至一七五〇年，在世上大半地方，歐洲人的存在，若非局限於沿海地區，就是恭順倚賴亞洲或非洲統治者的命令。

當時亞、非洲有許多擁有完備政治組織的社會，與歐洲人一同分食逐漸成長的貿易大餅，而哥倫布全球化其實使這些社會毫髮無傷，乃至強化其體質。一七五〇年代，似乎只有其中少許社會難敵歐洲人入主。鄂圖曼帝國已被哈布斯堡王朝從中歐推回，但幾無跡象顯示鄂圖曼人會從東歐和巴爾幹半島迅速撤退，而北非諸國，從摩洛哥到埃及，仍承認效忠於鄂圖曼帝國蘇丹。黑海仍屬鄂圖曼的內海。在非洲全境，歐洲人的影響力幾乎全局限在一些沿海「商館」，只有在安哥拉例外。在安哥拉，有黑白混血的龐貝羅人（pombeiro）代歐洲人赴內陸購買奴隸。[51]在印度，蒙兀兒王朝權力日衰，但隨著該王朝衰落而在孟加拉、馬拉塔聯盟（Maratha Confederacy）、海德拉巴或邁索爾（Mysore）繼起的諸國，看來非常強大，不可能被法國人、英國、荷蘭人或葡萄牙人在南亞所能運用的弱小軍力滅掉。東南亞大陸區已被緬甸、暹邏兩帝國之間的戰爭攪得天翻地覆，歐洲人若進犯這兩個帝國，似乎都無法輕易得手。在中國，清帝國比以往更加安穩，並於一七五九年平定新疆，打消來自乾草原的長年安全隱患。[52]乾隆皇以鄙夷之情打發掉一七九二至一七九三年的馬嘎爾尼使團，正表明他對中國「盛世」方興未艾的篤定。馬嘎爾尼大可嘲笑清帝國猶如一艘日益腐朽的軍艦，但只有最背離現實的幻想者會想著替該帝國換上新的（歐洲人）船長和船員。日本，偶有外國船隻遇暴風雨而漂流上岸，對想要造訪的歐洲人來說太危險，只有少許荷蘭商人獲准留置在他們位於長崎人造小島出島上的商館裡。

哥倫布時代的口岸城市

這一新的全球體制，儘管受到種種局限，卻改變了歐亞大陸口岸城市的規模和其觸及的範圍，為在美洲、亞洲的新「殖民地」口岸城市創造出發展空間。在歐洲，最顯而易見的改變，係地中海口岸長年以來稱霸商界的地位告終。由於經海路可直抵印度、東南亞、中國、美洲、西非的「奴隸海岸」，從漢堡到加的斯的歐洲大西洋岸成為世界貿易的大碼頭。貿易品項，除了以往的木材、穀物、鹽、魚、葡萄酒、香料等這些較悠久的主要商品，這時多了棉織品、絲織品、陶瓷器、糖、菸草、茶葉、咖啡、巧克力，以及許多體積較小的奢侈品，例如鑽石、珊瑚、胭脂蟲紅（鮮紅色染料）等。歐洲的消費者，至少那些有可自由支配的收入的人士，積極回應市面上出現的新事物，改變其日常飲食、衣物、休閒習慣，以展現其財力，盡情滿足對甜食的口腹之欲，或減輕疼痛——菸草教人喜愛的因素之一。巧克力（作為飲料）一五九〇年代傳到西班牙，一六〇〇年後迅速傳遍全歐。倫敦第一家咖啡館開設於一六五二年，第一家茶館和巧克力館則在一六五七年。[53]糖與菸草的價格於十七世紀後期已達到足以成為大眾消費品的便宜程度。印度式紡織品和中國瓷器是財富、精緻、舒適的象徵。

歐洲的口岸城市迅速擴大，以供給這些新商品，並順利分配到市場。口岸城市人口成長速度僅次於巴黎或馬德里之類首都：一五〇〇至一七〇〇年，一半以上的口岸城市人口增加了一倍或兩倍。[54]其貿易網擴及全球，使它們除了哥倫布之前時代就具有的功能，更發展出新功能。此時，這些口岸城市得為更是遙遠且周轉期更久的商人籌資並管理其所屬風險事業——此一挑戰催生出英國東印度公司、荷蘭東印度公司之類的大公司。在里斯本和塞維爾，統治者成立新機構以控管其亞洲、美洲貿易，並執行國王的獨占權（但成效不一）。隨著美洲貿易從最初倚賴榨取白銀，漸次轉移為種植現金作物（尤其甘蔗），新的種植園經濟需要設施和「商館主」來提供信貸、接收委託運送的貨物、為種植園主和其勞動力購買必需品等。[55]種植園勞動力從白人契約工快速轉換為非洲奴隸——例如一六四〇年代至一六六〇年的巴貝多[56]——正表明美洲整合進全球經濟一事最特別（而且事後來看最駭人）的特點之一。事實上，十六世紀中期時西班牙人、葡萄牙人已開始改用非洲奴隸充當他們在「新世界」種植園、礦場的勞動力；至一六四〇年，已有將近八十萬黑奴被帶到巴西和西屬美洲（其中大半來到西屬美洲）。[57]這既反映了向美洲土著募工（或將其納為奴隸）的不易（土著已被外來疾病摧殘殆盡），也反映了歐洲人的想法：比起歐洲人，被強行帶離家園、親人身邊的非洲奴隸會是較聽話的工人，承受得住甘蔗園的野蠻管理制度。對英格蘭人來說，巴西境內奴隸種植園的經營有成，正是他們急需的證明。[58]自外輸入的奴隸，受到疾病和殘酷的種植園勞動環境摧殘，勞動壽命極短。一樁龐大的事業應運而生，以為奴隸的購買、替補提供資金，並妥當安排用來換取奴隸的貨物（通常是印度紡織品）和派往奴隸海岸的船隻。奴隸在該海岸上船後，運至加勒比海和美洲大陸的買家手上。派去西非用船上貨物交易奴隸的隻，構成一部分（而且是很大的一部分）從歐洲出航且快速壯大的商船隊（十八世紀後期已占英國船舶噸位一成五左右）。而歐洲的船舶噸位，據估計，一五〇〇年時約二十二萬五千噸，一六七〇年已增至一百五十萬噸，再一個世紀後達到約三百萬噸；十七世紀下半期遠洋海員人數已高達十萬。[59]船舶建造成本高昂（在現代以前的世界，船是最昂貴的資本財），需要由高度專門化的設備構成的複雜供應鏈，必須為船舶配置船員、保運費險、載貨、卸貨。船隻的持有、建造、維護、船舶經紀（租船）、船工招募（有時從偏遠地方招募），係口岸城市經濟最有活力的要素之一。

要成為活絡的口岸城市，不只需要地利和一批充滿幹勁的商人。一如更早期時，保護和特權至關緊要。商人大力遊說，以贏得政府對其海外風險事業的支持，以取得會使本國競爭同業無緣在大有賺頭的生意裡分得一杯羹的「特許狀」。商人必須打退——或善用——國王欲增加海關稅收的要求：拿到管理海關的「稅款包收權」或許是致富的捷徑或導致破產的不智之舉。在歐洲諸海上國家對立激烈的時代，商人得考慮到商業遭打亂的成本和船隻遭敵國海軍或遭官方許可的「私掠船」截走所導致的損失。海軍保護的需要，係口岸城市的施政要項。[60]商人或許指望戰時從其君主的借款、物資補給、航運需要獲利：國王若打贏，會有很大的好處。基於前述那些原因，商業的榮枯至少有一部分取決於口岸城市所在的政治環境、地緣政治環境。在某些口岸城市，其商人可輕易取得統治權，或透過聯姻或商業合夥關係與上層治理官員建立密切關係，在這樣的城市裡，王朝的野心會受到經濟利害節制，從而使商人得到某種程度的保障。但同樣可能的是，如果口岸城市的統治者因時運不濟或管理不善未能保住其子民在國外的商業利益，該城市的前景不久就會開始黯淡。西班牙海上武力的缺陷，以及未能保住具有獲利潛力的美洲貿易獨占權，西元一七〇〇年後一再令西班牙的評論者唏噓不已。

從西元一六〇〇年後，大西洋歐洲的前兩大口岸城市阿姆斯特丹和倫敦的發展中，可看到這些先決條件的作用。阿姆斯特丹得利於安特衛普的商業破敗（安特衛普是西班牙欲摧毀荷蘭獨立未能如願一事的受害者）和荷蘭控制斯海爾德河河口（安特衛普的出海通道）。阿姆斯特丹成長速度驚人，人口從一六〇〇年的五萬人增加到一六七五年的約二十二萬人，而（一如在現代之前的所有城市）移民大舉湧入，促使人口得以如此快速成長，其中大多來自德意志。對商業友善的荷蘭共和國政府贊同創立商品、股票的交易所（Bourse）和為涉外交易服務的兌換銀行，將亞洲貿易的獨占權授予荷蘭東印度公司、大西洋貿易的獨占權授予（經營不如前者成功的）西印度公司（West India Company）。荷蘭動用海軍對付瑞典，以維持厄勒海峽的通行無阻，以保住阿姆斯特丹在波羅的海的商業霸權。一支龐大的商船隊壟斷南北歐間的大半貨物運輸。英格蘭與歐洲的貿易，大半經由阿姆斯特丹，因為荷蘭商人擁有信貸、人脈和令任何對手忘塵莫及的經商本事。低進口稅使尼德蘭成為歐洲最開放的市場。阿姆斯特丹自古就經手來自波羅的海、北海的穀物、魚、木材的主要商品貿易（其中大半經由里斯本出口至南歐），還有來自亞洲、美洲的「異國」商品進口，加上其便於進入萊茵蘭和南德意志、擁有紡織品、啤酒、肥皂、煉糖方面的製造業、對宗教異議人士（包括在金融業扮演龍頭角色的葡萄牙猶太人）寬容，於是成為大西洋歐洲首屈一指的城市。阿姆斯特丹也是「消息的重要來源」、歐洲的資訊首府。十七世紀初期時，新聞傳報、「市價表」、利率表，在此城都已可輕易取得。阿姆斯特丹是北歐全境郵遞業務的「郵局」。地圖繪製者在此城碼頭上等返航船隻。[61]

只是商業霸主地位從來都不穩固。十七世紀後期，隨著其他地方的商人繞過阿姆斯特丹、重商主義規則較利於在地航運，而非荷蘭航運業，荷蘭人在運輸業的優勢已備感壓力。荷蘭人腹背受敵，夾處在法國的陸上威脅和英國的海上挑戰之間，無力展現其商業利益、海上利益。一六六四年，荷蘭共和國的北美殖民地落入英格蘭之手，而為了滿足所需的糖而欲從葡萄牙人手裡奪走巴西東北部亦未能如願。到了一七三〇年代，甚至更早前，英國貿易已高於荷蘭貿易，而且不再倚賴荷蘭籍中間人。[62]英國海上武力執行「航海條例」（navigation acts），企圖迫使荷蘭運輸業者無法參與英國與美洲、亞洲、非洲的貿易（但未能完全如願）。[63]到了十八世紀中期，英國的商船隊規模已超越荷蘭的商船隊。[64]一六九〇年代，英格蘭改採保護政策，助長製成品的製造和出口，打擊了荷蘭的出口經濟。這時倫敦終於能和阿姆斯特丹匹敵。倫敦面積大上許多，一七〇〇年時比阿姆斯特丹大了將近兩倍，人口將近六十萬。它令英格蘭其他口岸望塵莫及，比第二大口岸布里斯托大了超過二十五倍。[65]倫敦主宰對外貿易，英格蘭約八成進口經由倫敦輸入。比起阿姆斯特丹，英國國內市場大上許多。它是更為廣袤的跨大西洋帝國（包括來自加勒比海的糖貿易）的中心，把該帝國的產物轉出口給歐洲的消費者。倫敦是英國東印度公司的總部所在，該公司成長快速的南亞紡織品貿易，利潤比荷蘭東印度公司倚賴香料大上許多。作為一個更大且日益中央集權國家的首都，倫敦受益於政府、王廷、有地貴族的花費。促使阿姆斯特丹成為有效率的經商之地的那些機構，倫敦一樣不缺：皇家交易所（Royal Exchange）、郵政部、供與海外諸多市場通信、接觸的專門化咖啡館。[66]倫敦城內有愈來愈多的荷蘭籍、德意志籍商人，係倫敦地位日益重要的展現，這些商人需要到倫敦締結合約，因此出現於此城。但整個十八世紀，阿姆斯特丹依舊是歐洲主要的國際匯兌中心和借款的主要來源，商人在此能結算其外幣匯票。荷蘭銀行家將資金大舉投入外國公債，尤其英國公債，一七七〇年代持有英國公債約四成。[67]直到十八世紀末法國人入主，阿姆斯特丹才終於將其崇高地位讓給英吉利海峽對岸的對手。

阿姆斯特丹和倫敦都倚賴其政府和海軍保護其商業帝國，以抗衡來自歐洲的對手，以及如有可能，擴大其商業帝國，只是兩者倚賴的程度不一。兩城的商貿活動大多位在歐洲境內，但其商業的全球規模促進了繁榮，創造出新式投資、新消費模式、可據以蒐集、分配資訊和消息的新機構。但哥倫布全球化最鮮明的新特點，或許是殖民地口岸城市的出現。來自亞洲、歐洲的商人，老早就習慣於生活在外僑居住區、特定族群聚居區、甘榜，讓其在當地統治者底下享有某種程度特許自主權的商館（fondaco）裡。威尼斯人和熱那亞人在黑海邊建立偏遠的貿易站，這些貿易站的存廢倚賴其鄰居的善意，隨時可能不保。對「新世界」的征服和移居，代表情況從此徹底改變。在「新世界」，歐洲人靠著征服或「發現」，而非靠當地人的寬容，建立起新拓居地，在當地施行歐洲母土的制度和法律。到了十七世紀中期，已有一連串移民口岸鎮分布於北美洲東岸，從北邊的魁北克（始建於一六〇八年），經波士頓（1630）、荷屬新阿姆斯特丹（一六二四年，一六六四年起成為英屬紐約），到維吉尼亞的詹姆斯敦（Jamestown, 1607）。該世紀結束時，又多了位於卡羅來納省的查爾斯頓（1670）和位於德拉瓦河邊的費城（1681）。在加勒比海地區，英格蘭人、法蘭西人、荷蘭人、丹麥人、瑞典人和西班牙人紛紛取得島嶼殖民地，其中大部分殖民地有小型沿海新拓居地提供服務：位於巴貝多的布里奇敦（Bridgetown）和位於牙買加的羅亞爾港（Port Royal）是其中最大的新拓居地之一（羅亞爾港原屬西班牙，一六五五年被英格蘭人奪走）。西班牙人創建的諸多口岸城市——哈瓦那、貝拉克魯斯（Vera Cruz，墨西哥的門戶）、卡塔赫那（Cartegena）、巴拿馬的波托韋洛（Portobelo）、利馬（其實位於內陸八哩處，其港口是卡亞俄／Callao）、布宜諾斯艾利斯——以哈瓦那、利馬最為可觀。位於巴西沿海地區的累西腓（Recife）、薩爾瓦多、里約熱內盧，都創建於西元一六〇〇年前，為葡萄牙在美洲帝國的神經中樞。

這些「新世界」口岸鎮發揮了多種功能。它們是歐洲人據以冒險進入美洲大陸廣大內陸的灘頭堡，是來自母土的必需品和人力據以送入內陸的管道。其建造者認為，這些口岸有助於保住他們所據有的領土，免遭對手和掠奪者奪走：這是選址時的重要考量因素之一。法國人不久就將其加拿大基地從聖羅倫斯河口的塔杜薩克（Tadoussac）移到魁北克，因為在該處，此河河面窄到可被大砲射程覆蓋。不管在何處，它們的堡壘和防禦設施都面海而設，因為危險主要來自海上。西元約一五〇〇年時，已有歐洲人受紐芬蘭「大淺灘」（Grand Banks）的大漁場吸引，橫越北大西洋，但鼓勵歐洲人插足北美大陸的因素，實為貿易，而非拓殖。毛皮貿易已把法蘭西人帶進加拿大，把荷蘭人帶到哈德遜河。與印第安人貿易，係歐洲人在詹姆斯敦登岸的原始動機。但移居人口一旦變多，口岸城鎮隨即擴大，以滿足移民群體對本地製造品和進口貨的需要。它們管理自身出口商品（來自乞沙皮克的菸草、來自卡羅來納的稻米）的銷售，為掌理殖民地人民的法律健全、身心健康的神職人員、律師、測量員、醫生提供住所。在加勒比海地區，種植園經濟已於十七世紀下半葉在該地創造出驚人財富，口岸鎮財富成長，主要仰賴糖與奴隸的買賣，以及種植園主、商人和為他們服務的律師、醫生的誇耀性消費。在巴西東南海岸的伯南布哥（Pernambuco）和巴伊亞（Bahia），糖與奴隸同樣是城市繁榮的泉源；在更南邊，則是黃金（從一六九〇年代起）使里約繁榮起來。[68]殖民地口岸城鎮也大多是殖民地的首府、行政長官公署和其小型公務組織的所在地，通常還是行政長官所統領的軍隊駐地。它們可充當不宣而戰的戰爭和非法貿易的基地。英國人藉由海上劫掠和私掠巡航，或藉由牙買加最初賴以起家致富的違禁品貿易等攪亂西班牙的龐大統治區，正是以牙買加的羅亞爾港為行動基地。[69]

西班牙人的一貫作法則大不相同。西班牙與美洲的貿易係獨占性事業，由官方指定的塞維爾和後來加的斯的幾個商行把持（加的斯的雅緻古城區透露出其十八世紀的繁榮過往），靠一年一次橫越大西洋（西印度航線／Carrera de Indias）的船隊進行，航運業務由位於巴拿馬地峽的波托韋洛和位於墨西哥沿海的貝拉克魯斯瓜分。在西屬美洲，兩大商會（consulado）獲准經營此帝國貿易，一商會位於墨西哥市，一五九二年起經營此業務，另一在利馬的商會，則起於一六一三年。它們的職責係代表王國政府管理西班牙—美洲貿易，守護有助於維持王國政府清償能力的收入。[70]此帝國主要商業財富的來源，不在沿海地帶，而是在墨西哥、祕魯內陸高原上的銀礦，而貝拉克魯斯和（位於巴拿馬、波托西之中間點的）利馬是進入這兩處銀礦的門戶。來自墨西哥市的商人，在來自西班牙的船隊抵達貝拉克魯斯之前趕到該城（一六四〇年後，船隊的抵達變得時斷時續，遠不如以前規律）。波托韋洛是來自利馬的商人的會合點，往該城的西班牙大帆船同樣變得時斷時續，一六九〇至一七三九年間西班牙大帆船航抵該城只有七次。[71]西班牙—美洲貿易其實嚴格來講有很大比例屬「違禁」活動，來自荷蘭、英國的加勒比海殖民地的商人，利用西班牙人對南美洲、中美洲漫長大西洋海岸線控制的薄弱，從事此「違禁」貿易。在太平洋沿岸，走私或許較不易得逞，但利馬和其口岸卡亞俄防禦工事嚴密，以防來自海上的威脅。利馬商會其實對西屬南美洲幾乎所有貿易活動繼續保有官方控制權，直到一七七〇年布宜諾斯艾利斯獲准與歐洲直接打交道，此格局才改觀。[72]但西班牙—美洲貿易似乎很可能大半是內部貿易，為數十處礦站提供食物和本地製造的貨品。但對西班牙的諸多歐洲對手國來說，西屬美洲仍是令人垂涎的寶地。位於古巴北海岸的哈瓦那（一五一五至一五一九年建造，然後遷址），有防禦工事完備的大港俯扼佛羅里達海峽，最初的角色係作為返回西班牙本土的西印度群島船隊的集結點，後來成為美洲境內西班牙船舶的船廠和補給基地，以及重要海軍根據地，扼守墨西哥灣和西班牙所屬美洲帝國的入口。[73]因戰略位置重要，哈瓦那成為英國人志在必奪的首要目標之一。一七六二年，英國人拿下哈瓦那，但一年後根據巴黎和約歸還。

因此，「新世界」的口岸鎮和口岸市是歐洲人得以征服該地區和隨之促成哥倫布全球化的極重要憑藉。隨著西元一七〇〇年後跨大西洋貿易（包括奴隸貿易）迅速成長，這些城鎮的規模和重要性跟著上漲。查爾斯頓的人口在十八世紀期間增加了三倍，紐約於一七四〇至一七九〇年間增加了兩倍。[74]查爾斯頓、金士頓（Kingston）、布里奇敦之類的城鎮，不再只是「航運點」，反倒已自行為本地消費者提供貨物和服務。[75]一七七〇年代，西班牙、葡萄牙鬆綁殖民地貿易限制，為西屬、葡屬美洲帶來一場「商業革命」。但哥倫布所催生的世界既帶來機會，也帶來約束，為口岸城市的成長設下限制。「新世界」與「舊世界」動物、作物、疾病的「哥倫布大交換」，催毀美洲原住民人口，很久以後才得以恢復。加勒比海地區和大半美洲大陸對奴隸或奴般工人的倚賴，進一步抑制消費性需求和內部貿易成長，並且使歐洲的自由勞工（包括有專門技能和無專門技能者）不願遷移過來。在北美大陸，美洲原住民，得益於英法兩國的對立，把白人拓居區大體上局限於阿帕拉契山脈以東、寬一百至兩百哩之間的沿海平原上。種植園和大莊園（西屬美洲的latifundia）遍布各地，進一步阻礙自由白人移居美洲。在歐洲有市場的產品非常多樣，但除了糖、菸草、白銀，產量甚少。在沒有水道可利用的地方，只有白銀和一些奢侈品承受得起陸路運輸的成本。十八世紀期間，大西洋交通有所改善，但貿易和交換不斷遭戰爭和戰爭傳言打斷——而誠如亞當·斯密所指出的，戰爭與戰爭傳言源於王朝間的對立以及商業領域的對立。大西洋戰爭的爆發，有一部分肇因於歐洲不同王朝間的衝突，而一七〇〇至一七六三年，幾乎一半時期在大西洋戰爭中度過。

在海洋亞洲（譯按：與海洋有密切關係的亞洲大陸沿海地區和島嶼）的「季風世界」，亦可見殖民地口岸城市。紅海與日本之間的廣大區域，零星散布著葡萄牙、西班牙、荷蘭、英國、法國、丹麥的商館（factory），商館通常位在更古老的亞洲口岸城市邊緣。在少數幾個例子裡，插足亞洲的歐洲人勢力已較為穩固，成為亞洲大地上難以抹滅的存在：臥亞、本地治里、馬德拉斯（今清奈）、馬尼拉、巴達維亞（今雅加達）係其中犖犖大者。位在印度東南海岸（亦即科羅曼德爾海岸）的馬德拉斯，建於一六三九年，係作為英國東印度公司的亞洲總部。印度棉布已成為該公司從亞洲進口的主要商品、其獲利的首要來源，而買進的印度棉布就存放在馬德拉斯。[7] 馬德拉斯沒有港口，其近岸錨地在冬季季風期間險象環生。東印度人號大貨船停泊在近岸，用小船將乘客和貨物經洶湧波濤送上海灘。「白」馬德拉斯是個堡壘（「聖喬治堡」／Fort St George），該公司的倉庫、行政長官以及職員的住所、小型駐軍均在此堡壘內。即使把駐軍算進去，堡中歐洲人也只幾百人，其中許多人是葡萄牙人、猶太人、亞美尼亞人。堡壘圍牆外坐落著較富裕歐洲人的寬敞住宅，以及面積大上許多的「黑城」（Black Town），「黑城」裡有在該公司監督下從事貿易、織造、粗活的眾多印度籍居民（一七〇〇年時或許已有超過三十萬人）。嚴格來講，該公司支付租金，租下此城市和其周邊地區，對該地區先後的最高統治者——戈爾孔達（Golconda）王國的蘇丹和蒙兀兒人——甚為恭順。英國人於一六六一年從葡萄牙人手中取得的孟買，角色和馬德拉斯一樣，但較為貧窮。這兩個城市，表面上看，類似英格蘭在美洲的殖民地，輸入英格蘭的法律、宗教、社會習俗，但其實它們是公司鎮，在此鎮內，未出現成立代議機構的問題，就連那些並非公司職員、而是從事亞洲內部貿易的「自由商人」都未要求擁有代表在政治上為其發聲，而且，這裡的法律由該公司的董事說了算。[77]到了十八世紀中期，馬德拉斯已成為該公司與總部設在南邊本地治里的法國東印度公司進行武裝爭鬥的要塞，飽受戰火洗禮。這時，該公司的業務重心，除了買賣貨物，還有外交和戰略謀畫。一七五六年後期，羅伯特．克萊夫（Robert Clive）就是從馬德拉斯出征，以收復該公司在孟加拉、加爾各答聲稱為其所有的領土，並對趨走該公司的孟加拉太守（Nawab of Bengal）蘇拉賈．道勒（SurajahDowleh）報仇。讓人意想不到的是，此舉的結果竟使加爾各答，而非馬德拉斯，成為英國人在南亞的商業、行政、政治中心。

在哥倫布時代，爪哇島上的巴達維亞是「東方的明珠」。一六一九年荷蘭東印度公司創立巴達維亞，以扼控印度洋、南中國海之間的航道，最初是座要塞。十七、十八世紀的大半時期，它是西起紅海、好望角、東至日本海畔長崎的海上帝國的首府。荷蘭人以此為基地，實行其對印尼群島香料貿易的壟斷，並趕走競爭者，例如只要哪個地方的當地統治者願意給予保護便死守該地的頑強葡萄牙人。[78]最重要的是，雅加達是會把亞洲的「港腳貿易」（與亞歐間貿易相對的亞洲境內貿易）吸引過去的東方商業重鎮：來自印度的棉布、來自波斯灣的珍珠和黃金、來自暹邏的稻米、來自馬來半島和島嶼的帶有香氣的樹和錫、來自日本的銅、來自中國的茶葉、瓷器和絲織品。荷蘭人靠其設於各地的「商館」收集到會吸引中國帆船從廈門前來貿易的產物，返航歐洲時，盡可能載運高價值貨物，藉此取得愈來愈多資金支應在廣州買茶葉的開銷。

巴達維亞的布局類似荷蘭的城市，有縱橫的運河，四周有呈環狀分布的堡壘，以防範來自爪哇內陸的攻擊。但一如歐洲人的多數亞洲口岸城市，此城的歐洲籍居民，與中國人、爪哇人、峇里人、布吉人（Bugis）同居一城，屬少數中的少數。一七〇〇年，七萬人住在此城裡和其城郊，其中歐洲人只有六千。[79]來自馬拉巴爾、孟加拉、蘇門答臘島、西里伯斯島（Celebes，蘇拉威西島）的奴隸，占了人口一半。[80]十七、十八世紀期間，有二十萬至三十萬奴隸被帶到巴達維亞。[81]一如在亞洲其他地方，巴達維亞出現由歐洲男子和亞洲女子通婚後所孕育的混血族群。但儘管荷蘭東印度公司倚賴從歐洲不斷移入的水手、士兵、官員、文書，巴達維亞的商業成功其實倚賴華商的存在，華商是東南亞主要的經商群體。巴達維亞實際上成為「受荷蘭保護的中國殖民地城鎮」。[82]到了十八世紀初期，已有成千上萬的華人前來居住在巴達維亞城裡和周邊，他們經商或務農，在巴達維亞南邊濕地所開闢出的土地上種甘蔗。華人上繳的貢品和稅，有助於支付巴達維亞的防衛開銷。華商掌理該公司的稅款包收業務。一如馬尼拉（荷蘭人或許想仿效的典範），巴達維亞是有華人居住其中的歐洲人要塞。

到了十八世紀中期，荷蘭人在亞洲已處於守勢，而臨來自英國人、法國人的競爭。華人農民不滿該公司降低甘蔗收購價，於是起而造反，巴達維亞本身隨之陷入一場重大危機。荷蘭人唯恐遭到推翻，竟屠殺了城中約萬名華人居民。但此後還是有華人過來：到了西元一八〇〇年，又有約十萬華人住在巴達維亞城裡和周邊。只是此城本身的商業已逐漸沒落。一七三〇年代起，瘧疾流行，重創該城——或許肇因於種植甘蔗所導致的森林砍伐和水污染。來自廈門的「中國帆船貿易」（junk trade），係巴達維亞貿易經濟的極重要一環，但隨著中國商人和商船船長偏愛造訪暹邏和柔佛海峽、麻六甲海峽周邊的「自由」口岸與港口，此貿易逐漸萎縮。更不幸的是，這時荷蘭東印度公司直接從廣州購買茶葉，而非透過巴達維亞。[83] 以印度為基地的英國「港腳商人」，削弱了荷蘭東印度公司在附近群島的勢力。該公司在東南亞出售印度鴉片，以彌補赤字。[84] 隨著一七四〇年後荷蘭人在爪哇的作為轉向領土支配[85]——十八世紀末舊城遭棄，轉而前往內陸對人較無害的地點另建新城，正鮮明體現這一改變——巴達維亞本身的目光日益向內。

在馬德拉斯、巴達維亞等歐洲人已在季風亞洲建立的口岸城市，商業活動大多和「港腳貿易」有關，這有一部分是為了籌得資金，以買進歐洲消費者所需的貨物，一部分是因為港腳貿易的利潤係支應歐洲人駐在成本（歐洲人的堡壘、船舶、駐軍、對亞洲、歐洲奢侈品的誇耀性消費）所不可或缺。與大西洋世界裡的模式大不相同的是，歐洲人在此能乘著本地既有的龐大「半球」貿易網順勢而起，與本地高度先進的商人群體結為合夥人。於是，在哥倫布時代的大半期間，歐洲人在亞洲的口岸城市，不像是據以將內陸納入支配的橋頭堡，反倒像是危顫顫立在亞洲國家邊緣的設防商館。印度棉布仍是甚受歐洲人青睞的商品，歐洲商人因而受吸引來到印度口岸，但十八世紀中期，亞洲最引人注目的口岸，同時也是亞洲最古老的口岸之一，其實是華南的

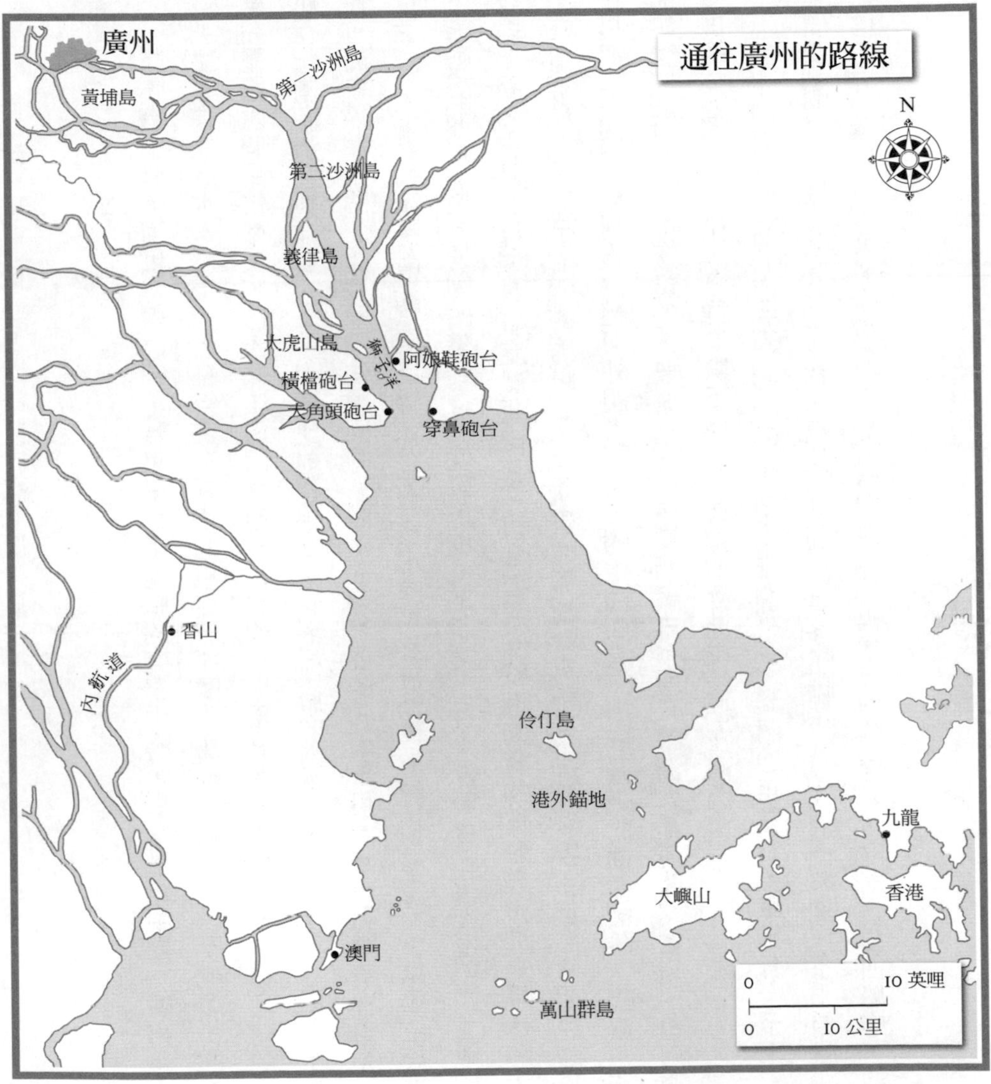
通往廣州的路線
N
廣州
黃埔島
第一沙洲島
第二沙洲島
義律島
大虎山島
獅子洋
阿娘鞋砲台
橫檔砲台
大角頭砲台
穿鼻砲台
香山
內航道
伶仃島
港外錨地
九龍
大嶼山
香港
澳門
萬山群島
0
10 英哩
0
10 公里

廣州。

廣州有三條大河供舟楫之利，為華南大半地區的商業中心。十八世紀中期，廣州是中國允許歐洲船舶進入的唯一口岸，而且得遵守嚴格的規定。荷蘭、法國、英國、丹麥或瑞典的船隻，從歐洲歷經六個月航行後，進入珠江河口，通常在七或八月乘著西南季風過來。稍晚時問世的一部航行指南論道，前往珠江，「大概比前往地球上其他任何大河都來得安全」。[86]把引水人接上船後，船會停靠澳門，並發函通知中國的海關，取得必要的入境許可，然後繼續駛往廣州。船穿過「虎門」，即有兩座破敗的砲台扼守的半哩寬水道，然後溯河上行約三十哩，抵達位於廣州下游十三哩處的黃埔島。外國船隻到這裡就得止步，不能再上行；外船會在這裡逗留約三或四個月，在這期間，它們的押運員談定船貨出售、買好要運回歐洲的貨物。船員獲准上岸休閒娛樂，但不在黃埔島上，而是附近的兩座島，押運員則搭舢舨或「官印船」(chop-boat)前往廣州商館。在那裡，他們會見到獲授權與外國人打交道的中國商人，展開漫長的抽樣檢驗、購買茶葉、絲織品、瓷器的過程（押運員的主要業務）。買賣一結束，所有歐洲人都得離開廣州，退回澳門這個殘破的葡萄牙人口岸。一群為數不多、半久留的歐洲僑民住在澳門。

廣州的對外貿易於西元一七〇〇年後飛躍成長。一七四〇年左右，每年有十至十五艘歐洲船抵達黃埔；到了一七七〇年代，已比一七四〇年多了兩倍。[87]在同一時期，茶出口量成長五或六倍。[88]為滿足對茶葉、絲織品、瓷器有增無減的需求，內陸商人走陸路、搭河船辛苦跋涉到廣州，一路靠挑夫挑貨（此運輸業用到約三萬人），運回鹽、棉布、毛皮。在廣州，凡是涉外商務都得由官方指派的商人（「行商」）操持，每個行商對應一艘外船。他們負責收取外船所必須繳付的稅費，確保外船和外國船員遵守規定。隨著貿易量愈來愈大，行商日益倚賴外國商人借予的資金：其實有些外國人隨船過來，不是來賣東西，而是來做有利息的放款。因為對想要貿易、放款的外國人來說，廣州是個極安全的地方。雙方很少用到書面合同，但敢於不履行債務的中國商人少之又少，因為擔心惹火官府和隨之而來的制裁。其實「一口通商體制」未抑制對外貿易或令外國商人困，其用意在減少摩擦，避免政府直接干預，促進本地商人間的競爭，以及，最重要的，促進作為帝國歲入來源之一的貿易。[89]

然而，廣州的貿易體制雖促進貿易效率，十八世紀後期時危機已漸漸逼近。問題的癥結之一在於被吸引到此口岸的「港腳商人」：比起歐洲公司，他們遠更難以管理。走私和其他種非法貿易較難管束。一七六五年以後，英國東印度公司把孟加拉納入控制，此後，由該公司以拍賣方式在加爾各答賣出的鴉片，成為與中國「港腳貿易」的最大宗商品——儘管清廷禁止鴉片進口。在某些境外觀察家看來，解決之道很簡單，就是打開廣州通商大門，使其成為「自由」口岸，廢除官方控制機制。但問題非表面看來這麼單純，因為問題核心在於廣州諸多大商人（公行）日益弱勢。他們所經營的貿易極為競爭，利潤率甚低。歐洲公司強迫行商接受「物物交換」制，要行商先買下他們所運來的貨，才同意買下行商的出口貨——此一規矩往往令行商虧錢，或加重他們對外國放款者的負債。歐洲境內衝突頻仍，導致來廣州的外船驟減，外部需求大降。加上清廷檯面上、檯面下的強索加重他們的負擔，他們所能借到的錢和所能運用的資金暴跌，於是破產之事頻傳。「一口通商體制」未打造出足以善用外貿並將外人影響力阻絕於中國境外的強大商人階級，最後的收場，反而是將清廷扯入其所欲避免的對抗局面中。但眼下，那還是遠方地平線上的一抹烏雲。

哥倫布危機

不只廣州面臨此情況。十八世紀後期，哥倫布全球化已來到其危機階段。危機的根源在於範圍日廣的商業化對文化、政治、地緣政治的影響所帶來的結果，而且是非計畫中、未預料到的結果。自久遠不復記憶的年代，一直有人向世人預告商業化文化和商業化價值觀的危險，而且言者諄諄聽者藐藐：然大衛·休謨一反此傳統，盛讚商業為文明開化的力量。反商業的論點，通常從道德著眼：在逐利（尤其商業財富）獨尊的世界，德性與榮譽會靠邊站。未約束奢侈行徑、高利貸，放任財產自由買賣，或菁英被粗俗的「新錢」貶低身價，一心追求致富和炫富，會毀掉社會服從和宗教權威（使管束不足的社會不致分崩離析所不可或缺的條件），打破家族、社會集團、階級的團結，為社會戰爭創造出條件。比起在歐洲，在中國，有識之士對此的憂心更為強烈。但還有一些副作用，係發出前述預告者（和休謨）所未及見到。在激烈競爭的世界，國家與統治者無法忽視商業所帶來的收入或商人與金融家所能提供的借款。統治者要排除或避開他們的影響，或如果他們受到國外對手威脅，統治者要不理會他們的軍援要求，並不容易。在中國，清廷力求不背負公債，即使如此，政府仍倚賴商人的合作（尤其饑荒時期倚賴穀物商人），將其與廣州歐洲人的往來交給行商去負責。在孟加拉和南印度，不受蒙兀兒王朝控制的新印度人政權，日益倚賴從印度商人、銀行家、製布業者與在沿海地區穩穩立足的歐洲公司之間的連結所帶來的利潤和收入。貿易量愈大，可能損失的利益也愈大，會因商業受干預而虧損或破產者，也愈高聲表達自己意見。新權力中心誕生，導致舊權力中心變得不穩定，反映社會影響力和財富的分配有所變動的事實，也就更加可能。

於是，商業化可能引發地緣政治變動，或加劇此變動的衝擊。在亞洲，最顯著的例子發生在印度，商業與地緣政治在此有令人瞠目結舌的互動。在禁不起來自伊朗軍閥納迪爾・沙（Nadir Shah）和其阿富汗盟友的攻擊之下，蒙兀兒王朝在北印度的帝國統治於一七五〇年代中期垮臺。與此同時，英法兩國爭奪南印度貿易和影響力益發激烈，使沿海地區歐洲人從商業勢力轉變為軍事勢力一事開始加快。英國東印度公司開始建軍，但轉捩點出現於對該公司的影響力和雄心心懷疑忌的孟加拉太守，握有該公司在加爾各答的主要商館並將商館人員囚禁（在惡名昭彰的「黑洞」／Black Hole）之時。此前，該公司對這類情事幾乎只能逆來順受，但此時，該公司在馬德拉斯有一支軍隊，以及經驗豐富的指揮官羅伯特．克萊夫，還有位於孟加拉灣的皇家海軍助陣。最重要的是，該公司能利用太守政權裡的不和、對立，營造對己有利的情勢，而不和、對立有一部分源於孟加拉快速的商業發展。一七五七年六月的普拉西（Plassey）之役，此太守的幾個關鍵盟友臨陣逃亡，使英國人得以拿下勝利。克萊夫和東印度公司趁勝追擊，把孟加拉改造為傀儡政權，然後使孟加拉實質上成為由該公司轄下的一省。[90]該公司往恆河上游用兵，才幾年工夫，兵威就遠至奧德（Awadh）。該公司承接了豐厚的稅收，很快就招兵買馬，建立一支和其勢力相稱的大軍。但它還未成為印度的霸主：在其擴張之路上，有馬拉塔人、邁爾索之類難纏的對手擋道。但此時它掌控了印度與歐洲之貿易的大半：孟加拉的織工已成為其子民，被迫接受其所支付的工資。東印度公司出的價錢通常低於市價兩成五。[91]該公司控制了印度最富裕的省分，控制了印度最值錢出口品——孟加拉鴉片——的貨源。一七七三年起，孟加拉鴉片成為該公司獨家壟斷的商品。克萊夫說，這是場革命，確非誇大之詞，而且這場革命在亞洲的衝擊，不久將完全呈現在世人眼前。

在大西洋世界，英國的美洲殖民地子民在經濟方面的不滿，或許是引發叛亂的原因之一，但憑藉自身經濟規模和實力，這些殖民地才得以頂住英國海陸軍的進逼，才得以招來法國、西班牙、荷蘭的支持。法國人插手，係為了一雪此前十年裡兵敗於英國之手的羞辱（包括一七六三年失去新法蘭西一事），恢復法國在大西洋的地位，證明其稱霸歐洲的主張並非空言。結果，法國的成功只是海市蜃樓。英國人於一七八三年失去其在北美大陸的十三個殖民地，但只失去這些殖民地貿易的一小部分。英國海軍挺過法國的挑戰，但法國的公共財政破產，法國政局走上革命。杜爾哥所謂英國財政會垮掉的預言，應驗在法國身上。一七九二年後，法國國內資源的驚人調動、法國革命思想的打動全歐人心、拿破崙高明的用兵本事，使法國的動亂變成一場地緣政治大搏鬥，實質上就是一場世界戰爭。

拿破崙的首要追求，係恢復並提升法國在歐陸的最高地位，但也決意打破英國的貿易帝國，以保住該地位。憑藉此貿易帝國，英國的海軍和財力才得以如此強大，才得以在歐陸呼風喚雨。拿破崙出兵遠征埃及，以失敗收場：拿破崙此舉被英國人視為遙指印度的先期行動，但隨著一七九八年八月的尼羅河之役敗於納爾遜之手而無以為繼。納爾遜拿下此役，切斷了法國對拿破崙軍隊的補給線。一八〇一至一八〇三年，拿破崙企圖從聖多明哥（海地）的黑人自由戰士之手奪回該島、重建波旁王朝失去的美洲帝國，也同樣未能如願：法軍在該島因染病而戰力大減——歐洲人遠征加勒比海的一貫下場。拿破崙以如今看來似乎過於廉價的價錢，賣掉其所不看好的北美洲內陸地區的法國所有權（三百萬英鎊，相當於當時英國政府歲入的一成不到）：此即托馬斯・傑佛遜的一八〇三年「路易斯安那購買案」。拿破崙此時的計畫是實行大陸封鎖制，以使英國無從和歐陸貿易，擊潰其經濟，使法國較易征服這個破產的島。一八〇五年十月的特拉法爾加之役，納爾遜重創法西兩國艦隊，打掉拿破崙入侵不列顛島的希望，但未打掉他稱霸歐洲的雄心。但到了一八一二年，為貫徹此經濟封鎖體制，這位皇帝發兵攻俄，慘敗收場。一八一四年，法國敗於反法同盟，拿破崙退位，一八一五年，拿破崙東山再起，但兵敗滑鐵盧，結束其短暫的復出，後來歐洲人稱之為「大戰」（Great War）的這場多年的戰爭，自此在各方均疲累不堪的情況下告終。

一百年後，另一場「大戰」的結束，被許多人認為是歐洲在世界衰落的開端。更早那場「大戰」，則帶來明顯不同的結果。拿破崙拚命攫取哥倫布大交換的成果，或至少不讓英國享有那些成果，引爆了地緣政治上的一連串劇變。他一八〇八年占領西班牙，粗暴廢黜西班牙的波旁家族國王，在西屬美洲創造出正當性危機，該地忠於王室的歐洲移民後裔要求自治。到了一八二〇年代，西班牙在中南美洲大陸的統治已經垮臺，這些地方，一如巴西，向英國大開貿易之門。拜「路易斯安那購買案」之賜，美利堅共和國的領土大幅擴張，大西洋經濟出現最具活力的一分子，歐洲人的地盤多了一大塊。法國征服尼德蘭之舉，促使英國人拿下位於前往印度、中國途中的好望角，占領爪哇。後來，根據巴黎和約，爪哇還給荷蘭，但好望角和其情勢不靖的腹地仍歸英國人所有。拿破崙欲占領埃及不成，反倒加速新政權在開羅崛起：權勢無人能及的鄂圖曼帝國埃及總督穆罕默德·阿里（Mehmet Ali）。他著手使埃及脫離鄂圖曼人統治，在蘇丹和阿拉伯半島建了新帝國。對印度的衝擊也一樣大。英國東印度公司駐加爾各答的總督，擔心法國人會捲土重來或與該公司最危險的敵人結盟，於是施行無情的攻勢政策。該公司不惜耗費巨大成本，在倫敦同意下，先後擊敗邁索爾和馬拉塔人，即印度次大陸上的前兩大軍事強權。到了一八二〇年，該公司已稱霸印度，成為英國稱雄世界必不可少的助手，英國在亞洲的打手。東印度公司既賣鴉片又擁有強大軍力，愈來愈多歐洲籍商人投身「港腳貿易」（印度、東南亞、中國之間貿易）、在廣州以鴉片換取茶葉的貿易所賺得的利潤，是（或者本應該是）再清楚不過的惡兆：商業化就要把地緣政治危機帶到中國家門口。乾隆皇或許能把馬嘎爾尼打發走，他的後繼者未必這麼好運。

十八世紀後期，哥倫布全球化已使西北歐各經濟體（英國、法國、尤其尼德蘭）的富強程度甚於其他任何地方。在它們的歐洲境外貿易變得可觀之前，它們的商業就已開始成長，但十七、十八世紀「大陸間貿易急速成長」，為其商業成長提供了特別大的推力。[92] 英法兩國的外貿都出現特別高速的成長：就英國來說，與其美洲諸殖民地的貿易，占其外貿的最大宗[93]。與美洲、非洲、亞洲的貿易，提供了許多促進成長的來源，包括航運和大西洋漁場、金屬製品和紡織品的出口、糖的提煉和再出口。此時期也是西北歐諸國大幅擴大其對世界其他地方的認識的時期：地圖繪製、航海、商業、人種誌、植物學方面的認識。歐洲水兵、士兵、移民、商人、傳教士出現之處，代表歐洲人往歐洲境外擴張的前沿，儘管他們這時還缺乏實現其雄心的工具，甚至動機。但一七八〇年後，讓他們無法放手施為的許多抑制性因素已開始消失。

一七八〇至一八二〇年間，哥倫布全球化中較古老的格局已大半逐漸瓦解。英國海軍的稱霸全球、英國奪取了通往印度、中國之路的關鍵海軍基地（好望角、模里西斯、錫蘭和錫蘭的最大港廷可馬里——Trincomali，英國人自一七八〇年代就一直覬覦之地——以及英國東印度公司在新加坡的新口岸）、該公司在印度建立的新帝國、英國擊潰法國的殖民勢力、終結西班牙的重商主義大帝國地位、白人移民主宰北美大陸：這些事件共同改造了長期以來支配亞洲國家與歐洲之間關係的地緣政治環境，以及歐洲人在美洲「新世界」的拓殖。令亞當・斯密悲嘆的重商主義規則和限制這時已落伍，在英國尤然，儘管要經過數十年的政治鬥爭才得以廢除；帝國的成本已下降；往半封閉的亞洲、拉丁美洲市場更遠、更深入推進的機會，令歐洲人無法抗拒。地緣政治的改變帶來破舊立新的機會。但另一個改變，更深層的改變，已在進行。

一八五七年，船台上的「大東方號」，位於倫敦米爾沃（Millwall）約翰・史考特・羅素（John Scott Russell）的造船廠。以J. Carmichael的畫作為本複製的彩色石版畫（Universal History Archive/Getty Images）。

第三章 蒸汽全球化

「要擋住蒸汽機車，根本白費力氣，」美國批評家小查爾斯·法蘭西斯·亞當斯（Charles Francis Adams Jr., 1835-1915）嚴正表示[1]。一八三〇至一九三〇年，「蒸汽全球化」使大半個世界改頭換面。蒸汽是「萬用技術」，用於製造、採礦、營造，最重要的，用於運輸和通信。蒸汽使機器、工具、移動、航運所用的材料得以從木料大舉改為鐵和鋼。搭配上其小老弟伙伴，如煤氣和電（電報革命所不可或缺），蒸汽作為主流技術長達百餘年，把地球上諸多遙遠地方串連在一塊。（怪的是）用「馬力」衡量的蒸汽動力，成為物質進步程度的主要指標之一。

一如此前、此後的其他全球化，蒸汽全球化將特殊的等級體系打入全球關係裡。蒸汽動力的運用，既要考慮到如何輕易配送動力，也要考慮到煤的廉價供給和取得。蒸汽動力用於製造和運輸一事，使那些因工資高而傾向使用機器、傾向將工業生產設址於廉價勞動力供應來源附近的地方得利——蒸汽所提供的一大好處。地質上走運（煤蘊藏豐富）和早早就發展出一體化的商業經濟，使英國和西北歐在運用、發展此一新技術上領先群倫，美國則緊跟在後。於是，蒸汽全球化，基於本身特性，導致幾家歡樂幾家愁，使世界的某些部分及其在北美洲擴增的地盤受惠程度甚於其他所有地方。西北歐與亞洲最繁榮地區在經濟表現上的「大分流」，或許西元一六〇〇年前就已在進行，十八世紀後期時已清楚可見，這時則已幾乎無法逆轉。新（且不公平）的全球分工牢牢確立，新的文化等級體系隨之確立。

此中存在許多矛盾、弔詭之處。「全球化」意味著以經濟效率為富強關鍵的自由貿易、自由移動世界。但蒸汽全球化也是帝國擅場的時代，在此時代，強制性作為扭曲了商業關係和經濟報酬。至少有半個世紀時間，蒸汽全球化與美洲、其他地方的奴隸制並存，並得以靠此並存關係得利。蒸汽全球化有助於釋出一股龐大的移居潮，但也將新式的種族排斥強加於世。蒸汽全球化有利於世界主義，但也被帝國主義和民族主義拿去利用。蒸汽全球化促進人的流動，但此流動性既受制於政治，也受制於技術限制。蒸汽全球化代表全世界走入現代，但實際上在世界不同地方產生不同樣貌的現代性。

口岸城市是蒸汽全球化的主要推手。它們擴大自身規模，以滿足此全球化的需求，以利用此全球化提供的機會。它們是某些人眼中蒸汽全球化的影響（商業、技術、文化方面的影響）據以進入其背後內陸地區的灘頭堡。進入到何種程度，在什麼條件和環境下進入？後面幾章見分曉。因為口岸城市也是取道海路的貿易、觀念、移民與內陸人民、文化交融的邊區。它們對某些人來說是現代性的先驅，對其他人來說則是離經叛道的混亂根源。它們與內陸社會的財產體制、勞動體制的關係，在最好的情況下都籠統不清——既預示獲利，也預示遭顛覆的可能。口岸城市的商界菁英住在嘈雜的商品貿易世界裡，該世界有大起有大落，有投機和詐欺。它們需要統治者和行政長官的保護，而對這些人來說，內陸政局或全球性隱患通常更迫切需要處理。在這個不穩定的環境裡，每個口岸城市形成自己既全球又本土的混合體，擬出具自身特色的「蒸汽現代性」。

哥倫布遺產

哥倫布全球化已創造出許多讓蒸汽乘勢而起的有利機會，但其整體樣貌已大不同於從前。就西元一五〇〇年後哥倫布時代的大半時期來說，鄂圖曼王朝、薩法維王朝、蒙兀兒王朝、明朝、清朝、德川幕府建立的亞洲大君主國，看來穩如泰山，不致被歐洲人宰制，而闖入亞洲的歐洲人受到嚴密控制或被局限在沿海地區，只有清廷耶穌會士之類享有特權的外賓或散布南亞、東南亞各地的傭兵例外。在北美洲的遼闊內陸，西班牙人、法國人、英國人的地緣政治對立，有助於美洲原住民將歐洲人在墨西哥以北的拓居區限制在北美大陸東沿。在撒哈拉沙漠以南的非洲，歐洲人甚少，大多現蹤於奴隸買賣「商館」或荷蘭人在好望角的休息補給站。庫克船長第一次遠航（1768-1771）之前，南太平洋是地圖上的未知之處。哥倫布所促成的貿易受到類似的約束。此貿易將亞洲製造品和奢侈品（以棉布、絲織品、瓷器為主，還有漸增的茶葉）運到歐洲，換取少許歐洲產品和較多的香料。此貿易將白銀、糖、菸草運到大西洋彼岸，運回金屬製品、布和多種消費品，包括葡萄酒和烈酒。此貿易使每個地方都受到重商主義管制的重壓，限制了何種貨物能在何處出售，能用誰的船運送貨物，並使每個地方承受海上戰爭不斷所導致的成本和風險。買賣非洲奴隸，或為購買非洲奴隸籌得資金，係此一大西洋經濟的核心，奴隸勞動力所需要的控制、強制機制亦然。從技術上講，這是被風、木、水結合成一體的世界——有人將歐洲人戲稱為「靠水傳送的寄生蟲」。

誠如前面已提過的，一七五〇至一八一五年間，一波始料未及的地緣政治劇變消解了前述諸多哥倫布世界的特點。但這還不是能讓歐洲人照其主張遂行全球化的世界。歐洲內部本身，嚴重的緊張關係仍屬常態。法國的野心仍是始終不斷的不安定根源，而奧爾良派（Orleanist）的一八三〇年革命、法國干預西班牙、擔心尼德蘭王國解體會使新成立的比利時成為法國附庸國的心態，則助長局勢的動盪。一八三〇至一八四一年，漫長的鄂圖曼帝國存亡危機，儼然要在東地中海引發一場影響深遠的革命，把英法俄三國帶進緊繃的三角僵持局面。[2]俄國在高加索地區的擴張，證實其對伊朗、中亞的意圖。在印度，英國東印度公司政權和其印度兵大軍，驚覺地盯著尚存的土邦、盯著蘭吉特·辛格（**Ranjit Singh**）的強大旁遮普王國和更遠處局勢不靖的阿富汗邊境。該公司擔心俄國人陰謀不利於它，擔心伊斯蘭主義者密謀造反，而由於印度人對該公司的忠誠並不牢靠，這份憂心變成疑神疑鬼，使該公司鋌而走險，作出出兵阿富汗的要命決定，在一八三九至一八四二年打了第一次阿富汗戰爭。[3]一八二〇年代後期，荷蘭人在其東南亞帝國的心臟地帶進行了一場漫長的爪哇戰爭，並遭遇激烈的抵抗。對中國的商業滲透，以鴉片為開端，在一八三九至一八四二年的「鴉片戰爭」時突然停擺：南京條約裡明訂的「條約口岸體制」會把中國「打開」到何種程度，再怎麼說仍不明朗。在大西洋對岸，甫獨立的拉丁美洲諸共和國大多忙於應付內部衝突和邊境紛爭，無暇開放邊界或解除貿易限制。[4]在美國，移民帝國主義無情擴張，但還是要到一八三〇年代後期才把各印第安部族趕到密西西比河以西，在美國的南方腹地建立「棉花王國」。

在其他方面，蒸汽全球化也被其所承繼的哥倫布遺產烙下無法抹除的印記。西元一八〇〇年前，帝國所標舉的土地所有權，依舊深植於歐洲列強統治者的心裡。帝國對立繼續左右歐洲列強的外交關係。法國、西班牙或許已失去其帝國的大半疆域，但保住既有領土和擴增疆土的念頭未消。對英俄兩國來說，打敗拿破崙是帝國的一大勝利，讓它們可以放手擴增殖民地。但「蒸汽帝國主義」必須考慮到哥倫布式帝國主義發展不均的情況。在鄂圖曼帝國、摩洛哥、埃及、阿曼、西非、東南亞部分地區、日本，本地政權已利用十八世紀下半葉的改變，打造出更能抵抗歐洲人入主的韌性。在這些地方，一如在中國，歐洲人不得不倚賴先前幾世紀問世的「外僑特權」（capitulations）體制：（在選定的聚居區）享有免繳當地稅、不受當地司法管轄的權利。與此同時，哥倫布所催生的貿易，其所深深倚賴的那些離開母土經商的亞洲人，對歐洲人來說，比以往更加不可或缺。在印度次大陸，英國人以其位在孟加拉的第一個橋頭堡為起點，大幅擴大其統治範圍，大抵仰仗當地資源和人力而達成。這一「與當地人合作」之舉，必然要有所讓步才得以如願，而這些讓步嚴重妨礙了英國人主動施為的空間。英國人對印度的統治，一開始是權宜之計，未考慮大幅改造印度社會。在英國的移民殖民地，英國人同樣發覺，早先所讓出的高度自治權，後來無法收回，而且若為防範移民造反，還必須擴大自治權。移民未善待原住民、出於種族歧視而不讓「他人」移入一事，乃至訴諸保護和關稅，表明情勢非倫敦所能掌控。

這也只是當時情況的一部分。自由貿易和「自由勞動」已成為一部分商業世界（尤其英國）的人不時掛在嘴上的話，但它們並非最重要的考量。蓄奴和強制勞動仍存在於世界許多地方。在美洲，奴工供應歐洲工業資本主義所賴以遂行其全球野心的原物料，尤其棉花。事實上，「第二奴隸制」，工業化的直接產物，係在蒸汽的陰影下打造而成[5]。就連在已廢除奴隸制和農奴制的地方，它們所塑造出的社會體制、經濟體制依舊保有大半原有實力，勞動力的自由移動受到嚴密限制。自由貿易在歐洲多數地方和美國受到抗拒（美國政治家亨利·克雷嚴正表示，「被冠上『自由貿易』一詞的那個體制」，「只是重出江湖的英國殖民地體制」）[6]，在其他地方，往往靠砲艇現身立威，才得以貫徹。哥倫布時代的兩個殘留物，緩和了蒸汽全球化得意洋洋的凌人氣勢。第一個是歐洲啟蒙運動的自由意志論思想。這一思想被不成體系地輸出到非歐洲人的世界，構成對政治平等、宗教平等、種族平等的保障，而與歐洲人的主宰體現了歐洲人的價值觀一說相牴觸。「英國人在英屬印度的統治不符英國作風」，成為印度民族主義的口號。第二個是十八世紀後期福音派教義的重新流行和此舉所催生的傳教、人道主義赤忱。這兩者與歐洲商業擴張、殖民地擴張的代理人的關係，常常很緊繃，甚至公開敵對。傳教士和人道主義者一般來講自認其職責在保護原住民，使其不受肆無忌憚的商人、攫取土地的移民、邊區所吸引來的奴隸主和遊手好閒者所傷害。他們提出四海一家的遠景，在那美好未來中，商業遵從基督教教義與「文明」的要求。

於是，哥倫布所催生之世界的重要組成元素，成為新蒸汽時代的顯著特點。歐洲人的帝國建造事業未竟其功，為非歐洲人世界境內的操縱和交易留下許多空間，亞非本土政府，例如埃及，利用商業實力強化其國家，仍有其可能。另一方面，在許多地方，蒸汽全球化隨著帝國擴張的腳步而來，尤以在歐洲帝國主義已於西元一八〇〇年之前許久就牢牢立足的印度最為明顯。奴隸解放也未完成，挑起歐洲人對其他類強制性勞動力的欲求，例如來自印度與中國、被嚴格的勞動契約束縛且實際上淪入「新奴隸制」魔掌的「契約工」。[7]移民殖民主義已在美洲、澳大拉西亞和非洲南部牢牢站穩腳步（但在非洲南部，較偏於一隅）。蒸汽全球化會為他們提供可用於急速擴張的新資源，使他們得以擺脫尚存的大部分帝國控制力，但未使他們得以擺脫對來自歐洲的移民、投資的依賴。相對的，歐洲啟蒙運動的普遍主義思想和熱中傳教的基督教，都打造於工業時代之前的世界，在幾個重要方面不贊同蒸汽全球化的強制性、追求拓殖的傾向。所有人系出同源且都有獲致平等的潛力此一革命性信念，在威廉·羅伯遜（William Robertson）的《亞美利加史》（*History of America*）裡得到申明，並被基督教教義強化。[8]歐洲知識分子與在孟加拉的知識分子書信往返極為熱絡；[9]歐洲傳教士把他們眼中粗魯的移民群體與他們所希望改變其宗教信仰的未受玷污的土著的相遇，斥為有辱人格的相遇。但「高貴的野蠻人」和普世啟蒙計畫，在新蒸汽時代碰上難纏的敵手。

蒸汽動力

西元一八三〇年前，蒸汽動力對剛出現的全球關係模式貢獻不大。在詹姆斯·瓦特於一七七〇年代率先做出重大改良之前，蒸汽機以其大量消耗燃料而惡名昭彰，主要用於英國境內抽出煤礦的水（在英國，燃料幾乎不用錢，蒸汽機用的往往是「過剩」的煤）。一七七五至一八〇〇年間，瓦特和其生意合夥人馬修·布爾頓（Matthew Boulton）設計並造出約四百座固定式蒸汽機，並用於多種用途——除了驅動機器，還用於抽水、供水系統。到了一七八〇年代，瓦特的蒸汽機和設計更古老許多的蒸汽機，例如塞維利（Savery）、紐科門（Newcomen）蒸汽機（效率較差但建造成本低了許多），已被用於抽水、開大砲膛孔、磨玉米、驅動車床。在下一個十年裡，它們已被用於紡紗、棉布印花和錢幣鑄造。[10]在康沃爾郡，錫礦、銅礦的存在創造出大量抽水需求，理查·特雷維西克（Richard Trevithick）的高壓蒸汽機與瓦特的低壓蒸汽機相比毫不遜色。[11]一八〇〇年後不久，英國境內蒸汽機可能已有數千部（根據一八一〇年某法國人的計算，英國境內有五千部，法國境內只有兩百部）。但煤炭成本和蒸汽機所需的龐大笨重設備的建造成本，使其難以普及。一七七五年後的五十年裡，布爾頓和瓦特只收到來自歐陸的六十二筆訂單。[12]就連在英國境內，蒸汽在推動工業化上貢獻也很小。[13]一八三〇年代之前，棉業所使用的能量，來自人力多於來自蒸汽。[14]

一八三〇年是轉捩點。那時，人類已掌握蒸汽驅動船舶的潛能。羅伯特·富爾頓（Robert Fulton）的克萊蒙特號（Clermont）汽船，靠布爾頓與瓦特公司（Boulton and Watt）的蒸汽機驅動，已於一八〇七年在哈德遜河提供載客服務；彗星號（Comet）汽船一八一二年在蘇格蘭的克萊德河畔下水；一八二二年已有一艘鐵造的明輪船在塞納河上運行。一八二九年，羅伯特·史蒂芬森（Robert Stephenson）的蒸汽機車「火箭」（Rocket），讓世人見識到布爾頓與瓦特公司的蒸汽機能如何驅動軌道上的輪子，以提供（大體上）可靠的陸上牽引方式。隔年，在英國，蒸汽所產生的動力，首度和水力所產生的動力並駕齊驅（水力是此前驅動機器的首要能量來源）。此後，蒸汽用途進展神速，開始更廣泛用於製造業，尤其棉布織造，但就連在棉布織造業，都直到一八五〇年代才徹底揚棄手織機。[15]蒸汽機設計、製造的改良，降低其運轉成本，尤其減少燃煤的消耗。於是，蒸汽動力的供給大增。用「馬力」計量，英國境內所能使用的蒸汽動力，從一八四〇年的六十二萬匹馬力成長為一八八〇年時的七百六十萬匹，增加了十一倍（馬力是一七八三年詹姆斯·瓦特所想出的標準化輸出計量單位）。在法國（從九萬匹增為三百萬匹）、德國（從四萬匹增為五百一十萬匹）、比利時（從四萬匹增為六十一萬匹），起點低上許多，成長幅度卻同樣大。就連很晚才開始大量採用蒸汽動力的俄羅斯，一八八〇年時都已達到約一百七十萬匹馬力之譜。在美國，蒸汽動力早早就用於河船和鐵路，從一八四〇年的七十六萬匹成長為一八八〇年的九百一十萬匹。[16]事實上，十九世紀大半時期，蒸汽動力主要用於運輸。晚至一八八八年，鐵路和汽輪用掉八成左右的蒸汽動力，只有在工業需求居於首位的英國例外。[17]

在世界多數地方，蒸汽運用遠遠晚於歐美。主要例外出現在英國屬地。一八〇三至一八二五年，一百一十五部蒸汽機輸入西印度群島，裝設於糖廠。[18]在英屬北美，聖羅倫斯河上往返蒙特婁、魁北克的汽船載客服務，一八〇九年首度運行，一八二〇年時已牢牢確立。[19]加拿大第一條鐵路於一八三六年啟用。一八一三年第一部固定式蒸汽機來到澳洲；一八三〇年代中期，當地開始自行組裝蒸汽機，一八四〇年已有約四十部在運作。一八五〇年代中期時，巴拉拉特（Ballarat）金礦區已普遍使用蒸汽機抽水。澳洲第一條鐵路一八五六年開始運行，連接墨爾本和其外港。[20]在印度，主要推手是英國東印度公司，即印度次大陸的統治者。一八二〇年代，該公司已把進口的蒸汽機用於船廠抽水機、灌溉、大砲鑄造廠、印刷、鑄幣廠、鋸木廠。[21]一八三二年，該公司已有十艘汽船航行於恆河，往返相距一千哩的加爾各答、安拉阿巴德（Allahabad），但直到一八五〇年代才有鐵路運行。[22]此外，一八三〇年，該公司啟用從孟買經埃及到蘇伊士的定期汽輪航運，以運送該公司郵件（和一些乘客）。

蒸汽動力在歐洲境外的擴散，偏重於說英語的地方，其來有自。蒸汽動力的基本原理簡單易懂，其運用要有效率，條件則難上許多。建造固定式蒸汽機需要高超的本事。蒸汽機的組成部件，尤其鍋爐、汽缸、活塞、管子，必須用夠耐用的材料製成，尤其重要的，製造時必須毫釐不差——用其他（靠蒸汽驅動的）工具機製造，最能達到此要求。汽船或蒸汽機車要送出必要的馬力，還需要掌握驅動系統構造方面的專門知識才能辦到，不管是用槳葉或輪子驅動皆然。要設計蒸汽機，不管其用途為何，都需要熟悉某種工程圖傳統，在中國明顯缺乏此傳統。即使維護、修理進口的蒸汽機，都需要靠受過訓練的機工和定期供應的部件。直到一八六〇年代和其後，英國一直是技能和材料的主要寶庫，知識、人力的流動始終反映英國與商業、與殖民地的關聯。對於不具備英國這種關聯性的國家來說，這些當然不是無法克服的難關。但這些國家面臨另一個抑制性因素。因為蒸汽動力的採用，既需要預期可得的益處超過顯而易見之成本的良性商業環境，還需要有利的意識形態環境。蒸汽動力不只是冷靜估算後採用的技術，還是近乎狂熱的激情所寄。或許長達三十年，人們堅信蒸汽動力會帶來美好未來（尤以在英國為然），但其實際成效始終令人大失所望。根據晚近某研究，鐵路時代初期，讓股東荷包縮水最嚴重的人，恐怕非伊桑巴德·

金登・布魯內爾（Isambard Kingdom Brunel）莫屬。[23]對蒸汽動力效用的堅信不移，以及願意為蒸汽動力花錢的心態，既是商業現象，也是文化現象——後文不久會再談到這點。

在此時代背景下，蒸汽技術在鄂圖曼帝國、中國境內散播甚慢，也就不足為奇。對一八二〇、三〇年代的鄂圖曼政府來說，防禦是第一要務。該政府於一八二〇年代後期開始買汽輪，甚至一八三〇年代後期時已在自造汽輪。但為迎頭趕上其他地方的先進技術，不久該政府就不得不放棄自行造船，轉而購買「現成品」。[24]蒸汽動力的民用也極有限。一八二〇年代將蒸汽機用於薩洛尼卡（Salonika）一地的絲織品生產，一八三〇年代用於大砲、步槍製造廠，一八四〇年代用於鋼鐵鑄造廠。但到了一八五〇年代，這些事業已有許多敵不過競爭而倒閉，一八六三年的鄂圖曼博覽會，展示外國技術，許多本土實業家首度見到蒸汽動力。[25]在中國，要克服的難關更大。一八二八年，第一艘汽輪造訪廣州，但當地觀察家以為這是靠火力驅動，而非靠蒸汽驅動。汽輪復仇女神號（Nemesis）從英國出發，經歷多災多難的遠航後來到中國，在第一次鴉片戰爭中扮演要角，把英國軍艦拖曳到廣州和南京。[26]中國官員雖近距離的觀察，卻沒有可用來理解其組成部件的工程學傳統或表達其結構的工程圖繪製法，對蒸汽機如何運作依舊不解。[27]一八四二年後，外國汽輪在中國沿海更為常見，上海一家由外國人經營的造船廠，一八六〇年代時已裝設了蒸汽機、車床、刨機。但中國第一艘自製的汽輪（一八六八年）以失敗收場，一如鄂圖曼王朝，清廷於是放棄試驗本國技術，轉而尋求外國供應，由於技術倚賴外人，隨之處處居於下風。

蒸汽動力為何如此重要？因為——至少是原因之一——西方（嚴格來講指西北和美國）和世界其他地方在地緣政治支配和經濟表現上因此有了愈來愈大的差距。蒸汽提供機械功率的來源，而機械功率（久而久之）大大提升了西方和其媒介對地球其他地方的滲透。蒸汽河船、鐵路，以及最終的遠洋汽輪，使原本似乎無法抵達的內陸地區變成歐洲商人、傳教士、外交官、移民所能抵達之處——或者說使這些地區似乎可以抵達。它們使歐洲人得以以前所未見的規模向歐洲以外地區動武，而且讓歐洲人覺得這麼做不致太勞民傷財，因而躍躍欲試。這時，蒸汽驅動的運兵船和砲艇，只需幾星期，而非幾個月，便可抵達幾乎每個想去的地方。遠征的後勤問題——始終是遠征的最大難題——變得較容易解決。蒸汽運輸為落腳世界各地的歐洲人劇增一事提供了助力——不只落腳位於溫帶的「新歐洲」（neo-Europes），甚至落腳印度等歐洲人未考慮永久定居的地區。蒸汽運輸使歐洲人更願意徵用「低下」的印度人、中國人當契約工，並運往他們的熱帶殖民地。汽輪和鐵路既用於運送郵件，也用於載客（冒險家、商人、觀光客），針對此前被視為「偏遠」之地所提供的新資訊隨之變多，儘管這些資訊往因私利作祟或流於幻想而扭曲不實：對黃金城（Eldorado）和寶藏的狂熱追求、失落的世界、私人帝國，就是因此產生的結果之一。

但若非蒸汽動力也為這股追求擴張的推力配備了具有讓人極難抗拒的商業魅力和科學威信的製造品和機器，這股衝動可能很快就會消退。其中最重要的製造品是棉布，那或許是中世紀以來最廣為買賣的商品。蒸汽驅動的織機（一八五〇年時，英國境內有約二十五萬部織機在運轉）[28]，使英國生產者相對於藝匠擁有決定性的優勢，尤以境內手織機織工未享有關稅保護之地（例如英國人統治的印度）為然。到了一八五〇年代後期，棉製品（棉布和棉紗），連同羊毛製品、亞麻製品，已占英國出口總額一半以上，出口值自一八二〇年以來增加了兩倍。一八五〇至一八八五年，織機速度增加約五成，其生產力隨之有相應的成長，[29]棉製品出口至一九一三年時又增加了將近兩倍。蒸汽動力的使用，對金屬加工和工程（即機器製造業）同等重要。蒸汽為種種日益精細的工具機，提供了鑽、鑿、磨、碾、壓、切金屬所需的能量，使人們得以用標準化、符合規格的精製部件製造機器。[30]來自鐵路、汽輪、金屬機械的需求，促進鐵產量大增（一八三〇至一八五五年，英國鐵產量增加了三倍），到了十九世紀中期，促成嘗試大規模生產鋼，一八八〇年代，鋼已成為建鐵路的金屬材料首選。在比利時和稍晚的德國（特別側重化學品和電力的國家），工業發展極似這一英國模式。

蒸汽動力已促使人們不斷追索其在工業上日益多樣的運用。這時西方已出現系統性創新的文化，而蒸汽動力是此文化裡最富創新精神的領域。[31]在一八七〇年針對用蒸汽驅動船舶能如何予以改良所進行的熱烈討論裡，可見到一個鮮明的例子。[32]蒸汽促進其他技術的應用。電報線的使用，大抵要歸因於必須趕上蒸汽機車的速度一事。蒸汽對燃煤永不滿足的需求，促成人們將煤氣（用煤製造的氣體）當成能量來源、尤其是照明來源——在日益工業化的世界，經改善的照明對生活助益甚大，使工作時間可從白天延長到夜裡。但在日益工業化的世界中，蒸汽甚至為經濟分流的加速，提供了另一種助力。歐洲的工業化，尤其英國的工業化，可能始於分布於極零散的地點或享有水力充沛之利的孤立地點。但一八三〇、四〇年代時，工業化已逐漸往工業地區集中，一般來講，工業地區靠近大量分布於英國全境和較少量分布於北歐境內的較大煤田附近。通常來說，這些地區也開始專注特定製造業——棉紡織業、羊毛業、金屬製品業或造船業。蒸汽使這些「聚合經濟」得以問世，而聚合經濟是加速成長、加速工業創新的要素之一，而且說不定是最重要的要素。隨著工廠群聚，它們所倚賴的專技工人、非專技工人跟著聚集。其實，與水力不同的是，蒸汽使人得以把工廠設在人口最稠密的地方。[33]在有大量企業都面臨類似難題且工程師能在不同工廠間輕易走動的地方，小幅逐步的改良和「最佳作法」的散播，機率大上許多。基礎設施如煤氣照明，建造成本較低。修理和維護成本較低。在可於一地將原物料或燃料大量賣出的地方，進口更為容易，而且通常進口成本較低。用來購買原物料和售出製成品的複雜商業機制，在對此類服務需求已達臨界水平的地方發展較快。資訊取得較便宜，商業行為較易監控。聚合經濟說不定甚至有助於使勞動人口適應城市工業生活的緊繃壓力——儘管此生活使人蒙受患病、物質匱乏的慘重代價。蘭開夏郡的棉業，就是個典型例子。[34]

讓最多人感受到的蒸汽動力效應，係透過鐵路、河船、遠洋汽輪傳播（下一章會談到遠洋運輸），只有在北歐和美國東北部例外（在此二地區，蒸汽於一八六五年後才終於成為製造業的最大動力來源）。蒸汽鐵路從一八三〇年代起開始運行，在此世紀間於全球快速增長，一九〇七年，總長度已超過六十萬哩。當然，此哩程數分布極不平均。三分之一位在歐洲。美洲超過三分之二的鐵路位在美國。在拉丁美洲，阿根廷（一萬三六七三哩）、墨西哥（一萬三六一二哩）、巴西（一萬七一四哩），則遠超過其他地方。而亞洲總計五萬六千哩的鐵路中，約三萬哩在印度，另有八千哩在俄國人所統治的亞洲，包括臭名遠播的西伯利亞橫貫鐵路。中國一八九〇年時境內幾無鐵路，一九〇七年已鋪設了約四千哩。伊朗只有三十三哩鐵路。在非洲，南非（超過七千哩）、法國人所統治的阿爾及利亞和突尼斯（三〇四九哩）、埃及（三千哩多一點），占去總長一萬八五一六哩的一半以上。[35]地區差距如此懸殊，不難理解。對大部分社會來說，若無外來資本，鐵路興建成本貴得讓人打消念頭。毫無營收之前，得先付出龐大的先期成本，即軌道、橋梁、車站、信號機、機車、車輛、燃料貯藏所，以及專技、非專技工人。一般而言，鐵路線啟用後或許要八年才會獲利（中間還常被財務危機打斷）。因此，幾乎在每個地方，鐵路都需要官方和主政菁英支持。在英國和其他地方，要取得鐵路用地使用權，並排除頑抗地主的反對，需要立法批准。在世界許多地方，鐵路事業具有投機性質，因此需要官方援助，援助方法包括授予鐵路沿線土地（在美洲司空見慣的作法）、保證收回所募集的資本（印度的模式）、授予獨占經營權以保護投資者。在法國，官方買下鐵路行經的土地。即使如此，一八七〇年後，鐵路建設仍耗掉對歐洲境外投資的一大部分：一九一三年，英國的對外投資（占當時全世界對外投資一半左右），四成多流入海外鐵路的興建和營運。[36]一九一三年，拉丁美洲鐵路七成以上長度屬外國人所有。[37]

但就打開歐洲以外世界的內陸地區和把它們吸引進交易散裝產品（例如穀物）且價格趨同的全球經濟裡來說，鐵路起了多大的作用？提倡鐵路者自信其已解決自古以來限制商業繁榮的難題：高昂的內陸運輸成本。在蒸汽時代，此說法屢見不鮮。晚近，看法則沒那麼一致。已有人拿美國為例，強烈主張十九世紀時鐵路並非經濟成長所不可或缺，即使在一八九〇年，藉由節省其他種類運輸方式的成本支出，美國龐大的鐵路網，僅貢獻了美國國民生產毛額的百分之二不到。[38]針對這一驚人的說法，回應的方式之一，便是反問若要建造符合需要的道路和水道，要花多大成本。[39]另一種回應，則是證明一八九〇年時若完全沒有鐵路，美國農地的價值會下跌約六成，從而波及產出和人口成長。[40]從更大視角看，美國之所以與眾不同，源於其可通舟楫的水道特別多，行駛於這些水道的汽船大幅降低運輸成本：一八五〇年前，在密西西比、俄亥俄兩河，降低了約六成。[41]在無可通舟楫的水道之處，鐵路的貢獻大上許多。在印度，可通舟楫的河川大多位在北部，鐵路所節省的經濟（或「社會」）成本，據估計是美國的五倍多，使運輸成本降低高達八成。[42]在拉丁美洲許多地方，可通舟楫的河川很少，內陸道路為馱獸而闢，而非為獸拉大車而闢。在此，鐵路將陸上運輸成本降至原來的十三分之一，節省的社會成本相當於GDP的四分之一，鐵路係出口經濟所不可或缺。[43]境內鐵路少了許多的非洲，情況與此類似。

當然，成本降低多寡，多取決於新出現的鐵路網分布和管理。在印度，殖民地政權著眼於國家安全，許多鐵路線的興建出於戰略考量，而非商業考量，有些鐵路線或許既為造福公眾，也為滿足私人利益。[44]氣派的「幹線」鐵路確實造福社會，但農場主和農民所在意的，係建造支線鐵路，使鐵路線盡頭站盡可能靠近其農田。他們所需要的，不只路線長，而且分布要密。同樣重要的，係鐵路公司所收取的貨運費，貨運費高低攸關農場主的收入，尤以價格易變動時為然。「鐵路運費率」始終是火熱的議題，在由一鐵路公司獨占鐵路運輸時尤然。法蘭克・諾里斯（Frank Norris）的《章魚：加利福尼亞史話》（*The Octopus: A Story of California*, 190），便以虛構的情節傳神地捕捉到這一特點。小說中一名人物質問道，「把每噸售價八十七美分的小麥，用每噸四美元的費率運到兩百哩外的沿海低地，我們種小麥的，能有合理的利潤？」[45]鐵路公司始終是大企業、多數地方經濟體的巨頭，政治影響力極大，常被懷疑收買了政治人物（而且此懷疑並不離譜）。政治人物樂於讓政府背負債務和保證金，或樂於提供大筆土地以使鐵路持續有利可圖，結果激起廣大民怨。在印度，政府支持鐵路投資和鐵路建造計畫而背上巨債，助長了財富自印度被抽離出，並使英國境內資本家得利的怨言。建造鐵路也可能是為了使某個口岸（或甚至某個國家）得以取得長期對手的貿易（或鄰近領土），因此，除了會影響商業，也會影響地緣政治。在世上許多區域，境內出現由外國人擁有的鐵路，如同面臨遭外人支配的威脅：西元一九〇〇年後此事在中國激起「保路」運動，從而加速一九一一年辛亥革命的爆發。幾乎在每個地方，鐵路的延伸都帶來「鐵路政治」，以及常被哀嘆為腐化人心之歪風的「鐵路影響力」，某個憤世嫉俗的觀察家所謂的「鐵路道德」。[46]但蒸汽對社會人心的諸多改造效應中，對人想像世界的方式，其影響尤其明顯。

蒸汽文化

歐洲十八世紀啟蒙運動的思想家，心心念念想著普世和平與進步的遠景，以及實現此遠景的方法。運用理性、抨擊迷信、有計畫且有步驟的散播有用的知識、使個人擺脫「封建」義務的束縛，會使人類社會邁入一個新時代。就是在這一傳統思想下，亞當·斯密抨擊「重商主義者」對貿易施加的限制。法國大革命和其在拿破崙當權時的高潮（生動表現在《拿破崙法典》裡），其所四處散播的觀念便是，國家及其建制必須得到合理的組織以實現其存在目的（包括民生富裕）。啟蒙運動和革命性續曲，得到邊沁主義的功利主義進一步強化，共同為漫長十九世紀歐洲的自由主義提供了許多靈感。

啟蒙運動的思想，形成於工業時代之前。但到了一八二〇年代，這些思想已開始和一股極樂觀看待技術發展前景的心態結合，而此樂觀心態的產生，主要來自蒸汽的激發。新的「蒸汽文化」開始嶄露頭角。詹姆斯·瓦特不只被譽為工程天才，更是文化英雄，而且不只在英國如此。瓦特的雕像和紀念性建築漸次問世。他的一尊雕像，在西敏寺立起。與此同時，蒸汽動力改造世界的能力，得到愈來愈多人肯定。在一八二七年首次出版的《蒸汽機、蒸汽航行、道路和鐵路》（*The Steam Engine, Steam Navigation, Roads and Railways*）中，具影響力的科普作家狄奧尼修斯．拉德納（Dionysius Lardner）表示，瓦特的發明已「催生出新娛樂」，使原本不敢指望享受到「過往享受」的人如今得以實現。他還說，蒸汽產生的效應未局限於英國：「它們擴及到整個文明世界；美洲、亞洲、非洲的野蠻部落必定不久後就會感受到此一強大力量的……好處。」[47]到了一八四〇年，他的用詞更為華麗。他嚴正表示，「知識、資訊在相隔遙遠的人口中心之間不斷流動，其中較先進者，把文明和改良過的東西散播給較落後者。報刊……與蒸汽機聯手……藉此已提升其力量和影響力。」[48]甫成立的土木工程師協會（Institute of Civil Engineers），在其宣言中（一八二八年）宣告，「土木工程是使自然界的主要力量來源為人所用並造福人類的技術。」還說，土木工程的最重要目標，係「改善國家的生產工具和運輸工具，以同時造福對外、對內貿易。」[49]小說家旋而抓住此主題創作。珍．韋布（Jane Webb）的《木乃伊》（*The Mummy*），發表於一八二七年，但眼界有點超前，她想像二十二世紀時的埃及，描述那時的埃及，「汽船輕巧駛過運河……鐵路縱橫穿過橘子園……。」[50]

不切實際的社會改造觀和前瞻未來的工程學一起發力，啟發了聖西門侯爵（Marquis de St Simon, 1760-1825）的追隨者，即所謂的聖西門主義者（St Simonians）。聖西門早期便鼓吹開鑿巴拿馬運河。普羅斯佩．昂方坦（Prosper Enfantin, 1796-1864）為改信聖西門主義（且轉而崇拜自由戀愛）的銀行家，一八三三年，他前往埃及力促建造蘇伊士運河。對昂方坦來說，這條運河是恢復東西方在精神、物質上合而為一的憑藉，而此為聖西門主義者念茲在茲的理想。埃及統治者穆罕默德・阿里不會同意此事，心知凡是會擴大法國人在埃及影響力的事，都會招來英國敵意。此計畫於一八三六年遭棄，但昂方坦的構想深植於時任法國駐埃及領事的斐迪南・德萊塞普斯（Ferdinand de Lesseps）心中。另一個聖西門主義者米歇爾・謝瓦利耶（Michel Chevalier, 1806-1879），則是礦業工程師出身的聖西門主義團體機關報《地球》（*Le Globe*）的主編，他更是雄心壯志。他期盼，有一天旅人能於早上搭火車離開法國的勒阿弗爾（Le Havre），同一天傍晚在法國地中海岸搭上前往阿爾及爾或亞歷山卓的汽輪。[51]在其出版於一八三二年的《地中海體系》（*Système de la Mediterranée*）中，地中海會是東方與西方的「婚床」（lit nuptial），團結起兩地人民，重振停滯的東方。為此，必須建設龐大的鐵路網，將地中海諸口岸與水道連在一塊，以使地中海地區在政治上、精神上合為一體。主幹線會從法蘭克福通到布達佩斯、貝爾格勒、索非亞、君士坦丁堡。其他路線則會往東通向俄羅斯，喚醒「瞌睡中的斯拉夫民族」，[52]以及從斯庫台（Scutari，君士坦丁堡對面）通到波斯灣，並有支線到士麥那（Smyrna，伊茲密爾／Izmir）、德黑蘭、開羅。在謝瓦利耶所想像的未來裡，歐洲會經由亞洲北邊的俄羅斯、亞洲西邊的土耳其、亞洲南邊的大英帝國，「擴及自身」至亞洲。他的女婿保羅・勒魯瓦—博利厄（Paul Leroy-Beaulieu）寫出《現代民族的拓殖》（*De la colonization chez les peuplesmodernes*, 1874）一書，或許並非巧合。該書嚴正表示殖民擴張在經濟上實屬必要，並宣告殖民擴張在文明開化上的益處。

對謝瓦利耶本人來說，鐵路是和平共存的憑藉，據此，他大力提倡自由貿易。他最大的成就是一八六〇年英法自由貿易條約，而化解兩國緊張關係，則是締結此約的用意之一。代表英方與他談判者是理查·科布登（Richard Cobden）。他是英國境內提倡自由貿易的頭號健將，一如謝瓦利耶，科布登視自由貿易為透過互賴關係防止戰爭爆發的最佳機制，譴責靠征戰、侵略性外交、帝國統治的獲利而助長了反動貴族階層。一八三六至一八三七年，他遊歷東地中海地區（大多以汽輪為交通工具），樂見歐洲化的亞歷山卓成長（亞歷山卓是埃及棉花據以運到西方的口岸）。[53] 科布登，一如謝瓦利耶，認為自由貿易和蒸汽動力除了會促進商業成長，還會促進自由主義政治。一八三五年，他嚴正表示，「每一袋從我們海岸離開的商品，都把我們智慧與有益思想的種籽帶給較蒙昧無知的社會……我們的汽船……和我們令人驚歎的鐵路……是我們開明制度的宣傳工具和證人。」[54] 蒸汽是道德力、文化力的工具，和平征服非西方世界的決定性武器。

蒸汽以他種方式、較追求當下實用的方式，改造了文化。蒸汽改變了印刷業的經濟面貌。一八一四年，《泰晤士報》委託製造史上第一部營利性蒸汽印刷機，最初，這類印刷機的普及相當緩慢。未想到了一八五〇年代，蒸汽印刷機已用於歐美和世界其他地方的報紙書籍出版。書籍等印刷品的成本大降。印刷品成為日常商品，能廉價取得的資訊種類暴增。[55] 蒸汽驅動的船舶使歐洲、美洲、亞洲間頻繁、穩定的郵件往來不再遙不可及。以加勒比海種植園主出身的航運企業家詹姆斯・麥奎恩（James MacQueen）把握住這機會。一八三八年，他發表《用汽輪在英國與東方、西方世界間傳送郵件總計畫》（*General Plan for a Mail Communication by Steams between Great Britain and the Eastern and Western Parts of the World*），並在其中主張，基於英國的商業利益，快速且頻繁的郵件寄送，不可或缺。麥奎恩的這本小冊子詳細且用心的闡述這樣的服務機制要如何才行得通。它貼切反映了當時公眾的想法。[55]一八四〇年，英國政府已接下為橫越大西洋的汽輪航運（冠達航運公司／Cunard line）、往加勒比海的汽輪航運（皇家定期蒸汽郵輪公司／Royal Mail Steam Packet Company）、經埃及往印度、東亞的汽輪航運（半島東方輪船公司／Peninsular and Oriental Steam Navigation Company）提供補助的義務。一八四九年，麥奎恩的皇家定期蒸汽郵輪公司贏得更進一步的合約，承包英國與巴西間的郵遞業務。[56]紐約商界注意到此舉的影響。一八五二年四月，威廉・亨利・西沃德（William Henry Seward）向其參院同僚示警道，「英格蘭……就要完成一個廣大的遠洋汽輪航運網，此航運網以連結起歐洲所有口岸、我們的所有口岸、南美洲所有口岸、亞洲和大洋洲的所有口岸和其商業首府的郵費和商業為基礎。」他告訴他們，對外郵務「有助於商業、移民、政治影響力和勢力。」[57]

按照時間表運行且也載運乘客的郵遞系統，使資訊——透過私人書信、商業書信、官方信函，以及報紙（日益重要的郵遞物件）和書籍傳達的資訊——得以按照可預期的規律性，得以更大量地從地球一側流動到另一側。從此，世界各地的報紙較能名副其實地刊出來自「外地通訊員」每月一次或兩月一次的報導或來自「家鄉」的消息。查爾斯・狄更斯、安東尼・特羅洛普（Anthony Trollope）或馬克・吐溫等四處遊歷的名人，能以近乎「即時」的方式，向閱報大眾講述他們的冒險事蹟。時尚，不管是文學界、知識界或服裝界的時尚，傳播更為快速。距離感消逝，對遙遠異地之情勢（一八四二年創刊《倫敦新聞畫報》等期刊所報導的消息）的即時掌握變得更為緊要。但我們不該誇大此即時性。一八五七年印度大叛亂的消息，即使有來自的里雅斯特的一條電報線協助，仍耗時四十天才傳到倫敦。[58]

到了一八四〇、五〇年代，電報線和海底電纜的確已在水陸路郵遞之外，提供了另一種快捷卻昂貴的通信方式。英國、法國、德意志、美國東部於一八四〇年代發展出陸上電報服務，英法兩國於一八五一年有海底電纜相連。[59]長距離陸上線路需要連續多個中繼站，才能將信息傳到目的地，因此，一八六五年倫敦、印度間的第一條電報線路，要花上五至六天才能將信息從一端傳到另一端。長距離海底電纜要克服更大的難題：經過多次嘗試，一八六六年才有第一條運行成功的跨大西洋電纜。電報、電纜技術當然以電力而非蒸汽為基礎，但鐵路的問世加速對電報的需求，而且海底電纜的鋪設，若沒有汽輪，幾乎辦不到，更別提蒸汽工業化所助長的資本調動。到了一八七〇年代，陸上、海底線路的結合，已串連起歐洲、北美洲、中東、印度、中國、日本、澳洲、加勒比海、南美洲，以及東非、南非。信息傳遞所需的時間開始大減，從一八七〇年倫敦、印度之間的三十七小時，減為一九〇〇年時倫敦、孟買之間的三十五分鐘。[60]通訊社，例如路透社、哈瓦斯（Havas）等，發揮了電報的潛能，供應原則上「即時」的消息。[61]到了一八九〇年代，誠如鼓吹建立帝國聯邦以取代大英帝國的主要人物喬治・帕金（George Parkin）所說的，「世界已被授予一個新的神經系統。陸上電報和海底電纜……已徹底改變『地理一體』、『地理流散』之類詞語的意義……」[62]居高不下的使用費，長期阻礙此類通信的普及，大型電報公司如約翰・彭德（John Pender）爵士的大東電報公司（Eastern Extension Company），因為太高的收費和高得不合理的利潤不時遭受毫不留情的譴責。[63]美國國務卿威廉・亨利・西沃德曾透過新海底電纜，發送一份一貫冗長的電報給其在巴黎的特使，收費竟是其年薪三倍。[64]但到了一九〇〇年，已有十三條大西洋電纜每日傳送約一萬條信息，[65]到了一九〇四年，經大西洋電纜傳送信息，每個字的收費已從一八六六年的十美元降為二十美分。[66]

這些嶄新的流動形式，為網絡化世界打下基礎。朱爾・凡爾納（Jules Verne）的《環遊世界八十天》（*Around the World in Eighty Days*, 1872）或許純屬虛構，卻也絕非光怪陸離。該小說主人公菲利厄斯・法格（PhileasFogg）所憑藉的火車、輪船時刻表，已經存在於世。凡爾納本人出身船東、航海家家族，其筆下故事穿插不少令人信服的細節。出版商喬治・布萊德蕭（George Bradshaw）一八三九年首度發行全英的火車時刻表，一八四七年將時刻表擴及涵蓋歐陸，一八六四年涵蓋印度，一八七二年已涵蓋鄂圖曼帝國——而法格就憑藉布萊德蕭出版的火車時刻表旅行。一八七四年起，萬國郵政聯盟（Universal Postal Union）確立了寄信至世上任何地方郵資費率一致的原則，從此，包裹寄送過程中，不需每到一個轄區都要付費。到了一八九〇年代，標準化時區體系（最初為因應長程火車旅行的需要而誕生）已被世界各地普遍採用，但主要用於運輸體系，而非日常用途。[67]這時，遠非西元一八〇〇年時所能想像的，世界已成為可抵達之地，甚至對那些財力不算高、或不愛冒險、或偏愛待在舒適的家裡「紙上神遊」的人來說亦然。但此一重大的文化轉變所帶來的諸多結果，卻互相矛盾。

其中一重大影響，係改變了人對距離的想像。規律性和可預期性消解了偏遠感（以及在某些情況下把偏遠感逆轉為親近感）。一九三〇年代時，從倫敦搭船、搭火車到布拉格，已不用二十四小時，搭船到紐西蘭則需六星期。儘管如此，英國首相內維爾·張伯倫還是把捷克斯洛伐克說成是個「我們所知甚少的遙遠異國」——若是談到紐西蘭，他大概不敢這麼大放厥詞。靠文化、種族同源的關係結合成全球性「大英」（Greater Britain）一說，有賴於這個新距離觀，欲建立「大法蘭西」或「大德意志」的類似夢想亦然。「大英」之說，一八六九年由查爾斯·迪爾克（Charles Dilke）首度提出，在影響甚大的《英格蘭的擴張》（*The Expansion of England*）一書中得到推廣。該書出版於一八八三年，作者是席利（J. R. Seeley）。以歐洲為全球中心的觀念（不只見於歐洲），歐洲作為全世界「道德、物質」進步之發動機的角色觀，得到大幅強化。對亞洲或非洲境內不久前還顯得「偏遠的角落」進行商業剝削的機會，變得更近身可握，向往往輕易上當的公眾散播此舉的吸引人之處，變得更為容易。這時的世界是讓塞昔爾·羅茲（Cecil Rhodes）

或比利時國王萊奧波德等巨擘可透過迷惑人的宣傳手法迅速壯大自身的世界，但也是個遙遠異地（中國或非洲南部）的危機會波及歐洲、會威脅歐洲自身權力政治脆弱平衡的世界。於是，到了一八九〇年代，已出現一股結合帝國機會主義與地緣政治焦慮的狂熱氣氛。蒸汽技術和其運用電力的「控制系統」正促使全球為幾個「世界國」所瓜分，決定性的時刻（看來）正漸漸逼近。這些憂心和希望利用了西方蒸汽文化或許最深層且（最終）最持久不消的元素：深信對（以蒸汽為基礎的）自身技術的掌握，正證明自己相對於非西方世界，擁有永遠的文化優勢、演化優勢、種族優勢。

諷刺的是，就在這一以歐洲為中心的志得意滿心態逐漸外顯時，其局限和弱點也變得較顯而易見。拉德納和科布登認為，蒸汽會使世界「變平的」：世界會願意接受西方的（自由主義）制度和習慣。但蒸汽也能使其他文化充滿活力。蒸汽印刷和受官方補助的郵遞事業擴散到蘇伊士運河以東的世界，使當地的本土文化守衛者擁有了他們欲動員更多人民支持反西方威脅所需的武器。有志之士可在加爾各答（波斯語）或在新加坡（阿拉伯語）印製報紙和小冊子，供遙遠異地的人閱讀。孟買的穆斯林能更理直氣壯宣稱它是從波斯灣到尚吉巴這片廣大海上區域的宗教、文化首府。[68]從埃及到日本，宗教認同和語言認同得到文化自信予以有力且及時的加持。汽輪和鐵路使宗教朝聖更容易、更便宜，這在赴麥加朝聖上最清楚可見。返國的朝聖者，即哈吉（haji），剛被正統宗教儀禮洗禮過，雀躍於教友如兄弟般的宗教情懷，返國後備受社會尊崇。他們把那些願意淨化伊斯蘭信仰、動員教徒、強化教徒休戚與共之感，使不受其他信仰和文化暗中誘惑的「行動主義者」，串連成聲息相通的群體。[69]蒸汽和印刷品賦予烏瑪（Umma，全球伊斯蘭信士群體）一個可因應西方現代性挑戰的新基礎結構。佛教徒、印度教徒也得利用這兩者來壯大自己，而且也的確這麼做。

這一在文化上抵抗西方之舉，也可能利用了在蒸汽文化本身內部冒出的一個具影響力的批判：蒸汽驅動的機器已使工作失去人性，使其勞動人口變成工資奴，落得生活在不衛生、被煤炭熏黑的貧民區裡。這樣的貧民區出現在諸多深感震驚的觀察者筆下，而且在恩格斯（用德語）出版於一八四五年的《英格蘭工人階級狀況》（*The Condition of the Working Class in England*）裡，得到最生動的描述。在維多利亞女王時代的英國，針對性倫理、家庭生活或宗教儀禮，更別提社會凝聚力，能否在這個亂糟糟的地方倖存下來，曾有過激辯。激進政治主張裡的一個有力傳統，力促回歸農村自給自足，給每個工人「三英畝地和一頭母牛」。威廉·莫里斯（William Morris）所提倡的浪漫中世紀精神，拒斥工廠生產，支持個體匠人。史學家詹姆斯·安東尼·佛魯德（James Anthony Froude）說，只有藉由外移到加拿大、澳洲、紐西蘭這些沒有高度發達製造業且充滿田園生活風味的地方，才能把英國人從工業主義所創造的生長不良、沒有定性的群眾裡解救出來。[70]甘地展現其過人本事，把這個對蒸汽機器世界的描述轉化為反英國統治印度的動人宣言。一九〇九年，他嚴正宣告，「統治印度者，不是英國人，而是假借其鐵路、電報、電話之手的現代文明……鐵路、電報、醫院、律師、醫生和諸如此類者，都有待處理……機器是現代文明的主要象徵；它代表極大的原罪。」[71]在其《印度自治》（*Hind Swaraj*, 1909）中，甘地堅決主張，只有拒斥英國權威所憑恃的工業文明，印度人才得以找回達成自治所必需的精神自立。

蒸汽所打造的世界

及至十九世紀下半葉，已出現蒸汽和掌握蒸汽動力者所塑造的新世界全球交換模式已明顯不同於哥倫布時代。差異之處不只在於數量和金額，儘管數量和金額成長驚人。一八六〇至一九一三年，世界貿易總額從約十五億英鎊成長為一九〇〇年四十億英鎊，一九一三年時又成長一倍，達到八十億英鎊。[72]這類商品交易，已有別於過往。西北歐已成為世界工廠，大量出口製造品，既供銷售於沒有高度發展製造業的自身腹地，也供銷售於亞洲、非洲、美洲市場。來自歐洲工廠、鑄造廠、作坊的紡織品、機械、金屬製品（橫桿、壺、針、刀具、鏟、鋤、鏵）、火器（有利可圖的生意）、鐘等儀器、瓷器、肥皂、蠟燭、家具、玩具，憑藉便宜許多的價格或自身的新奇，取代世界其他地方的本地藝匠的製品。到了一八九九年，全球的製造品出口，已有九成八來自西方九國。[73]貨物的回流，反映北歐對原物料和食物材料的新渴求：棉花、羊毛、木材、皮革和獸皮、絲、大麻纖維、黃麻纖維、穀物、糖、咖啡、巧克力、茶葉。歐洲不只已成為世界上最高度工業化的地區，而且是都市化程度最高的地區。在西歐，住在一萬以上居民之城鎮的人口占總人口的比例，從一八〇〇年的約一成，成長為一八九〇年時的將近三成[74]（一八九〇年中國的數據不到百分之五）。西歐已成為人口輸出大戶，輸出量驚人。一八五〇年代，約一百萬人移出歐洲。一八七〇年代則超過三百萬人。一八八〇年代將近八百萬人。二十世紀頭十年，超過一千一百萬。[75]其中大部分人移至美洲，移至澳洲、紐西蘭者相對少很多；但這些外移人數已足以使歐洲人所占據地區占世界的比例大增。亞洲人外移人數與此相當，但規模較小。印度人和華人，通常以移工或「契約工」身分移至拉丁美洲部分地區、加勒比海地區、模里西斯、納塔爾、緬甸、馬來亞或斐濟，以及在遭禁止移入之前，移至紐澳和北美。這時的世界是流動性遠超過此前任何時代的世界，貿易和商業交換的深入程度和吸引進來的人數之多，超過以往任何時候。

何以致之？原因之一，誠如先前已提過的，生產的機械化已在歐洲任何有蒸汽動力可用的地方壓低製造成本。但世界貿易的新模式，若沒有蒸汽所促成的運輸革命，不會發展到這種程度或發展得這麼快。鐵路、（在北美大陸特別重要的）汽船、汽輪，係使貨物在世界各地移動的成本劇降的主因之一。一八七〇至一九一三年，此成本平均降了約五成。[76]這對歐洲製造品的出口運送來說非常重要，但對返程時散裝貨物（穀物、原棉、羊毛、木材）的運送來說更是必須，世界其他地方的消費者靠出售這些散裝產品所賺的錢買進歐洲貨。原物料的生產者，若沒把握自身的食品原料需求會得到更遙遠糧食產區（有汽輪或鐵路相通的地區）的定期供給予以滿足，不會願意冒險專事生產供行銷歐洲的棉花、絲、咖啡或茶葉。若非人員(和其勞力)因蒸汽動力而得以大量移動,不管是生產,還是消費,以及它們所創造的貿易,都不可能如此快速成長。電報和電纜在此中發揮了作用。價格資訊(電報通信的大宗之一)這時能輕易且快速傳送到異地,商業決策能更輕易作出調整,降低了長程貿易的風險和效率不彰。一八六〇年代,利物浦就已有一家商行每年花高達一千英鎊的錢在發往東方的電報上。[77]電報把船舶導引到需求最大的地方,使貿易所大為倚賴的轉帳較為容易——而且降低轉帳成本——有助於消除世界各地的利率差異。

但除了一項新技術,還需要別的東西。蒸汽運輸所需要的資本,遠大於先前的承平時期。在英國,鐵路建造需要投資大眾狂熱般的響應(經濟學家所謂的「非理性繁榮」/irrational exuberance)。鐵路股票的持有人必須認定,(與大部分商業交易不同的)在無限期的未來,會有源源不絕的收入流入,使鐵路和地產一樣「安全」,他們才會投資於鐵路。在外國建造鐵路,以及與之配套的碼頭、港口、城市設施這些基礎設施,有賴全然的信任。在外國建造鐵路,其資金必須靠從母國大量輸出資本來籌得,因為當地的財力鮮少負擔得起此開銷。歐洲境內的投資人通常偏愛將其儲蓄交託給白人移民所建立的國家(尤其美國)境內的企業。在美國,有他們所熟悉的非正式商業協議,當地法律使他們享有免遭偷竊、詐欺的保護(但就只是些許保護)。英國投資人樂於買下印度鐵路的股份,因為在那裡,印度的(英國人)政府以印度納稅人所繳的稅為擔保,保證投資人可得到百分之五的股利。但在世界許多地區,鐵路建於既無歐洲移民也未歸歐洲人統治的地方。歐洲人，以英國人為首，取得龐大且值錢、有待從歐洲持有、管理的地產，而且這些地產的規模遠大於此前任何時代。此外，為使它們能帶來獲利，歐洲人必須在地產所在的國家發揮多種影響力。他們必須招募勞工，以建造鐵路，充當礦場、種植園的工人。這並非易事，因為控制人力始終攸關當地菁英的利害。於是，輸入契約「苦力」是普遍的解決辦法。鐵路公司急欲藉由取得土地授予和獨家經營權來保護其投資，急欲打退要他們調降車資費率的壓力。

然後，鐵路公司要想辦法擴大運輸量並產生獲利。此兩者皆有賴於改造當地經濟，使當地得以生產能在世界市場銷售的主要商品，皆有賴於把信貸規模更為擴大。專門生產特定作物的農民需要信貸，以撐過一次又一次的收成。他們必須有資格得到信貸，也就是說能把其財產拿去抵押，而且有抵押借貸法可據以執行抵押。放款人需要一批代理人為其挑選出低風險者，剔除高風險者。幾乎每個口岸都出現匯兌銀行，以貸款給代理人和經銷商，以管理將資金轉給國外放款人和從國外放款人轉回資金的事宜。但這一切都有賴於將當地主要商品出口至歐洲。「國內」投資人和放款人，能從這些出口的所得抽取利息和紅利，而生產者（運氣好的話）能得到足供他們買進很想到的進口品的利潤。但幾乎在每個地方，都需要以更微妙的手法將文化、政治影響力打入當地，使當地統治階級願意將國家現代化，歐洲人在當地的生意才能蒸蒸日上。

說明這些過程最鮮明的例子，可見於約一八五〇年後的拉丁美洲國家。在巴西，英國商人稱霸咖啡出口業、巴西最大宗的商品。英國汽輪公司提供巴西與歐洲的主要連結管道，甚至進入巴西的沿海貿易。英國資本和專門技術打造出從沿海地區通至聖保羅後方咖啡產區的主要鐵路。但這一切有賴於與巴西菁英建立緊密連結才得以實現，巴西菁英被農業生財的遠景打動，被英式現代性有助於使仍然山頭林立、地區各自為政的巴西國家歸於一統的前景打動，而與英國人合作。[78]在烏拉圭，鐵路、碼頭、軌道電車、銀行都歸英國人所有，英籍大牧場主帶頭以鐵絲網在平原上圈地放牧，帶頭將這時以英國市場為主要出口地的畜牧業現代化。一八九〇年，烏拉圭總統——或許有點喪氣地——說道，他的職位其實是「大牧場的經理人，該牧場的董事會位在倫敦。」[79]在阿根廷，英國資金同樣無所不在，英國人所擁有的銀行，例如倫敦與南美銀行（Bank of London and South America），提供信貸，英國商行管理大牧場，鐵路和公用事業大半由英國公司擁有並管理。在此，當地菁英也領悟到，應修改法律以配合此一新商業環境所會帶來的好處，領悟到仿效歐洲貴族的生活方式有助於提升其社會身分（至少對大地主來說是如此）。[80]

此外，電報、郵件、遠行更易，讓投資人和放款人更能確保他們的資金和財產在安全之人手裡。但商品出口與信貸、資本流動之間的複雜連結，促成世界貿易裡商業、金融的集中化達到前所未見的程度。擔綱此一中心角色者的，是倫敦，蒸汽時代的首府。[81]首先，倫敦是世界各地產品的主要出口市場之一，一八五〇年後大部分貨物都能自由進入倫敦。[82]從遙遠口岸托運茶葉或木材、糖或西谷米、鴕鳥羽毛或羊毛至倫敦的商人，有把握在該地將貨物出售（非以倫敦為主要出口市場的商品是原棉，利物浦才是原棉的主要市場）。在歐洲，想要入手這類貨物的買家，有把握在倫敦找到現成的貨源。倫敦存在一個重要的商業機構，負責租用船舶、裝滿船貨、安排海上保險、管理進口商品出售的事宜。從事進口商品出售的倫敦商行，透過不斷的通信和（往往）私人交情，與海外商人培養密切關係，並靠親自拜訪、乃至聯姻，鞏固私交。這些商行成為海外合夥人和其客戶、顧客取得預借款的管道，也就是順理成章的事。[83]倫敦收到來自英國許多地方的存款，因此，信貸成本通常不高或信貸來源充足。對某些商行來說，要轉型為專門以資金提供為業，進而充當欲從倫敦找到外來投資之海外借款人的中間人，非常容易。貿易之類的投資，特別倚賴資訊和代理人、對當地的了解、信任。

經由倫敦做成的生意甚多，於是，在此買貨、借款的成本必然比在歐洲其他地方低，而且資訊較豐富。這有助於說明，為何到了十九世紀後期，世界貿易有好大一部分經由倫敦取得資金，貨物卻根本未登上倫敦的碼頭。出於類似的理由，一九一三年時，全世界的外來投資有一半左右來自倫敦，儘管有頗為可觀的一部分幾可肯定源自歐洲其他地方，只是經由倫敦對外投資。倫敦是一八六〇、七〇年代誕生的新世界經濟的大型票據交換所。倫敦的首要地位靠三大支柱和一個得天獨厚的地利支撐。第一個支柱是「英幣匯票」（sterling bill，即最終可在倫敦兌現的信用票據）普遍使用於世界許多地方的商業交易一事（如今則由美元擔任此角色）。一九一三年，流通的英幣匯票，有約三分之二為英國境外的第三方之間貿易提供資金。[84]第二個支柱是倫敦證券交易所快速成長，調動英國和其他地方的資本供用於出口國外一事。一九一四年，全世界有價證券已有三分之一在倫敦交易。[85]第三個支柱是靠黃金支撐的英鎊幣值特別穩定一事。此一穩定特性吸引外來存款，促進世界各地採用所謂的「金本位」（使貨幣價值等同於若干重量的黃金，於是紙幣可應要求兌換為黃金）。若非加利福尼亞、澳洲、紐西蘭、南非、育空河地區、俄羅斯境內的淘金熱使黃金供給大增，英鎊幣值幾乎不可能如此穩定。一八〇一至一八五〇年間，即幾波大淘金熱出現之前，生產出約三千八百萬金衡盎司的黃金。一八五一至一九〇〇年，增至三億三千六百萬金衡盎司，一九〇一至一九二五年又增至四億七千七百萬金衡盎司。[86]白銀產量也大增，其中大多來自美國西部。事實上，金銀供給增加本身，也促進了一八五〇年後的貿易和交換（在世界許多地方，金和銀都被普遍當成金錢使用）。[87]

自由貿易和向世界各市場敞開大門的觀念，為何如此盛行於維多利亞女王時代的英國，不難理解。在當時人看來，此觀念已造就出一八五〇年後的工商業大榮景。提倡此觀念者堅稱，自由貿易是放諸四海皆準的商業成功法則，對窮國、富國皆然。維多利亞女王時代中期，有個評論家寫道，「說到持續保有信譽，少有東西比棉貿易所提供的互惠能給予更為安穩的保障。」[88]自由貿易是窮國賴以吸引信貸和資本、從自給式農業升級為商品作物生產、為鐵路等基礎設施的改善籌得資金的唯一管道。自由貿易的益處會從有地的富人「往下漸漸澤被」無地的窮人。此外，一如理查・科布登所主張的，自由貿易會促進支持和平與互賴的「商業階級」興起，會排擠掉持有老派價值觀（戰爭禍首之一）的貴族階層。他嚴正表示，「戰場是貴族的收割田，用人民的血灌溉。」[89]知識的散播、個人自由的提升、獨裁統治的衰落、代議制的普及，共同構成許多維多利亞女王時代人眼中「進步」的意義。而這四者都以普世自由貿易——今人所謂的「全球化」——為先決條件。那些反對自由貿易者，可想而知，再怎麼樣都居心不良：為保住他們的特權，為剝削窮人，為保住倒退的價值觀，或為捍衛迷信、偶像崇拜、狂熱宗教。

當然，蒸汽所協助打造的新全球經濟亦較不為人樂見的一面。商業整合既帶來接觸，也帶來傳染病。以汽輪、鐵路為工具的群體移動，能把疾病瞬間散播出去。十九世紀，歐洲諸多口岸城市從一八二〇年代起爆發一連串霍亂大流行。[90]光是俄羅斯，十九世紀期間就出現六次疾病大流行。[91]赴麥加朝聖者日益增加，以及在衛生條件不佳的環境裡群聚，創造出一個被返國的「哈志」帶到歐洲邊界、再帶回國的新「疾病庫」。一八六六年，在君士坦丁堡召開的「國際衛生研討會」（International Sanitary Conference），有十六國代表出席，與會者商議此問題，一致認為，霍亂正從印度往外擴散。此會議作出明智的決論：「此病由人傳播，而且傳播速度與人外移的次數和速度成正比。」此會議要求檢查從印度離境的船隻，主張為將霍亂拒於地中海諸口岸之外，或許必須打斷經埃及進行的貿易。」[92]隨著外來移民湧入美國的口岸，這些口岸為被稱作「藏紅花害」（saffron scourge）的黃熱病提供了一批新宿主。此後直至十九世紀結束，黃熱病一再來襲，造成重大損失。[93]中國部分地區和印度未根絕的瘟疫，十九世紀末再度襲擊東方許多口岸，包括澳洲的口岸，[94]最遠波及巴拉圭和巴西。[95]具傳染性的商業波動，其破壞力一樣驚人。商業中心一旦靠密切的信貸關係結合為一體，其供給或價格若被打亂，影響迅即傳遍各大陸。戰爭和戰爭謠言，危及船隻移動或提升其移動成本，帶來類似的衝擊。電報以新速度傳送資訊，利於人們掌握外地動態，但電報傳播金融恐慌的速度同樣快速。

事實上，全球自由貿易能促成民生日益富裕一說，並非顯而易見的道理，至少並非每個人都能懂。「慢慢往下澤被」的好處，說不定根本如涓滴細流，經濟既可能成長，也可能停滯。鳥糞（廣被使用的肥料）出口使祕魯某些人致富，但整個十九世紀期間，祕魯多數人民依舊只能過著勉強溫飽的生活。[96]在哥倫比亞，一八八〇年代期間，其經濟成長已因為外部對其出口品的需求變動太劇烈而無法持續；中產階級未有新血加入。[97]全球市場，尤其棉花或糖之類大宗商品的全球市場，長期受害於投機性的繁榮、蕭條變動。熱帶、亞熱帶商品（棉花、糖、咖啡、茶葉、菸草、橡膠）領域出現新栽種區，隨之出現新競爭者。奴隸生產的古巴糖，打擊了島上奴隸已獲自由的其他「產糖島」的貿易。約一八七〇年後，在英國市場，錫蘭（斯里蘭卡）、阿薩姆產的茶葉，漸漸取代中國茶葉。馬來亞橡膠種植園的產品，一九〇〇年代取代亞馬遜、剛果的「野生」橡膠。幾乎每個熱帶、亞熱帶經濟體都嘗試種植棉花。一方過度生產（豐收），另一方需求下跌，會導致價格暴跌，從而使數十家商行嚴重虧損，引發對其他商行的「爭購」，危及它們所倚賴的銀行。

倚賴外資，風險有時一樣大。誠如歐洲境外的許多借款國從慘痛教訓中所領悟到的，借款利息有時最終會高到危險的程度。隨著自身稅收或商品價格下跌，這些國家可能無法履行債務，從而可能淪為大國的「財政保護國」（financial protectorate）。一八七〇年代，埃及和鄂圖曼帝國就落得這般下場，[98]國內財政控制權被轉到由外國銀行家和官員組成的理事會手中。一九一四年前，突尼斯、希臘、塞爾維亞、摩洛哥、多明尼加共和國、賴比瑞亞，都受到類似的債務管理。[99]採用金本位和其嚴格的貨幣紀律，或許被視為財政穩定的保障，以及使高速發展國家（例如一八九〇年代的阿根廷、巴西）的信貸、資本流動保持暢通的最佳法門。但金本位也帶來風險。如果倫敦和巴黎調高銀行利率以抑制通膨，並吸進更多黃金，位於「邊陲」的較小經濟體，其黃金儲備隨之減少，貨幣供給隨之萎縮：蕭條，說不定還有叛亂，不久就會降臨。

我們也不該以為以倫敦或巴黎為主的資本主義始終造福人間，或以為在此二地募集的資本必然會用於有正面效益的活動。[100]對於跟著外來投資遽增一起出現的金融惡行，如今我們有更深入許多的了解。在倫敦所募集的資本，尤其為礦業募集的資本，大多從未用於其表面宣稱的用途，而是用於金融投機或收買對手。[101]開礦計畫書成了惡名昭彰的騙局，礦砂樣本通常「動過手腳」。「公司創辦者」所愛用的伎倆之一，誠如當時人所論道，係在募集到公司資本後立即將公司分割，把其資產分給自成一體的「子公司」，留給投資人一個毫無資產的「空殼」。[102]當不懂箇中蹊蹺而易受騙的外人欲索要利潤時，這一招特別管用。一九一四年後的幾十年裡，倫敦證券交易所高速成長，使人們對新「富豪統治階級」和其不可靠的財富來源日益憂心，絕對事出有因。[103]在法國，第三共和以金融貪腐而招來罵名。

對於全球化對開發中國家（當時西方人所謂的「落後」國家）的衝擊，當時人的認識就淺薄得多，甚至說不定普遍漠不關心。世道好的時候，資本和自由貿易能提升生活水平，加快都市化，擴大中產階級，使此前分崩離析的國家變得較穩定。尤其在拉丁美洲，人們對商品帶動的成長寄予這樣的厚望。但能否如願，則取決於誰來控制土地和勞動力。在非洲大陸上，這特別成問題。隨著一八八〇、九〇年代列強瓜分撒哈拉沙漠以南的非洲，新殖民地政權誕生。在無白人移入之處，普遍作法係把（採礦、開闢種植園或採收野生橡膠）的「特許權」授予歐洲籍企業家，但不過問他們要如何找到所需的勞力。在法屬赤道非洲、德屬喀麥隆、葡屬東非（莫三比克）就這麼施行。[104]此作法最惡劣之處，出現於所謂的「剛果自由邦」，即比利時國王萊奧波德二世的私人帝國。[105]由於暴行令人髮指，在當時引發軒然大波。在有白人移民進入的地區（肯亞、羅德西亞——今尚比亞和辛巴威——和更早許多的南非），土地被白人強行奪走，勞動力被以赤裸裸的強制手段或透過要當地人用現金支付的人頭稅強行徵用。在礦場，勞動條件特別惡劣，以毆打懲罰過錯司空見慣，死亡率驚人（比當時的英國高出四倍）。[106]在美洲，奴隸勞動存在於美國直至一八六〇年代，在古巴、巴西直至一八八〇年代。在這些例子裡，奴隸或農奴是自由貿易的直接產物。在某些地方，原住民遭拒於白人社會之外，而非被當成奴工納入社會，並被安置在「保留區」，在這些地方，原住民被迫離開家園且失去獨立自主，導致道德敗壞、酗酒、社會解體。

維多利亞女王時代後期有個洞察世事的人寫道，「盎格魯撒克遜人已撲殺了和其處於競爭關係的較低度發展民族，而且撲殺之成功甚於其他種族在類似情況下之所為；未必藉由猛烈殘酷的撲殺戰爭，而是透過行使和撲殺之戰一樣致命且更可篤定收到撲殺之效的法律。」[107]於是，在大半世界，日益全球化的資本主義讓世人見識到其掠奪成性的一面，以及在胡作非為的殖民地政權裡，其不受社會規範約束或沒有道德顧忌的驚人一面。與人道主義團體或傳教會有關的少數批評者，想要警醒世人。但對當時西方的多數人來說，甚至對目睹此類情事的有識之士來說，加諸原住民的苦難——如果真被宣之於世——似乎只是在通往「道德、物質進步」的過程中蒙受的「附帶損失」。他們斷定，擺脫原始部落主義的枷鎖本就必然帶來苦痛。於是，許許多多原住民社會的遭遇，成為打造新世界經濟時「道德上無關痛癢」且不可避免的損失。事實上，當時許多人認為，至少有一些原住民族，碰上「進步」一時，會逕自滅絕。[108]

蒸汽全球化，一如此前的全球化，既是商業運行的產物，也是地緣政治的產物。它深受全球勢力分布的格局左右。誠如本章開頭所談到的，哥倫布時代的遺產之一，係歐洲諸大國所普遍抱持的帝國主義心態。蒸汽為力量投射所提供的設施，既加劇這些國家的商業擴張欲，也加劇其帝國擴張欲。鐵路、汽輪和種種新武器（最終包括連發步槍和機槍），降低了對遙遠異地進行武裝干預的成本和風險。在海上世界，英國領先群倫。一八〇〇年前，支配大西洋世界的諸多「重商主義」對手沒落，英國因而取得良機。英國的海上武力為世上首強，其商船隊在西方首屈一指。英國的諸多對手已在一七九三至一八一五年的「大戰」中被趕離大海。一八二〇年代時，英國國內的工業生產已高到使其必須盡快在歐洲境外找到新市場。一八二〇年代，倫敦已和南美諸多新共和國商議簽訂航海、貿易條約之事，以為英國商人取得進入當地市場的機會，並保護他們的公民權——結果有成有敗。在帕默斯頓勛爵（Lord Palmerston, 1784-1865）擔任外交大臣期間（1830-1841），英國政府明確承認其負有「為商人開路、護路」的職責。[109]一八三八年，逼鄂圖曼帝國和（名義上屬鄂圖曼帝國屬地的）埃及簽屬自由貿易條約。一八四二年，北京清廷被迫對外商開放五個「條約口岸」，規定其關稅只能是區區百分之五。[110]一八五八年的天津條約後，中國更是門戶洞開。一八五五年，英暹條約強迫暹邏（今泰國）接受自由貿易。一八五八年，連同俄羅斯、尼德蘭、美國，倫敦在日本取得一條約口岸（橫濱），不久，得到日本保證施行自由貿易。[111]在這些（東方）地方，外商享有不受當地管轄、課稅的權利。這些是獨厚一方的安排（沒有互惠），反映了國力的不平等。

英國人還擁有一個重大資產：統治印度。從好望角至日本、從蘇伊士到橫濱之間的廣大海域，英國人得以向此海域發揮力量，印度是主要基地。從印度派出的軍人是英國在東亞和整個印度洋世界施行「砲艦外交」的重要助手。一八五七年的印度大叛亂帶來重大危機，英國人耗時將近三年才平定。直到廢除東印度公司政府（但其在印度的行政機構保留），才改由倫敦對印度進行更直接的控制。此叛亂後，純粹英國人的駐軍部隊兵力，比叛亂前增加了一倍多，舊印度軍的兵力則裁減一半。於是，一八六〇年後，印度納稅人支應英國職業軍隊約三分之二兵員的一般開銷：駐守印度的（英國人）部隊（七萬人左右）和自成一體且由英國人擔任軍官的印度軍（多達十四萬人）。[112]在印度，英國人也施行自由貿易，因此印度成為英國最大出口品棉布的最大買家。行事拖沓的東印度公司於一八五八年被晾到一旁後，印度政府即大舉推動鐵路建設，欲把這個次大陸改造為主要商品（原棉、小麥、靛藍染料、黃麻纖維以及鴉片）的產地。印度靠出口賺取外匯（大半出口流向英國以外的市場），然後將此外匯匯到倫敦，以支付「應付給母國的款項」（Home Charges）：即印度該為英國駐軍印度支付的「租金」；其龐大鐵路債務的利息；付給英籍官員、軍人的退休金。印度的外來收益，經如此運用，有助於改善英國的國際收支，從而有助於強化英鎊的實力。[113]

英國人走在最前頭，但這一路上並不孤單。十九世紀大半期間，法國也追求正式帝國、非正式帝國並存的模式：在地中海和北非；在撒哈拉沙漠以南的西非；在東南亞。儘管不想讓英國人專美於前，而且偶爾遭遇反叛（例如一八四〇、一八九八年），法國大體上接受其在「全球共管領土」裡作為英國合夥老弟的地位。[114]德國於一八八〇年代時已有心成為全球舞台的要角，從而給英國帶來困擾，但——似乎——要到一九一四年才給英國帶來極其致命的後果。美國安居於自身地盤裡（一八九八年，將西班牙趕出加勒比海後更為高枕無憂），似乎也願意接受英國的全球領袖地位，前提是美國在西半球的特殊地位得到英國承認。[115]「特立獨行者」是俄羅斯，走陸路往北亞另一端擴張，大體上頂住來自海上的強制作為。英國人在印度的統治並不安穩，而且印度的西北邊疆門戶大開，加上英國從直布羅陀到孟買這道漫長的海上長廊不易守住，因此，俄羅斯人往達達尼爾海峽、波斯、波斯灣、阿富汗或西藏的任何進逼，都特別讓英國人覺得是即將出現的戰略夢魘。一八五八年瑷琿條約的簽訂（中國將黑龍江流域的控制權讓予俄羅斯）和一八五九至一八六〇年創建符拉迪沃斯托克（海參崴），表明俄羅斯在太平洋的擴張野心和欲在中國建立勢力範圍的意圖。「英格蘭用黃金展現其國力」，十九世紀中期高加索地區的俄羅斯總督論道。「黃金匱乏的俄羅斯必須用武力和其競爭。」但就連俄羅斯都同意，有必要與歐洲諸海上強權建立分進合擊的合作關係，其統治菁英採納西歐人那套觀念和價值觀，以合理化其帝國主義擴張。[117]

「競爭性共存」體制於焉誕生，歐洲諸強權藉此致力於實現他們在歐洲以外的利益，同時不致於彼此公開兵戎相向。這一謹慎心態，源於這些國家都不願為了殖民地利益冒險打破歐洲均勢；於是，為殖民地問題而開戰，只有西美戰爭和日俄戰爭。這一審慎自制作風，影響深遠。歐洲諸國在意識形態上的同聲一氣尤為明顯：沒有任一強權否定帝國的道德性或力促種族平等。各強權一致認為，出手干預未能維持國內秩序、保護外人生命財產的國家，實屬正當合理。這些強權也都同意公海航行自由，到了十九世紀中期，已同意領海範圍應不得超過岸砲射程——傳統上為三哩[118]。在這些國家施壓下，南美的兩大入境通道，巴拉納河和亞馬遜河，開放所有船舶通行（一八五三年和一八六六至一八六七年）；中國長江也於一八六二年後開放。這些強權都享有其所強迫鄂圖曼帝國、摩洛哥、埃及、波斯、暹邏、中國、日本（至一八九九年為止）接受的治外法權（儘管彼此間有摩擦），並讓其他非西方國家（包括某些南美人）比照辦理，並享有同樣特權。但說明這些大國勉為其難的合作，其中最鮮明的證據，係「和平」（對當地原住民來說當然談不上「和平」）瓜分非洲、太平洋、東南亞一事。在非洲，形形色色的歐洲籍冒險家、企業家、煽動或支持叛亂者、想在軍中闖出一片天的陸軍軍官、眼光遠大的次帝國主義者（sub-imperialist，最著名者是塞昔爾・羅茲），彼此「爭奪」最為激烈，但即使在非洲，巴黎、柏林、倫敦的大臣都想要確立各自地盤界線，主要為安撫國內糾纏不休的遊說者，並約束蠻幹的「派駐當地者」，以免當地的對立導致國與國間無可挽回的關係決裂。歐洲列強之所以對大半熱帶非洲施以極低成本的統治、最低限度的治理，源於瓜分外交，而非帝國擴張意圖。被支配的原住民，為此一縮減成本的權宜作法所付出的代價，是受到歐洲籍移民、商人、礦主剝削、虐待。當時的熱帶非洲大半處管理真空的狀態，這些歐洲人因此得以為所欲為。

到了十九世紀末，此一特別的地緣政治格局已協助建立大抵由歐洲人說了算的全球化。世界自此是個「封閉體系」之說，成為老生常談：已無「空地」可供占領；擴張腳步已抵達邊界。一九〇〇年時，未來似乎只屬於幾個「世界國」，任其將地球瓜分為彼此部分重疊的勢力範圍。非西方世界似乎注定要無限期受西方監護或在經濟上依賴西方。當時沒多少理由認為，亞非洲的抵抗能打破殖民列強的宰制：唯一例外是日本。一九〇五年在戰場上打敗俄國後，日本躍升（近乎）大國的地位，使旁觀的亞洲人大感震驚，而歐洲人更是警覺。

那些最不留情批評資本主義帝國主義者，有些人已無奈接受帝國主義國家總會找到辦法解決彼此歧異的事實。[119]但從某種程度上講，有一點係當時的觀察家多未能看出的，即這一帝國主義地緣政治最終涵蓋著一大缺失，而且是致命的缺失。歐洲在其自家門口的瓜分外交未竟其功，使歐陸政治本身的穩定有遭打破之虞。未能處理好鄂圖曼人在巴爾幹半島統治的崩解，引爆一九一四年戰爭，從而——最終——摧毀蒸汽全球化所高度倚賴的全球體制。

如上便是維多利亞女王時代全球局勢的表象。但誠如後文會提到的，若更近距離檢視，會發現這一全球視角下的世界，其實是個由接受、適應、抵抗、乃至叛亂構成的錯綜複雜世界。將西方的「蒸汽現代性」強加於世界之舉，其實必須在世界的諸多口岸城市和這些城市背後的「偏僻鄉村」裡進行。

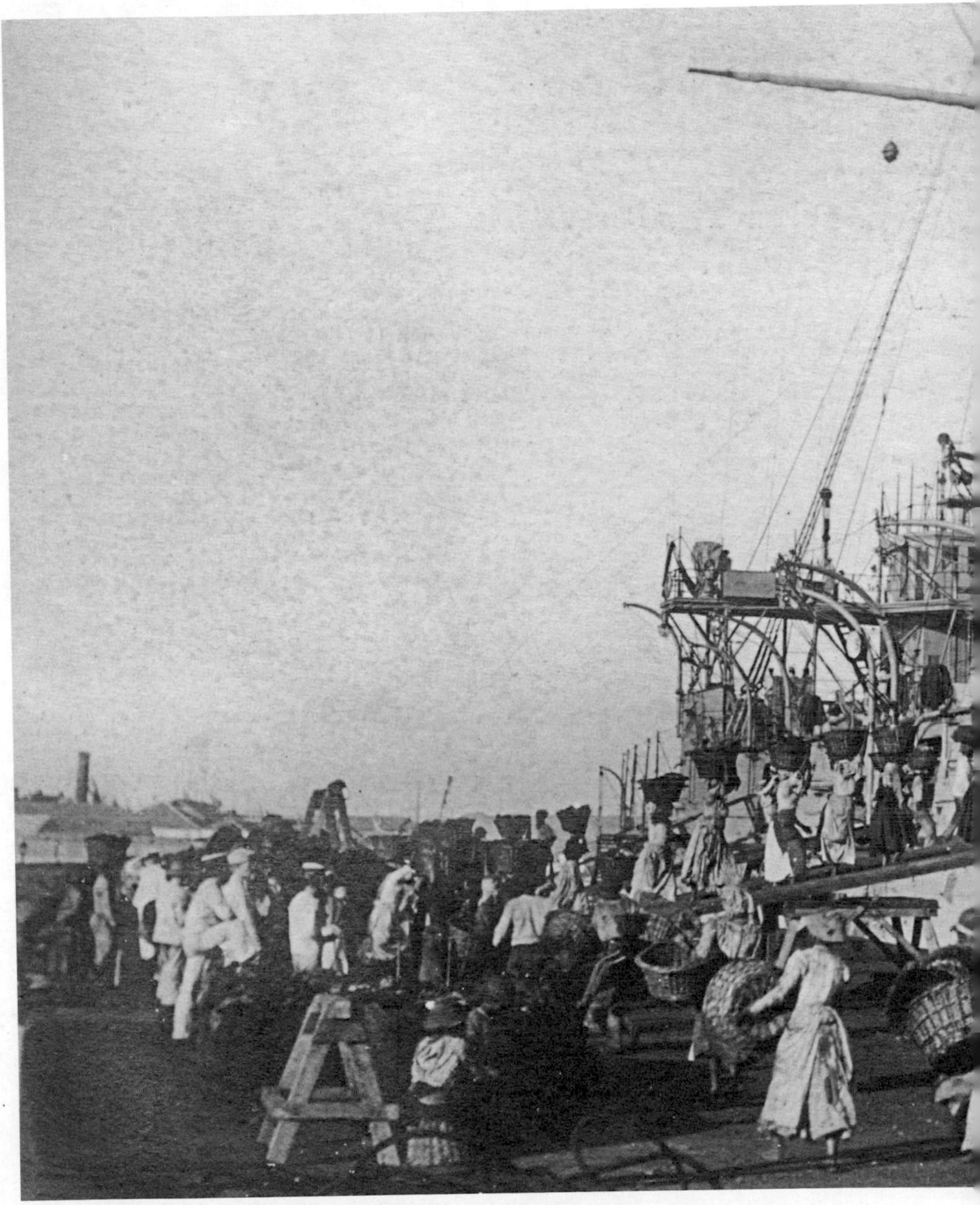

一九〇〇年代初期，西印度群島的聖露西亞島，為巡洋艦上煤（Chronicle/Alamy）。

第四章　改變紛至沓來

有史以來，大海一直是全球連結的主要憑藉，這似乎是再清楚不過的事實。早於哥倫布或達伽馬遠航，大海就經由歐亞大陸中部（今中東）的陸上大十字路口，將東亞、南亞「季風」沿海地帶的各大人口、財富集中地以及歐洲沿海連接起來。歐洲吞併美洲後，美洲也成為橫跨全世界、遠至非洲境內奴隸市場和亞洲境內白銀買家海上網絡的一環。如今，當約九成的世界貿易靠船舶進行，誰都看得出當今的全球化經濟特別倚賴此一海上運輸。我們或許可斷定，不管是過去還是現在的全球化，大海一直是全球化極重要的憑藉。

但把大海單單想像成交通幹道，無疑是忽視了其在歷史上的大部分重要性。「幹道」意味著兩目的地之間熱絡且源源不絕的往來。大海過去絕非如此。過去，在世界許多地方，大海比較像是由縱橫交錯的海路構成的密網，這些海路把各種口岸、近岸錨地、貿易海灘連在一塊。但即使有這些海路，多水的地球上仍大半地方不見人類活動，猶如荒涼、駭人的荒漠。更貼地的說，海路交通始終受制於多變的條件。不管在哪個時代，這些條件都決定了全球交易的面貌及規模。其中有些條件係自然條件或和環境有關的條件：長久以來，各大陸間的布局，不外乎亞歐之間的直航被迫必須繞行好望角，並使海象惡劣的合恩角成為美洲前往太平洋岸的門戶；靠帆前進的船所必須順應的風勢、洋流的獨特地理分布（與隨季節變化的特性）。有些條件與政治有關：葡萄牙人、西班牙人、荷蘭人、法國人、英國人在不同時期施行的商業排他區；中國、日本或鄂圖曼統治者針對外船入境加諸的嚴密限制。有些條件是混亂與暴力的產物：攪亂現代早期地中海、十八世紀大西洋、二十世紀初期大半世界，使某些人致富、其他人則蒙受巨大損失的海戰；或興盛於十七世紀加勒比海、北非沿海（至一八二〇年代為止）、波斯灣和南中國海的海盜區。還有些條件主要源於技術與海洋知識的局限，或某些商品（貴金屬、奢侈織物、食物材料、藥物）的商業魅力。不管在什麼時候，這一由環境、技術、商業、政治交織而成的海上格局，都有利於某些路線甚於其他路線，有利於某些口岸甚於其他口岸，有利於某些貿易甚於其他貿易。它把某些地方拉在一起、擠走其他地方。

此模式鮮少久久不墜。海洋知識的進步、新航運技術、海上新秩序、陸上政權易主、或新的消費者需求等，都有可能改變，說不定徹底改變全球航運、海軍力量的分布、對海路的青睞、對口岸的選擇、地方與地方間的連結。綜觀整個世界史，可看到這些重大改變的發生。如今，貨櫃船已改變海運經濟學，從而改變商業全球化的規模。十九世紀期間，從帆船世界往汽輪世界的較緩慢轉型，影響同樣重大。

帆船世界

人類靠帆航行，或許有至少七千年歷史。最古老的帆船畫，繪於西元前三一〇〇年之前。[1]但倚賴風力、洋流、潮流，使遠洋航行受到某些限制。最明顯的限制是時間和續航力。某些海上航道的航行時間，可預期性很高（視季節而定），然多數海上旅人得認命接受逆風或（更糟糕的）說不定長達數星期的平靜無風期所導致的延遲、耽擱。[2]要頂著盛行西風脫離英吉利海峽，著實是一場苦戰——普利茅斯為何成為重要的海軍基地，這是原因之一，因為降低了軍艦被困在英吉利海峽更東部的風險。航行時間長短取決於順風和洋流的助力，但為了找到風，以維持前進方向，也必須走迂迴路線。風和洋流也決定了帆船所停靠的口岸順序，從而影響口岸對訊息的掌握和口岸在地區性停靠口岸等級體系裡的位置高低。[3]後來，靠汽輪數天或靠飛機數小時就可完成的航程，需要數星期、數個月才能結束，從而增加了成本，尤其是必須攜帶大量水、食物、燃料，以防意料之外的耽擱。風和洋流也增加了在航程某段遇到惡劣天氣的可能性。但誠如後文會提到的，直到十九世紀後期為止，帆船一直是將貨物從世界一地運到另一地的主要工具。

我們當然應該謹記，從事數千哩長程航行的帆鉛，只占所有運行帆船的一小部分，或許是極小一部分。不管在哪個港灣，都會有數十艘、甚至數百艘小船，聚集在體型大上許多的三桅帆船、雙桅橫帆船和其他全帆裝的船隻周邊，或東方海域的大型中式帆船和普拉拉帆船（prala）周邊。這些小船穿梭於河口和三角洲，或附近沿海水域，從事短途的沿海航行（cabotage）。在此可看到，樣式幾乎數不勝數的船體形狀和帆裝。也有許多帆船從事捕魚或其他海上捕撈活動，例如波斯灣的珍珠採收。較大型的帆船體現了可觀的投資，載運了視信貸、資本而定的船貨，但許多較小型的船隻更接近於海上「自給經濟」的一部分。較小的船，建造成本低，其航海設備會極少，其船員多寡取決於在一連串上岸處之間作少量貨物買賣的權利甚於工資的多寡。船員會在海上苦活中度過人生，就和被土地綁住的農民或勞動者在其田地裡度過人生差不多。這種生活方式，在亞倫·維利爾斯（Alan Villiers）對波斯灣與東非之間阿拉伯三角帆船貿易的敘述裡，可見生動的描述，[4]也或許是一九〇〇年前，亞非洲大半海上世界的典型生活方式。

到了十九世紀下半葉，已不難將世界諸大洋看成讓人得以暢行無阻進入地球上每個口岸的單一空間。具影響力的英格蘭地理學家哈爾福德·麥金德（Halford Mackinder, 1861-1947）於一九〇四年論道，「單一且連綿不斷的大洋……是……最終一統制海權的地理條件……」[5]美國海軍上將阿爾弗烈德·馬漢（Alfred Mahan）則寫道，「大海是世界主要的環行工具」，一八九三年力促華府採取較主動的海軍政策。[6]在當時的地圖集裡，可看到全球的海路，還有表格載明從歐洲遠赴異地所需時日（從倫敦到紐西蘭的威靈頓四十七天）。這些資訊的建立有賴於海洋知識的積累，其中大半知識係在歷來的水道測量中所辛苦蒐集來：英國皇家海軍率先測量水道，其水道測量部門成立於一七九五年，一八二九年，已由法蘭西斯．蒲福（蒲福風級的創立者）執掌該部門。載著查爾斯．達爾文環行世界的英國皇家海軍小獵犬號，其遠航（1831-36）的主要目的，即「測量智利、祕魯和太平洋中某些島嶼的海岸。」[7]其實，達爾文在此次遠航後出版的著名《航海日誌》（*Journal*），最初是官方版品《一八二六至一八三六年英國皇家海軍冒險號、小獵犬號測量航行敘述》（*Narrative of the Surveying Voyages of HMS Adventure and Beagle between the Years 1826 and 1836*）的第三冊。一八四〇年代，英國開始測量中國沿海水域；約翰．富蘭克林（John Franklin）爵士被派去尋找西北航道，結果踏上不歸路；接連派船去測量大堡礁（自庫克船長時代就是著名的船難易發海域）和澳洲北邊的珊瑚海（Coral Sea），其中一艘船以托馬斯．赫胥黎（Thoams Huxley）為隨船博物學家。[8]一整間圖書館的英國海軍部海圖和「航行指南」（Pilots），提供關於海岸線和港灣的水深和地形特點的詳細資料，並供商船使用——而深海海洋學（美國擅長的領域）的開展，補強了此一冒險事業。[9]

對汽船來說，大海主要是讓其得以用最短時間來往兩口岸的憑藉，對帆船來說則非如此。帆船要能安然抵達目的地，需要掌握隨季節變化的風和海流、暴風雨和颱可能突然襲來的跡象、在能入手的海圖上往往記載不詳的沿海和登陸處的危險、遭海盜和掠奪者攻擊的風險、一旦行程延擱可補給到水和糧食的地點、在電訊尚未問世的時代找到有利可圖的貨物裝船的可能性。由於風險大，帆船船員死亡率驚人：據某項統計，比當時工廠工人的死亡率高出一百五十多倍：帆船時代是「大量死亡的時代」。[10]對帆船來說，大海並非「連綿不斷的汪洋」，而是一組各具特色的「海景」：在每個「海景」裡，氣候、地緣政治、商業方面的條件與地形結構結合，創造出獨特的海上環境。一八三〇年代至一八七〇年代，每個「海景」都會改觀，有時急劇改觀。

東方三個海域受夏季時往東北吹向內亞、冬季時往西南吹的季風支配：連接中國、東南亞大陸區、有兩萬多座島嶼的遼闊印尼群島的南中國海；孟加拉灣；阿拉伯海或三邊被印度、阿拉伯半島、東非海岸圍住的西印度洋。除了一些本地汽輪和受補貼的定期郵船（從蘇伊士駛到孟買和加爾各答，以及一八四〇年代時延伸到中國），直到進入一八七〇年代許久，這裡一直是帆船當道，即使一八六九年蘇伊士運河開通後亦然。歐洲人和美國人的船舶控制亞非沿海地區和西方口岸間的長途貿易。但中東、東非、印度間、印度、東南亞、中國間的古老商業往來，依然存在而且繁榮。這些商業往來和航海的複雜難掌握（尤以在進入十九世紀許久以後才大部分被繪入海圖的紅海、波斯灣、印尼群島為然），有利於本地船和本地水手的生存。靠竹子撐起大片方形帆的中式帆船（即竹筏）繼續從福建廈門出海，前去交趾支那（今越南南部）和暹羅（今泰國）買米，去東南亞島嶼買林產、海產：海參、珍珠、玳瑁殼、魚翅、樟腦、烏木。來自西里伯斯島（蘇拉威西島）望加錫（Makasar）的布吉人叭喇唬帆船（prahu / proa），裝備大三角帆和獨具一格的三腳式桅杆，在島嶼間貿易，並蒐集前述物產：博物學家阿爾弗烈德·羅素·華勒斯（Alfred Russel Wallace, 1823-1913）一八五〇年代旅行時，便搭乘這類帆船。[11]印度人所擁有的船，從西印度的卡提阿瓦半島（Kathiawar）出發，把棉花載到東非換取象牙以及奴隸——此貿易持續到一八四〇年。[12]來自波斯灣、阿曼的大三角帆裝阿拉伯帆船（dhow）、巴加拉帆船（baggala）、布姆帆船（boom），把椰棗、鹽運到東非，把象牙、奴隸、砍自紅樹林的木竿帶回缺木頭的波斯灣。順風時，巴加拉能以十四天時間從阿曼的馬斯喀特（Muscat）航行到東非的最大貨物集散地尚吉巴。[13]

但如果說較古老的航運、貿易模式繼續運行，政治改變卻是劇烈且快速。英國保住一七九三至一八一五年的戰爭裡從荷蘭人手中奪來的開普殖民地和錫蘭（斯里蘭卡）兩地，以及奪自法國的模里西斯，藉此，在蘇伊士以東的海域毫無歐洲對手能挑戰其海上霸權。海上劫掠（南中國海的大患），而非海戰，這時成為商船的最大人為威脅。[14]一八四二年「打開」中國門戶，使南中國海不只成為通往廣州、廈門的通道，還是通往上海、華北、乃至日本的通道（一八五八年橫濱依條約開港，日本門戶從此「打開」）。到了一八六〇年，隨著平定一八五七年印度大叛亂，英國確立了對整個印度次大陸的最高統治權，而東印度公司對印統治的結束，創造出新的殖民地政權。這個新政權受英國內閣某部長直接管轄，遠比過去更能回應倫敦（與蘭開夏郡）商業利益團體的要求。經過一連串戰爭，緬甸逐步併入英屬印度：一八二六年，若開（Arakan）和丹那沙林（Tenasserim）；一八五二年，勃固（Pegu）和後來成為仰光大口岸之地；一八八五年，緬甸的剩

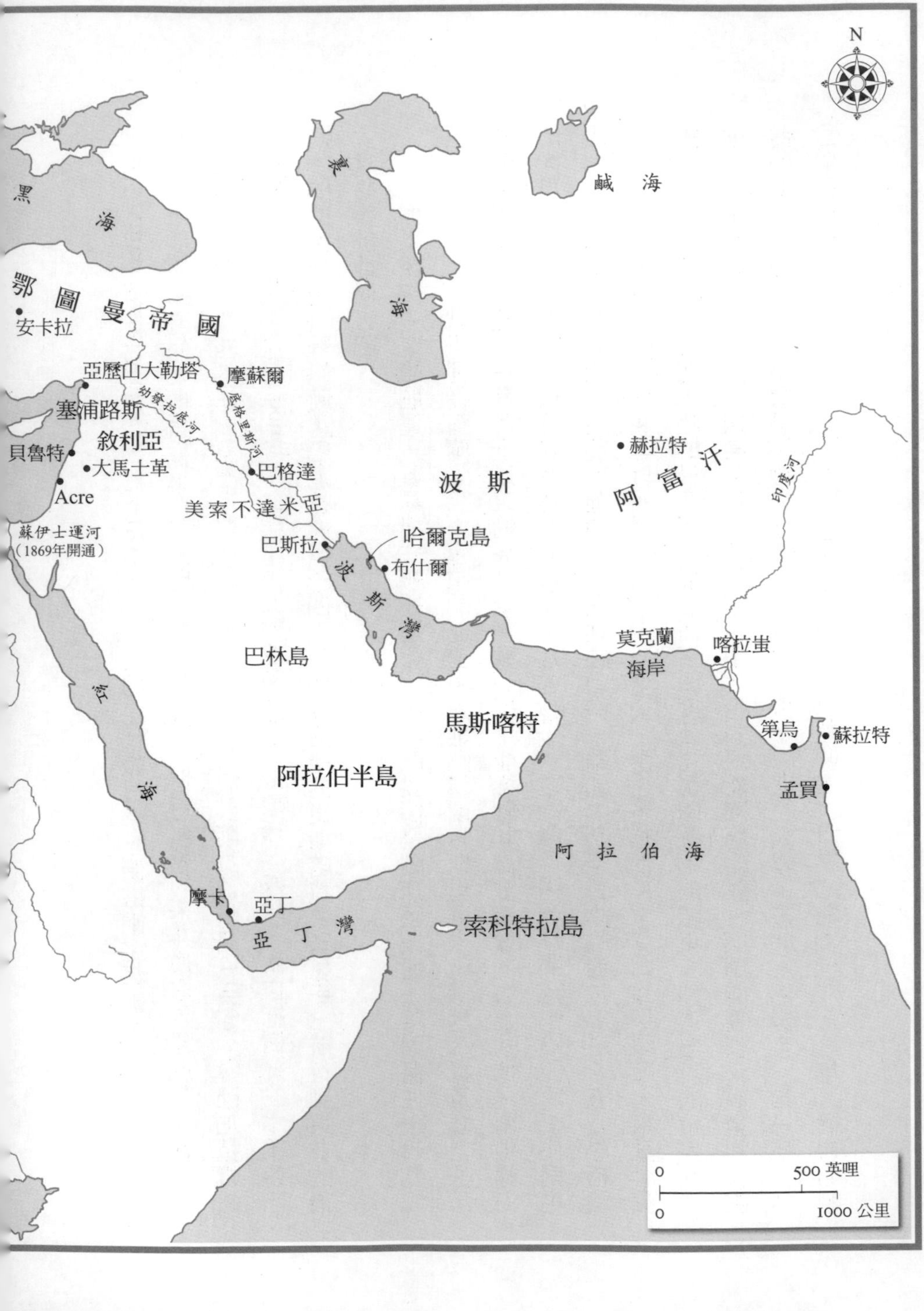

N
裏海
鹹海
黑海
鄂圖曼帝國
安卡拉
亞歷山大勒塔
摩蘇爾
幼發拉底河
底格里斯河
塞浦路斯
敘利亞
貝魯特
大馬士革
Acre
巴格達
赫拉特
汗
波斯
阿富
印度河
美索不達米亞
蘇伊士運河
（1869年開通）
巴斯拉
哈爾克島
布什爾
波斯灣
巴林島
莫克蘭
海岸
喀拉蚩
馬斯喀特
第烏
蘇拉特
阿拉伯半島
孟買
紅海
阿拉伯海
摩卡
亞丁
亞丁灣
索科特拉島
0
500 英哩
0
1000 公里

直布羅陀到孟買
法國
威尼斯
馬賽
義大利
科西嘉島
西班牙
君士坦丁堡
達達尼爾海峽
希臘
科尼亞
比塞大
邦角
直布羅陀
阿爾及爾
突尼斯
西西里島
馬爾他島
突尼西亞
阿爾及利亞
地中海
克里特島
的黎波里
亞歷山卓
開羅
摩洛哥
利比亞
埃及
非洲
尼羅河

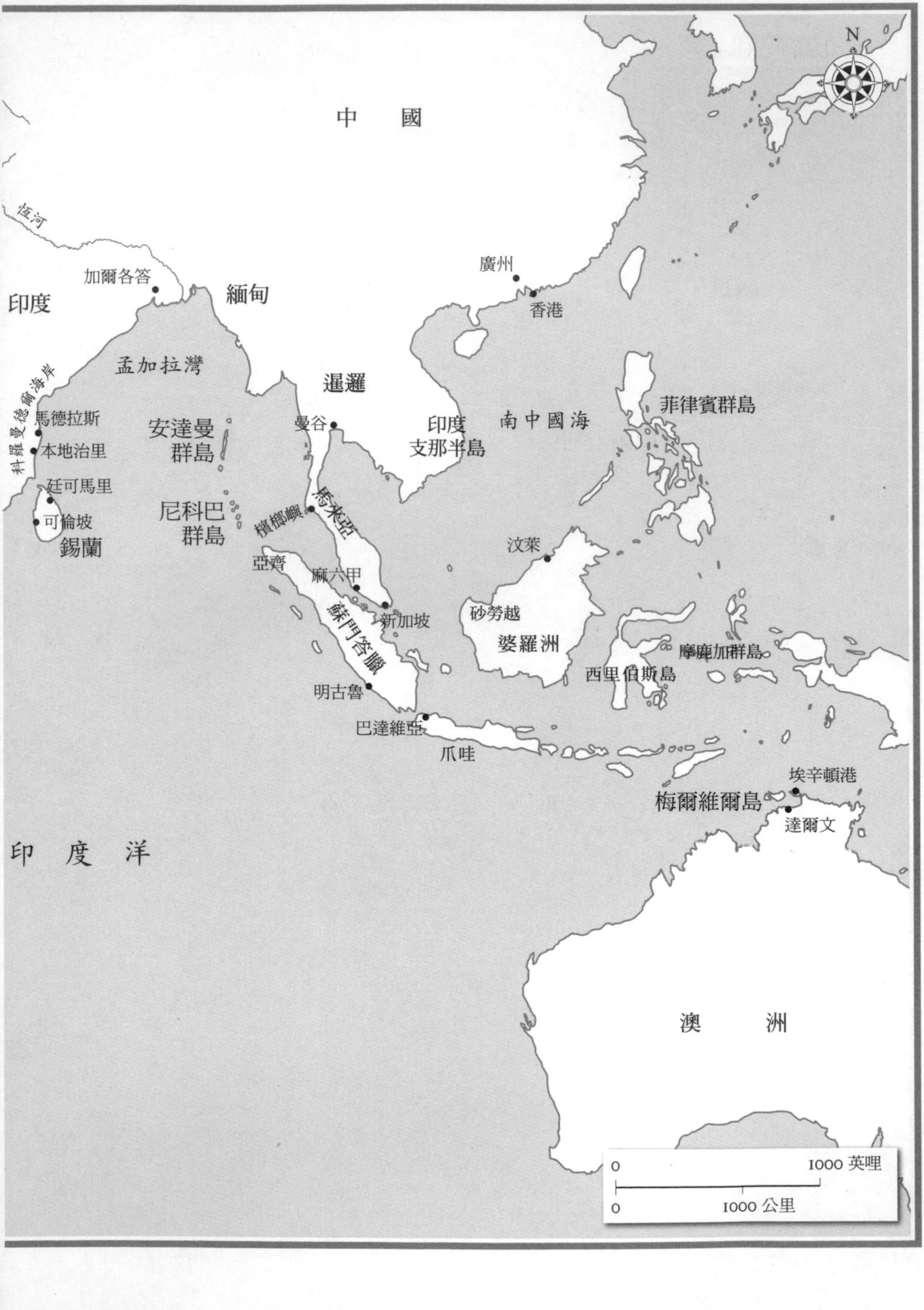
N
中　國
恆河
加爾各答
印度
緬甸
廣州
香港
孟加拉灣
暹邏
科羅曼德爾海岸
馬德拉斯
本地治里
安達曼
群島
曼谷
印度
支那半島
南中國海
菲律賓群島
廷可馬里
可倫坡
錫蘭
尼科巴
群島
檳榔嶼
馬來亞
汶萊
亞齊
麻六甲
新加坡
砂勞越
婆羅洲
蘇門答臘
摩鹿加群島
西里伯斯島
明古魯
巴達維亞
爪哇
埃辛頓港
梅爾維爾島
達爾文
印　度　洋
澳　　洲
0
1000 英哩
0
1000 公里

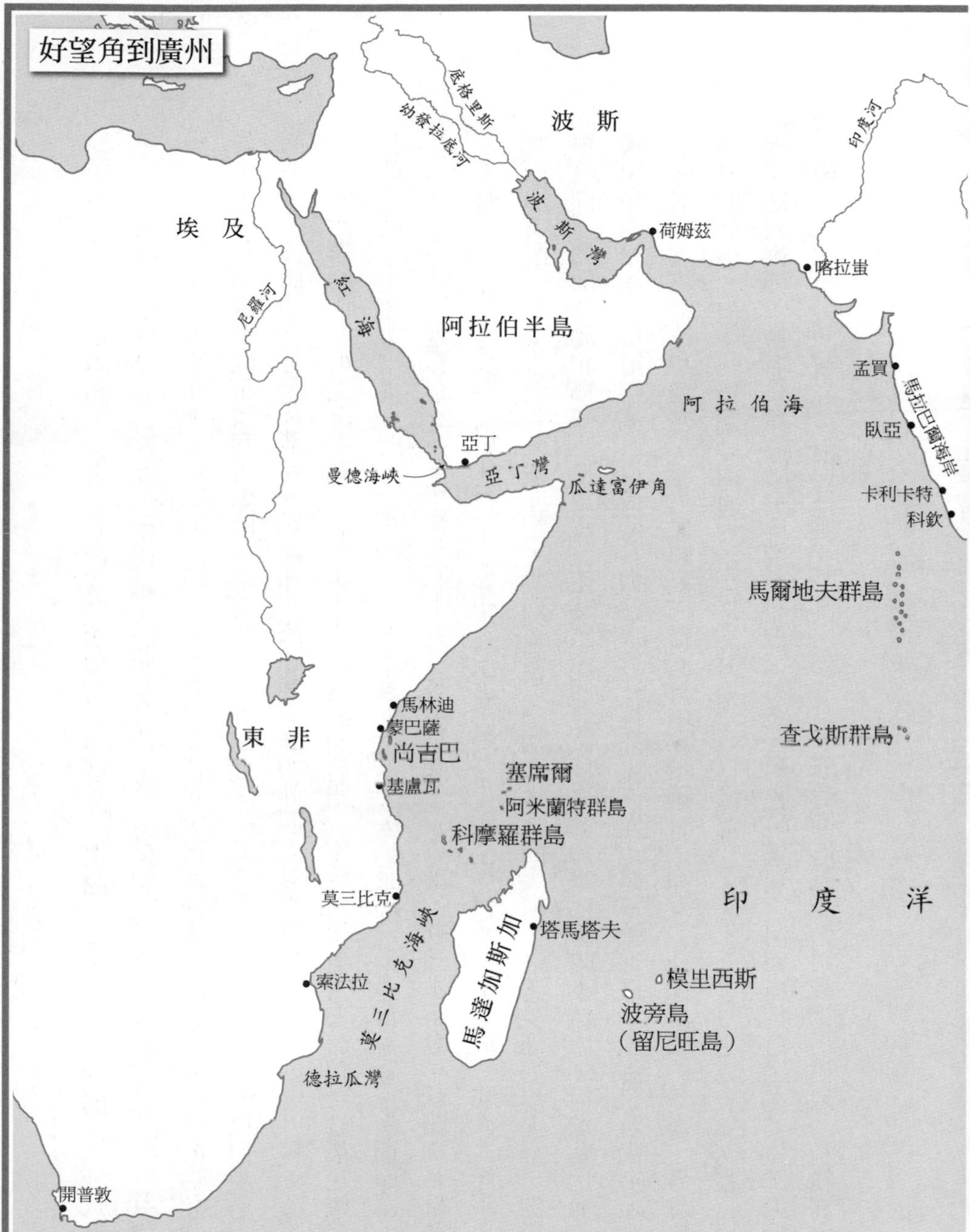
好望角到廣州
波斯
底格里斯
幼發拉底河
印度河
波斯灣
荷姆茲
喀拉蚩
埃及
尼羅河
紅海
阿拉伯半島
孟買
馬拉巴爾海岸
阿拉伯海
臥亞
亞丁
曼德海峽
亞丁灣
瓜達富伊角
卡利卡特
科欽
馬爾地夫群島
馬林迪
蒙巴薩
東非
尚吉巴
查戈斯群島
塞席爾
基盧瓦
阿米蘭特群島
科摩羅群島
莫三比克
印度洋
塔馬塔夫
馬達加斯加
莫三比克海峽
索法拉
模里西斯
波旁島
（留尼旺島）
德拉瓜灣
開普敦
好望角

餘領土。柚木、稻米和（後來）石油成為緬甸的主要商品。暹邏（另一個產米大國），一八五五年對外開放自由貿易。一八三〇年代起，波斯灣幾乎成了英國的內海（動盪的內海）。[15]英國於一八三九年拿下亞丁和進入紅海的門戶，一八四〇年代起，已使尚吉巴的阿曼籍蘇丹成為頑強的附庸，並強迫他們放棄有利可圖的奴隸貿易。儘管如此，一八八〇年代，東非、阿拉伯半島、東南亞、中國內陸仍有大片地區不受歐洲帝國和其經商的外圍人員直接控制。

大西洋的情況則完全不同。北大西洋位在西歐的前門，連接兩個境內人口和財富都在快速成長的大陸。美國人口從一七九〇年的三百九十萬增至一八六〇年的三千一百多萬；同期間，「德意志」、法國、英國的人口總和從約五千五百萬增至九千五百萬。歐洲水手老早就開闢了歐洲的主要航路。[16]往西直航「很費力」，要花十至十二星期，比返程時間多了一倍。北大西洋不只受其西風支配，還受墨西哥灣流支配。墨西哥灣流猶如大洋上的大河，沿著美洲海岸上行，然後往東流向不列顛群島和挪威。這道暖流使英國、西北歐周邊的海水冬季時不結冰，從加勒比海、美國出發的船找出這道洋流，以借助其力往東行。但北大西洋也是危險海域，或許是各大海域中最危險者。北方的冰和濃霧、南方的颶風（從七月中旬至十月中旬）、狂風暴雨的冬季，考驗船與船員的能耐。但十八世紀時已發展出密集的航運，得以將糖、菸草、木材、（一九七〇年代起）棉花運到歐洲，換取紡織品、金屬製品和愈來愈多的移民。漢堡、阿姆斯特丹、尤其拉羅謝爾和波爾多，都參與此貿易。[17]但經過一七九三至一八一五年間的戰爭、封鎖後，倫敦、利物浦拿下此貿易最大份額。波士頓、紐約、費城、查爾斯頓、金斯頓、哈瓦那、貝拉克魯斯是它們的主要貿易伙伴。

一八二〇、三〇年代，北大西洋走出徹底改變後的戰略局面。叛亂和戰爭已摧毀西班牙、法國的大西洋帝國，創造出一個成長快速、陸地面積從一七九〇至一八五〇年增加了兩倍的美利堅共和國。戰爭也已證實，英國海上武力稱霸大西洋，其海軍中隊和基地（在哈利法克斯、百慕達、加勒比海），為英國在跨大西洋貿易與航運的龐大投資提供後盾。一八一五年後長達百年，大西洋上的商船往來免於戰爭與掠奪之害——兩個衝突時代之間令人矚目的一段歲月——只有在美國內戰期間（1861-65），因美南口岸遭北方聯邦封鎖而短期遭打斷：欲穿過封鎖的船隻，仍九成以上闖關成功。[18]儘管帶來前述種種益處，英國稱霸海上卻非人人樂見。對密切注意海地情勢的美國南部奴隸主來說，英國有計畫的打擊奴隸貿易和蓄奴，在最好的情況下令人憤慨，在最壞的情況下則會在美南挑起奴隸造反。「英格蘭是我們平時的主要對手，戰時的主要敵人，」出身維吉尼亞州的海洋學家馬修．莫里（Matthew Maury）一八四三年寫道。「英格蘭已用一連串島嶼、陸軍駐地、海軍基地，把位在南部的我們團團圍住……未經其允許，一片帆布也不得出（墨西哥）灣。」[19]莫里很有見地，堅決主張美國應建立自己的龐大船隊。一八六〇年，美國擁有總數約兩百五十萬噸的遠洋船舶（英國則是四百五十萬噸），已是英國在大西洋和東方海域最大的海上商業對手，把法國、挪威、荷蘭遠遠甩在後頭。總統波爾克（Polk）一八四七年告訴國會，「我們的……商船隊規模高居世界之冠的日子已然不遠。」[20]

北大西洋上的船舶，有許多專事不列顛群島、西北歐、美國大陸、加勒比海的沿海航運或地方航運。[21]倫敦，大西洋歐洲最大的貨物集散地，維持與漢堡等歐陸口岸的龐大貿易。十九世紀中期時，跨大西洋貿易以從美國諸口岸運出的棉花、玉米為最大宗，而且大多用美國船運送：一八六〇年，英美貿易所用的四千艘船裡，美國人所擁有的船隻比英國人所擁有者多了一倍。[22]進出紐約的貿易，三分之二用美國船運輸。[23]但北大西洋航運真正令人矚目的特點，不只在其航運量之大，還在於歐洲與北美間船舶往來的頻繁和規律。十八世紀初期，作為戰時的試驗性措施，已嘗試用所謂的「定期郵船」（packet）定期載送乘客、郵件和高價貨，但不久，就因在承平時期成本太高而停滯。[24]但一八一八年起，紐約的黑丸（Black Ball）航運公司提供赴歐洲的定期郵船服務，一八三四年時，已有多達九家定期郵船公司和四十六艘船（有些船重達一千噸）連接紐約與倫敦、利物浦、勒阿弗爾。從利物浦往西行的定期郵船，這時花三十六天就能抵達紐約，若有東風助力，只需十六天。往東行的定期郵船，十七天就能抵達利物浦。[25]一八二一年起，紐奧良有定期郵船往來紐約，定期郵船載運愈來愈多的郵件、乘客，還有棉花。[26]在大西洋兩岸，一八二〇、三〇年代期間，從跨大西洋航運的主要口岸發出的沿海定期郵船已形成縱橫交錯的路網。

直到一八六〇年代後期為止，帆船仍是跨大西洋貨物的主要運送工具。事實上，直到一八七四年，才有人在紐約注意到帆船數大減。[27]但郵件、乘客運輸量的增加，以及橫越距離變得可掌握，已使蒸汽動力的運用不再限於最一開始的沿海或短途航運。一八三八年是奇蹟之年。第一艘橫越大西洋的汽輪是加拿大人建造的國王威廉號（Royal William）。緊接著，天狼星號（Sirius）和布魯內爾（Brunel）的大西部號（Great Western）抵達紐約，轟動一時。不到兩年，撒繆爾・丘納德（Samuel Cunard）的明輪船就提供波士頓與英國之間的定期蒸汽郵船航線。只可惜，汽輪耗煤量甚大，煤的存放占去太多空間，因此，汽輪用於載運散裝貨敵不過帆船，仰賴補助（或承包郵遞業務）才有利可圖。如果說此一技術革命，在最好的情況下影響都只及於局部，商業革命的影響就比較深遠。英國的航海法規定，只有由英國人擁有且由英國人當船員的船舶，才能從事與英國的貿易，但一八四九至一八五一年，英國廢除已行之兩百年的這些法律，從此，「第三方」航運業者得以將歐洲或英國殖民地的產物運到英國口岸。此一改變影響甚劇。長期以來被貶稱為倫敦外港的漢堡——拿破崙說「漢堡是英格蘭的城市」——不久就將其船隊擴大一倍。[28]英國籍船主開始憂心急速壯大的美國商船威脅其生存。但一場劇變即時挽救了他們。美國內戰使許多美國船舶絕跡於大海。由於擔心遭南方武裝快船劫掠，加上保險費飆漲，美國許多遠洋船隻遭廉價拋售或轉讓。[29]內戰結束時，北大西洋航運已呈現新局面。鐵造汽輪已開始在該海域大舉擴張地盤。

南大西洋從加勒比海綿延到合恩角，從巴西綿延到西非。長達三百多年，南大西洋的貿易一直以奴隸貿易為主，把數百萬奴隸從西非運到北美洲、加勒比海、巴西的種植園經濟體。儘管英國（一八〇七年起）、美國、法國、尼德蘭和極不情不願的西班牙、葡萄牙明令禁止奴隸貿易，此貿易仍持續到進入十九世紀許久以後。事實上，只要是無力貫徹此禁令的地方，禁令都形同具文。英國只有十二艘船在南大西洋查禁奴隸貿易，因此英國禁絕奴隸貿易的行動，在最好的情況下，只能說成效不彰。一八三〇年代後期，光是非法運到巴西的奴隸就超過十二萬五千人（其中有些奴隸被運到科帕卡巴納／Copacabana的海灘），動用的船隻達數百艘。巴西和古巴這兩個種植園經濟體是前兩大奴隸市場，而在巴西，直到一八五〇年代，奴隸貿易才漸漸遭制止，在古巴則是到一八六〇年代。[30]南大西洋早已是帆船通往東方的幹道：從歐洲到東方的最理想路線，係從歐洲駕船到加納利群島後，乘著信風到巴西海岸，然後轉東南，駛往好望角、印度洋。十八世紀，英國人原冀望以里約熱內盧作為其海軍在印度行動的基地，而返歐的「東印度人」大貨船定期造訪聖赫勒拿島補給水和糧食。[31]駛往美洲西海岸的船舶和駛往中國的美國船，往南駛至合恩角（逆風時繞過合恩角可能花上一個月）；這一航運隨著一八四八年加利福尼亞發現黃金而快速成長，使智利的瓦爾帕萊索（Valparaiso）成為南美西海岸最大的貨物集散地。[32]南大西洋也是從澳洲返歐之船隻所必經，船隻沿著「咆哮西風帶」疾速橫越太平洋，然後繞過合恩角進入大西洋，轉北駛向歐洲。[33]

但到了十九世紀中期，由於與巴西、阿根廷、烏拉圭貿易的前景看好，愈來愈多船隻被吸引至南大西洋。由於擺脫西班牙統治，以及一八〇七年拿破崙入侵伊比利半島後葡萄牙極其倚賴英國，這三國便在此時向英國商人「敞開大門」。巴西首府里約熱內盧已是富裕的大城，有天然良港——船隻不需引水人，就可輕易入港。[34]里約熱內盧十八世紀靠黃金繁榮起來，但到了一八四〇、五〇年代，已靠出口咖啡而迅速發展，咖啡產自其位在帕拉伊巴河谷（Paraíba Valley）的腹地。一八二〇至一八四九年期間，此城人口從八萬六千增至二十萬五千（其中一半是奴隸），成長了一倍多，並成為世上最大的咖啡貿易中心，經手巴西一半以上的對外貿易。差不多同一期間，布宜諾斯艾利斯人口也成長一倍，達到九萬多。隨著阿根廷的畜牧業往彭巴大草原更深處擴展，此城主要靠出口牲畜和獸皮繁榮起來。[35]一八五〇、六〇年代，這兩個國家都制定了有利於成立股份公司、特許設立銀行、為鐵路建設提供擔保或補助的商業法。在里約熱內盧和布宜諾斯艾利斯，出口貿易都大多由外國（尤其英國）商人掌控。[36]到了一八五〇年代，定期蒸汽郵船服務的誕生，已進一步強化它們與歐洲、北美的商業連結。[37]

一八一五年後的南大西洋擺脫了重商主義時代的對立，但其政治情勢很複雜。此複雜局面大多源於針對蓄奴和奴隸貿易而起的鬥爭。在非洲的大西洋岸，此鬥爭使英國政府迫於無奈出手干預陸上情勢，最初為獲得自由的奴隸提供位於獅子山的安全避難所自由城（Freetown），[38]然後著手阻止當地統治者放任奴隸販賣、出口，而且偏向以簽訂禁奴條約的方式阻止。西非海岸的許多地方，奴隸出口是財富與稅收的主要來源：例如在達荷美、在拉各斯（Lagos，貝寧灣的最大口岸）、在葡萄牙人所統治的安哥拉。里斯本不願同意徹底禁止，原因之一在於擔心其在安哥拉的殖民地居民會宣布獨立或轉而效忠於獨立的巴西（他們在奴隸事業上的主要伙伴）。[39]查禁大西洋奴隸買賣未成，使英國逐漸感到挫敗（加上國內主張廢奴者施壓日甚），於是倫敦於一八五一年強行撤換拉各斯的統治者（拉各斯的奴隸出口於一八四〇年代後期達到巔峰[40]），十年後更將拉各斯正式併吞——日後的發展表明，這是不動聲色擴張奈及利亞南部的序曲。同樣棘手的，係巴西統治菁英（即種植園主／fazendeiro）百般不願切斷奴隸勞動力源源不斷的補給來源，畢竟其榮景有賴奴隸體力付出（而輸入的奴隸其預期壽命低得驚人）。事實上，他們懷疑英國廢奴其實別有用心，意在以巴西為犧牲品讓英國自己的殖民地更富裕，並使西非變成受英國控制的第二個巴西。巴西官方縱容蓄奴，毫不在意外界眼光。於是，一八五〇、一八五一年，英國祭出進一步的驚人作為，把軍艦駛入巴西的港口，扣押或擊沉載運奴隸的船或配備了載運奴隸所需設備的船。[41]當地隨即開始查禁蓄奴，但蓄奴仍持續存在至一八八八年。

這三個南美國家（巴西、阿根廷、烏拉圭）也還不是疆界明確、政局穩定的國家。三國都陷入斷斷續續的內戰，內戰則肇因於殖民統治時期強烈的地域認同和陸路運輸的原始狀態。擴張欲望非常強。阿根廷一八二八年企圖吞併烏拉圭（「烏拉圭河東岸」／Banda Oriental），但受挫於英國插手。一八四〇年代，英法聯合封鎖，迫使布宜諾斯艾利斯徹底斷絕控制巴拉那河（Parana）的念頭。巴拉那河是進入南美內陸的主要河道，為掌控該河（鐵路興建前進入巴西內陸最容易的路線），巴西、阿根廷、烏拉圭展開一連串戰爭，並以此三國聯手對付小國巴拉圭的慘烈戰爭（1865-1870）告終。但到了這個節骨眼，這三個有中央政府施以有效治理的戰勝國（巴拉圭慘敗），其實已大體上完成國家統一，作為歐洲、北美的商品生產國，它們的「現代化」已如火如荼在進行。

太平洋是十九世紀最後一個主要的海上待探索區。太平洋的遼闊，加上可登岸的島嶼寥寥可數，令外人望而怯步。闖入太平洋者猶如將自己幽禁在遼闊的太平洋中，一如一七四二年的喬治·安森（George Anson），不清楚自己身在何處。[42]庫克船長幾次偉大的遠航和一七八八年占領植物學灣（Botany Bay），使局面從此改觀。一七七〇年代，俄羅斯人從北邊、西班牙人從南邊進入美洲大陸西北方的太平洋，也具有同樣的歷史意義。幾乎同時，來此的歐洲人得知來自今日阿拉斯加、不列顛哥倫比亞的海獺毛皮在廣州能以高價賣出；第一條現代跨太平洋貿易路線就此問世。[43]一八二〇、三〇年代，太平洋成為廣大的獵鯨場、獵海豹場，而鯨魚油和海豹皮銷路甚大，吸引來自新英格蘭、英國的船隊。夏威夷的檀香山（東北信風、東南信風的「十字路口」）成為捕鯨業者的主要基地；紐西蘭北島的群島灣（Bay of Islands）成為尋歡買醉的船員喜愛流連的地方。[44]一八二〇至一八五〇年期間，檀香山也成為北太平洋最大的貨物集散地。哈德遜灣公司（Hudson's Bay Company）的太平洋沿岸業務主管喬治·辛普森（George Simpson）論道，「桑維奇（亦即夏威夷）島民實際上位在從合恩角直抵北太平洋各海岸的路線上……看似帶來不便的往左偏……由於盛行風的緣故，幾乎是不得不然。」[45]這些交易和接觸為太平洋社會帶來無心

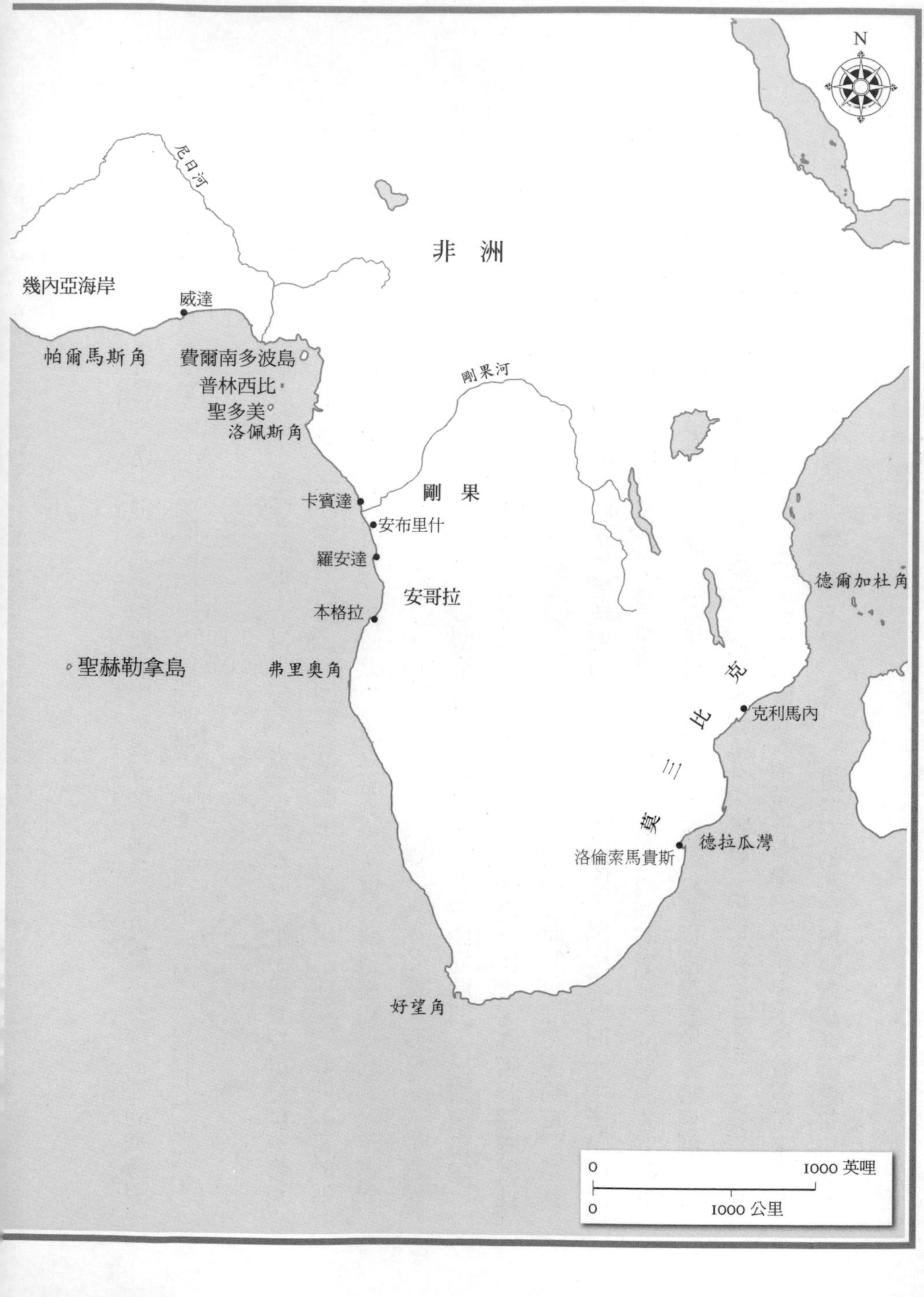
N
尼日河
非洲
幾內亞海岸
威達
帕爾馬斯角
費爾南多波島
普林西比
聖多美
洛佩斯角
剛果河
剛果
卡賓達
安布里什
羅安達
安哥拉
本格拉
聖赫勒拿島
弗里奧角
德爾加杜角
莫三比克
克利馬內
德拉瓜灣
洛倫索馬貴斯
好望角
0
1000 英哩
0
1000 公里

十九世紀中期的南大西洋
弗得角群島
葡屬幾內亞
自由城
（獅子山）
加利納斯
大
西
洋
聖路易斯
亞馬遜河
帕拉省
馬拉尼昂省
伯南布哥省
累西腓
南美洲
巴伊亞省
薩爾瓦多
巴西
米納斯
吉拉斯省
里約熱
內盧省
巴拉圭河
巴拉那河
聖保羅省
里約熱內盧
烏拉圭河
南里奧
格蘭德省
蒙特維多
布宜諾斯艾利斯
拉普拉塔河

的影響。商業往來帶來新的既得利益團體，以及強勢表達自己想法的成群傳教士、移民、短暫僑居者。商業往來也帶來一波對太平洋島民來說幾無免疫力的疾病。十九世紀頭幾十年，太平洋島嶼和太平洋東緣成為人口驟減、文化瓦解的慘淡之地。[46]然後，隨著加利福尼亞發現黃金，連接舊金山（一夜之間成為東太平洋的中心）與巴拿馬（來自紐約之旅人上岸改走陸路之地）、南美洲、中國（此時是往「金山」的新人口外移流的源頭）的新航運興起。[47]一八五〇年澳洲和一八六〇年紐西蘭發現黃金，推動移民與礦物、資訊與貨物、船舶與其船員的新流通。環境、人口、商業、流行病學上的一場革命，降臨「偏遠」的太平洋。放眼歷史，經歷如此突然且劇烈轉變的海上地區並不多。

相對的，在地中海，於此要談的最後一處「海景」，已被長達五千年或更久的商業交易緊密整合為一。自八世紀起，地中海就是穆斯林世界與基督徒世界的交界，有時則是雙方激烈衝突的場域。這是最深陷於歐洲諸大國對立的海域，或者說最常上演這些大國之海上爭鬥的海域。但一七九三至一八一五年的法國大革命和拿破崙戰爭，此局面就此改觀。納爾遜在尼羅河（1798）和特拉法爾加（1805）的勝利，使對手的海上武力從此一蹶不振。此後，英國海軍的獨霸地位，幾乎穩如泰山。憑藉位於直布羅陀、馬爾他（一八一五年吞併）的海軍基地，英國人不只扼控將地中海分為東西的海峽，還扼控從大西洋進入地中海的入口。馬爾他島瓦萊塔（Valletta）的格蘭德港（Grand Harbour）成為英國地中海艦隊的基地、英國海軍霸權的堡壘。

於是，「英國主導的地中海秩序」，新的地緣政治、商業體制，在十九世紀上半葉得到鞏固。[48]此秩序的鞏固，既有賴於海軍的強制力，也有賴於靈活的外交。但一八二一至一八四一年長達二十年的東方危機結束時，此秩序的主要元素業已一一就定位。鄂圖曼帝國捱過俄羅斯與造反的帝國行省埃及的攻擊，勉強保住國祚。鄂圖曼帝國依舊扼守地中海進出黑海的海上門戶，以及前往波斯灣的陸上通道。埃及一度大有可能成為控制安納托利亞、阿拉伯人土地、波斯灣、蘇丹、克里特島的新東方帝國（以及倫敦所不樂見的，成為法國的馬前卒），最終被趕回尼羅河谷。有個小希臘人王國出現。法國已致力於征服阿爾及利亞，但其在東地中海的野心（如果真有這樣的野心的話）遭到壓制。最重要的是，一八四一年的海峽公約（Straits Convention），即此新秩序的規章，禁止平時軍艦通過達達尼爾、博斯普魯斯兩海峽，從而使俄羅斯海上武力出不了黑海。這一地緣政治格局直接導致的重要結果，係一八三八年英國強迫鄂圖曼帝國簽訂巴爾塔—利曼條約（Convention of Balta-Liman）。嚴格來講，仍是鄂圖曼帝國一部分的埃及，隨之也受到此條約的約束。[49]此約的規定極嚴厲。鄂圖曼帝國的統制經濟，包括官方對市場的控制，以及（在埃及）官方獨家經營原棉的銷售，就此告終。帝國的內部商業會向外國商人開放，從此外商不必像過去那樣，只能透過當地代理人經商。針對鄂圖曼人所能課徵的關稅則訂定了嚴格的上限。自由貿易來到近東。

地中海貿易原本就一直兼具地區性商品的交換和「東方商品」貿易，東方商品走陸路運到黎凡特地區的口岸或經紅海、埃及過來。一八一五年後，地中海成為促成全球貿易普遍擴張的推手之一，但以極獨特的方式扮演此角色。首先，地中海的沿海地區變得更富生產力，原因或許是較乾、較暖的氣候使現代早期「小冰河期」時遭棄的土地得以轉為耕地。[50]其次，新的土地所有制使埃及成為棉花生產大國，把埃及拉進對西歐的金融、貿易、船舶的依賴關係中。[51]第三，陸上商隊貿易繼續存在於安納托利亞，地中海則成為通往兩個新目的地的要道。

其中第一個目的地是黑海。達達尼爾、博斯普魯斯兩海峽長年被扼守此二海峽的鄂圖曼人封住，歐洲商人和船舶無緣進入，但十八世紀後期被（俄羅斯人）強行打開。後來所簽訂的協議，允許更多歐洲國家進入黑海，但土耳其當局強加的延遲和上船搜查，始終令人不堪其擾。[52]一八四一年海峽公約一掃這些惱人的程序，並讓所有商船同享此特權。此舉之所以重要，源於對「新俄羅斯」（今烏克蘭）的拓殖。一七八〇年代起，南俄成為重要穀物產區，尤其小麥。興建於一七九四年的敖得薩（Odessa）成為南俄的口岸城市。這時，數百艘船通過達達尼爾、博斯普魯斯兩海峽，以購買小麥供給南歐、西歐——一八四六年英國廢除穀物法，允許外國小麥自由進入英國，此一小麥市場隨之急速擴大。敖得薩的小麥於一八一七至一八四六年成長了一倍，到了一八五三年又增加了將近一倍。[53]俄國的商業經濟這時以南部為核心，敖得薩人口從一八〇三年僅僅八千人，暴增為一八五〇年代時的十萬人。第二個目的地是印度。誠如後文會更詳細說明的，蘇伊士運河開通之前許久，郵件與乘客運輸已偏好取道埃及、紅海，至於繞過好望角的路線，路程遠上許多，較不受青睞。隨著英國在印度的統治範圍擴大，此一取道地峽的運輸愈來愈繁重。荷蘭人、法國人在東方建立的帝國，更加重此運輸量。短短幾十年，地中海就成為歐洲列強與其東方領地之間易生事端的通道。

十八世紀，法國船主宰地中海貿易，拿破崙戰爭使法國海上勢力式微，其地位被希臘人所擁有的船隻取代。希臘船最初主要來自仍受鄂圖曼帝國統治的島嶼或來自被英國人統治的愛奧尼亞群島（一八六四年，愛奧尼亞群島割讓給希臘）。這時，愈來愈多希臘船棄波拉卡帆船（polacca）的大三角帆裝，改以北歐雙桅橫帆船的帆裝。[54]希臘船，以及拉利斯（Rallis）、阿根提（Argenti）等商行，迅速挺進黑海，從事黑海的小麥貿易。到了一八五〇年代，東地中海、黑海的遠海帆船，近八成懸掛希臘國旗。[55]汽輪早早就出現在地中海。在此海域，運輸距離不算太遠、煤易從英國運來、無風或風向突變之事頻頻，使汽輪備受青睞。蒸汽驅動的定期郵船，一八三〇年代已司空見慣。奧地利．勞埃德航運公司（Austrian Lloyd）總部設在哈布斯堡家族統治的的里雅斯特，一八三七年起以汽輪提供定期駛往君士坦丁堡等口岸的服務；來自馬賽（仍是地中海最大口岸）的法蘭西郵船公司（Messageries Impériales）和來自英國的半島東方輪船公司（Peninsular & Oriental），提供類似的定期船班。轉捩點或許跟著一八五三至一八五六年克里米亞戰爭一起到來。憑藉出租權充運兵船的一批汽輪，利物浦船東迅即接掌多數通往北歐的長程貿易。[56]蒸汽終於在此穩穩立足。

十九世紀全球經濟的基礎，竟有如此大一部分由帆船打下，或許讓人覺得出乎意料。但直到一八八〇年代為止，在世界多數地方，帆船一直是運送散裝貨物的主要交通工具（散裝貨價格的趨同，得以敏銳檢測出經濟全球化的程度）。帆船運來加利福尼亞的小麥、澳洲的小麥和羊毛、東南亞的稻米、中國的茶葉，在貨運業務上不怕費用較高的汽輪競爭。外界對英國煤的需求（用於鐵路和愈來愈多的加煤港），有助於使帆船的出航行程有利可圖，出航時可不必只載壓艙石。在英國，身為汽輪的先驅國，一八六〇年登記的帆船總噸位為汽輪的十倍，一八七〇年仍是汽輪的四倍。事實上，隨著時日演進，帆船的運輸效率已提升許多。一八七〇年代時，已著手建造兩千噸重的鐵殼帆船，船體達到十八世紀後期典型的跨大西洋船的十倍大。隨著省力（蒸汽驅動）工具上船，船隻配備的船員數減了一半。蒸汽拖船使進出港的速度加快許多。對通過達達尼爾海峽駛入黑海的船來說，蒸汽拖船免掉盛行北風所導致的耽擱。[57]精確程度得到進一步提升的風向、海流圖（尤其是馬修・莫里所製作的這類海圖），協助船長縮短航行時間——就駛往澳洲來說，縮短達四分之一時間。[58]貨運費率的大降，係貿易成長所不可或缺，而在汽輪成為貨輪之前許久，貨運費率似也可能就開始大降，可能反映了一八三〇年代至一八六〇年代所造帆船數的大增。[59]在蒸汽全球化的頭五十年，蒸汽全球化既得力於蒸汽在陸上的擅場，也同樣程度得力於帆與蒸汽在海上的合作關係。

汽輪行駛全球

遠洋汽輪時代其實始於一八六〇、七〇年代。轉捩點跟著一八五四年複合式引擎漸受採用一起到來。兩個汽缸的運用，使引擎得以提高壓力，從而提升引擎功率，並使煤耗減半。一八六六年，半島東方輪船公司已擁有十艘複合發動機汽輪，從英國可直達模里西斯，中途不必補煤——航行距離八千五百哩。[60]隨著有更多空間可供容納乘客和高賣價貨物，這時，把汽輪送到遠至中國的地方，變得有利可圖。棄明輪，改用螺旋槳，又進一步改善性能。一八八〇年代，出現動力和經濟效益都比先前輪機高上許多的三段式膨脹引擎。汽輪成為載運乘客、郵件、貨物的首選，只有在一些尚存的舊路線上和某些較不講究快速運抵的散裝貨貿易（例如來自澳洲的羊毛、穀物）例外。

汽輪時代已成定局，煤成為最重要的燃料。凡是配得上口岸之名的港口，都必須賣煤，以便船隻加煤，因為只有少數汽輪可以在不用中途補充燃料（且當然無利可圖）的情況下行駛超過三千哩。煤礦層在全世界分布頗廣，但只有少數地方所產的煤能大量供貨至沿海地點。在這方面，英國享有極大的優勢。英國大煤田位於南威爾斯和東北英格蘭（以及其他許多地方），能以低成本將煤輕易運到英國的各大口岸，包括倫敦。隨著其他國家工業化並建造鐵路，煤成為英國的出口大宗之一，一九一三年時出口額僅次於棉織品。許多英國船被用於將煤運到世界各地，包括運到印度及南美；其中許多煤多用於船隻煤艙。

煤艙加煤是件複雜的事。煤的優劣差異極大，若未用心保存，也可能變質。衡量煤之價值高低的重要指標，係其含碳量：這決定了特定重量的煤能產生的熱能（從而決定蒸汽能量）高低。倘使船艙空間非常寶貴，保持高速不可或缺（例如載送郵件的汽輪必須符合其承包合約所規定的航行時間），就必得用優質煤。最優質煤是威爾斯蒸汽煤。此煤從加的夫（Cardiff）出口，此處為十九世紀下半葉最大的煤港。[61]到了一八八〇年，世界各地的加煤港都已有威爾斯蒸汽煤可用：長崎、上海、新加坡、可倫坡、孟買、亞丁、蘇伊士、塞得港（Port Said）、里約熱內盧、布宜諾斯艾利斯、瓦爾帕萊索、馬爾他、直布羅陀，只是其中犖犖大者。加煤行應運而生，其所負責的，包括不同上市煤的運送事宜和費事的補煤作業。最大的加煤行是加的夫的科里父子（Richard Cory and Son，後來改稱科里兄弟／Cory Brothers）。他們不但有煤礦，還有一支運煤船隊。一九〇八年時，此商行已有一百零八家代理行分布於世界各地，還有約七十八個儲煤站。[62]對船東——還有海軍——來說，了解在不同口岸能以哪種價錢取得哪種煤，至為重要。了解加煤作業如何進行，同樣也很重要——尤其在時間掌握至關緊要的情況下更是如此。[63]在許多口岸，甚至大部分口岸，煤以駁船運到船邊，裝在大簍子裡再拖上船——過程緩慢、費力且汙穢不堪。加煤碼頭建造成本高昂，但大大節省了作業時間，使煤得以直接釋入船的煤艙裡。對大型航運公司來說，在其各大停靠港儲備高品質煤，係公司長遠發展所不可或缺。馬修・培里（Matthew

Perry）率領三艘汽輪從維吉尼亞州的漢普頓錨地（Hampton Roads）啟程東航，展開其一八五三年著名的出使日本任務，到了新加坡，他才發現該地的煤炭補給控制在半島東方輪船公司手中，與該公司交涉後，才得以如願加煤。[64]加煤是極費勁的粗活，必須用鏟子、獨輪車或簍子把煤從儲煤站搬到碼頭，或裝上駁船，有時得在夜裡幹活。而且必須招募大批煤炭裝卸工人（通常是臨時工，往往包括女人）。在有尊卑之分的口岸職業體系裡，這是最卑賤的職業：骯髒、有害健康、危險、不穩定、工資低，面對雇主及工頭的剝削、虐待，受到的保護甚少。[65]

汽輪改變航運勞動的性質，並非只透過加煤。在帆船上，多數船員受雇從事揚帆的工作。工作極繁重，不管天候如何都得出勤，而且往往要在令人暈眩的高處工作。[66]汽輪也需要「艙面水手」，主要因為直到十九世紀後期，汽輪仍使用船帆，作為蒸汽動力不管用時的「備用」動力。但汽輪大半船員在主甲板下幹活，照料引擎並添加燃料。輪機手照看鍋爐、管道、驅動軸，「司爐工」（fireman）和「煤工」（trimmer）則為加熱鍋爐的火爐添加煤。即使在溫和的氣候下，這工作環境都熱得教人吃不消，因為溫度高達攝氏五十度。司爐工用大鏟將煤鏟進鍋爐爐膛裡，抽出「爐渣」。煤工在煤艙裡用大錘把煤打碎，用獨輪車運到火爐邊。煤往往散發氣體，因此不能點燈，以免爆炸。煤工推著獨輪車走在煤艙和火爐之間的狹窄金屬運輸通道裡，人車跟著船隻晃動，在通道裡搖來晃去。鍋爐本身必須清理乾淨，通常由男孩爬進裡面清理——吉卜林〈麥安德魯的頌歌〉（M'Andrew's Hymn）一詩裡的「鍋爐小子」（boiler-whelps），就是指這些男孩。這些工作異常疲憊、令人耗弱，尤其是煤工的工作。難怪司爐工和煤工的自殺率比其他船員高了三倍。[67]

在蘇伊士以東，汽輪的興起增加了對當地船員的需求。這些船員被稱作拉斯卡爾（Lascar），原指印度人，後來也包含阿拉伯人、索馬利人、馬來人、華人。在東方海域，拉斯卡爾船員早從事於帆船上，他們往往比規矩不好的歐洲人備受青睞，工資一向低上許多。鍋爐艙工作環境的艱苦，汽輪對廉價粗工永無止盡的需求，使拉斯卡爾船員暴增，尤以半島東方、英印（British-India）這兩家輪船公司為然。到了一九一四年，他們已占英國船船員的四分之一。[68]

對司爐工和煤工的需求的確有增無減。從一八六〇至一九一〇年，遠洋船舶大增：從約一千六十萬噸增為超過兩千八百萬噸。[69]帆船噸位於一八八〇年達到最高的一千三百萬噸：即使在一八九〇年，汽輪噸位（八百六十萬噸）仍不及帆船噸位。但此後汽輪噸位劇增，一九一〇年已超過兩千兩百萬噸。那時，全球商船將近一半屬英國人所有或懸掛英國國旗。此現象既說明英國海外貿易規模之大，也說明英國煤鐵蘊藏之豐及其工業化早早就獨步全球。與此同時，商船體積和負載量也大增，原因之一是以鐵所造的船隻更甚於木造船，使其成為可能，另一個原因則是，較大的船，運載較有經濟效益。英國商船隊，共約四千艘遠洋汽輪，貨輪平均重將近兩千噸，也就是可載四千至五千噸的貨物。就「班輪」來說，平均體積更大，而且愈來愈大。一九一〇年時，已建起四萬五千噸至五萬噸的船供橫越北大西洋之用。於是，不想落於人後的諸口岸展開「軍備競賽」，競相提供可讓較大的船盡快裝貨、卸貨、補充燃料的設備——因為唯有出海，船才有獲利可言，在港口待愈久，獲利愈少。這不只意味著要管理人數日增的碼頭工人、煤炭裝卸工人、承辦人員和行政人員，還意味著要在碼頭、起重機、鐵道、貨棧上投資，以利人貨進出港。最重要的，這意味著要不斷拓寬、加深進港航道。誠如後文會提到的，這類口岸改善工程的成本和益處，可能引發激烈衝突。

「班輪」興起，係十九世紀下半葉鮮明的特點之一。帆船通常屬一人獨有或兩三人共有，船東身分則為個人或小型合夥企業，只有定期郵船例外。而遠洋汽輪的經濟因素，則決定了截然不同的模式。有很長時間，只有靠提供得到官方補助的郵遞服務，遠洋汽輪才經營得下去。這意味著要有固定的船期表，要用到船隊，船隊由單一管理團隊管理，管理團隊以「航運公司」的形式運作。半島東方輪船公司（1837）、皇家定期蒸汽郵輪公司（1839）、冠達航運公司（1840），在這類型的公司中，屬於最早成立的，[70] 但一八五〇年後，愈來愈多航運公司問世，以為歐洲往來世界諸多地方提供服務。到了十九世紀末，已有至少二十至二十五家英國客輪公司，包括後來與加拿大太平洋（Canadian Pacific）輪船公司合併的艾倫航運（Allan Line，往加拿大）、畢比航運（Bibby's，往印度和緬甸）、英印航運（往印度、緬甸、波斯灣、澳洲）、克蘭航運（Clan Line，往南非、東非、印度洋）、艾爾德·鄧斯特航運（Elder Dempster，往西非、加勒比海）、「藍煙囪」（Blue Funnel，往印度洋和中國）、皇家定期蒸汽郵輪公司（往加勒比海和南美洲）、蕭・薩維爾航運（Shaw Savill，往紐西蘭）、聯合城堡航運（Union-Castle，往南非），以及冠達輪船公司和半島東方輪船公司。它們和外國大航運公司競爭，其中包括漢堡—美洲航運（Hamburg-Amerika，擁有一百六十艘汽輪）、北德意志勞埃德航運（Norddeutscher Lloyd，也行駛於北大西洋）、奧地利勞埃德航運（Austrian Lloyd）、帝國航運（MessageriesImpériales）、紅星航運（Red Star，比利時航運公司）、皇家尼德蘭航運（Royal Netherlands）、日本郵船株式會社（NYK）等。

班輪大有助於運輸：為乘客、郵件和高價值貨物（尤其是講究時效的貨物）來往兩地，提供快速且定期的運輸服務。但這有其代價。班輪的營運成本和管理費用非常高，而且比快速帆船高出許多。抵達時間要符合船期表，就必須掌握速度。這意味著要燒掉大量的煤。就慢速的「不定期」（tramp）貨船來說，煤可能占其經常成本四分之一，就班輪來說，可能高達二分之一。班輪必須購買最昂貴的煤，其龐大的煤艙，限制了可供裝載貨物的空間，而貨物是其賺取收益的來源之一。班輪需要眾多船員來服務其乘客，體型甚大的班輪，例如冠達輪船公司的阿奎塔尼亞號（Aquitania），需要將近兩百七十名的司爐工和煤工。往蘇伊士以東的汽輪，船體大小受限於一八六九年開通的蘇伊士運河的寬度，成本和風險特別高。半島東方輪船公司的董事長托馬斯・薩瑟蘭（Thomas Sutherland）爵士，一九〇一年告訴一特別委員會，「若沒有補助，不會有人為了東方貿易，建造像我們用來載運郵件的那種汽輪那。」[71]能以十八節航速行駛的快速郵輪，造價比慢速運貨汽輪高出兩倍，而且可能只有特定季節才有乘客可載：除了一年中有兩個月時間之外，其他時節可能大部分客艙都是空的。返程所載貨物說不定甚少。誠如薩瑟蘭出現在該委員會一事所間接表明的，在補助攸關汽輪盈虧的年代，航運公司既扮演商業性角色，也扮演政治性角色。在倫敦金融城保有廣大人脈，至關緊要，但與英國海軍（因為承包運兵業務有利可圖）、政府、國會打好關係亦然。一八六七年，半島東方輪船公司的印度郵遞承包合約儼然就要轉落入法國的帝國航運公司之手。國會出手干預，打出愛國牌，才得以平息這場會重創該公司業務的災難。[72]大西洋郵遞合約也是激烈競爭、遊說的標的。[73]

影響力和補助無法消除所有風險。在世上許多地方，班輪間的競爭變得更激烈，尤以在北大西洋為然。在此，包括冠達、漢堡—美洲在內的各大航運公司，其獲利主要來自載客的「統艙」，龐大的移民潮前往紐約的交通方式。而統艙通常是位在船尾部的共用大空間，環境往往骯髒、不舒服。[74]往來歐洲與東方世界之間的航運公司，無緣經營此業務——但可能把「甲板艙位乘客」（吃坐睡在甲板上的乘客）從印度、中國載到東南亞，作為往東南亞種植園、礦場移動之移民流的一部分。在東方世界，一如在其他地方，航運公司始終面臨縮短航行時間的壓力，為此，必須買進更快速、更昂貴的新船。每隔幾年，航運公司如半島東方輪船公司，就必須重訂其郵遞承包合約，新合約通常更是嚴苛：然失去此承包業務，公司就有可能經營不下去。十九世紀後，期貨運費率逐步下降，二十世紀初期達到最低點。但貨運費率變動也極大。商業衰退、戰爭或戰爭傳言、作物歉收或瘟疫或霍亂大流行，可能使一些口岸停止貿易，從而引發運載量能過剩的危機，因為有太多船爭取太少的貨物。同樣的，特定地區高貨運費率的消息一傳出，可能吸引世界各地的航運公司前去爭搶載貨，從而導致貨運費率大跌。對航運公司來說，收入下滑（客運、貨運費率通常連動），旋即壓低其船隊的「帳面價值」，傷害股價，使其不易募得新資本。為了存活，船東和經理必須找到辦法降低會傷害其業務的多種不確定性。

顯而易見的辦法之一，就是買下競爭同業的全部股份或與該公司合併，而且此事往往發生在慘不忍睹的運費削價競爭後。事實上，在英國航運界，合併變得司空見慣：最引人注目的合併案是一九一四年半島東方與英印的合併。因應毀滅性削價競爭的另一個辦法，係組成卡特爾，也就是所謂的「海運公會」（conference）。海運公費始於一八七五年加爾各答航線，隨即擴及其他地方：往中國的航線（1879）、往澳洲（1884）、往南非（1886）、往西非（1895）、往巴西以及阿根廷（1895-1896），以及最後，一九〇〇年後往北大西洋的航線也如法炮製。[75]海運公會靠兩種主要作法運作。特定航線的生意由公會成員共享；支付獎勵——回饋——給各大進出口商行，以誘使它們的運貨業務專由公會裡的一家航運公司承接。藉此，一群航運公司能獨占較高價值的貨物，排擠掉非會員的航運公司，久而久之，便得以抬升貨運費率。海運公會並非無往不利。在以「粗貨」（稻米、穀物、亞麻籽）為出口大宗的地方，海運公會完全使不上力，這類貨物較適合不定期船運送。在某些航線上，海運公會的規則只用在單一方向上，視貿易的量和值而定。有時，欲強行制定貨運費率之舉，遭當地商人激烈抵抗，尤以當地商人擔心高費率會傷害一口岸作為地區中心的貨物集散功能時更是如此——在新加坡，就特別擔心此事。海運公會的運作，違反「自由貿易」，必然招來官方審查——一九〇六年英國政府成立皇家「航運幫」調查委員會（Royal Committee on 'Shipping Rings'），就是出於這理由。這一次，船東守住地盤，或許因為他們以禁止海運公會運作將使它們公司經營不下去為由據理力爭。根據得到該委員會過半成員同意的意見書（Majority Report），「限制發貨人使用某些航運路線，同時以減少收費予以補償的作法，強化了海運公會體制，而我們認為，在需要定期且有組織的服務之處，這一體制一般來講有其必要。」[76]英國各大航運公司已「大到不能倒」。但或許也因為要阻斷班輪所提供的廣大全球連結網已幾乎不可行。

與班輪截然不同的是，不定期船是用途甚廣的汽輪。它們占英國商船總數——以及或許遠洋汽輪總數——三分之二。十九世紀末，走海路的散裝貨，已大多由不定期船運送過洋。班輪要照船期表航行，停靠固定的港口。哪裡能承包到貨運，不定期船就往那裡去。英國人所擁有的不定期船，大多從事「三角貿易」（cross-trade），船很少返回英國。它們所載的貨通常是班輪所避之唯恐不及的「粗貨」：煤、鐵軌、穀物、稻米、礦砂。它們載著滿滿一船貨物航行，得接受因此而來的代價，即貨運費率變動極大。

一八八〇至一八八一年，孟加拉號（Bengal）的航程就是不定期船的典型。它於一八八〇年九月從加的夫出航，載著滿滿一船煤前往紅海頂端的蘇伊士港。接著從蘇伊士駛往吉達（船長很進入狀況，已取得一張紅海海圖），把朝聖者運至麥加。在麥加，把要返國的哈吉載上船，駛往檳榔嶼和新加坡，並在新加坡補充燃料。一八八一年二月，孟加拉號已來到日本橫濱，然後前往神戶，並將一船茶葉運至紐約。抵達紐約後，船長未就此繞過合恩角返英，而是另找「貨物」載運，先後停靠上海和廈門、香港這兩個輸出移民的口岸。在那裡，他找到一批「船貨」，即要前往新加坡（東南亞最大的移民落腳地）的「甲板艙位乘客」。三月下旬，孟加拉號已來到亞丁，然後此船經由蘇伊士運河駛至直布羅陀，再轉往哈利法克斯、紐約，以運交茶葉。一八八一年六月，終於抵達倫敦，船上載著美國的穀物。[77]

巴勒家族（Burrells）、朗西曼家族（Runcimans）等的不定期船船東，能靠航運致富。但事業成敗取決於對細節的關注入微和對商業動態的格外留意。不定期船的船東必須時時留意旗下船隻營運的每個面向：無數口岸的成本和效率；不同類型貨物的裝卸時間；可能因地而異的貨運費率——因為要把他的船派到哪個口岸，得憑真本事。他的獲利也會取決於對可能裝上船的農作物等商品的季節性變動寄予密切的注意；取決於不同儲煤站、加煤站的煤價；取決於一年不同時期的預期天候。他得決定買船——或賣船——的最佳時機，得有識人之明，找到能替他在遙遠異地尋得有利可圖的船貨並談成一筆好合約的代理人。多方應付這些變數極費心思，尤以貨運費率一降再降之時更是如此。不定期船得隨時有能力承攬客戶所要求載運的貨物——得有能力從載運鐵軌或穀物轉為載運活牛——得為其船艙裝好必要的設備，以因應新船貨的裝載需要。但大部分不定期船生意應接不暇，主要或許靠載煤。

煤是從英國出航的不定期船的最大宗船貨。把煤載到世上幾乎任何地方都有利可圖，只有載到美國例外。一般而言，載煤的收益占不定期船收益的四分之一至三分之一。但即使有煤可載，經理人再怎麼精明，不定期船在一九〇二年後還是碰上難捱的十年，或許是全球航運船隊運力嚴重過剩所致。長期的運煤合約，或把不定期船長期租給航運公司的合約，或承包政府業務，能解燃眉之急。然而，不定期船也受到班輪載貨愈來愈多和「運貨班輪」興起的威脅。運貨班輪照船期表營運，奪去至少一部分不定期船的生意。最重要的，英國煤炭出口衰退，係真實存在的威脅。當時某專家論道，「我們的煤炭出口愈少，英國不定期船所能提供的工作機會隨之愈少。」[78]但福禍相倚。一九一四年一次大戰的爆發，可能使許多不定期船的船東免於破產。[79]

海事革命

海事革命係十九世紀全球化最重要的部分。這場革命既表現在商業或技術上，也表現在地緣政治上。直到一八七〇年代為止，海事革命主要是帆船革命，蒸汽在此頂多只是混合動力技術裡的配角。就是在此時，全球大半地方被更大程度拉進以西方為中心的全球經濟裡。中國、日本、暹邏、鄂圖曼帝國、埃及，被西方人以武力或「勸說」的方式「打開」自由貿易之門。南美洲和太平洋被納入歐美商業範圍裡。以往加諸水道的航行限制，因一八四一年海峽公約的締結，以及丹麥、瑞典間厄勒海峽通行費和斯海爾德河通行費的廢除（兩者都於一八六三年經由協議廢除），而成了昨日黃花。歐洲之外，拉普拉塔河河口（1853）、長江（1862）、亞馬遜河（1863）宣布開放「自由航行」。頻繁、快速且有固定船期的航行（最初靠以帆為動力的定期郵船），在地中海、北大西洋和往南美洲的航線上，變得稀鬆平常，並擴及取道埃及陸路轉運、往印度、中國的航線。海圖改良和蒸汽拖船的使用，縮短了航行時間。帆船隊規模的大增，使貨運費率大降，促進了貿易。這是帆船留給汽輪時代的遺產。

一八七〇年後，原是帆之配角的蒸汽，角色愈來愈吃重，終至在遠洋貿易上成為主角。此一轉變從數個方面使全球化改觀。最顯而易見的一面，係汽輪為海外貿易帶來大增的運載量能。世界貿易量從一八七〇至一九一三年增加了約三倍。[80]在同一期間，遠洋船舶**實質**噸位增加了四至五倍。一艘汽輪的載貨噸位（一九一三年時已達到最大比重），比一艘帆船高出二至三倍，因為能頻頻出航。[81]這使航運效率大增，前提是口岸設施完善，能讓汽輪在不致過度延宕的情況下完成裝卸貨和補充燃料的作業。其實，碼頭區貨物處理作業的改善，似乎很有可能大有助於海運貿易成本的下降。[82]「現代」（貨櫃問世前的）口岸——擁有林立的起重機、密集的鐵路網、封閉的內港和碼頭、加煤碼頭和儲煤站、穀物或礦砂的倉庫和儲運場、大批裝卸工、設在氣派建築裡管理整個港區事務的「港務局」——其實是一八八〇年後汽輪時代的產物。西方的商業霸權，靠海運的快速工業化而得以確立（而且全世界的遠洋汽輪幾乎全屬西方幾個國家所有）。十九世紀末，航運業已一如其他產業，擁有龐大的工人勞動力、管理階層，控有龐大資本資產的董事和股東。

同樣值得注意的，係串連起歐洲與世界其他地方的定期汽輪運輸公司可觀的成長。在汽輪時代的全盛期，約八十或九十家汽輪航運公司，提供以固定船班將貨或人載到南大西洋、北大西洋諸口岸的服務，至少七十家航運公司提供赴印度、遠至日本口岸的服務。在倫敦或利物浦上船的旅客，六天就能抵達紐約，十九天能抵達加爾各答，二十天能到開普敦，二十三天能到新加坡，三十四天能到雪梨，三十八天能到上海。人、貨、郵件運輸時間的固定和確定，已幾乎是舉世皆然——這本身就是歷史上一個翻天覆地的變革。這也使「連續遷移」（serial migration）這個新現象得以出現。「連續遷移者」一橫渡大西洋多次，而在帆船時代，外移者很少返鄉。[83]一再遷移者似乎已占外移人口的多數，加深美洲與歐洲之間的社會、文化交流。在印度洋和更遠的地方，移動更為容易且快速，大抵是汽輪時代的另一個重大產物——蘇伊士運河——所促成。

長途汽輪問世之前，即有人開始構想開鑿蘇伊士運河。若是在帆船時代開鑿此運河，其商業效益肯定會因紅海航行的險象環生和必須把帆船拖行過一百哩長的運河一事而受限。但一八六九年此運河開通時，正好出現能使往蘇伊士以東航行的遠洋汽輪獲利能力大增的改良技術。兩者的和合，迅即帶來引人注目的改變。此運河大大縮短了歐洲的口岸與印度、東南亞、中國口岸的距離：倫敦到孟買的距離縮短四成；倫敦到加爾各答縮短三成二；倫敦到新加坡縮短兩成九；倫敦到香港縮短兩成六。[84]航行時間因此大減，煤耗也是。汽輪終於不只在貨運上能與帆船相抗衡，而且把帆船擠出航運舞台（除了「慢」貿易方面以外）。一八七七年，汽輪甚至已把航速最快的運茶快速帆船趕出中國貿易領域。[85]一八八三年後，通過蘇伊士運河的噸位超過繞行好望角者。[86]這條往亞洲的捷徑，長期以來便利乘客、郵件的運輸，此時已成為貿易所倚賴的交通要道。

事實上，通過此運河的航運量成長驚人：從一八八〇年三百萬噸增加到一九〇〇年將近一千萬噸，一九一四年超過一千九百萬噸。[87]不久，往北的貨運即占貨運的最大宗，原因之一係印度的出口對象這時日益側重歐洲（往中國者大為銳減）。印度的小麥、黃麻纖維、棉花、茶葉、緬甸的米，在歐洲找到新市場。印度出口額從蘇伊士運河開通到十九世紀結束，成長了三倍。[88]這個次大陸成為英國在亞洲的貿易、航運中心，而光是因為英國出口的煤始終能在印度傾銷這點，便使印度扮演起前述角色。事實上，印度、緬甸、錫蘭（斯里蘭卡）和（後來）馬來半島成為取道蘇伊士運河往北運輸貨物的主要來源，占比遠高於中國或亞洲其他地方。[89]此一貿易裡的棉花和稻米，有頗大一部分以南歐為目的地，蘇伊士運河的影響之一，係使地中海成為印度貨一大市場。

蘇伊士運河的開通，不只正好碰上較有效率的汽輪問世，而且正逢電纜、電報往東擴張，把印度、中國、澳洲與歐洲連接在一起。這三者的和合，當然影響甚大。約瑟夫・康拉德（Joseph Conrad）於一九〇二年寫道，「打穿蘇伊士地峽，猶如打破堤壩，使眾多新船、新人員、新貿易方法如洪水般衝向東方。」[90]商業情報的傳送加快，價格與合約作出相應的調整，新消費者出現。印度洋成為大西洋經濟的廣大外延領域。人員（這時包括觀光客、女人和多上許多的朝聖者）、資訊、觀念的流通量和流通速度盡皆成長：一八七〇至一九一〇年，經過蘇伊士運河的乘客增加了將近九倍。[91]亞洲的口岸，尤其印度的口岸，受迫於外在壓力，不得不接納新的汽輪船隊，本身變得更像是西方的「工業」口岸。從文化上講，蘇伊士運河或許產生一個作用，即把亞洲口岸城市裡的外僑拉離口岸的腹地，使其更靠近「母國」。[92]從戰略上講，此運河使東地中海、尤其埃及的地緣政治更易受外力影響。在文化想像和戰略想像裡，此運河都已成為前往東方的門戶，「世界的鎖鑰」之一。

蘇伊士運河凸顯了汽輪時代的第四個大趨勢：作為交通匯集之地的大型海上「中心」的出現。在帆船時代，船舶通常分散於汪洋大海上，各自找風。帆船航程大多從出發港直抵最終目的地——因為在途中停靠可能導致船隻受制於逆風而無法離港。[93]汽輪能走最短的航路，於是某些海路往來船隻密集，需要「道路規則」來規範。汽輪不用擔心行程延宕，能依固定的時間表服務一整批口岸，像鐵路或巴士客運那樣，事前提供轉乘服務。汽輪時代的「中心」口岸，都是能提供最佳的港口設施、最快速的轉乘服務（透過鐵路或當地航運公司）、最現代的加煤設備、最

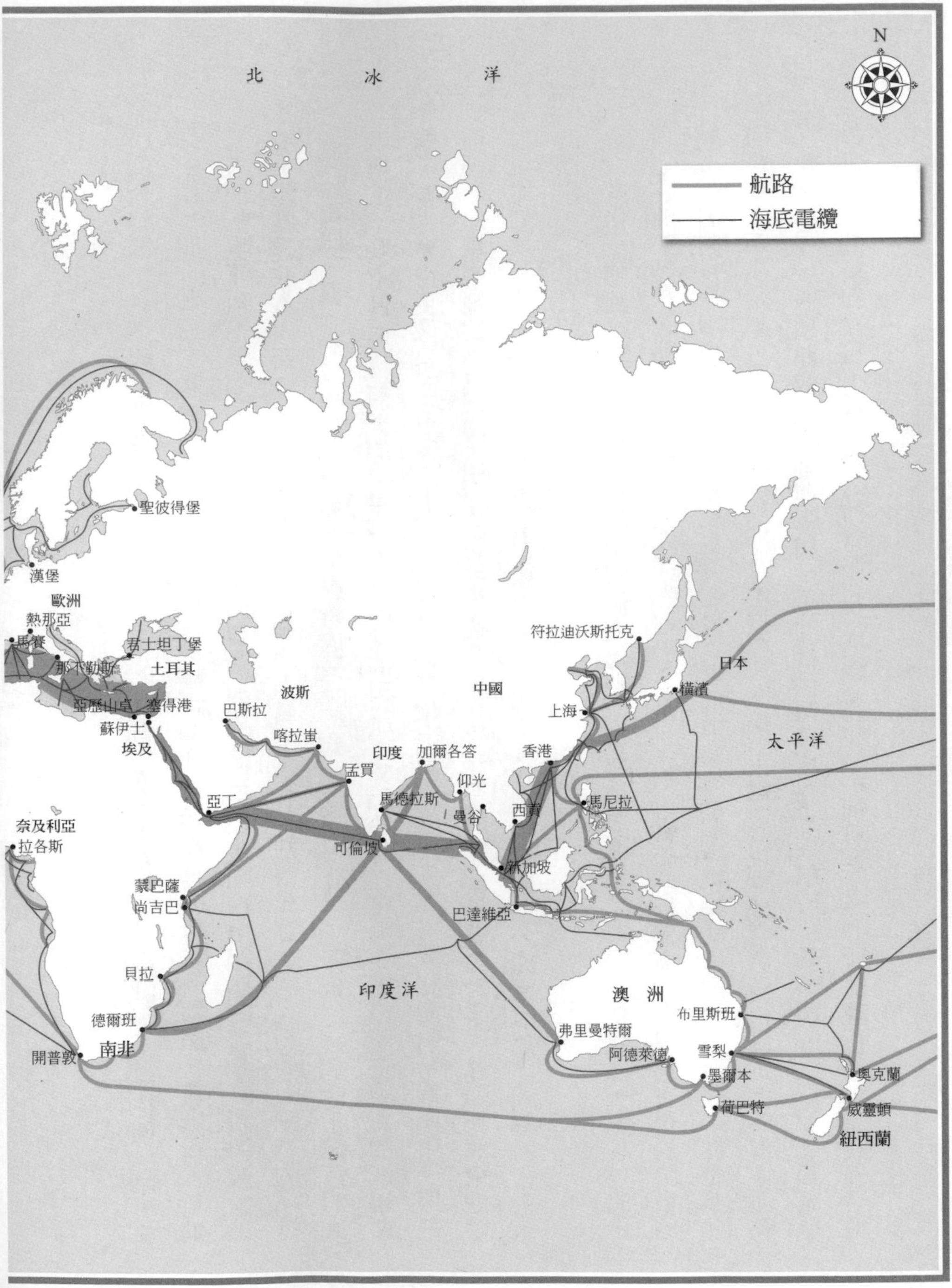
N
北　冰　洋
航路
海底電纜
聖彼得堡
漢堡
歐洲
熱那亞
馬賽
君士坦丁堡
那不勒斯
土耳其
亞歷山卓
塞得港
蘇伊士
埃及
巴斯拉
波斯
喀拉蚩
印度
加爾各答
孟買
中國
符拉迪沃斯托克
日本
橫濱
上海
香港
太平洋
仰光
馬德拉斯
曼谷
西貢
馬尼拉
亞丁
奈及利亞
拉各斯
可倫坡
新加坡
蒙巴薩
尚吉巴
巴達維亞
貝拉
印度洋
澳　洲
德爾班
布里斯班
弗里曼特爾
開普敦
南非
雪梨
阿德萊德
墨爾本
奧克蘭
荷巴特
威靈頓
紐西蘭

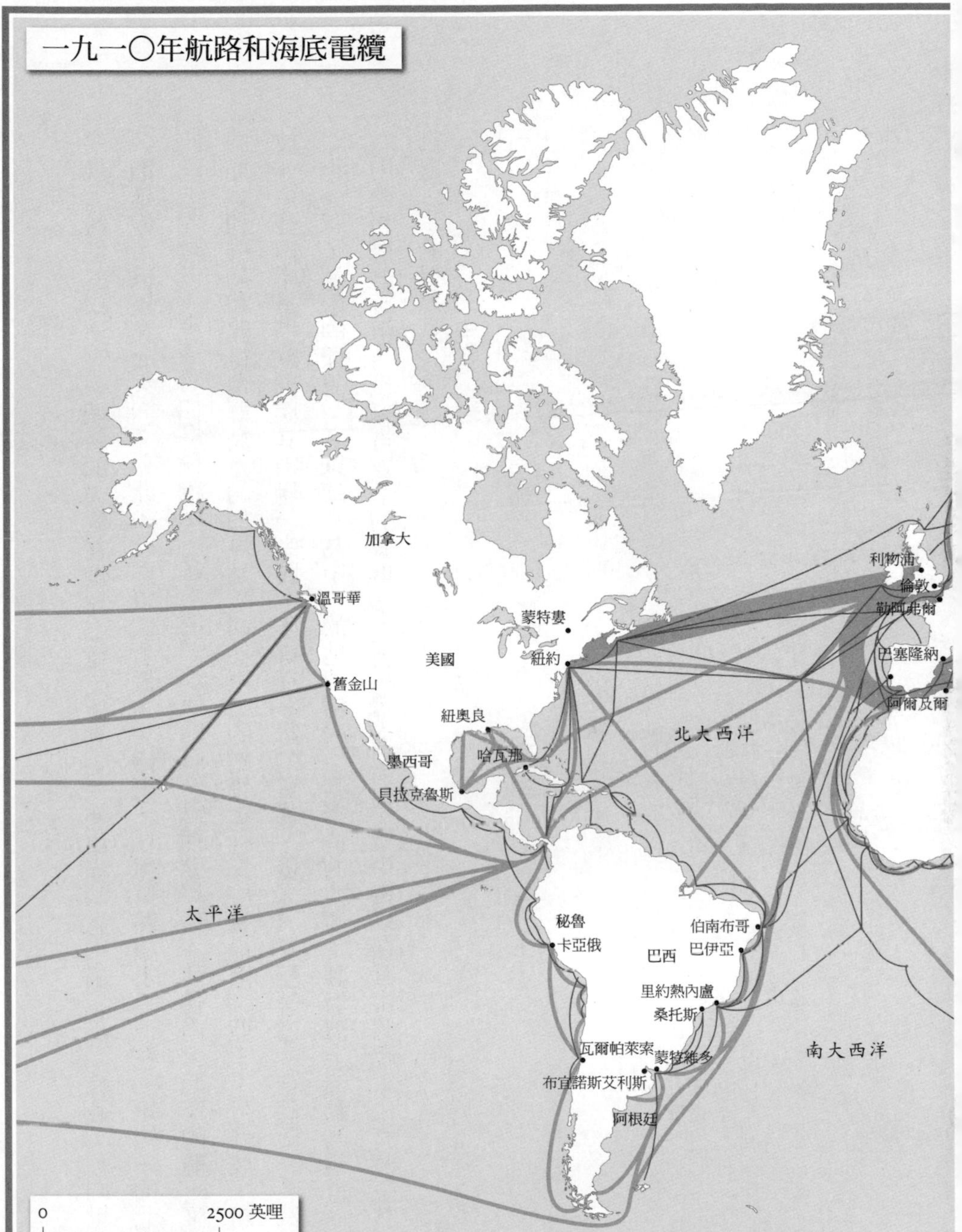
加拿大
溫哥華
蒙特婁
美國
紐約
舊金山
紐奧良
哈瓦那
墨西哥
貝拉克魯斯
北大西洋
利物浦
倫敦
勒阿弗爾
巴塞隆納
阿爾及爾
太平洋
秘魯
卡亞俄
巴西
伯南布哥
巴伊亞
里約熱內盧
桑托斯
瓦爾帕萊索
蒙特維多
布宜諾斯艾利斯
阿根廷
南大西洋
0
2500 英哩
0
2500 公里

一九一〇年航路和海底電纜

易進入腹地的口岸。一個新的模式在地球上穩定確立：一連串從中心到中心的「幹線」，向世界各地延伸，但以在北大西洋和北印度洋境內者最多、最密。在每條路線上（但在「短短」的北大西洋上不然），坐落著加煤樞紐站，各方船舶都航向該站以補充燃料：前往南大西洋的船，匯集於加納利群島和弗得角群島上的加煤站；前往東方的船隻，匯集於塞得港、亞丁、可倫坡、新加坡。這些口岸是把歐洲與其市場、帝國牢牢綁在一起的貿易、遷徙、支配管道。它們使「蒸汽全球化」有了具體的樣貌：其以歐洲為中心的地理格局；其獨特的技術；其對海上活動的偏重（既有出於想像的偏重，也有實質上的偏重）。這是讓大型口岸城市得以在其中興起——有時在其中衰落——的母體。

第二部

蒸汽的天下

紐奧良鳥瞰，約一八五一年，出自J. Bachmann之手
（Library of Congress Prints and Photographs Division Washington, DC）。

第五章　美國門戶

三城記

十九世紀第二個二十五年，蒸汽動力時代已展開之際，有三大門戶供進入北美大陸。北邊是蒙特婁，當時帆船溯聖羅倫斯河而上可抵達的最上游處。在南邊，坐落著紐奧良，位於密西西比河邊適居程度幾乎最低的地方，離該河河口一百哩處。在這兩者之間，坐落著紐約，「帝國城」（Empire City），擁有最佳的港口和（一八二五年起）進入中西部心臟地帶的水路要道。這三座城市的繁榮都倚賴蒸汽。隨著移民從東邊來美國追求大好未來，隨著美國產物往東流至歐洲的城市和產業，三者都希望利用快速成長的跨大西洋運輸來壯大自己。三者都被拉入成長驚人的「大西洋經濟」（第一個「蒸汽全球化」的主要區域）裡。它們爭奪財富，但立足點並不平等。出於後面會提到的原因，幾乎從一開始，紐約就讓其對手相形見絀，隨著時日推移，優勢地位益發明顯。但這三座城市的歷史或許能讓我們了解，這些口岸城市能把其腹地改造到何等程度（如果真起了改造作用的話），以及它們能如何自主的將其背後的廣大內陸「全球化」。而且它們或許有助於我們理解這第一場現代全球化，遠非只是把諸多市場經濟體整合在一塊。政治、地緣政治、意識形態、技術、靠蒸汽驅動的「大事業」橫空掘起，大大影響北美洲如何進入新世界經濟。誠如後面幾章會說明的，就北美洲口岸城市的遭遇和其腹地的際遇來說，北美洲的全球化極不尋常。

紐奧良：南方女王

走海路前往紐奧良的人，橫越墨西哥灣後，會經由密西西比河的某個河口進入該河，而且，大多取道西南航道（South-West Pass）。（十九世紀初期起）帆船會在那裡等候引水人帶路，或等蒸汽拖船前來將其往上游拖行一百哩，以抵達紐奧良。拖船會在帆船兩側各繫上繩子，如果馬力夠大，會拖著成串的數艘較小的船前行。數千名旅人（商人、移民、奴隸）就是在拖船在前拖行的情況下，第一次看見這座「新月狀城市」（Crescent Ciry）——城區沿著密西西比河的大河彎伸展，因此得名，傑克遜廣場上的聖路易主教座堂（St Louis Cathedral）聳立該城天際線，最為顯眼。

密西西比河本身構成一延續的港口，一八三〇、四〇年代已是船滿為患，各類船往來其上。一八四七年，有個訪客寫道：

在該城上城區的對面，此河河面上的船隻，主要是短途上下行於該河的平底船和有龍骨的內河貨船……它們專為此港的船隻裝卸貨。在稍下游處，可看到幾乎涵蓋各種噸位的多艘橫帆船，彼此緊挨著停在一塊……更下游處，有數十艘汽船。它們以最驚人的方式建造而成，漆上最艷麗的顏色，大多是河船，但有些係定期往返於紐奧良、德克薩斯之間。還有拖船和渡船……再更下游處，靠近港口下端處，有雙桅橫帆船、（至少兩桅的）縱帆船、單桅帆船，專為墨西哥灣的沿岸貿易設計，而且主要作此用途……此河中流處船隻擁擠程度一如碼頭，有些船順流而下，有些則被拖船帶著逆流而上——有些汽船從上游處過來，有些從下游處過來，還有些汽船離港，往上游、下游離去。[1]

一八三〇、四〇年代的紐奧良是令人驚訝連連的新興城鎮，如彗星般迅速崛起，多方財富突然間匯聚於此。其貿易額從一八二一年約一千萬美元，成長至一八四〇年四千四百萬美元，一八五五年七千兩百萬美元，美國內戰前夕已達一億兩千九百萬美元。[2]其人口同樣成長迅速，從一八〇三年約八千人（其中一半是奴隸或自由的有色人種），增至一八三〇年五萬人，一八四〇年超過十萬人，一八六〇年已超過十七萬人。一八三四至一八四二年，其出口貿易額居美國諸口岸之冠，紐約亦屈居其下。[3]此一突然出現的榮景背後，有個不容忽視的事實。當時存在一個遼闊的內陸水路商貿帝國，紐奧良是該帝國的龍頭。此商貿帝國往以下諸河的上游延伸，將其腹地的產物吸引過來，並為該腹地供給進口品：密西西比河、密蘇里河、俄亥俄河和其支流（幾乎抵達匹茲堡），以及田納西河、阿肯色河、雅祖河（Yazoo River）、紅河（Red River）。此腹地最盛時，包含俄亥俄、印第安納、伊利諾、密蘇里、肯塔基、田納西、阿肯色、密西西比各州和阿拉巴馬、路易斯安那兩州的北部。隨著印第安人被一連串戰爭和搬遷趕離原居地，白人移民和其奴隸進來，於是，一八三〇年時，美國已有三分之一以上人口住在阿帕拉契山脈以西、以南地區。在許多觀察家看來，這個遼闊無垠的中部流域——當時人簡稱為Valley（流域）——不久便會構成美利堅共和國的心臟地帶。有個甚受喜愛的比喻，把密西西比河比擬為尼羅河。辛辛那提的賢明之士丹尼爾・德雷克（Daniel Drake）一八三三年嚴正表示，「這個流域比地球上其他任何流域都優越……這絕非誇大其詞。」[4]紐奧良崛起為該流域的首府，實為勢不可擋。「紐奧良必會成為西半球的最大城，」當地某報一八三八年如此宣告。[5]

把眼光放遠來看，紐奧良令人矚目的崛起，幾乎和其後來的衰落一樣無法預料。一七一八年，法國籍冒險家席厄・德・比昂維爾（Sieur de Bienville）建立紐奧良，以完成法國對從魁北克到墨西哥灣水路的掌控，從而阻止英國的大西洋岸殖民地往西擴張。此城上游的密西西比河岸，出現一連串甘蔗園，構成一處小型的產糖殖民地，是為聖多明哥（今海地）在大陸上的附屬地，聖多明哥則是法國殖民帝國皇冠上的加勒比海明珠。七年戰爭戰敗，法國欲建立北美帝國的夢想破滅：一七六三年，密西西比河以東全歸英國（儘管為期不久）。但或許為先發制人，防止英國人往該河以西推進，法國把其廣大的密西西比河以西領土（名義上歸其所有，實則不然）——所謂的路易斯安那——轉讓給西班牙。位在該河東岸的紐奧良，也一併附贈給西班牙。於是，一七八三年，新生的美國承繼了英國所宣稱據有的密西西比河以東之土地時（而還給西班牙的「雙佛羅里達」／The Floridas——即今日的佛羅里達州加上今日路易斯安那、阿拉巴馬兩州局部——則不在此列），美國發現紐奧良由一個對其不友善的西班牙人政權統治，該政權似乎企圖阻斷西邊那些新州的出海管道。經過又兩次出乎意料的地緣政治轉折，紐奧良才與其位於阿帕拉契山脈以西地區的內陸團聚。一八〇〇年，作為拿破崙欲打造新西半球帝國計畫的一部分，拿破崙逼西班牙將路易斯安那歸還法國。法國派兵至聖多明哥，藉此收復在一七九一年奴隸大叛亂中失去的該島。此次遠征以慘敗收場，慘敗既因軍事失利，也因疾病肆虐。拿破崙滿心厭惡地放棄其計畫，說「我認為這個殖民地（路易斯安那）已經沒了」。[6]法國的落敗，給了美國機會。托馬斯·傑佛遜一七八〇年代就體認到，「我們的船一定要能航行在密西西比河上」。路易斯安那的其他地方，一路綿延到今加拿大邊界，廣約九十萬平方哩，則是附帶的大禮，使這個新生共

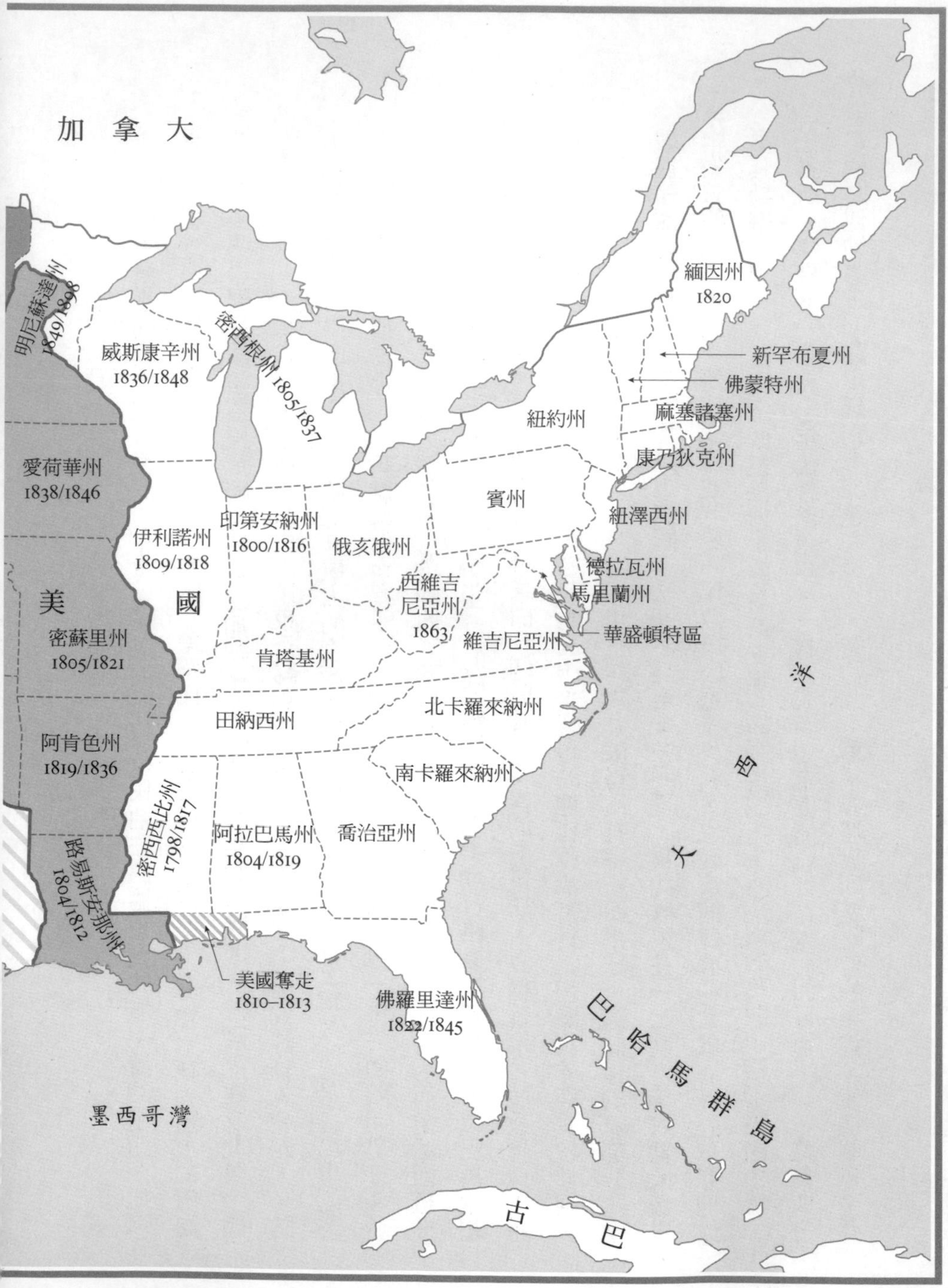

加拿大
明尼蘇達州
1849/1898
威斯康辛州
1836/1848
密西根州 1805/1837
緬因州
1820
新罕布夏州
佛蒙特州
紐約州
麻塞諸塞州
康乃狄克州
愛荷華州
1838/1846
賓州
紐澤西州
伊利諾州
1809/1818
印第安納州
1800/1816
俄亥俄州
德拉瓦州
西維吉
尼亞州
1863
馬里蘭州
美
國
密蘇里州
1805/1821
華盛頓特區
維吉尼亞州
肯塔基州
田納西州
北卡羅來納州
阿肯色州
1819/1836
南卡羅來納州
密西西比州
1798/1817
阿拉巴馬州
1804/1819
喬治亞州
大西洋
路易斯安那州
1804/1812
美國奪走
1810–1813
佛羅里達州
1822/1845
巴哈馬群島
墨西哥灣
古巴

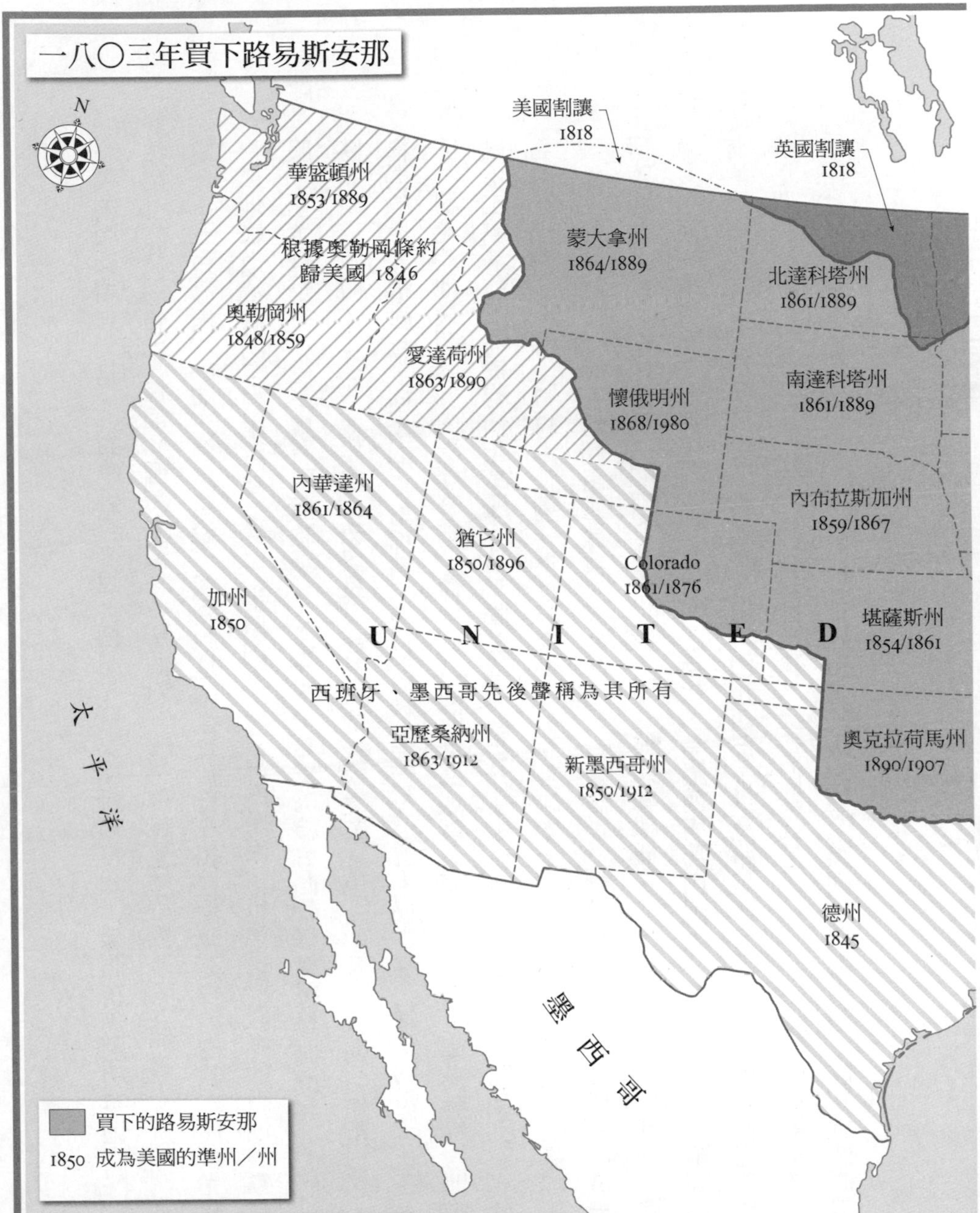
一八〇三年買下路易斯安那
N
美國割讓
1818
英國割讓
1818
華盛頓州
1853/1889
根據奧勒岡條約
歸美國 1846
奧勒岡州
1848/1859
愛達荷州
1863/1890
蒙大拿州
1864/1889
北達科塔州
1861/1889
南達科塔州
1861/1889
懷俄明州
1868/1980
內布拉斯加州
1859/1867
內華達州
1861/1864
猶它州
1850/1896
Colorado
1861/1876
加州
1850
U N I T E D
堪薩斯州
1854/1861
西班牙、墨西哥先後聲稱為其所有
亞歷桑納州
1863/1912
新墨西哥州
1850/1912
奧克拉荷馬州
1890/1907
太平洋
德州
1845
墨西哥
買下的路易斯安那
1850 成為美國的準州／州
0
500 英哩
0
500 公里

和國的版圖增加一倍。[7]對拿破崙來說，把路易斯安那賣給美國，係防止美國與英國交好的最佳法門：「我已送給英格蘭一個海上對手，那個對手遲早會挫挫她的銳氣，」他嚴正表示。[8]價格談定一千五百萬美元，即三百萬英鎊。諷刺的是，這筆買賣有賴在倫敦募得的借款才得以完成。

地緣政治說明了紐奧良興盛的大半原因，但非全部原因。紐奧良所取得的腹地，靠帝國征服、拓殖戰爭（以後還會有這類戰爭）、原住民毫無置喙機會的管轄權轉移而占有。然而，買下路易斯安那時，正逢一連串會讓紐奧良受惠甚大的技術變革。第一個且最普遍的變革，係英國紡織業的快速機械化，使蘭開夏對棉絨（用以紡紗的原料）有了似乎永不嫌多的需求。在美國南部，棉花產地最初限於南卡羅來納、喬治亞兩地的沿海地區，而且最初只生產長絨棉，即唯一可以手工輕易軋下棉絨的棉花品種。第二個變革係一七九三年埃利·惠特尼（Eli Whitney）發明著名的軋棉機，從此，將短絨棉剝離棉籽頭變得容易而且成本低。產量因此大增。一名農場工人每天手工可剝離出一磅，但利用此機器，可剝離出三百英磅。[9]相較於長絨棉，可種出短絨棉（又稱陸地棉／upland cotton）的地方多了許多，而且靠此軋棉機之助，獲利更是高出許多。隨之出現大規模的搶地風潮。到了一八三〇、四〇年代，美國西南部內陸大半地方，包括卡羅來納州、喬治亞州、阿拉巴馬州、密西西比州、田納西州西部，以及路易斯安那、阿肯色、德克薩斯、密蘇里四州局部，已成為一大片遼闊的棉種植區。第三個創新是蒸汽。一如蒸汽拖船使紐奧良在帆船時代成為較易抵達的口岸，河上汽船把紐奧良的腹地擴及美國中西部內陸，成為袋裝原棉（紐奧良貿易的最重要部分）的主要運輸工具。

若沒有另一個「巧合」，紐奧良的崛起會失色不少。一八三〇年代後期，美國南部大部分地方已受「棉花王國」支配，而此王國的興起與壯大，取決於蓄奴。把森林和沼澤開墾成大片棉花田，所仰賴的勞動力是奴隸，然後栽種棉樹、除草、收割、軋棉、把棉花裝袋，仰賴的也是奴隸。但在種植園主以行動打造棉花王國之前，美國已於一八〇八年附和英國，禁止奴隸買賣。巴西種植園主能得到新非洲奴隸補充勞動力，但美國種植園主已不再有新黑奴可用。但出於奇特的機緣巧合，棉花南部興起之際，較古老奴隸區（尤其維吉尼亞）的種植園農業剛好衰落，而地力耗竭似乎可能是該區域古老奴隸經濟逐漸衰亡的原因。許多種植園主，包括維吉尼亞出身的兩位前總統傑佛遜以及詹姆斯．麥迪遜，也因此破產：傑佛遜過世後，其蒙提塞洛（Monticello）莊園被一塊塊逐步賣掉。於是，就在更南部出現對奴隸的廣大新需求時，在較北邊的奴隸州反而出現「剩餘」奴隸，奴隸勞動力的行情瞬間看漲。奴隸大量往南送，至一八六〇年，從舊種植園往南送到新種植園的奴隸已超過八十萬，其中絕大多數（約八成四）與其主人同行。對其他地方的人來說，紐奧良這時成為國內奴隸買賣的商業大本營。奴隸主把奴隸送到「河川下游處」賣掉，或用船沿著海岸把他們往南運，或者把他們繫成行動緩慢的一串人，走陸路，將他們趕押到南邊，於是不免有人在旅途中碰見這類成串的奴隸。[10] 紡織品革命、新英格蘭人的發明能力、蒸汽動力、蓄奴，把地緣政治上偶然的轉折變成源源不斷的財源。這個「新月城」變成以奴隸為基礎

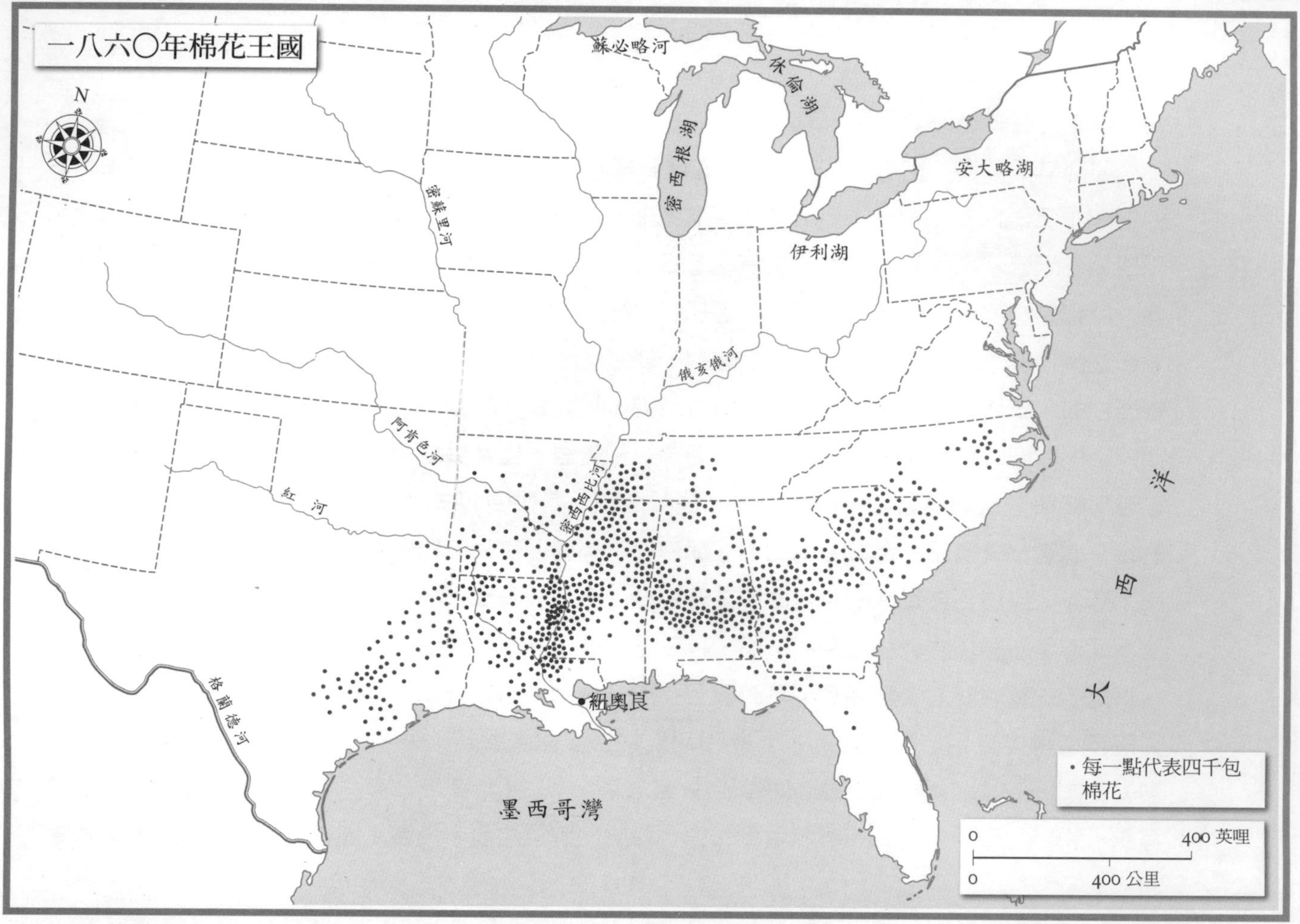
一八六〇年棉花王國
N
蘇必略河
密西根湖
休倫湖
安大略湖
伊利湖
密蘇里河
俄亥俄河
阿肯色河
密西西比河
紅 河
格蘭德河
紐奧良
墨西哥灣
大 西 洋
• 每一點代表四千包棉花
0 400 英哩
0 400 公里

的現代性實驗中心。

一如其他口岸城市，紐奧良處於不安穩且受局限的地理位置。[11]距大海一百哩，其建造者當初選址於此，既因為擔心外敵從海上來犯，也因為密西西比河春季氾濫時更下游處均未能免於淹水之害。比昂維爾在印第安人的舊營地設立殖民地：河邊狹窄高地，即密西西比河泥沙堆積所自然形成的河堤。此高地構成附近兩海域貨物的陸路轉運通道。[12]其後方和周遭係沼澤地和蘆葦叢，即天然沖積堤另一頭所謂的「堤後林澤」（back-swamp）。此城緊貼著河岸，城區沿著其曲折的水道開展。紐奧良原是法語區，後來割讓給西班牙、美國，城中有暫時僑居的海員和商人，還有大量奴隸，因此出現了來訪外人總會提到的語言多樣現象。一八〇三年後，紐奧良迅速吸引想要從其上游貿易獲利的英裔美籍移民不斷湧入。這批新來的英裔商人（後來猶太人成為其中重要組成）[13]，在「老廣場」（Vieux-Carré）北邊建造其倉庫和存帳處——「老廣場」即是以傑克遜廣場為中心的法蘭西區（French Quarter）。屬於新郊區的花園區（Garden District）出現，供較富有的英裔商人居住，其希臘風格的大宅，與當地克里奧爾（Creole）傳統風格迥異。運河街（Canal Street）為紐奧良的「主街」，分隔了英裔城區以及克里奧爾人城區。一八〇九年，又一波講法語的克里奧爾人來到：八千多名來自聖多明哥的難民（和其奴隸）。這批難民先是逃到古巴，再逃到紐奧良。克里奧爾人和美國人、奴隸和自由黑人（gens de couleur／自由的有色人種），使紐奧良一躍成為充滿國際色彩的城市。[14]一八四〇、五〇年代，又有成千上萬愛爾蘭人、德意志人投奔紐奧良。他們是前來為這個不斷擴張的城市鑿運河、開溝渠的白人勞工——奴隸主認為，這類粗活太艱辛，不忍讓作為他們財產的奴隸出力。[15]一八三七至一八六一年，移入紐奧良的移民數量僅次於紐約，達到五十五萬人，但只及於移入紐約者的七分之一。[16]

種族與族群的混雜，使紐奧良成為不穩定且易生事端的城市。奴隸到處可見，或站在奴隸圈裡，或在人行道上待售（一八五二年才禁止此事），或在街上成群勞動。一八四二年，城裡有約一百八十五個奴隸販子、二十五個奴隸市場。[17]城中白人擔心一八三一年納特·透納（Nat Turner）領導黑奴、黑人在維吉尼亞州造反之事在此重演，時時提心吊膽。聽了聖多明哥難民講述其在原居地的遭遇，加上對一八一一年奴隸在距此城數哩處造反之事餘悸猶存，白人更加惴惴不安。但比叛逆奴隸更為迫近的大患，則是不守規矩的白人。大批四處買酒尋歡的水手和平底船船夫，紐奧良城裡酒吧、妓院、賭場因此多不勝數：紐奧良成了「南方的巴比倫」，或者，在某些不以為然的觀察家眼中，南方的所多瑪和蛾摩拉（譯按：聖經中因居民罪惡深重被神毀滅的古城）。暴力犯罪猖獗，也就不足為奇。事實上在南方，「有身分的人」，因為受到冒犯，而從背後，或利用伏擊，乃至趁對方熟睡在床時，向冒犯者開槍或持刀以進行報復，被視為正當合理（儘管不合法）[18]。因此，犯罪事件頻傳。據紐奧良的《每日新月報》（*Daily Crescent*）報導，至一八六〇年中期為止的二十三個月期間，警方以謀殺罪名逮捕了六十二人，以持刀意圖致人於死罪名逮捕了一百四十六人，以詐欺罪名逮捕了兩百三十二人，以用致命武器侵犯人身罪名逮捕了

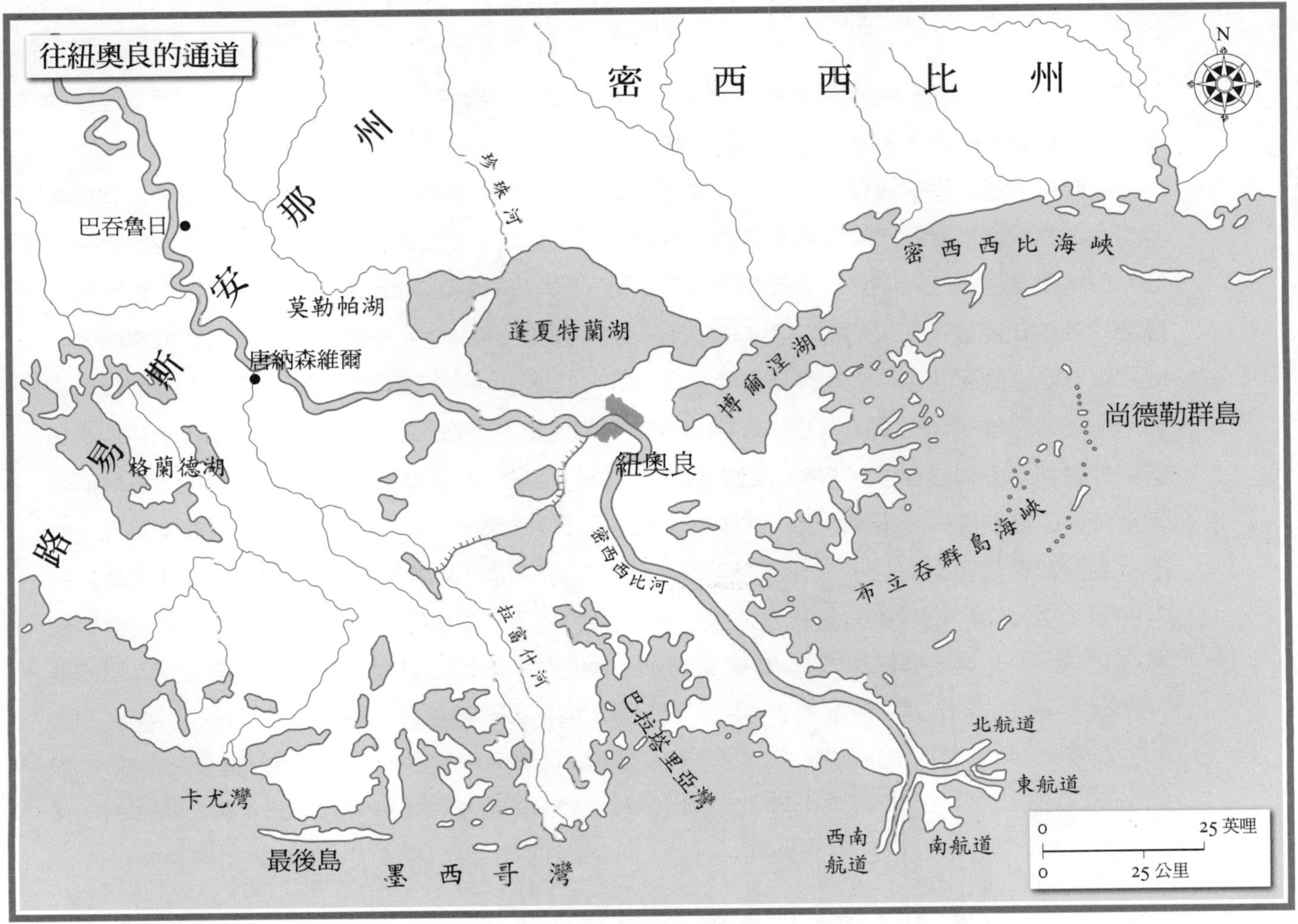
往紐奧良的通道
密西西比州
路易斯安那州
N
巴吞魯日
莫勒帕湖
唐納森維爾
格蘭德湖
珍珠河
蓬夏特蘭湖
博爾涅湖
紐奧良
密西西比河
拉富什河
巴拉塔里亞灣
密西西比海峽
尚德勒群島
布立吞群島海峽
北航道
東航道
南航道
西南航道
卡尤灣
最後島
墨西哥灣
0
25英哩
0
25公里

七百三十四人，以侵犯人身和毆打、威脅和其他罪行之名逮捕了四萬七四〇三人。[19]就一個只有十七萬人的城市來說，這樣的逮捕人數非常可觀。

犯罪、酒醉、唯恐奴隸造反，並非造成情勢緊繃的唯一原因。紐奧良是亞熱帶城市，其較舊的建築呈現出其與加勒比海的濃厚關聯，氣候亦然。事實上，此城的亞熱帶氣候和多沼澤環境並存，帶來致命的後果。沼澤和水池得到大雨挹注，成了蚊子的天堂棲地。高地下水位（紐澤西的墓地必須建在地面之上）、簡陋的衛生設施、把密西西比河當成污水排放道，助長其他傳染病。紐奧良並非美國境內唯一感受到疾病肆虐的口岸，但疾病危害之烈甚於大部分口岸。霍亂頻頻造訪：一八三二年大流行時，有些病死者被直接丟進河裡。[20]瘧疾患者到處可見。有個年輕的種植園主告訴其在維吉尼亞的未婚妻，他一天得吃三次「樹皮」（金雞納樹皮，即奎寧）。[21]但最致命的威脅來自黃熱病。黃熱病以蚊子為病媒，其成因和治療藥，直到一九〇五年才為醫界所知。當時人把黃熱病歸因於來自未完全抽乾的沼澤地所散發出的「瘴癘之氣」。[22]其病媒蚊能置身船上的水桶，跟著船一起過來，然後移到城中家戶的桶子和蓄水罐裡。得黃熱病者，不但短時間內喪命，而且死狀慘不忍睹。[23]使黃熱病更加令人害怕者，係其攻擊看來無規則可循：同一個屋簷下，有些人染病，其他人卻安然無事，而且攻擊對象不分貧富貴賤。更糟的是，死亡率隨著時日有增無減。一八一〇年後，每三年就來一次大爆發，一次奪走數十條、甚至數百條人命：一八三三、一八三七、一八三九、一八四一年的四次大流行，平均奪走一千兩百多條人命。事實上，城裡人口愈多，就為埃及斑蚊（黃熱病病媒蚊）提供更多宿主。一八四八年後，歐洲籍移民大批湧入，蚊子可說大喜過望。一八五三年的大流行，使紐奧良一切停擺，而此前出現的黑壓壓一大片蚊子，已預示此下場。光是八月，死亡人數就超過一千六百人，有一天死了三百人。疫情終於平息時，已有約萬人被抬出城，占居民一成左右。[24]不怕逃出城後餓死或無棲身之所者，都逃了出去。事實上，商人和其他有錢人早就在夏季時離城避暑，以躲過始終揮之不去的疾病威脅。有個北方的棉花買家寫道，「夏季時我不是很喜歡去紐奧良」。[25]這期間商業大多停擺。據某些估計，在酷熱的幾個月，此城人口少了三分之一。

儘管有前述種種難以預料的危險，紐奧良仍是企圖在商界闖出一片天者的聖地。紐奧良的腹地甚廣，而且在一八六〇年前的三十年裡，發展飛快。從紐奧良沿密西西比河往上游走，沿岸分布約一千三百座甘蔗園，綿延一百哩，其中有些甘蔗園始闢於十八世紀中期。隨著人們發現粒化過程（一七九〇年代），加上蒸汽榨汁機引進、現成的奴隸供給來源，糖的產量劇增，甘蔗種植園主（既有克里奧爾人，也有英裔美國人）成為美國南部最有錢的群體之一。[26]從他們氣派的新古典主義風格大宅，可看出他們財力的雄厚，其中有些大宅經歷路易斯安那地理景觀的改頭換面，倖存至今。更北邊，密西西比州的南緣，坐落著一七七〇年代開始有人定居的納齊茲區（Natchez District）。這是以肥沃著稱的區域，此地的早期搶地風潮，就因其肥沃而起。[27]在此也有財力特別雄厚的種植園主（有一人據認擁有兩千奴隸），據說半數美國百萬富翁住在此區域。[28]透過一連串條約簽訂和買地，白人移民從喬克托人（Choctaw）、奇克索人（Chickasaw）手裡逐步奪走密西西比州的其他土地。移民靠武力和安德魯．傑克遜（Andrew Jackson）所頒行的一八三〇年印第安人遷移法案所賦予的合法強制作為，逼印第安人簽下條約並賣地。[29]一八三〇年代時，各印第安部族還擁有此州一半以上的土地，但到了一八三六年，此州全境已任由移民和土地投機客馳騁，棉花栽種熱潮已經展開。不到二十年，密西西比州的原棉產量就占全美四分之一多，產量居美南各州之冠。[30]該州的奴隸勞動人口相應成長。一八三〇年，尚未「開墾」密西西比州中部、北部之際，該州有約六萬五千名奴隸。三十年後，增加六倍，達到四十三萬六千多。[31]

更多棉花從阿肯色州、密蘇里州運來，從田納西州西部、阿拉巴馬州北部走田納西河運來。田納西河匯入俄亥俄河後不久，俄亥俄河即在開羅與密西西比河會合。從俄亥俄河流域運來別種產物：小麥、玉米、燕麥、豆類、豬肉、木材、亞麻纖維、菸草。最初，這些產物用簡單打造的平底船往下游運，平底船上有簡陋的甲板室供保護船貨和船員。年輕的亞伯拉罕．林肯，一八二八年就在往俄亥俄河上游兩百五十哩處洛克波特（Rockport）的碼頭，登上這樣的平底船，踏上往紐奧良的一千三百哩航程。[32]其中某些產物在途中賣給河邊的種植園，但大多運到紐奧良轉售或出口。[33]平底船和有龍骨的內河貨船造價低廉，但平底船無法逆流返回上游，有龍骨的內河貨船則速度慢且吃力。平底船繼續將中西部的農產品運到市場：一八四六至一八四七年將近三千艘停泊在紐奧良。[34]但到了一八三〇年代，已有汽船來往於紐奧良廣大河邊腹地，幾乎遍及全境。[35]一八三〇年，行駛中的汽船有一百五十艘左右，一八四〇年為五百艘，一八六〇年時已增至八百多艘。[36]多數汽船建造於俄亥俄河上游。一八六〇年，三千五百多艘汽船來到紐奧良天然堤。[37]

汽船是整個密西西比河系的運輸工具。寬、淺、平底的設計用來航行於淺灘和沙洲之上，以及駛上河岸以從其船頭處裝卸貨。它幾乎不需要碼頭，在種植園經濟成長如此快速的時代，這是其占上風之處。它有助於壓低河運成本，一八五〇年時已壓低約六成。[38]燃料則是靠河邊茂密的森林提供。乘客鋪位簡陋且隨時可入住——往往是供男人下榻且骯髒的集體寢室——船期表出了名的不可靠。汽船甲板上一袋袋棉花堆得老高（有時一次堆上五千袋），河浪幾乎會沖上甲板，出意外死人屢見不鮮。密西西比河沒有燈火或浮標標示危險處，而且易漲大水且時有乾旱，從而以讓人無法捉摸的方式改變其可航行的水道。有個叫查爾斯·狄更斯的人，滿懷敬畏，激動說道，洪水時，它是個「黏乎乎的怪物，面目猙獰得讓人不想直視。」[39]時時得提防撞上藏在水下、離水面甚近的沉木（snag）：一旦高速撞上，沉木能穿過薄薄的木船殼，並造成死傷。煙囪冒出的火星能使棉花袋著火：船上若還載了油和烈酒，全船可能變成煉獄。一八四九年，一場汽船大火燒掉聖路易城大半。突如其來的漩渦或水流可能翻覆汽船；在有沙洲和淺灘使主水道變窄的河段，極容易發生碰撞。但最令人害怕的危險來自船上的鍋爐。汽船需要高壓鍋爐，以逆流而上或通過使其航速變慢的泥沙。速度快和符合經濟效益，使高壓鍋爐格外受汽船船主青睞。[40]但壓力提升太高或太快，把帶有泥沙的河水用於鍋爐、金屬疲勞或傾側太厲害，都有可能引發爆炸，奪走乘客與船員性命或燙傷他們（在一八八三年發表的《密西西比河上生活》中，作者馬克．吐溫生動描述了奪走他弟弟性命的汽船爆炸）。一八二〇年代中期至一八四〇年代後期，千餘人死於汽船意外。汽船雖然危險，仍比搭乘南北戰爭前美國的火車安全。此外，安全亦有所改善：一八五〇年代後期，汽船的安全程度已和一九七〇年代美國境內駕車遠行一樣。[41]但汽船壽命短：能夠用上四或五年，方才撞上水下沉木或其他災難而報廢的汽船並不多見。

一八六〇年，《賈德納的紐奧良人名地址錄》（*Gardner's New Orleans Directory*）吹噓道，「世上沒有哪個城市的商業地位高於紐奧良」。此城是近兩千家店鋪的發源地，販售各式進口貨，其中有些貨物是為了內陸的有錢種植園主而進口。紐奧良有七份日報、四家大銀行、數十個委託商、（棉花、菸草、糖和不動產）經紀人、船運與汽船代理人，以及數個奴隸販子、多名律師、將近八十個醫生（對醫生的需求甚大）。堤岸上有許多裝卸工、船員、板車車夫以及「棉花裝船工」（screwman），負責將成袋的棉花捆緊並裝載上船以利運送。城裡還有負責對要往下游運送的棉花或糖分級並紀錄的辦事員。在此商業金字塔的最頂端，高踞著百名左右的棉花代理商，他們是紐奧良商業經濟的樞紐。

一如許多十九世紀口岸城市的商界菁英，棉花代理商很少是當地人出身：一般來講來自紐約或新英格蘭。[42]最有勢力的棉花代理商利薩迪（Lizardi）兄弟，係從墨西哥逃難過來。[43]代理商收下來自種植園主的原棉，將其賣給歐洲兩大棉花口岸利物浦、勒阿弗爾的（最終）買家（從中收取佣金，或以種植園主經紀人的身分進行此買賣）。棉花是帶有投機性且變動甚大的生意。不同的外力衝擊都足以打亂市場。乾旱或寄生蟲侵擾傷害收成、推高價格，卻降低銷售量。棉花在利物浦供過於求或蘭開夏工人怠工，都足以壓低價格。金融危機，使信貸無著（如一八三七年的金融危機），會重創市場數年，使棉價跌掉一半。決定買入、賣出價格時，代理商關注來自歐洲和主要棉花產區（包括世界其他地方的產區）的每個大大小小的消息。他密切注意上游處或海外每個關於戰爭、破產或疫情爆發的傳言。有個棉花買家一八四二年懊悔寫道，「從中國傳來該國和英格蘭戰爭結束的消息，推翻了我的所有盤算。」[44]

代理商把多數時間都耗在和其客戶——內地種植園主——的聯繫上。他必須與他們密切聯繫，以掌握關於此作物和種植園情況的最新動態，尤其是種植園奴隸勞動力的規模、健全與否，那是攸關種植園榮枯的最重要因素。因為代理商不只是買家。代理商必須預付款項給種植園主，要種植園主以其所生產的棉花抵付，代理商還充當他的經紀人，替他處理好購買乾貨、食品原料、乃至奴隸之事，在種植園主人進城時款待他。有錢的納齊茲種植園主威廉·紐頓·默瑟（William Newton Mercer）獲其代理商告知，其所訂購的豬肉和鹽已由「艾倫·道格拉斯號」汽船運去途中。[45]如果種植園主去北方，或前往歐洲度假，代理商會請在紐約或利物浦與其有商務往來的人代墊種植園主旅行的開銷，事後再付款給對方。代理商這一行競爭極激烈而且風險大。

代險商可能高價買進貨物，卻不得不低價賣出。代理商說不定會受挫於不可靠的經紀人、無能的種植園主、船隻損失或揮霍無度的債務人。[46]但需求有增無減、棉花王國版圖大增、一八五〇年代的經濟榮景，使多數代理商不致負債，其中某些代理商更是擁有驚人的財富，甚至有錢投資闢建自己的種植園。他們有錢且自信滿滿，身居社會上層。

這樣的自信似乎有其堅實的理由。在棉花口岸圈子，紐奧良已把其在美國南部的諸多主要對手遠遠甩在後頭：查爾斯頓已沒落；[47]薩瓦納（Savannah）的腹地只限於喬治亞州；莫比爾（Mobile，以阿拉巴馬州南部為腹地的口岸）的沙洲，使大船只能駛抵其下游二十哩處。就腹地的廣大來說，沒有任何口岸城市比得上紐奧良。此城市大談往南擴張的計畫，首先要擴及德州境內，[48]再至中美洲，最重要的是，擴及古巴。併吞古巴，成立另一個奴隸州（甚至說不定另兩個奴隸州），會強化美南的實力，抵擋住來自英國廢奴壓力的威脅。[49]紐奧良政治人物曾在幕後支持數次企圖以非官方的軍事入侵，推翻西班牙在古巴統治而未果的行動，積極支持一八五四、一八五九年兩次企圖從西班牙手中買下古巴而未成之舉。[50]其中有些人甚至懷著在巴西的亞馬遜河流域建立另一個奴隸帝國、由美國人拓殖該地區的夢想：海洋學家馬修・莫里說，亞馬遜會是「密西西比流域的延續」。[51]但在批評者眼中，有太多理由讓人覺得紐奧良前途未卜，而又有更多理由讓人懷疑，這個美南首府是否真的在政治、文化、乃至商業上掌控其腹地，甚至在南部各州脫離聯邦而引發戰爭的嚴重決裂前，就有批評者這麼認為。

原因之一在於紐奧良雖有種種優勢，作為日益擴張的口岸城市，卻苦於多個日益嚴重的缺陷。相較於美國其他口岸，其航運成本高昂。[52]船東抱怨靠汽船往上游運送貨物的成本和延宕。一八五〇年時，超過千噸的船隻已不易駛過其沙洲進入密西西比河，行程可能耽擱高達兩個月。[53]進出口貨擺在堤岸上，任由風吹日曬雨淋，易遭偷竊，而且堤岸往往一片泥淖，走鋪在其上的板道，一不小心就摔到爛泥裡。作為口岸，紐奧良絕大部分時候無法平衡其進出口，於是，船隻往往載著壓艙石抵達，以運走棉花或糖——嚴重影響成本。更糟的是，密西西比河上游流域和俄亥俄流域是紐奧良最初的腹地，但一八五〇年代時，該腹地大半地方的貨物已不再銷往紐奧良。由於運河建成，一八四〇年代時，這兩個流域的貨物，有一部分開始轉東銷往紐約。但真正的傷害，來自一八五〇年代連接中西部和紐約的鐵路興建熱潮。一八五〇年，中西部只有寥寥幾條鐵路，但一八五〇年代尾聲時，已出現較稠密的路網。[54]一八四〇年代中期大增的紐奧良穀物貿易，此時逐漸萎縮。對種植業者來說，鐵路運輸成本較高，但不會有河船長途運輸的延宕和（受熱）變質之事。到了一八六〇年，紐約出口的小麥，已比紐奧良多了九倍，玉米出口也比紐奧良多出許多。[55]紐奧良日益倚賴其最大宗出口品——棉花。但即使在此領域，紐奧良也扮演耐人尋味的次要角色。為買進數量龐大的棉花而籌資時，大多倚賴來自紐約或經由紐約取得的貸款。當時某專家於一八四〇年寫道，「南方（代理商和種植園主在歐洲）籌到的貸款，常常經由紐約間接入手。」[56]一八六〇年時，紐奧良的金融霸主地位讓給「帝國城」已久，美南的商人經由北部首府而非經由南部首府搞定買進進口貨之事，已是司空見慣。儘管許多人大談要往南擴張進入加勒比海和更南邊地區，若沒有位在華府的聯邦政府積極支持，紐奧良成不了事。紐奧良沒有自己的商船隊（多數商船屬北方人所有），紐奧良商人要從事非官方的「次帝國主義」，能施展的空間極其有限——他們徒勞的倚賴從事非官方軍事遠征的人和流亡人士，這或許是原因之一。

許多美國南方人痛斥他們眼中依賴北方船舶與財力之事，痛批向北方，尤其向紐約，「獻貢」（以利息、保險費、運費的形式獻貢）之事。但若認為美南是落後、停滯或「尚未進入資本主義」的地區，深陷在其注定滅亡的奴隸勞動體制而無法脫身，那就背離事實。南方各奴隸州一八六一年脫離聯邦自組邦聯時，總經濟實力居世界第四大，人均所得高於比利時、法國、尼德蘭、德意志，只遜於澳洲各殖民地、美國北部、英國（甚至把奴隸人口算進去平均亦然）。事實上，北方諸州，除開非常富裕的東北部，大部分地方的人均所得低於南方。[57]一八四〇至一八五〇年期間，棉花產量增加一倍，一八五〇年代結束時又增加一倍，其中大半成長來自一八五七至一八六〇年。難怪南卡羅來納種植園主詹姆斯・亨利・哈蒙德（James Henry Hammond）在參議院裡宣稱「棉花是大王」。歐洲和美國北部境內工廠突增的需求似乎不會有極限。奴隸種植棉花，已捱過一八三七年的漫長經濟衰退；棉花種植面積增加，而且似乎還會再增加。

種植園主帶有根深柢固的資本主義心態，自是不足為奇。來自棉花的利潤，被轉化為透過增加奴隸來體現的資本，因為「奴隸生產此作物」。無奴隸的白人很想擁有奴隸，以提升自己的社會、經濟地位；奴隸既是資本，（白人群體裡）資本持有的分布情況，南方比北方平均，更是耐人尋味。[58]種植園主透過流通於多地的「時價」積極掌握商業環境的動態，注意土壤管理、肥料的問題，不斷試種新棉花品種以改善產量。[59]他們靠兩種作法使其奴隸的生產力大增（一八〇〇至一八六〇年或許增加了將近四倍），其一是使用較易採摘的新品種棉花，其二是採用「生產隊制」（gang-system），而非「任務制」（task-system）。在生產隊制下，奴隸在監督下整個白天採棉，而在任務制下，奴隸各司其職，完成交付的任務後，即是自己的空閒時間。以殘酷的「誘因」和鞭子提升採摘率的作法有多盛行，並不清楚。[60]事實上，許多南方人承認蓄奴不人道，但堅稱由於經濟、社會需要，不得不如此。

他們這般作為，讓我們想起全球化能產生許多種各具特色的現代性。全球棉花貿易，使蓄奴的美國南部得以在經濟上、社會上獨立生存，使南部的白人（以及藉由強迫，使其奴隸）的流動性高得驚人。[61]大多數種植園主不住在有門廊的豪宅裡，而是住在快速建成的原木木屋裡。造訪美南的外人所常論及的當地邋遢景觀，大抵源於棉花王國的未事雕琢和歷史短暫（截至一八六〇年時，其形成還幾乎不到三十年），以及種植園主階層如遊牧民的生活習性（不斷往更肥沃的土地遷移）。在阿肯色州，種植園主階層於一八五〇年代時仍在形塑中。[62]如果說貴族其實是「世代繼承家產的舊富」，在棉花王國裡，貴族少之又少。種植園主置身於「具有競爭性、革命性、破壞性且混亂的邊地資本主義漩渦裡。」[63]蓄奴也不牴觸白人彼此平等這個有力的道德規範。事實上，許多強勢表達自身主張者堅決認為，蓄奴是保住傑佛遜的共和平等傳統、避免墮入階級分裂和寡頭統治的最適切方式。[64]「以奴隸為基礎的現代性」，實行資本主義，使白人之間彼此看似平等（然事實上，貧窮白人因奴隸經濟而日益邊緣化）[65]，而且流動性甚大：其四處移動的特性使紮根一地顯得反常。[66]身分地位主要來自財富和誇耀性消費。[67]擁護蓄奴者聲稱，蓄奴不只是歷史上的「常態」，而且是使地球上廣大的亞熱帶地區得以發展商業的唯一途徑。他們擅用受到唾棄的種族主義論調來合理化自己的主張，言明黑人若沒有白人控制，無法從事有意義的勞動（維多利亞女王時代人所謂的「進步」）。他們把廢奴斥為通往退化、混亂之路：《德博評論》（*De Bow's Review*）在談論美南商業及政治的領域具領導地位，該雜誌嚴正表示，「文明本身或許幾可說是有賴於持續奴役美國境內黑人」。[68]他們不認為歷史背離他們，反倒認為全球化會證明蓄奴正確。蓄奴所倚恃的種族主義思想，也與盛行於美國北方的種族主義看法沒有分歧之處。[69]林肯的家鄉伊利諾州於一八四八年明令蓄奴違法，卻在兩年後禁止非裔美國人入境：違反者會被賣到州外為奴。[70]北方人和「自由主義」南方人都認為，把得到自由的奴隸送回非洲（創立賴比瑞亞的最初用意），係解決蓄奴問題的最好辦法——在美南、美北境內都活躍的「拓殖會」（colonization society）所宣揚的方案，並獲得紐奧良首富、奴隸主約翰·麥唐納（John McDonogh）的大力支持。

這一切耐人尋味的觀點，說明了紐奧良作為大西洋重要口岸城市所扮演的角色。我們或許期待，既是口岸城市，就要在經濟上「支配」其腹地，而且在全球化時代，會充當其腹地與世界其他地方往來的主要中間人，包括充當其腹地的主要市場。我們或許會認為，既是一地區的商業首府，該城市會對內陸地區發揮重要政治影響力，並在法律和意識形態上使自己較貼近於經濟實力較強的伙伴（就紐奧良來說是法國和英國）。就文化上來說，我們或許也會以為，口岸城市的價值觀及看法會在其內陸客戶和顧客之間散播，因為該城市在商業上甚有威望，或因該城市係新時尚、能提升人身分地位的消費品的來源，尤其是外部消息的來源。但誠如先前所提過的，在這些方面，紐奧良幾乎都未達標。及至一八五〇年代，其腹地已大半被奪走，由於鐵路的興建，轉投向紐約或巴爾的摩的懷抱。在「棉花王國」的核心地帶，其出口品有許多經沿海運到紐約再轉運歐洲，而且用來運送的船屬北方人所有。棉花生產所倚賴的金融機構，主要由紐約管理。就政治上而言，紐奧良從過去至此時一直缺乏開放的國際性格，備受英裔美國人懷疑其看法「不符美國作風」，尤其是對自由黑人的看法方面更是如此。一八四九年，紐奧良作為路易斯安那州首府的地位遭到剝奪。對許多美南白人來說，紐奧良的克里奧爾傳統和其商界菁英的「北方佬」出身，迫使這座城市格外矛盾。形塑紐奧良腹地面貌的法律和思想，並非源自該城或該城與外界的往來關係，而是來自古老的「美南北部」（Upper South），來自維吉尼亞、南卡羅來納。這兩個州的種植園主和較貧窮白人，當時已拓殖了阿拉巴馬、密西西比、北路易斯安那、東德克薩斯、阿肯色、密蘇里以及西田納西。白人移民在安德魯・傑克遜所發動的戰爭中攻下此地區，然後此地區才在商業上附屬於紐奧良。此地區的政治菁英大多是從美南北部遷居美南南部，而且其所宣揚的美南北部價值觀更是激進。從文化上來看，紐奧良是讓找樂子的白人流連忘返之地，非品味的指標或文人會萃之地。南卡羅來納的美南文學耆老威廉・吉爾摩爾・西姆斯（William Gilmore Simms, 1806-1870）抱怨，美南沒有「大城」。[71]就連抵達紐奧良的消息，通常都靠紐約的大西洋定期郵船從紐約送過來，美南的報紙通常從紐約取得其商業訊息，而非從紐奧良取得。[72]於是，全球化所帶給美南的獨特現代性，可歸功於紐奧良者甚少。事實上，紐奧良並非其腹地的主子，反而是靠其腹地才得以存續。

此格局的代價，在一八六一年南部諸州脫離聯邦自立的危機中表露無遺。紐奧良各領導人反對離開美利堅合眾國，希望按照先前奴隸州和釋奴州所達成的重大妥協方案的原則解決雙方歧異。但隨著主張分離的勢力壯大，他們與美南其他州站在同一陣線，主要因為他們的事業榮枯既有賴於他們的種植園主客戶，也有賴於蓄奴。事實上，其中許多人本身就是奴隸主和種植園主。[73]或許，紐奧良城裡有些人認為，脫離自立後，紐奧良會成為美南的紐約。[74]美南對自身棉花出口加諸的禁運（意在迫使英法承認南方邦聯和或許迫使英法出手相助），導致紐奧良的貿易停擺。南方邦聯的領導人不看重能否守住該城，一八六二年該城被北方的海軍拿下。一八六五年四月，南方邦聯投降，並強行廢除蓄奴，重創美南經濟，儘管不久後就恢復，[75]紐奧良的經濟跟著

一八六〇年北美洲鐵路
N
蒙特婁
阿爾巴尼
波士頓
漢彌爾頓
小牛城
拉克羅斯
密爾瓦基
底特律
紐約
耶蘇普
迪比克
芝加哥
費城
匹茲堡
伯靈頓
巴爾的摩
哥倫布
華盛頓
昆西
印第安納波利斯
聖約瑟夫
塞達利亞
辛辛那提
傑佛遜城
聖路易
列克星頓
林奇堡
樸茨茅斯
開羅
大
西
洋
查塔努加
威爾明頓
孟斐斯
亞特蘭大
查爾斯頓
薩瓦納
蒙羅
傑克遜
主鐵路
次鐵路
紐奧良
0
250 英哩
休士頓
0
250 公里
加爾維斯頓

受重創。被當成「資本」的奴隸遭沒收、種植園主陷入貧困、產棉的美南各地採用收益分成種植制，摧毀了代理商和種植園主的商業關係，因為此關係以種植園主作為奴隸主的信用為基礎。原發給棉農的預付款，從此分散到較能掌握大批小農動態的鄉村商店老闆身上。[76]

紐奧良本身陷入別具一格的衰落後，城市日益破敗。十九世紀最後二十五年，紐奧良的碼頭破舊不堪，一八九〇年代經由該口岸進出的貿易額，比一八五九至一八六〇年時還低，而且受害於黃熱病（一八七八年奪走四千多條人命）、傷寒、天花、白喉肆虐。紐奧良從一八六〇年美國第六大城淪落至一九〇〇年時的第十二大城。[77]一八六〇年，約三成二的美國出口透過紐奧良出港；到了一九〇一年已降至只有百分之七。[78]「一九一三年，從商業上講，密西西比河已死了，」某英國經濟學給了如此乾脆的評斷。[79]「美國一級城市崩垮之速，莫過於一八六〇年後的紐奧良，」晚近某歷史學家論道。[80]「西半球的最偉大城市」時運不濟，家道中落。

二十世紀初期，舊「法蘭西區」（今日遊紐奧良者必到之地）幾乎成了貧民區，靠一名有錢慈善家之助，才得以不致落得如此下場。紐奧良的棉花業大多北移到聖路易或西移到位於附近德州東部的加爾維斯頓（Galveston）。紐奧良繼續扮演口岸角色，密西西比河慢慢恢復其商業幹道功能。後來，穿過路易斯安那的河段成為煉油廠和化學廠林立的「化學地帶」。但或許，到了一九二〇年代，紐奧良最為人知的形象，已是邋遢放蕩的波西米亞，是爵士音樂人和有志闖蕩文壇者的匯集之地。詩人羅伯特・潘・華倫（Robert Penn Warren, 1905-1989）是在此闖蕩文壇的人士之一，對他來說，紐奧良主要是個讓人買醉的城市：

往皇家街走去——週日，此街
空蕩蕩，猶如我空空的銀行戶頭，
兩張支票被拒付而退回——我們——
C.和M.，還有我，每個人
喝得爛醉。81

北方女王：蒙特婁

一如紐奧良，蒙特婁面朝一塊廣闊的河邊腹地。此腹地往北、往西延伸向哈德遜灣和蘇必略湖另一邊的大草原、森林，往南、往西延伸至五大湖、俄亥俄河流域、密西西比河流域。一如紐奧良，它是法國人在美洲原住民的故地上所建造，在法國人企圖在北美洲建立新法蘭西的宏圖大業裡，有其地位。一如紐奧良，該城多由蒸汽打造出來。一如紐奧良，其商業會跟著地緣政治變動而起落，會敵不過紐約的競爭而受損。但與那個南方城市不同的，蒙特婁的風光時代降臨的時間點，不在蒸汽世紀的前半，而是在其後半的後期。

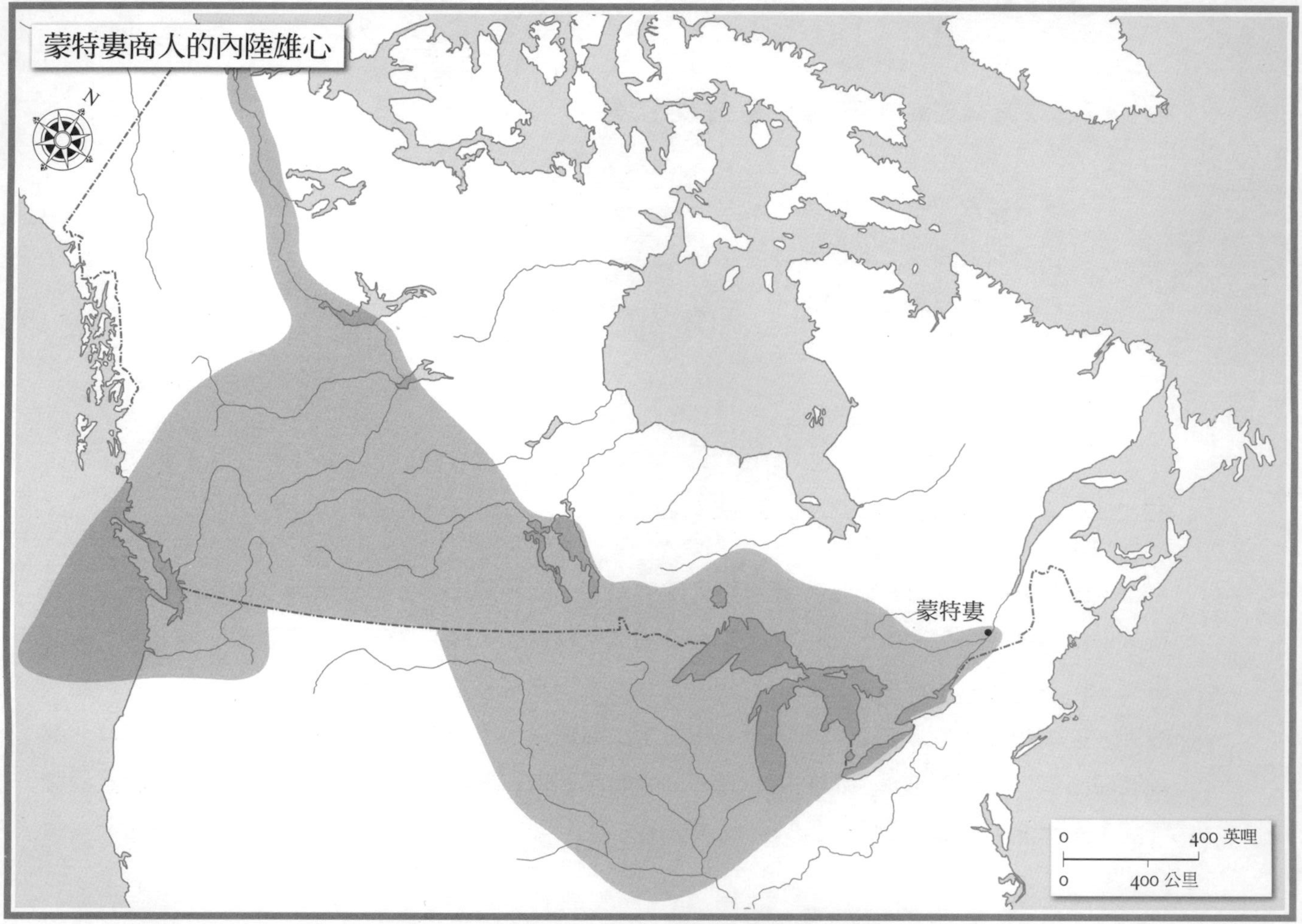
蒙特婁商人的內陸雄心
N
蒙特婁
0
400 英哩
0
400 公里

一五三五年，法國探險家雅克，卡蒂耶（Jacques Cartier）來到蒙特婁的所在地，即當時印第安人城鎮歐什拉加（Hochelaga）。一六四二年，法國人再來此地，欲為他們在魁北克的主要基地建立一上游邊防哨。魁北克基地建於一六〇八年，為「新法蘭西」的核心地區。[82]蒙特婁最初是個傳教站，反映了耶穌會和其他天主教修會被賦予的重要角色——爭取加拿大內陸印第安部族的友誼。只是，蒙特婁隨即成為毛皮貿易的最大內陸儲放站，而毛皮則是「新法蘭西」的主要出口品和該地商業經濟的支柱。這個新拓居地位在一島的東側，其西邊聳立著「皇家山」（Mount Royal），蒙特婁（Montreal，字面意思即「皇家山」）因此得名。蒙特婁地處聖羅倫斯河往內陸通航河段的終點，因此地位重要。往上游數哩處，一組湍流擋住往聖羅倫斯河上游、五大湖的去路，也擋住轉入渥太華河溯北而上進入盛產毛皮的西北部的河道。當年，想找到通往中國之航道的法國人，滿懷希望將此地段湍流取名「中國」（Lachine）湍灘。這兩條進入北美內陸的大航道，在蒙特婁會合。第三條河路位在南邊，經尚普蘭湖（Lake Champlain）到哈德遜河（和紐約）。於是，蒙特婁是河路的「交匯處」，也是河路與河路間貨物走陸路轉運所必經之地；[83]貨物用船運到「中國」後，得上岸走陸路繞過湍流區，然後再搬上河船、獨木舟，往聖羅倫斯河或渥太華河上游運送。魁北克長久是「新法蘭西」和英屬加拿大的主口岸，蒙特婁則是向大陸拓展的關鍵要地。

一七六三年，法國被趕出北美洲，蒙特婁落入英國人之手。一群來自英國殖民區的商人連忙來到南部。他們希望擅用蒙特婁與後來將成為美國中西部的那塊地方的聯繫，接管其毛皮貿易。[84]事實上，新劃入的英國魁北克省，其省域大幅擴及更南邊「美利堅」諸殖民地後方的阿帕拉契山脈以西的內陸，用意之一係為了防止白人移民入境拓殖，保住與印第安部族的不穩定關係。隨著美國獨立戰爭獲勝，這些希望不久即化為泡影：一七八三年，五大湖以南的這整片區域割讓給這個新共和國，但蒙特婁和加拿大仍歸英國。一八一四年，英國（和蒙特婁）對五大湖以南印第安部族尚存的影響力，經過一連串邊區戰爭，已消亡殆盡，後來人稱「舊西北」（Old Northwest）的那個地區，被迫向美國移民開放。對蒙特婁和其商人來說，他們的商業前途從此取決於「加拿大」西北部和該地的毛皮貿易。一連串獨木舟路線和無數陸上轉運路線（經由渥太華河、蘇必略河和往紅河、溫尼伯湖的艱苦步行），[85]聯結起蒙特婁和在「上游地區」（pays d'en haut）透過以貨易貨方式向原住民獵人換取毛皮的「過冬伙伴」。但在此，蒙特婁人也碰上一個難題。隨著毛皮邊區往後退，要和哈德遜灣公司（Hudson' Bay Company）競爭愈來愈難。該公司是英國的特許公司，憑藉位在該海灣邊的堡壘，遠比蒙特婁人更接近毛皮貨源。[86]一八二一年，蒙特婁的毛皮業者坦然接受失敗，與該公司合併，該城的經濟隨之需要有新的基礎。

跡象顯示未來不盡然看好。從蒙特婁往北、往西延伸的內陸地區大半，構成加拿大的「屏障」：薄且多岩石的土壤和漫長寒冬，把有意開墾的農民拒於境外，使該地區頂多只有伐木工經常到訪。「上加拿大」（今安大略省）南部前途較被看好，但該地的河路受制於湍流，尤其位於「中國」的湍流。作為大西洋口岸，蒙特婁苦於三大不利條件。聖羅倫斯河一年有五個月（十一月至四月）冰封；該河湍急的河水使帆船逆流而上的航程緩慢且艱難；經聖皮耶湖（Lac St-Pierre）抵達蒙特婁的水道太淺，不適較大型船隻航行。一七九一年，倫敦的帝國政府把舊魁北克省的殘部分為各成一體的兩個殖民地，即「上」、「下」加拿大，而在蒙特婁商人看來，此舉使情況雪上加霜。上加拿大居民以說英語、信奉新教、以「英裔」為主，下加拿大以說法語、信奉天主教、「法裔」為主。蒙特婁的商界菁英，隨著來自英國的其他移民到來，勢力愈見龐大，卻發現自己被困在這樣一個省裡：商界菁英的影響力招來該省在地政治人物反感，商界菁英幾不掩飾其對「落後」法裔居民的鄙視，而且似乎有意把蒙特婁打造為上、下加拿大的「英國人」首府。這一彼此的反感，係一八三七至一八三八年法裔加拿大（下加拿大）叛亂的推手（該叛亂大抵以蒙特婁的周邊農村為主）。[87]

這些需要費心處理的情況，使那些老毛皮貿易代理商不再甘於「貽害甚大的無為」（fatal inertia）——紐奧良當地的批評者以此語譴責紐奧良的那些棉業鉅子。他們立即理解到，蒙特婁的榮枯取決於能否動員政治人物支持改善其水道交通。在蒙特婁，商業即政治，政治即商業：說服當地議員撥款改善運輸，係商業要能存續所必須付出的代價。於是，一八二五年，「中國運河」以公款建成，接著，聖羅倫斯河上游河段運輸得到進一步改善，使從安大略湖搭船到蒙特婁更為容易。蒙特婁的口岸設施，早於一八三〇年——比利物浦或倫敦早上許多——就被納歸港口委員會控制。蒙特婁商人也很快就抓住其河源所帶來的機會，將事業擴及本地製造業、加工業：最初從事啤酒釀製和麵粉磨製，不久也從事起鞋、衣、金屬製品的製造。為蒙特婁、魁北克（仍是加拿大真正的口岸城市）間最早的汽船運輸服務提供資金者，是啤酒釀製商約翰·莫爾森（John Molson）。帝國政府出於戰略考量，願意為開鑿運河的龐大開銷出錢，無疑為蒙特婁商人助一臂之力：直到一八七〇年代，才消除美國入侵之患，滿足用船將英國部隊運到邊境的需要。只是政局的穩定始終擺脫不掉一個隱患：開鑿運河所帶來的沉重債務未必能靠它們的收益抵消，從而可能使上、下加拿大的公共財政受損。一八四〇年，將上、下加拿大合併，似乎也幾乎無濟於事。這使人們想起蒙特婁——和加拿大——對國際經濟的參與係建立在脆弱的基礎上。[88]

真正的危機降臨於一八四〇年代後期。那時，借助帆船或汽船，已能從蒙特婁一路直抵休倫湖北端。[89]此航運的熱絡，有極大一部分要歸功於一項特殊規定。當時英國的穀物法對外國小麥課以高關稅，美國產的小麥取道加拿大轉運至英國，則能享受免關稅的好處。未想一八四六年後，倫敦政府迅速廢除這項保護殖民地的政策：加拿大等殖民地從此得與外國生產商公平競爭，掛在「加拿大」名下的美國小麥從此占不到便宜。蒙特婁商業隱隱然要大難臨頭。蒙特婁完全靠關稅才得以和南邊美國的口岸相抗衡，尤其是紐約。經濟衰退和族群間衝突使這個城市情勢緊繃，且一觸即發。一八四九年，議會大樓遭火燒（兩加拿大已於一八四〇年合為一省，以蒙特婁為其省會），暴動和混亂達到頂點。商界大部分人士簽屬了臭名遠播的「合併宣言」（Annexation

Manifesto），該宣言要求英國允許加拿大併入美國——令人難以置信的斷絕了幾年前對英國一片赤忱的高聲急呼。「我們完全無法置喙帝國事務，」該宣言聲稱。[90]對蒙特婁來說，以自由貿易形式呈現的早期全球化，猶如地動山搖的地震。

結果並未像商人所擔心的那麼可怕。一八五四年，經由談判，倫敦達成在非製造品上與美國自由貿易的協議，從而給了商人些許希望，蒙特婁和加拿大運河系統或許仍會繼續把美國出口的穀物運送至聖羅倫斯河，至少在夏季期間，美國穀物經此出口，會比從美國口岸出口更能快速運抵歐洲。事實上，幾無證據顯示有此可能。[91]有個蒙特婁船東一八五五年抱怨道，由於與美國中西部沒有更好的交通連結，經蒙特婁將桶裝麵粉運到利物浦，還是比經紐約運過去貴了一倍。[92]更重要的，是在繁榮的一八五〇年代，大西洋經濟擴張，促使加拿大穀物的銷路更廣，並使上加拿大（蒙特婁多數商品及服務的所在）的農地擴增。[93]下游河道濬深，第一艘遠洋汽輪得以在一八五三年航抵蒙特婁。三年後，休·艾倫（Hugh Allan）的遠洋汽輪公司（Ocean Steamship Company）建立起該城與利物浦間由官方補助的定期郵船服務。[94]此城人口大為成長（從一八五一年約五萬七千人成長至十年後九萬人），其農業腹地（肥沃的蒙特婁平原）因此受惠。有個來此的英格蘭人一八六四年寫道，「我在毫無心理準備的狀況下，驚覺這座『島嶼城市』如此壯觀、繁榮、英國味十足。」[95]但把魁北克擠下寶座，確立蒙特婁作為加拿大最大口岸之地位者，係鐵路的建成——全年無休的運輸系統，使商業活動不再因寒冬而停擺。

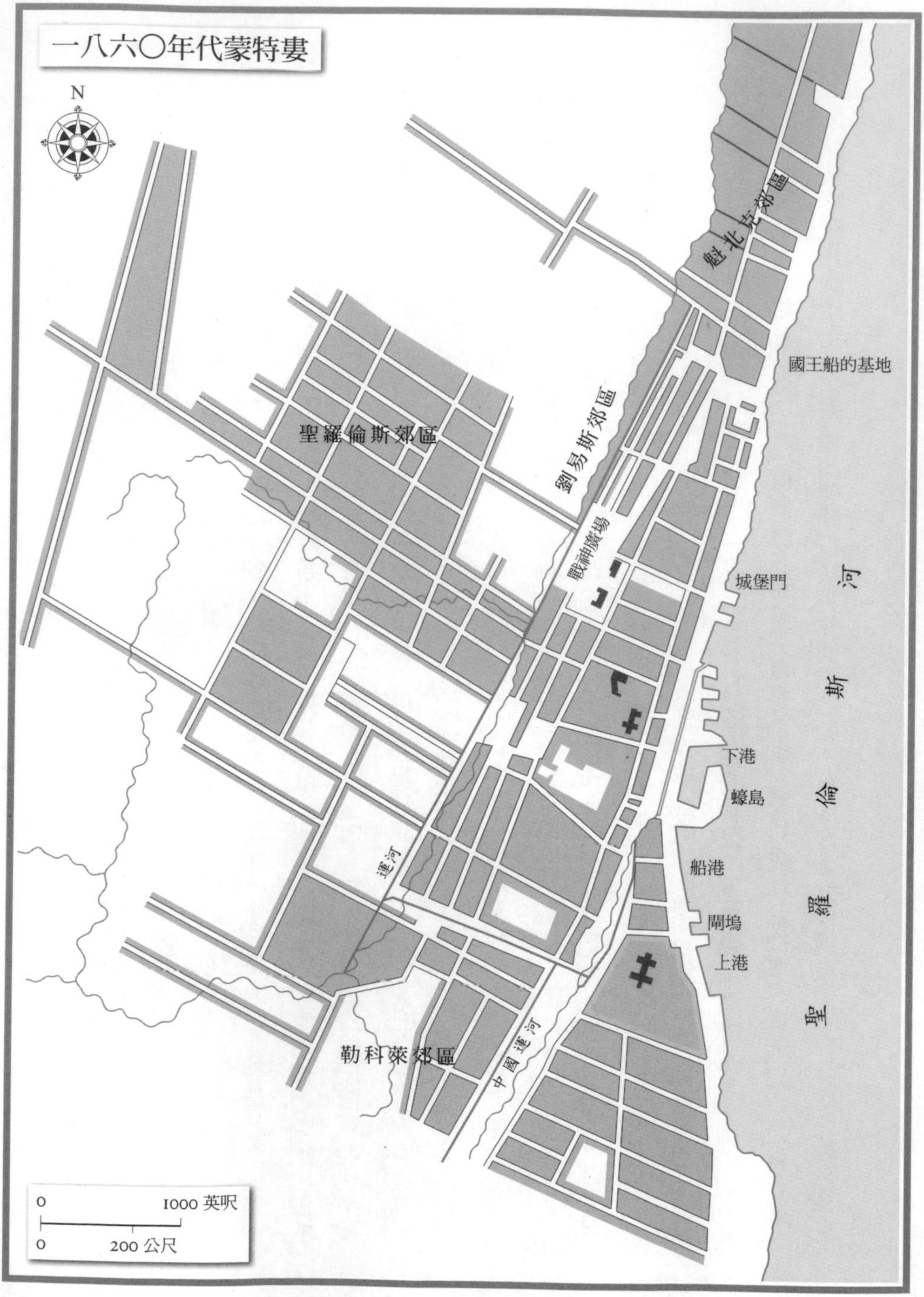
一八六〇年代蒙特婁
N
魁北克郊區
國王船的基地
劉易斯郊區
聖羅倫斯郊區
戰神廣場
城堡門
聖羅倫斯河
下港
蠔島
船港
閘塢
上港
運河
中國運河
勒科萊郊區
0
1000 英呎
0
200 公尺

鐵路興建熱潮於一八五〇年代遍及整個北美。對聖羅倫斯河流域的商業利益集團和蒙特婁來說，隱患在於五大湖區（包括上加拿大）的穀物將從此改走美國的鐵路運至紐約、波士頓或巴爾的摩出口。一八四〇年代後期，已有一群蒙特婁商人和緬因州波特蘭的商人結盟，以建造聖羅倫斯、大西洋鐵路，使蒙特婁在十一月至四月的冰封時期仍為不可或缺的海路。一八五三年，遠更浩大的工程啟動，即從聖羅倫斯河口橫越兩加拿大全境抵達位於底特律的美國邊界「大幹線鐵路」（Grand Trunk Railway）。此鐵路一旦建成，已與波特蘭建立連結的蒙特婁，會成為此鐵路的樞紐。[96] 一八五六年，此鐵路大部開通時，有份稱頌此鐵路的報告——《一八五六年蒙特婁》（*Montreal in 1856*）——宣稱，從此蒙特婁能以和紐約或波士頓一樣快的速度，為西部消費者（加拿大和美國的西部消費者）提供其所想要的商品。「加拿大商業必會從鐵路得到的好處，只是尚未完全表現出來，」該報告激動說道。「請自行評斷（蒙特婁的）前景，看看我們，她的市民，是否沒理由期盼光明的未來。」[97] 維多利亞橋一八六〇年開通，使這條鐵路跨過聖羅倫斯河直入該城時，那一光明未來似乎指日可待。

但一如在蒙特婁歷史上所常見的，現實是骨感的。一八六〇年，大幹線鐵路破產，其內部的權力運作令人反感。在世界多數地方，鐵路興建倚賴官方補助、貸款擔保、獨家壟斷承諾（箇中作為往往引發爭議且滋生貪腐）。在鐵路時代，加拿大境內的東西交通，先天就不如南北交通那麼受青睞——美國的鐵路和其不封凍的口岸（尤其紐約）對商業的影響，使加拿大境內交通側重南北向——這一倚賴因此更重。雪上加霜的是，新教「英裔」上加拿大和天主教「法裔」下加拿大的結合本就不穩固，兩地區間日益激烈的政治惡鬥，使雙方共同擬出經濟發展綱領幾無可能。事實上，側重農業的上加拿大對蒙特婁和該城的銀行家、商人、鐵路提倡者疑忌甚深：比起加拿大的鐵路，美國的鐵路能以較低成本、較快的速度將上加拿大的作物送到市場。蒙特婁繼續扮演口岸和地區性製造中心的角色（一八七一年，該城已有一半居民從事製造業）。[98]它是加拿大人口最多的城市、加拿大主要的金融重鎮、商業中心。它有證券交易所、穀物交易所、許多商品經紀人和代理人。[99]比起其最近的對手多倫多，其規模大上許多，多倫多的商人仍舊倚賴蒙特婁供應商。[100]它已是加拿大境內最近似首善之都的城市：鐵路和汽輪已使距大海一千哩的蒙特婁成為大西洋主要海港之一，但要充當北美大陸整個北半部的主要口岸城市——其商界大老所想像的「光明未來」——光靠兩者還不夠，蒙特婁需要更多。

那一改變會到來，只是繞著圈子過來，而且三十多年後才來。一八六〇年代中期，「英屬北美」諸省連成一細長地帶，綿延約三千哩，從東邊的紐芬蘭（貧窮的漁業殖民地）、新斯科細亞、新不倫瑞克、極小的愛德華王子島，經兩加拿大構成的「聯合省」，至太平洋畔新興的淘金潮殖民地不列顛哥倫比亞。英屬北美的人口幾乎不到其南邊大國的十分之一。今日加拿大境內國土，當時多屬魯珀特蘭（Rupertsland）的領土，由英格蘭的特許公司哈德遜灣公司管理：全境為凍原、遼闊針葉林、無樹大草原，人煙稀疏，居民為原住民印第安人和紅河（Red River）拓居地（今溫尼伯附近）的梅蒂人（metis）。梅蒂人為印第安人與白人移民的混血後代，既獵殺水牛，也務農。[101]散亂分布的這些殖民地，得以躲過美國「天定命運」（manifest destiny）的北征魔掌，既因為美南奴隸州不希望美國有更多「自由州」，也因為英國的海軍武力令美國有所忌憚：深受英國派海軍封鎖、重砲攻擊美國口岸的威脅。[102]但隨著美國內戰於一八六五年劃下句點，英國和打贏內戰的美北之間的緊張情勢加刻，因華府認為，內戰期間，英國跟著南方邦聯串通，突襲北方海上貿易戰，從而使英屬北美遭美國併吞的威脅重現。隨著美國不願恢復「天然」產物的自由貿易，雙方的商業關係斷絕。就是在這個劍拔弩張的氣氛下，政治手腕高超的約翰·麥唐納（John A. Macdonald）——當時有些人對他有不同於此的評價[103]——領導由兩加拿大、新斯科細亞、新不倫瑞克的政治人物組成的同盟，在一八六四至一八六七年打造出四省聯盟（Confederation）。[104]組成聯盟，意在抵擋美國帝國主義威脅，使這些殖民地更能理直氣壯要求英國保護。但推動此聯盟者還有其他盤算。新斯科細亞和新不倫瑞克希望通往蒙特婁的鐵路建成後，會把加拿大的產物帶到它們的口岸。在下加拿大（這時稱魁北克），四省聯盟的建立，把人口更多的上加拿大（這時叫安大略省）拉進來，從而使在魁北克居多數的法裔加拿大人失去支配地位。在「英裔」安大略，四省聯盟之所以能打動人心，主要因為其讓人認為這個新自治領會取得魯珀特蘭，並在大草原上開闢出可供墾殖的廣大新天地，即第二個安大略。蒙特婁的英裔新教徒，心情則憂喜參半。人脈甚廣的律師暨蒙特婁議員約翰·羅茲（John Rose）表示，「追求商業利益、貿易利益、銀行業利益、製造業利益和整體民生改善的各色有力團體，據認以蒙特婁市為中心，已權衡過這個方案的利弊得失……已在深思熟慮後得出一結論，即此方案很有可能促進最佳利益，大大提升本國的繁榮程度。」[105]但蒙特婁一半的「英語」報紙反對此議，擔心在法裔加拿大人居多的一個省裡陷入孤立。[106]

這個新自治領果然以極低廉的轉讓價格取得魯珀特蘭，這一大塊土地對加拿大未來發展的重要，就和買下路易斯安那對美國的未來一樣。新自治領向遙遠的不列顛哥倫比亞保證，會建一條從大西洋岸到太平洋岸的大陸橫貫鐵路，藉此也說服該地加入四省聯盟。此一美好遠景，促使蒙特婁商界躍躍欲試。汽輪船東休·艾倫迅急提出太平洋鐵路方案，結果以醜聞收場：艾倫與總理麥唐納、保守黨的金錢瓜葛，以及他為其計畫所籌募的資金遭揭露有不少來自美國人，使此案受到唾棄。[107]隨著一八七〇年代加拿大陷入經濟衰退，在西部大舉拓殖和興建橫貫鐵路直抵太平洋岸、與遠東開啟貿易的夢想，就此化為烏有。數萬加拿大人移居國界以南，至十九世紀結束時或許已達百餘萬人。一八七八年採用的關稅保護「國家政策」，係無計可施下為抵擋刺骨的全球經濟寒風所祭出的下下之策。此舉助成長快速的蒙特婁抵禦外來衝擊，該城人口從一八七一至一八九一年成長了將近一倍，達到約二十九萬。但日益工業化的蒙特婁，卻只能為局部封閉且死氣沉沉的經濟和依舊小得令人沮喪的腹地服務。

不過，興建橫貫大陸鐵路，依舊是加拿大自治領所念茲在茲之事，而一八七八年再度執政的麥唐納保守黨政府，比以往更急於完成此工程。新方案在蒙特婁的聖詹姆斯街（St James Street，即蒙特婁金融區）出爐，蒙特婁三個最有實力的金融家為此共襄盛舉：唐納德·史密斯（Donald Smith）；他的外甥喬治·史蒂芬（George Stephen）；安格斯（R. B. Angus）。史密斯任職於哈德遜灣公司，該公司在前魯珀蘭境內保住頗具價值的數塊地；史蒂芬是製造業大亨、明尼亞波利－聖保羅至馬尼托巴的鐵路公司的大股東、蒙特婁銀行（蒙特婁暨加拿大的最大銀行）的總裁；安格斯此前不久還是該銀行總經理，係憑自身努力闖出一片天的重要金融家。[108]一八八〇年，他們自麥唐納取得一筆條件甚優的合約，麥唐納承諾給予大筆的初期補助金、鐵路沿線數大塊地、此路線二十年的獨攬經營權。儘管如此，加拿大太平洋鐵路（Canadian Pacific Railway）在一八八五年建成之前一度差點資金斷炊，只得靠史密斯和史蒂芬自掏腰包和政府融資，才度過難關。原因很簡單。經營這條穿過杳無人居的森林與大草原的鐵路，要支應龐大的管理成本，啟用後能否獲利，更是極不確定。[109]到了一八九〇年代中期，連喬治·史蒂芬、此鐵路工程的主事者，都開始信心動搖。由於穀價跌到谷底，以大草原作為加拿大小麥的新興大型產地，似乎成了最不切實際的夢想。但加拿大的情勢，還有蒙特婁的情勢，就要有讓人措手不及的改變。

第一個跡象係一八九六年後，小麥價格從其約四十年來的最低點往上攀升。加上美國西部已到處有人定居，並使用較耐寒的小麥品種，加拿大大草原的前景就此改觀。隨著移民大舉湧入，其中許多人來自國界以南，加拿大大草原的小麥產量劇增。出口英國的小麥從一九〇一至一九一四年增加了十四倍，達到一億多美元。[110]此外，還有紙漿（製作新聞紙的原料）這個新出口商品、安大略北部的新基礎礦物（除了黃金，還有銅、鎳、鋅、鈷），更是助長了加拿大出口業。一九〇〇年後，成長急劇加速。外來移民，一九〇〇年時約一年四萬人，一九一四年時達到一年超過四十萬這個驚人數字。最引人注目的改變（以及對蒙特婁來說最重要的改變），係晚近加拿大開始令外國（尤其英國）投資者心動。加拿大金融家得在「倫敦城」連哄帶騙、低聲下氣乞求的日子已經過去了。加拿大的移入民、出口劇增，預示了對其鐵路、公用事業、礦場、農田、都市不動產的投資會大幅回升。英國對其的投資遽增，一九〇〇年僅僅到位一千萬美元，一九一三年募集到將近四億美元。[111]十年多一點，加拿大經濟已全球化，一九〇〇至一九一三年，其對外貿易額增加了兩倍，成長率比同期世界貿易額成長一倍還要高。加拿大遠比以往更加倚賴有增無減的出口和不斷增加的輸入資本來維持經濟的穩定，並仰賴輸入的資本來支應鐵路建設的龐大經常費成本，打造經濟成長所倚賴的基礎設施。具影響力的倫敦銀行家羅伯特．布蘭德（Robert Brand）一九一三年論道，「加拿大用心維持來自英格蘭的資本流入，就和城市用心防止其供水遭切斷一樣。」[112]事實上，及至一九一一至一九一二年，在加拿大所募集的新資本中，輸入資本已占去一半。[113]

蒙特婁位在這個新商業、金融體制的中心。總公司設在該地的加拿大太平洋鐵路，付給投資人一成股利；其汽輪航運公司使該鐵路名揚國際。該鐵路將出口小麥源源不斷運到蒙特婁的碼頭，蒙特婁則是這些小麥的首要輸出管道。西部的急速擴張，為蒙特婁日益壯大的產業及通過其港口輸入的製造品，提供了更大的市場。[114]最重要的，蒙特婁的富裕反映了其作為加拿大金融中心的角色。這股新資本流，有許多經由該城的銀行、放款機構、金融家之手流動。儼然已是加拿大最大銀行的蒙特婁銀行，經由其在倫敦的分行，管理了近一半加拿大人在倫敦所借來資金。[115]以倫敦為基地、尋覓可獲利的風險事業的金融家，需要該銀行的商業情報。作為鐵路、航運的交通中心和工商業、金融城市蒙特婁已踏上成為全球最重要都市之一的征途。然後，就在戰前榮景似乎就要漸漸消失之際，一九一四年戰爭爆發，提供又一股龐大的助力。加拿大不僅成為重要的小麥供應國，還成為產量愈來愈重的軍火生產國和（叫人意想不到的）英國的借款來源。英國從加拿大借款，以扶助其已不堪負荷的經濟和日益萎縮的外匯存底。一戰結束時，加拿大已是世界貿易舞台上的要角，其出口占世界出口的比重（一九二三年）為百分之四．四，比印度、義大利或日本還高，比澳洲或阿根廷高出許多。[116]隨著加拿大成為更加全球化且更加一體化的經濟體，蒙特婁的重要性——似乎——只會水漲船高。

蒙特婁的獨占鰲頭，可由其都市發展上的幾個與眾不同的特點看出端倪。蒙特婁掌控進入加拿大內陸的鐵路、河路一事，當然是其享有的一大優勢。鐵路和河路都必須不斷改善，並靠無情運用政治影響和金融手腕來籌得資金。商界菁英並非如今日有時聽到的論調那般清一色是蘇格蘭人，而是還有英格蘭人、美國人、法裔加拿大人。[117]但商界菁英的核心，係一群關係緊密且往往彼此通婚的蘇格蘭人，而且頻頻有來自母土的新人為其增添新血。[118]蒙特婁商界的最有力人物——約翰·楊（John Young）、喬治·史蒂芬、唐納德·史密斯、喬治·德拉蒙德（George Drummond）爵士、休·艾倫、約翰·羅茲爵士——都出生於蘇格蘭。[119]這批商界菁英很快就從商品貿易一行，擴及從事製造業和運輸業、投資鐵路、汽輪、煉糖、紡織、鐵製品製造、鞋和衣（與紐奧良的情況殊若天壤）。休·艾倫等人打造出涵蓋航運、鐵路、蒙特婁電報公司、銀行、保險、紡織、菸草、採煤的商業帝國。[120]亦即很早就把鐵路資本、工業資本、商業資本、金融資本匯聚於一身，使蒙特婁得以走出多年的停滯，充分利用十九、二十世紀之交開啟的新世界。加拿大太平洋鐵路不至於在完工前財務崩盤，其所依恃的是（長年以蒙特婁為根基的）哈德遜灣公司的唐納德·史密斯和其外甥、蒙特婁銀行行長喬治·史蒂芬兩人自掏腰包挹注。[121]蒙特婁銀行與「倫敦城」之間的密切連結，則在一九一三年前加快英國資本的流動。據某人計算，一九〇〇年時，蒙特婁的商界經菁控制約七成的加拿大經濟。[122]

這批商界菁英並非自由貿易主義者，他們其實反對自由貿易。他們具有重商主義、保護主義、壟斷主義的傾向。若不想被紐約這個龐然大物壓倒，他們需要政治援手和狡詐的政治手腕，而且願意為此付出：收受賄賂和暗盤交易係蒙特婁政治的常態。一八五〇年代後期，亞歷山大·加爾特（Alexander Galt，從關注重點和看法來看，無疑是蒙特婁人）已針對關稅制定和如何在官方補助下追求發展，為他們擬好行動綱領。[123]在約翰·麥唐納領導下，此綱領於一九一一年成為成功阻止「互惠」（與美國自由貿易）的「國家政策」。[124]但蒙特婁商人以其一貫的務實作風，仍希望將美國中西部的貿易引到聖羅倫斯河。他們深知蒙特婁的財務健全取決於「倫敦城」金融家的心情，一如小麥價格在利物浦確立，經由「利物浦電纜」傳過來。[125]他們從美國的鐵路員工中，找來威廉・范荷恩（William Van Horne）和托馬斯・蕭內西（Thomas Shaughnessy）兩人，擔任加拿大太平洋鐵路前兩任總經理，該鐵路的早期資本有許多來自紐約。蒙特婁銀行和其他加拿大銀行也通常將它們隨時可派上用場的準備金存在倫敦，還有紐約。[126]蒙特婁有能力對聯邦首都渥太華暗中施以強大影響，兩地搭火車很快就到。蒙特婁能把自己相對於渥太華的角色，打造成猶如紐約之於華府的角色。但整體來看，蒙特婁對其橫跨大陸之廣大腹地的掌控，根本未臻全面。

蒙特婁的「英裔—新教」菁英，認為蒙特婁是「英國人」城市。一八〇九年，蒙特婁就有自己的納爾遜紀念柱（Nelson's Column）。對一九〇四年的某個法國籍觀察家來說，「遊客在那裡住了數星期，在這期間頻頻前去飯店、銀行、店鋪、火車站，卻可能從未想到，該城過半居民是法裔，其實是法國人城市。英格蘭人的社會……似乎把蒙特婁視為他們的財產。」[127]十九世紀後期，由於與英國的商業、金融關係更加緊密，並意識到倚賴英國的市場和資本，英裔居民愈來愈強勢申明自己的「英裔」身分，並在一次大戰期間達到極點。在那期間，許多英裔蒙特婁人從軍（法裔加拿大人志願從軍比例低，令英裔憤恨難平）。在蒙特婁，醫院、學校、慈善機構都有教派——和族群——之分。有一所「新教勞動收容所」，一所「新教遊民局」。作為蒙特婁頂尖大學的麥基爾（McGill）大學，是捍衛英裔新教徒生活方式的堡壘。蒙特婁的私立名校下加拿大學院（Lower Canada College），只在英格蘭物色師資。但蒙特婁沒有資格成為英屬加拿大的文化首府。來自英國的移民大多繞過這個城市，直奔安大略或西部大草原。與多倫多（「加拿大的貝爾法斯特」）不同的是，蒙特婁從未是新教徒居多的城市。該城說英語的居民由新教徒和信奉天主教的愛爾蘭人組成，後者構成說英語的勞動階級。十九世紀後期時，由於義大利人、波蘭人移入，天主教陣營更加壯大，天主教徒已占該城居民四分之三以上。[128]更重要的是，隨著蒙特婁的產業把愈來愈多的農村法裔居民吸引過來，從十九世紀中期起，法裔加拿大人在蒙特婁已占多數。穿過該城中心的聖羅倫斯大道（St Lawrence Boulevard），分隔了說英語的西城區和說法語的東城區。這兩個族群並存於一城，非但未交融，甚至是「涇渭分明」[129]——儘管商界菁英成員包括一些法裔加拿大人，而且艾倫等大亨用心培植法裔加拿大盟友。蒙特婁英裔深切體察到他們身在一處社會、政治上的飛地，他們的最大報《蒙特婁星報》（*Montreal Star*）為何呈現咄咄逼人的「英國人特質」，這是原因之一。此外，十九、二十世紀之交，蒙特婁已開始成為激烈的法裔加拿大民族主義的中心，並由昂利・布拉薩（Henri Bourassa）和其於一九一〇年創辦的《義務報》（*Le Devoir*）抒發此立場。[130]法裔加拿大知識分子，以神職人員暨史學家利奧內爾・格魯爾（Lionel Groulx）為首，痛斥英裔—法裔合作（所謂的和諧／bonne entente）迷思，堅稱法裔加拿大人是遭征服、壓迫、剝削而追求解放的族群。[131]格魯爾和其追隨者開始非常憂心都市生活、工業生活對法裔加拿大家庭和其虔誠宗教信仰的衝擊。於是，認為全球化最好受到謹慎限制的商界菁英，以及由日益敵視全球化對社會、倫理之影響的人領導的多數人口，便以蒙特婁為依歸。

隨著一九一八年一次大戰結束，加拿大的繁榮勢頭猛然受挫。[132]但一九二〇年代下半期是擴張的年代。一九二八年，加拿大生產的小麥，占全球小麥出口約五成三，其中有許多經蒙特婁輸出。[133]一九三〇至一九三一年期間，世界貿易隨著經濟大蕭條而崩盤，加拿大受到慘重的衝擊。加拿大前幾大出口商品的價格腰斬——此事無疑是一記慘痛回憶，訴說著曝露在全球經濟大幅波動的處境下，其風險之大。蒙特婁受到的影響，讓受波及者痛苦而難忘。一九三四年初期，已有約二十四萬人，即兩成八人口，仰賴政府救濟。[134]蒙特婁市既有的龐大貧窮人口，更是使情況雪上加霜。這些人的貧窮，既因為從事加工廠的低技術工作形態，也因為（在運輸業或碼頭）許多工作實屬季節性需求。十九、二十世紀之交，蒙特婁死亡率高於工業化的英格蘭，嬰兒死亡率更高出許多。[135]

問題並非表面看來那麼單純。一九二〇年代已有跡象顯示，加拿大經濟已漸漸更趨地區化，較不以蒙特婁為中心。一八九〇年代起，多倫多就已在挑戰蒙特婁於西部大草原的商業、金融霸主地位。一八九〇年代時，已有鐵路將多倫多與大草原各省相連，多倫多也得以將自家製造品販售到這些地區。多倫多的報紙、期刊、出版社正使多倫多成為說英語加拿大人（約占全國三分之二人口）的文化首府。[136]在長期以來蒙特婁所最能理直氣壯宣稱獨大的金融領域，一九三〇年代可以說是分水嶺。一九三〇年代中期，在多倫多礦業（尤其上漲的金價）加持下，多倫多的證券交易量已大於蒙特婁，交易業已更為活絡，而且自此一直保持領先地位。[137]蒙特婁最強的王牌，在於其與英國長期以來的連結：利物浦、格拉斯哥和倫敦是其主要的航運伙伴。一九三〇年代，英國資本不再進來，隨著英國（截至當時，加拿大穀物的最大市場）開始保護農業，小麥不再是大王。隨著新出口商品（礦物、木漿、天然氣、石油、水力發電電力）取代小麥，加拿大經濟重心愈來愈來倒向其南方大鄰國：事實上，一九二〇年代，美國對加拿大的投資已超越英國人對加國的投資。二次大戰凸顯加拿大對美國的戰略依賴並使英國淪為窮國，此一改變隨之加速。多倫多是此一新方向的受惠者，但並非突如其來的受惠。晚至一九三九年，多倫多仍可能被認定是「邊遠分部，紐約的某種郊區」，紐約控制了多倫多的礦業公司、木漿公司。而蒙特婁仍是加拿大的「最重要都市」。[138]戰後那幾年，這兩座城市，人口和重要性不相上下。但到了一九七〇年代，美國對加拿大的投資已是英國對加國投資八倍之多，多倫多在製造業、商業、金融業的霸主地位已穩若泰山。把蒙特婁與倫敦、利物浦繫在一起的商業連結逐漸式微。紐約終究勝出。

帝國城

「紐約是西大陸的倫敦，所有重要的交易活動匯集於此，不斷收到來自世界工業的貢品。」[139] 儘管紐約實際上與倫敦有諸多差異（有別於倫敦作為帝國首府、貴族消費中心、歐洲貨物集散地之一的角色），《紐約日報》（《紐約時報》前身）一八五二年這番誇耀之詞並非信口開河。北美大西洋岸的顯著特點之一，係該地帶的商業很快地便由一個重要口岸城市——紐約——獨領風騷。紐約不斷以強勢作風宣告，其作為北美內陸全境最重要都市的地位。

誠如後文會提到的，紐約稱霸如此之速，主要得歸功於該城獨特的都市成長模式、創業傳統以及得天獨厚的地理位置。但紐約（一如許多口岸城市）也受惠於鑽研其崛起的史家所鮮少承認的地緣政治事件。紐約日後掌控內陸，拜以下事件之賜才得以有機會實現：一七六三年，將法國逐出北美大陸的帝國戰爭；一八〇三年，拿破崙放棄對美洲的野心；經由多不勝數的拓殖戰爭、征服戰爭把美國的版圖往西、往南拓展的移民帝國主義。同樣重要的，若非一八六五年以武力擊潰南方邦聯，使紐約不致遭遇阻礙，並成為美國的金融首府，一次大戰若是以別種結局收場（或根本未發生此大戰），紐約接替倫敦成為西方世界的金融首府的事實，將更晚才會發生或根本不會發生。紐約於一九四五年後的全球經濟裡扮演的中心角色，既要歸功於該城此前所走的路，也要歸功於遠非其所能控制的事件：二次大戰結束時，美國突然崛起為「超級強權」，並和美元取得同樣的超強霸主地位。

紐約建於一六二三年，係作為荷蘭西印度公司的邊遠分部。一如蒙特婁，它位在島上，且享有河運之利，得以進入出產毛皮的內陸：晚至一七五〇年，毛皮仍占其出口貿易約一成六。[140]一六六四年轉入英國之手後，紐約成為十三個殖民地的中心之一。它因地利之便而雀屏中選，一七七五年成為倫敦往美洲各殖民地定期航運的終點站，以及駐美利堅英軍的行政總部。在殖民時期的紐約，英軍提供了很多生意機會，紐約商人理所當然承包英軍生意，以滿足散駐各殖民地約四十個衛戍部隊的需要——紐約日後的宏圖偉業，在此露出端倪。[141]但一七九〇年，這個新共和國建國頭十年期間，就商業重要性來說，紐約仍遠遠落後於費城和波士頓，人口也遠少於費城。費城是進入美南和俄亥俄河流域的新移民世界的門戶，這個新國家最早的首都；波士頓擁有不受大風大浪侵擾的深水港，與加勒比海、歐洲有存在已久的航運往來，是美國的最大口岸，商業活動範圍已擴及太平洋和中國。紐約既失去英國眷顧，在獨立戰爭中受重創（紐約的商界巨頭大多是親英分子，並在此戰爭結束時離開該城），而且（尚）缺乏廣大的腹地，因此紐約似乎會無限期落後於其諸對手。

紐約如此快速便反超對手，仍可說是個謎。但一七九六至一七九七年期間，紐約的進出口已超越費城，（一八一〇年）人口亦然。到了一八二〇年代初期，美國將近四成的進口經由紐約港輸入。在紐約，地緣政治可能也起了作用，因為歐洲的「大戰」（法國革命戰爭和拿破崙戰爭）

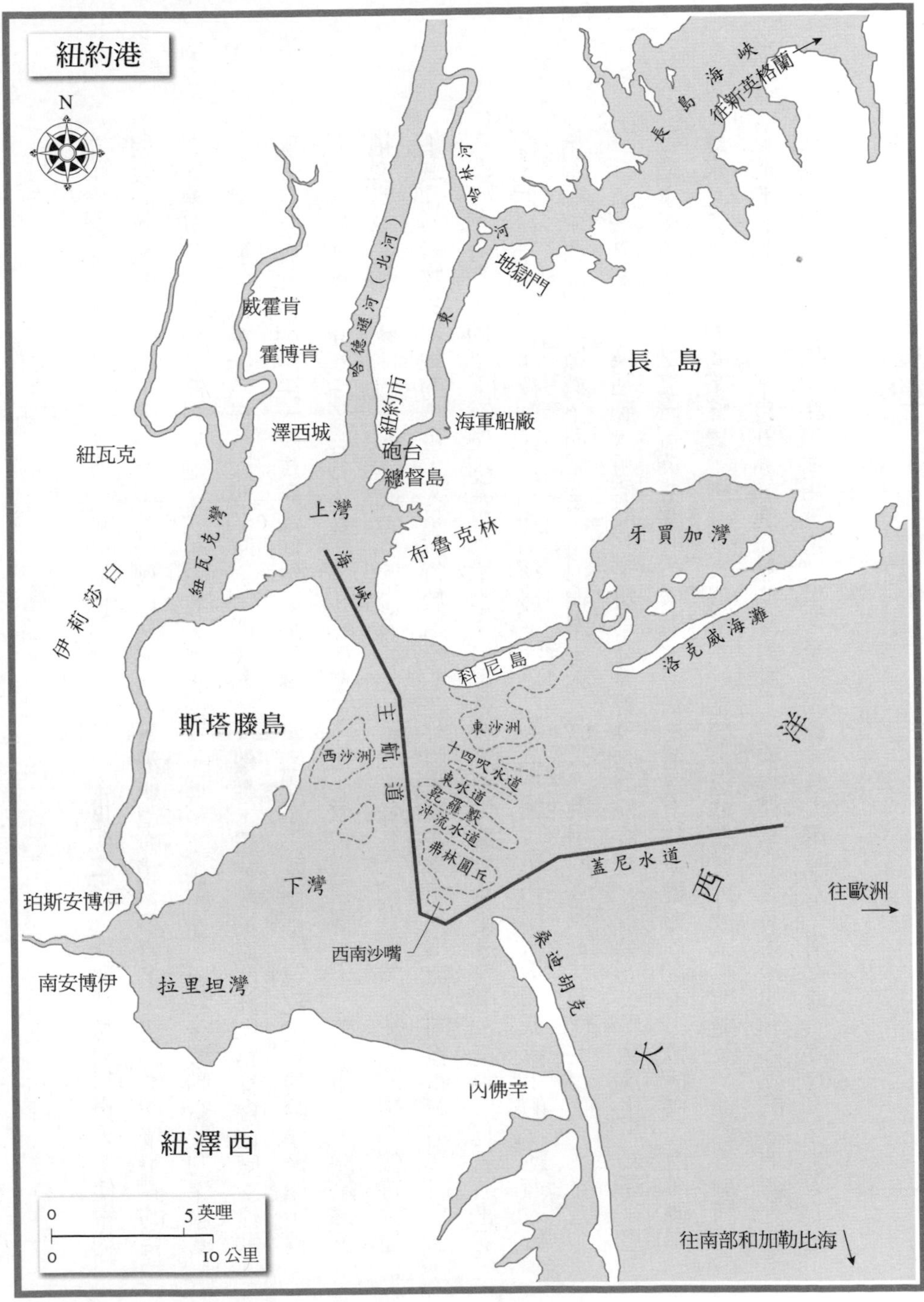

紐約港
N
長島海峽
往新英格蘭
哈林河
哈德遜河（北河）
東河
地獄門
威霍肯
霍博肯
紐約市
長島
澤西城
海軍船廠
紐瓦克
砲台
總督島
上灣
紐瓦克灣
布魯克林
牙買加灣
海峽
伊莉莎白
科尼島
洛克威海灘
斯塔滕島
主航道
東沙洲
西沙洲
十四呎水道
東水道
乾羅默
沖流水道
弗林圍丘
大西洋
蓋尼水道
往歐洲
下灣
珀斯安博伊
西南沙嘴
南安博伊
拉里坦灣
桑迪胡克
內佛辛
紐澤西
0
5 英哩
0
10 公里
往南部和加勒比海

為中立國（美國）的貿易帶來意外的好運。[142]十九、二十世紀之交，商船體型變得更大，使紐約相較於費城占了上風，因為費城位於德拉瓦河邊，入港航道較淺。事實上，紐約港與眾不同的特質，造就了紐約市的商業繁榮。它是沒有大風大浪、（通常）不封凍、有許多機動空間的深水港——較大型的汽輪開始橫越大西洋時，這即成為一大優勢。紐約港地處四條海路交會之處：往歐洲、往加勒比海和南美、經長島海峽往新英格蘭、沿海岸至美國南部。東河邊的曼哈頓沿岸，提供一長串碼頭：南街（South Street）、紐約市商業中心，就位在這裡。一七九二年起，開始每日拍賣股票的華爾街，以及乾貨貿易中心珍珠街（Pearl Street），則在近旁。紐約的中心位置，促進其作為貨物集散地的角色，大量航行於沿岸的船隻將貨物帶來這裡出口，回程時運回進口品。不久，這一角色因以下三個因素更為鞏固：早早就有汽船行駛於哈德遜河上、紐約州北部迅速拓殖、然後一八二〇年代時，伊利運河建成。[143]一八二五年後，紐約已能透過低成本的水運進入新拓殖的中西部廣大區域，而且能靠運河網產生龐大收入，供用於其他公共工程。[144]

這一熱絡的商業活動，可能反映了紐約商界菁英的反叛特質。親英商人階級遠走，為新來者創造了機會，尤其是來自新英格蘭的新來者。紐約為追逐金錢或權力的後人，包括從大西洋彼岸過來且愈來愈多的商業移民，提供了大展身手的空間，遠非費城或波士頓所能及。他們善加利用紐約的有利條件——來自歐洲的進口品的配送點——取得優勢，因為東海岸和內陸的當地商人在紐約購買貨物的款項，必須使用匯票支付。紐約因此成為供應匯票以購買進口貨的核心地區——

甚至那些要運到沿海其他口岸的進口貨亦然。英國商人想買下美國貨所有權或買下在倫敦支付的匯票（十九世紀貿易的商業「儲備貨幣」），紐約無疑是最方便的地方。紐約商人可能受此鼓舞而投資經營定期郵船。一八一八年起，定期郵船以最快、最規律的方式把商業情報傳到大西洋彼岸——紐約市的金融機構猶如吃下一顆定心丸。但紐約商人所作的最重要決定，係進入棉花貿易。整個十九世紀期間，棉花一直是美國出口的最大宗。

在棉花貿易上，趁著快速擴張的蓄奴南方金融服務尚未健全，而南方口岸入港航道淺且對歐洲進口貨需求有限等不利條件，紐約商人乘勢善加利用。就連紐奧良，誠如先前所提過的，其所吸引來的進口量，都遠少於其出口理應會連帶產生的進口。紐約提供了讓美南的代理商和種植園主得以捱過大半棉花生長季的信貸；美南許多棉花經出紐奧良走沿海路線到紐約，並轉運到歐洲。紐約很快就成為美南（南北戰爭前美國最有活力的地區）真正的金融中心。如果說棉花是大王，紐約就是吸取大王收入的宮廷大臣：來自棉花的收益，或許有四成留在紐約。[145]

一八六〇年，紐約人口已超過百萬，比其最近的對手費城多了將近一倍（比蒙特婁多了將近十九倍）。這時，紐約的商業地位似已達到《紐約日報》所宣稱的大都會階段。一八五〇年代，棉花出口增加了一倍。一八六〇年，紐約口岸經手約三分之二的美國進口和三分之一的美國出口。[146]鐵路建造狂潮期間，紐約逐漸成為密西西比河大半上游流域所偏愛的口岸。一八五二年起，紐約有鐵路直通芝加哥（已是中西部之北部地區的最大農產品市場），縮短兩地交通時間，從三星期減至兩天。[147]內陸流通最廣的鈔票和匯票來自紐約的銀行。[148]「紐約票據」（New York Exchange）意指能在任何地方流通的鈔票。[149]紐約有許多期刊和百餘份報紙（包括五份大型日報），有電報和北美大陸許多地方相連，有通往歐洲諸口岸的快速定期郵遞服務，藉此提供了最新、最可靠的消息和商業情報。紐約龐大的印刷、出版業，也是美國最大的書籍生產者。[150]紐約是歐洲時尚的櫥窗，不管是文學時尚還是物質時尚皆然。《紐約日報》宣稱，「每個國家都有其最重要的城市口岸」——欲藉此說勸費城「承認其對手的獨霸地位」——而紐約的驚人崛起似乎正證明此言不虛。[151]

未想，有個大危機即將襲來。整個一八五〇年代，紐約商人拚命安撫南方的不滿，避免美利堅合眾國——和其棉花貿易——受到任何威脅。「沒了奴隸，紐約會成什麼樣？」紐奧良記者詹姆斯・德博（James De Bow）嘲笑道。「船會在其碼頭邊腐朽；華爾街和百老匯會長草。」[152]一八六一年，南方各州脫離合眾國，紐約商人即面臨美南龐大債務遭賴帳的局面。[153]南北戰爭阻斷了華爾街內部所倚賴的、來自歐洲的投資。事實上，這場內戰和其結果，與其說是紐約的一次挫敗，不如說是給紐約的發展大大推了一把。紐約已是北美的最大製造中心——在製衣、煉糖、機器製造、造船和其他許多方面。內戰帶來龐大的新需求。密西西比河（和紐奧良）遭封鎖，西部貿易因而大量轉向東海岸，尤其轉向紐約。對此城金融業的衝擊也一樣劇烈。由於高昂的戰爭支出和有限的稅收，聯邦政府除了在國內借錢，幾無其他選擇——華爾街攬下此借錢任務，從而創造出紐約債券市場的雛形。為報答華爾街的貢獻，華府於一八六三年通過國民銀行法（National Bank Act），規定只有所謂的「國民」銀行可發行鈔票，其中許多家銀行便位在紐約，於是紐約成為實際上的美國金融首府，無其名卻有其實的美國儲備銀行。[154]隨著內戰結束，為這場戰爭而已調動起來的龐大投資流大舉湧入西部。而這時的西部，生產供出口的小麥、麵粉、肉，已進入黃金時期。棉花生產迅速恢復，到了一八七三年，紐約的棉花出口已比一八六一年時多了一倍。[155]棉花，連同食品原料和其他未加工的產品，占一八八〇年美國出口的六成多。[156]

實際上，那些紐約資本有許多投入鐵路建設。美國的鐵路里程從一八六五年的三萬五千哩成長為一八七三年的七萬哩，增加了一倍。一八九〇年時又再增加一倍，達到約十四萬哩，一九二〇年時達到驚人的高峰，超過二十五萬哩。在這波罕見的擴張裡，足見許多偏離常軌之事：路線重複；不計後果的競爭；誇大的前景；投機、貪腐、金融惡棍偷竊所導致的損失。儘管如此，鐵路是美國第一樁大工程，需要新的管理方法來控制其成本、處理其人車運行問題，其所需的資本多於此前承平時期的任何重大工程。[15]為鐵路建設提供資金，係紐約證券交易所和華爾街銀行家的最大業務。一八五〇至一九〇〇年期間，投入鐵路的資金，比投入其他所有產業的資金總和還要多。[158]對那些管理大型鐵路公司的人來說，掌握取得資本的管道和取得談定合併、費率協議或防止政治干擾所需的金融、法律專門知識的管道，在在成為第一要務。愈來愈多大型鐵路公司將總部移到投資銀行家和公司律師激增的紐約。隨著美國廣大的鐵路、電報基礎建設完成，倚賴大眾行銷、大量配送的新一代製造業興起。生產石油、菸草或鋼鐵的大型公司，對於金融、管理方面的專門知識，出於和鐵路公司類似的需要，也相繼來到紐約。事實上，十九世紀後期，紐約商界菁英的事業重心已非海外貿易，而是國內製造業的管理與財務。一八七〇至一九三〇年，「紐約……從大口岸轉型為美國新製造企業的中心。」[159]

當然，紐約仍是極為重要的口岸。一八六〇至一九〇〇年，經由紐約港進出的貨運量成長了五倍。[160]十九世紀最後三十年，美國對外貿易有一半經由此城：約美國三分之二的進口、四成以上的出口。[161]紐約沿岸分布著無數突堤和突碼頭。為解決碼頭擁擠和沒有鐵路通過北邊一百五十哩處阿爾巴尼（Albany）下方的哈德遜河所帶來的不便，紐約花了很大工夫。其實紐約的發展長年受阻於其位於島上的位置和架橋橫越水道的成本。一九一六年，世界最長的橋中，其中五座在紐約市，通過紐約的貨物，有許多是利用船辛苦運到哈德遜河對岸的澤西（Jersey）沿岸。[162]新出現的大型班輪船隊，使橫越大西洋只需五天，舒適程度不可同日而語，而紐約是大型班輪的終點站。紐約是一八六五年後來到美國的兩千萬移民的主要目的地，其中許多人就此待在紐約，投入其日益壯大的工業勞動大軍——且住在其貧民區裡。但一如大部分口岸城市，紐約難以抵禦種種風險的衝擊。城裡急速成長的勞工和貧富嚴重不均，可能造成社會動盪和政治劇變——紐約之所以出現以恩庇、貪污、威嚇為手段管理該城政治的「老大」（boss）體制，這是原因之一。紐約的商品出口易大起大落。歐洲作物豐收或棉花需求下跌，可能導致大西洋另一岸資金周轉不靈。

南部或中西部焦急的農場主和經銷商可能會要求拿回他們放在紐約的存款，從而引發銀行擠兌。一再發生這類金融危機——一八三七、一八五七、一八七三、一八八三、一八九三、一九〇七——可能會引發長期經濟衰退，例如一八四〇年代、一八七〇年代、一八九〇年代前半發生的情形。這類衰退發生時，怒不可遏的生產者，眼見收入即將驟減，痛斥造成通貨緊縮的金本位（紐約銀行家的約櫃）約束，力促重拾較低成本的白銀或紙鈔——一八九〇年代，民粹主義者的要求。對許多美國人來說，紐約是座外來城市，一九〇〇年時，該城超過四成人口出生於外國，也是投機與詐騙的淵藪。或許，直到一九二〇年代，它的形象才開始被改造為十足美國風格。[163]

諷刺的是，那時，紐約大致躲掉要其在文化上遵從流俗的壓力（當時美國許多地方受害於這股文化風氣）。紐約的不同族群在居住上各成一區（當然並非法律規定所致），但各族群已大到足以保住自身獨特且蓬勃的文化。紐約市的政黨認識到，若要打贏選戰，必須提出涵蓋不同族群出身的「候選人名單」。紐約的作家和知識分子，受到紐約龐大印刷業哺育，依舊遠比美國其他地方願意接受「外來」思想——尤其是來自歐洲左派的思想——紐約市是一九三三年後，捍衛羅斯福總統「新政」的知識界堡壘。[164]紐約已成為西方世界裡，現代城市的典範，其現代性體現在其摩天大樓、不斷重建之舉、無所不在的廣告、大眾娛樂以及貪婪的營利主義。那是個不斷在流動的世界，約翰・道斯・帕索（John Dos Passo, 1896-1970）的小說《曼哈頓中轉站》（*Manhattan Transfer*, 1925），由數個如觀賞電影般的故事組合而成，便傳神呈現了該世界的特質。紐約的報紙和雜誌（例如《浮華世界》、《紐約客》、《君子》），針對成名、消費、優雅、風趣設計出時髦新穎的法則，吸引來林・拉德納（Ring Lardner）、桃樂西・帕克（Dorothy Parker）、詹姆斯・M. 凱恩（James M. Cain）、約翰・奧哈拉（John O'Hara）等暢銷作家。[165] 這些人事物，加上戲劇創作（但非電影）和流行音樂，紐約因而成為北美的文化首府，與倫敦競相爭奪英語世界文化中心的寶座。

紐約從口岸城市轉型為最重要都市的獨特發展歷程，以令人玩味的面向揭露了美國的蒸汽全球化經驗。一七八三年獨立之前許久，北美十三個殖民地就已被緊密整合進大西洋經濟裡，與歐洲和加勒比海有貿易往來。奴隸生產的棉花和蘭開夏紡織業相結合，更是加深了這一跨大西洋的連結，並有來自英國和歐洲的製造品、投資、移民流入美國以為回報。十九世紀下半葉，小麥和肉類使美國對商品出口的依賴更深，而來自歐洲的移民流則轉為洪流。但紐約轉型為製造城和龐大的金融、管理樞紐一事，讓人想到美國的全球接觸極具選擇性，絕非照單全收。一八三〇至一九〇〇年期間，美國出口額只占其國民生產毛額百分之六左右，一八七九至一九一四年，頂多占其工業產出的百分之六。[166] 愛德華七世時代的英國，則是百分之二十五左右。[167] 儘管外來投資不少，尤以鐵路方面為然，外來資本平均來講只供給美國資本需求的百分之五[168]（就澳洲來說，則將近百分之五〇）。一九一三年時，美國已輕易登上世界最大經濟體的寶座，而其外來投資則微不足道，在美國經濟已是英國經濟三倍大時，其外來投資僅英國外來投資的六分之一左右。十

九、二十世紀之交，歐洲多數國家課徵百分之五至八的關稅保護國內產業，美國的關稅至少是其四倍，[169]針對某些產品，例如鋼，更是達百分之百。[170]外人擁有或管理的企業，在歐洲以外的許多地方有極具影響力，然在美國，除了最終稱霸美國工業的大公司，影響力甚小。

作為美國最重要的都市、往西綿延至芝加哥這個「核心區」的總部，[171]紐約在塑造此一既開放又局部封閉的獨特經濟上，起了很大作用。紐約是美國通往世界的門戶，但也是受到嚴密防衛的美國工業經濟首府。諷刺的是，正因為美國工業、運輸、商品出口的資金籌措高度集中於紐約，隨著易波動的商品價格而來的外來衝擊，很快就傳到美國經濟的其他領域。[172]但儘管某些紐約銀行家向東觀望，仍有許多銀行家往西望向有著龐大本土市場的內陸經濟。事實上，雖有大量歐洲人移入，多數美國人依舊是執著於本土大陸，而非放眼全球——主要源於不信任紐約那些國際色彩濃厚的利益團體。一九一八年後，美國對外投資的規模理所當然大為成長，外國市場對美國大型公司來說變得更重要許多。美國製造品（尤其機動車輛）、娛樂、音樂、文學、生活方式日漸風靡全球，至今未衰。但直到以倫敦為中心的舊全球經濟終於崩潰（源於一九四〇至一九四二年英國的地緣政治災難），美國和紐約才開始構築新的全球貿易、金融體制，亦即過去七十年我們一直無奈接受的體制。或許，從那時起，紐約才真正超越其美國最重要都市的地位——為了某些目的——並成為世界的中心。

加拿大、美國、西北歐構成的「大西洋世界」，如今通常被視為十九世紀全球化的典型場域，該全球化據以擴散到世界其他地方的核心區。在此區，移民和資本往一方的流動和商品往另一方的流動，造就出大西洋兩岸相互依賴的關係，進而造就出深厚的互蒙其利關係。運輸成本的下跌和水運、鐵路運輸或（就資訊來說）電線傳輸的速度加快，使價格和生活水平漸漸趨同（但生活水平趨同的程度較低）。大陸與大陸間人員移動量的龐大（在汽輪時代或許有三分之一的移居者返回故鄉），創造出一個社會、商業連結網，並以英國和加拿大間、倫敦與紐約間的連結網最為繁密。蒸汽時代後期之前，觀念與意識形態方面雖有趨同現象，但相較於前者，趨同程度較低，而且在一九三〇年後，連此一趨同都受到災難性的反轉。

北美蘊藏驚人豐富的天然資源且能輕鬆吸納從大西洋彼岸過來的大量移民一事，係此一過程得以發生的主因。但誠如北美三大口岸城市的歷史所間接表明的，出現於北美大陸的全球化模式，不只是自由市場經濟的必然結果。這三座城市最初都是位在一廣大內陸邊緣的「門戶城市」，而且該內陸有許多地方時至一八〇〇年仍幾乎未被勘察過。這三座城市的商業繁榮都要歸功於水上或陸上的蒸汽動力。但蒸汽全球化不只關乎商業機會。紐奧良係遠在異地的統治者以地緣政治考量所「造就」，那些統治者贏得、失去這座城市和其腹地，或為爭奪它們而戰，或放棄它們。紐奧良一度有可能成為整個西半球的最重要都市，在那時享有短暫的輝煌歲月。這一突然的稱雄，不只要多所歸功於白人移民驅逐阿帕拉契山脈以西的內陸原住民時，其手段的凶殘與俐落，更要歸功於將美南北部的黑奴強行遷移到美南南部，使美南南部立即有勞動力可供使用一事：蓄奴在美南重新盛行，係美南全球化的惡果。蓄奴使棉花經濟得以驚人崛起，維持長達三十多年的榮景。但蓄奴及其所引發的「遏制不住的衝突」，也使紐奧良最終落得徒有成為最重要都市的潛力，但終歸化為泡影的下場。紐奧良對其腹地的政局發展使不上力，而且致命地沉迷於棉花產業唾手可得的獲利，於是不幸地仰賴以奴隸為基礎的經濟，終至被該經濟過度自信的主子推上絕路。

蒙特婁也受惠於地緣政治紅利，但此紅利存世更是長久。欲與五大湖南邊締結長遠商貿關係的早期希望一旦遭打破，而且其西北部毛皮貿易漸漸衰落，徒留給這處溫吞商業帝國的，只有不算大的商業腹地，而且該腹地有許多地方仍是杳無人煙的荒野。隨著今安大略省南部漸漸住滿人，加上走河路進出該地的交通得到大力改善，蒙特婁成為擁有約三百萬或四百萬人殖民地經濟的中心，但也使蒙特婁時時擺脫不掉其南鄰大國貪婪進逼的威脅。十九世紀末，蒙特婁的傲人成長，其實要歸功於政治上的三件事。第一個，是一八六七年加拿大四省聯盟的成立，第二個，是加拿大從哈德遜灣公司手中買下五大湖以西的廣大內陸帝國一事，第三個，則是加拿大能以自治殖民地的身分（其自主地位得到英國海上武力保障），其工業和成本高昂的鐵路系統受到「國家政策」的關稅牆保護一事。就加拿大來說，全球化係通過由經濟防禦、帝國連結所構成的網子篩濾後實現。經濟防禦和帝國連結共同庇護了蒙特婁的工業基礎，為其鐵路建設的資金籌措提供了助力，為聖詹姆斯街搭起一條與「倫敦城」的有利連結，那是其他大部分地區所無緣享有的連結。

紐約是這三個進入北美的門戶裡享有最佳地利者。白人移民一征服中西部，而且拜伊利運河之賜，紐約擁有一條通往俄亥俄河流域和更遠處的水路幹道，紐約的崛起隨即勢不可擋。紐約成為棉花貿易的金融樞紐——棉花是整個十九世紀美國的最大宗出口貨——紐約因此繁榮富裕了起來，鞏固了其作為最重要商業都市和最重要金融都市的資格，但（最初看來）紐約不可能扮演此樞紐角色。美國鐵路網的大幅擴張，利用了華爾街所能調度的資本和專門知識，在十九世紀下半葉確立了紐約的獨尊地位。美國工業不斷化零為整，形成數個大型公司，而紐約則成為這些公司的總部所在。

於是紐約同時扮演了兩個角色。它是美國通往世界其他地方的前門，其龐大的跨大西洋航運，使其在一九一〇年時已成為世上最繁忙的口岸。它也是上千萬移民通過其港口裡的埃利斯島入境的地點。境內人數眾多的義裔、德裔、猶太裔、非洲裔、加勒比海裔族群，使紐約的國際色彩出了名的濃厚。但作為憑己力打造的重要工業中心和「美國企業界」的首府，紐約也執著於關稅保護，把美國的工業經濟用關稅高牆團團護住。紐約熱中於打入別人的市場，決意保護自己的市場，依舊忠於這一「半全球化」路線，直到二次大戰使得此座城市突然登上工業、金融霸主寶座才改弦更張。自那時起，真正開放的全球經濟才有了沛然莫之能禦的吸引力。

孟買維多利亞終點站，十九世紀後期（The Metropolitan Museum of Art, New York. Gift of MatthewDontzin, 1985 / Acc. No. 1985.1168.11）。

第六章　英國對印度沿海地區的統治

印度對蒸汽全球化的回應，必然大不同於北美。在一八七〇年代之前、蘇伊士運河開通之前，歐洲散裝貨走海路抵印度，仍需要花上多達六個月的時間（十九世紀初年起，歐洲郵件和乘客即取道埃及、紅海前來印度）。印度的鐵路時代比北美晚了約二十年，而建成之後，其鐵路網既不如北美稠密，涵蓋範圍也不如北美廣。一九〇〇年，美國的鐵路總里程比印度多了七倍左右。要把印度的農業經濟朝新的商業方向翻轉——北美「經濟奇蹟」的最大特點——可施展的空間極其有限。本地人仍占有土地，只有製造靛藍染料和（後來）種茶的幾個英籍種植園主例外。印度境內沒有奴隸勞動力可供打造在美國最南部出現的那種「速成」商品生產經濟。印度也不能指望仿照北美洲，靠關稅壁壘保護的模式達成工業化。十九世紀中葉時，在英國的移民殖民地，地方自治已是通則，倫敦不敢在這些殖民地堅持施行自由貿易。就美利堅合眾國來說，倫敦則幾乎無法要求其自由貿易。但在印度，倫敦反而沒有這般顧忌，於是印度成為蘭開夏紡織品的最大市場。就外來投資來說，印度的吸引力也不如北美：事實上，流到印度的資本（其中許多資本用於興建鐵路），通常只在印度殖民政權「印度政府」，給予以下的優渥保障後才會投入資本：若有需要償還，會由印度的納稅農民償還。外人想要「打開」印度經濟，使其接受新全球貿易時，求助的對象大多是印度的殖民政府，而非私人企業。

在這些差異背後，藏著印度歷史上一個更強烈的反差。或許在一八〇〇年前的五百年間，印度一直是世界工廠，其高品質紡織品在亞洲、歐洲以及非洲的需求甚高，行銷甚廣。印度的經濟發展，一如中國，受害於西方工業化所導致的「大分流」[1]。拜工業化之賜，西方製造出品質和亞洲不相上下的紡織品、陶瓷器，但成本只及亞洲的十分之一。就印度來說，襲捲這個次大陸的政治革命，加劇此效應的衝擊。一七五〇年代後期，英國東印度公司已轉型為軍事強權。一七五七年後的一百年裡，該公司憑藉武力征服而建立政權，遂行在印度的統治。該公司有計畫有步驟的摧毀印度各大土邦和其王廷，藉此切斷當地人對印度高價值紡織品的需求，蘭開夏則乘機打入印度貨在國外的舊市場。與此同時，該公司的「稅收攻勢」（revenue offensive），提高稅負以支應公司軍隊和戰爭所需，加重了農村菁英的經濟負擔。於是出現長期的經濟衰退（一八二〇年代至一八四〇年代），並將織工和藝匠逼回去務農的「去都市化」效應。[2]該公司無情擴張所引發的暴動——一八五七年印度大叛亂——摧毀了該公司，使英國人對印度的統治更為謹慎。但此事發生的同時，印度正（以大不同於過去的條件）漸漸融入新全球經濟，而且其貿易量有大幅的絕對性成長：一九一三年出口額是一八三四年的二十五倍，進口額是三十多倍。[3]

毫不意外的是，殖民統治對印度的影響，支配了後人撰寫印度史的方式。這不可避免的導致史家側重於陸上的情勢、殖民地政權的征服、鞏固、瓦解的歷史，以及外族統治對以農業為主的社會所產生的影響。若有人從別的角度切入，書寫印度與外界連結、與海運有關的歷史，如此寫出的歷史也大多局限於一七五〇年以前、尚未淪為殖民地之際。但英國人在印度的統治，既以陸地為基礎，也和航海脫離不了關係。與先前征服次大陸者不同的是，英國人循海路過來。他們的橋頭堡是口岸和沿海貿易鎮。馬德拉斯（清奈）、加爾各答、孟買是他們據以擴大版圖的基地：一九四六年，英國統治即將土崩瓦解的那段危急日子，他們打算退守的地方是馬德拉斯、加爾各答、孟買。綜觀東印度公司在印度的統治史，大半時期倚賴從海路送來增援的人力（尤以一八五七年為然）；倚賴支應其外部成本的商品出口；倚賴其在倫敦的主子所要求的自由參與海上貿易的權利。但一段時日過後，英國人轉型為內陸帝國，好似欲否認他們的海外出身。他們於一九一一年將其首府從加爾各答遷到德里，一副想表明他們從蒙兀兒人手中承繼了大位的樣子，並成為（具正當性的）印度統治者。一八五七年的印度大叛亂，以恆河上游流域為中心，英國人因此更是把重心擺在北印度內陸，而唯恐沙俄染指的多疑心態，英國人的軍事重心因此更是擺在西北邊疆和阿富汗，直至一九三〇年代和之後為止。

這段內陸歷史的曲折變化，使後人易忽視印度受殖民時期的第二個大主題：印度各大沿海城

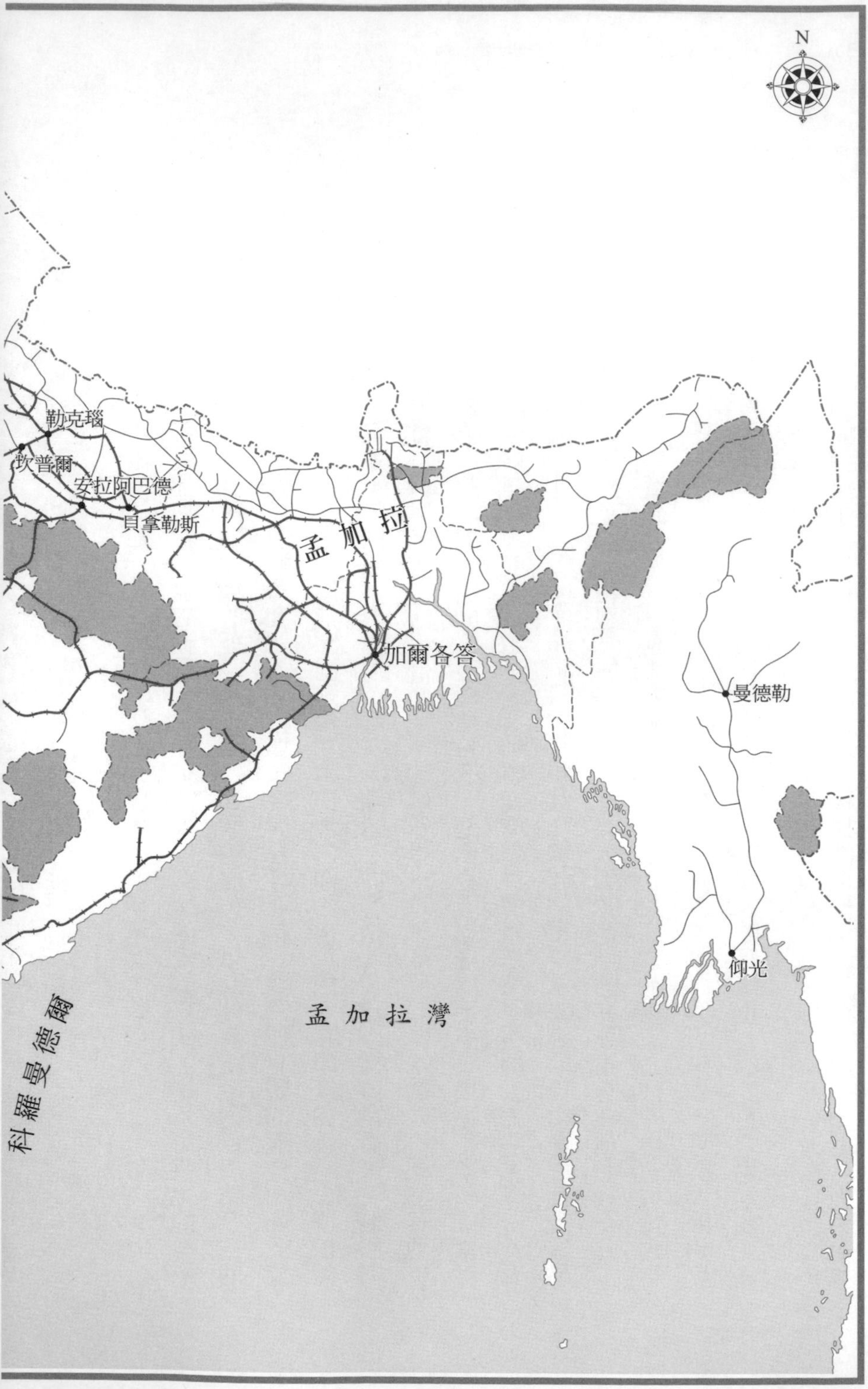
N
勒克瑙
坎普爾
安拉阿巴德
貝拿勒斯
孟加拉
加爾各答
曼德勒
仰光
孟加拉灣
科羅曼德爾

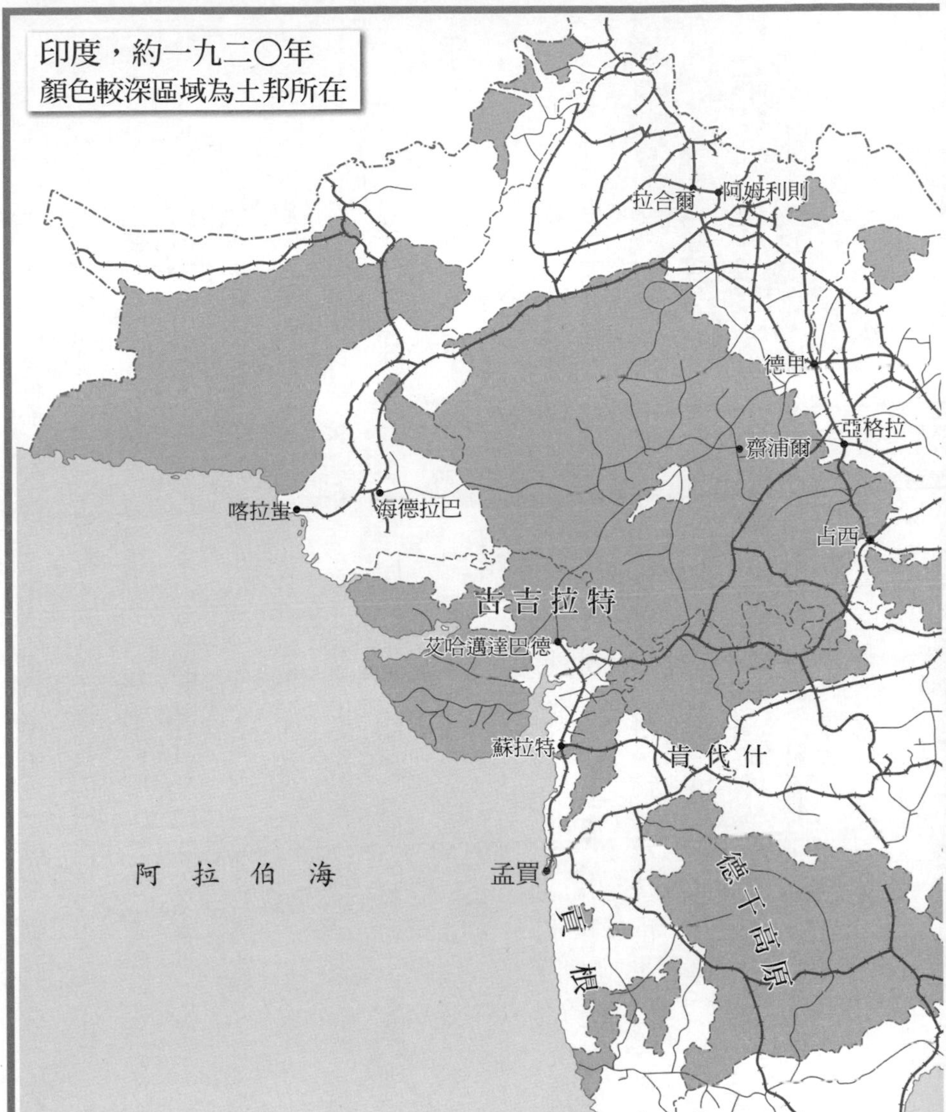
印度，約一九二〇年
顏色較深區域為土邦所在
拉合爾
阿姆利則
德里
亞格拉
齋浦爾
喀拉蚩
海德拉巴
占西
古吉拉特
艾哈邁達巴德
蘇拉特
肯代什
孟買
德干高原
貢根
阿拉伯海
馬拉巴爾海岸
馬德拉斯
寬軌鐵路
窄軌鐵路
0
200 英哩
0
400 公里

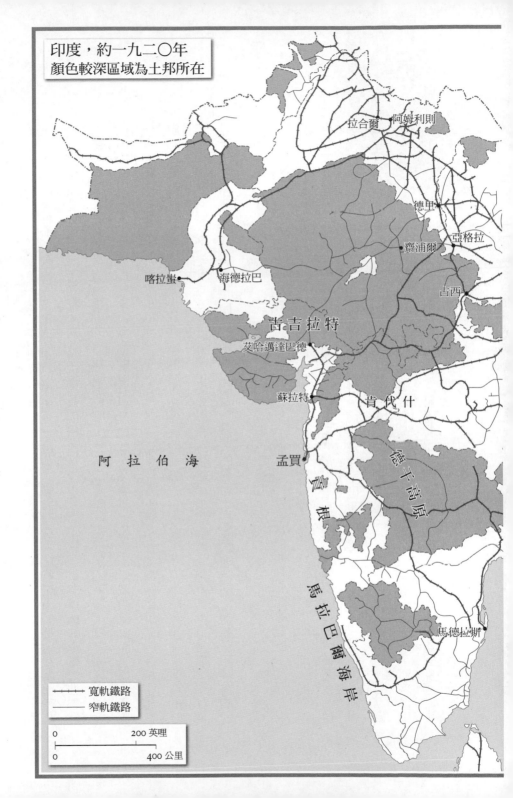

市在改造印度經濟、政治、文化上所起的作用，以及蒸汽動力在擴大這些城市的勢力範圍上所起的關鍵作用。也就是說，勿在未充分掌握事實的情況下作出判斷：它們具有這樣的影響既非必然之事，其影響（誠如後文會提到的）也非無局限，且曾遭逆轉。但外部的影響大抵必須通過印度的口岸城市進入，尤以那些來自歐洲的影響更是如此。在獨具一格的口岸城市社會面貌裡，我們能探明那些影響引發什麼樣的回應，以及在內陸遭遇什麼樣的抵抗。如果說印度諸口岸城市和其腹地循著不同於北美口岸城市的路線發展，這番說明或許多少揭露了蒸汽全球化是在什麼樣的條件下到來，以及此全球化所不得不適應的當地情況。因為這些口岸城市遭遇的共同挑戰，係如何克服印度沿海社會與次大陸內陸的社會之間存在已久的脫節，在殖民地時期之前許久即存在的脫節。[4]

印度沿海地區形成一道由雙弧構成的大弧，以斯里蘭卡（殖民地時期的錫蘭）為雙弧的接點。一八三〇年代起，這道大弧的西端位在紅海口附近的亞丁（一八三九年，亞丁歸英國東印度公司管轄）。大弧往東延伸至丹那沙林和更東邊的馬來半島海峽殖民地。丹那沙林是今緬甸最南端的部分，一八二六年被英國人吞併。海峽殖民地則是指檳榔嶼、麻六甲、韋爾茲利省（Province Wellesley），由東印度公司從加爾各答派人治理，直至一八六七年歸英國直接管轄為止。此前，印度人在阿拉伯海、孟加拉灣全境貿易已有千百年之久。但英國人入主後，印度洋地區的安定，以及英國人在印度洋沿岸購買、併吞領土、建立干預範圍，使印度的前述對外連結步上新階段。作為英國子民，印度商人在阿曼、波斯灣、東非沿海地帶旅行、貿易更為自由。來自馬德拉斯的赤地亞人（Chetiars），一八二〇年代、一八五〇年代、一八八〇年代，跟著英軍腳步進入緬甸，為了將廣大的伊洛瓦底江三角洲改造為稻米之鄉，他們提供了財力支援。[5]在斯里蘭卡、馬來亞、斐濟、模里西斯、納塔爾、千里達、英屬圭亞那以及印度籍契約工和其他移工，為生產咖啡、茶葉、糖、橡膠的種植園經濟體提供了勞動力，也為東非鐵路建設提供了「苦力」。於是出現一廣大的範圍深受印度影響，在此範圍裡，其影響不只表現在外交上、軍事上（英國印度軍的作戰區），還表現在商業、文化、人口上。在印度商人早已極其活躍的西印度洋，英國的海上武力和廉價製造品，使他們享有更全面的保護和更大的經商優勢。印度商人幾乎稱霸此區域。[6]曾任孟買行政長官的巴特爾．弗雷爾（Bartle Frere）爵士一八七三年論道：「在長約六千哩的非洲海岸和其島嶼上，以及在亞洲的近乎同樣廣的範圍裡，

印度商人即使不是壟斷者，也是商界最有影響力、最長久存在、分布最廣的成員。從德拉瓜灣（Delagoa Bay）到喀拉蚩的整段海岸上，我看恐怕只有在其中六處口岸裡，印度商人買賣船貨的本事遜於其他群體，在大多數大型口岸，恐怕只能借助他們，船貨才有可能賣掉或湊齊……[7]

至十九世紀中期為止，印度洋的兩大水域——阿拉伯海、孟加拉灣——只靠英國海上武力維持輕度的航海安全。長年以來淪為政府郵遞工具的印度海軍，一八六三年停止運作。一八六九至一八七〇年，英國皇家海軍的東印度艦隊（East Indies station，一八六四年與中國艦隊分開，自成一支艦隊），只靠八或九艘船巡邏海上，其中兩艘被海軍部強迫前往波斯灣。[8]但從商業上看，整個印度洋開始日益為英國所把持。蘇伊士運河的開鑿，預示了以汽輪作為東方海域貨物運輸工具的時代即將到來。孟買、加爾各答、馬德拉斯所經手的船舶噸位，從一七九八年十萬噸增為一九一四年超過六百萬噸，成長了五十九倍，[9]其中大多屬於英國，也多為汽輪。由於成本、便利的優勢，阿拉伯三角帆船貿易仍未消失，但已不是過去在孟買常看到的那種來自阿曼的大型帆船。斯里蘭卡的可倫坡成為亞洲主要的加煤港、世上最繁忙的口岸之一。服務中國、東南亞、澳洲、孟加拉灣的汽輪，不管往東或往西，都到可倫坡加煤。一八六二年創立且受到印度政府大幅補助的英印輪船公司（British India Steam Navigation Company，以BISN或簡稱英印而為人所知），其航運業務涵蓋從緬甸毛淡棉至信德的喀拉蚩這整個印度海岸線，遠至波斯灣、東非、澳洲、東南亞、中國。一八七三年，該公司名下船舶已超過三十艘；二十年後將近九十艘。[10]蘇伊士運河一開通，該公司也成為提供「返國」（英國）服務的航運公司。對大部分英國船舶來說，印度是其整個東方貿易的樞紐，對為數眾多的不定期貨船來說尤然——因為從英國出發的船，可在印度西海岸賣掉英國煤獲利。[11]但在印度諸口岸進行的貿易，有許多與英國、歐洲只有間接的關聯：來自東非和波斯灣的象牙和椰棗；來自緬甸的稻米和木材；來自印度、要運到東南亞和中國的鴉片。亞洲與歐洲的貿易、存在更久且成長同樣快速的亞洲內部貿易，紛紛在印度接合。

於是，印度的口岸城市不只把目光望向其背後的農業世界，還遠望廣闊的海上腹地。其海運事業不只把它們拉向歐洲，還拉向東亞、非洲。但這些口岸城市也是一帝國政權的受益者——甚至說不定是帝國產物——此帝國政權，在南亞史上絕無僅有，既掌控其海上通道，也掌控次大陸內陸。接下來，我們就來探究這些口岸城市如何利用此一發展機會。

孟買：西部門戶

蒸汽時代早期，（乘客）從倫敦搭船到孟買，比起過去繞過好望角花上四或五個月的航程，已快上許多，但就今日的標準來看，仍舊辛苦且緩慢。一八四〇年代中期，旅人會從倫敦搭火車到南安普敦，在那裡，他（當時多數乘客是男人）會搭上半島東方輪船公司駛往里斯本、馬爾他的班輪。如果天氣不好，這段航程要花上兩星期。在馬爾他，他會轉乘該輪船公司的另一艘汽輪，經六天航程抵達已經靠埃及的棉花出口而急速繁榮起來的亞歷山卓。下一段旅程是搭小船溯馬赫穆迪耶運河（Mahmoudieh Canal）到尼羅河邊。之後搭汽船的話，可在二十四小時後抵達開羅，若乘帆船，則可能會花上數天。從開羅到位於蘇伊士地峽最南端的蘇伊士（有個造訪該地者埋怨道，蘇伊士是個「特別骯髒的小鎮」），旅人與他人共乘一輛馬拉的「蓬車」，全程八十五哩，途中會有載煤到蘇伊士的駱駝經過身邊。在蘇伊士，旅人搭上運送郵件與乘客的汽輪。那汽輪是一塊「浮動的印度碎片」：英籍高級船員和輪機員；一名阿拉伯籍引水人；數名來自臥亞、說葡語的船上服務員；數名擔任打火員的穆斯林或低種姓印度教徒和在一百三十度高溫中幹活的非洲籍「煤工」。九或十天到亞丁，再十天到孟買，就此結束旅程——運氣好的話，全程只花上一個月多一點，否則，得花將近兩個月。[12]

一八三〇、四〇年代，孟買是蓬勃發展的口岸城市，人口從一八三三年約二十萬成長至一八四九年超過五十萬。[13]但在此前，它並非一直如此繁榮興旺。它雖擁有印度西海岸最優質的港灣，對十五世紀後期來到印度的葡萄牙人，或一百年後跟著過來的英格蘭人而言，其吸引力卻不大。當時，來印度購買古吉拉特、卡提阿瓦（Kathiawar）紡織品的歐亞商人，匯集於更北邊約一百五十哩處坎貝灣（Gulf of Cambay）裡的蘇拉特。一側為峭壁的西高止山脈（Western Ghats）把孟買島與內陸隔開，有些山峰高達三千呎。而當時孟買島只是葡萄牙位於伯塞恩（Bassein）這處小型基地的邊遠分部。一六六一年，出於令人費解的理由，此島致贈給英王查理二世，以作為其葡萄牙籍新娘嫁妝的一部分。眼見此島沒什麼用處，查理二世於一六六八年轉給東印度公司，於是，該公司在封建土地占有制下持有該島，繳交象徵性的租金。對該公司來說，孟買同樣

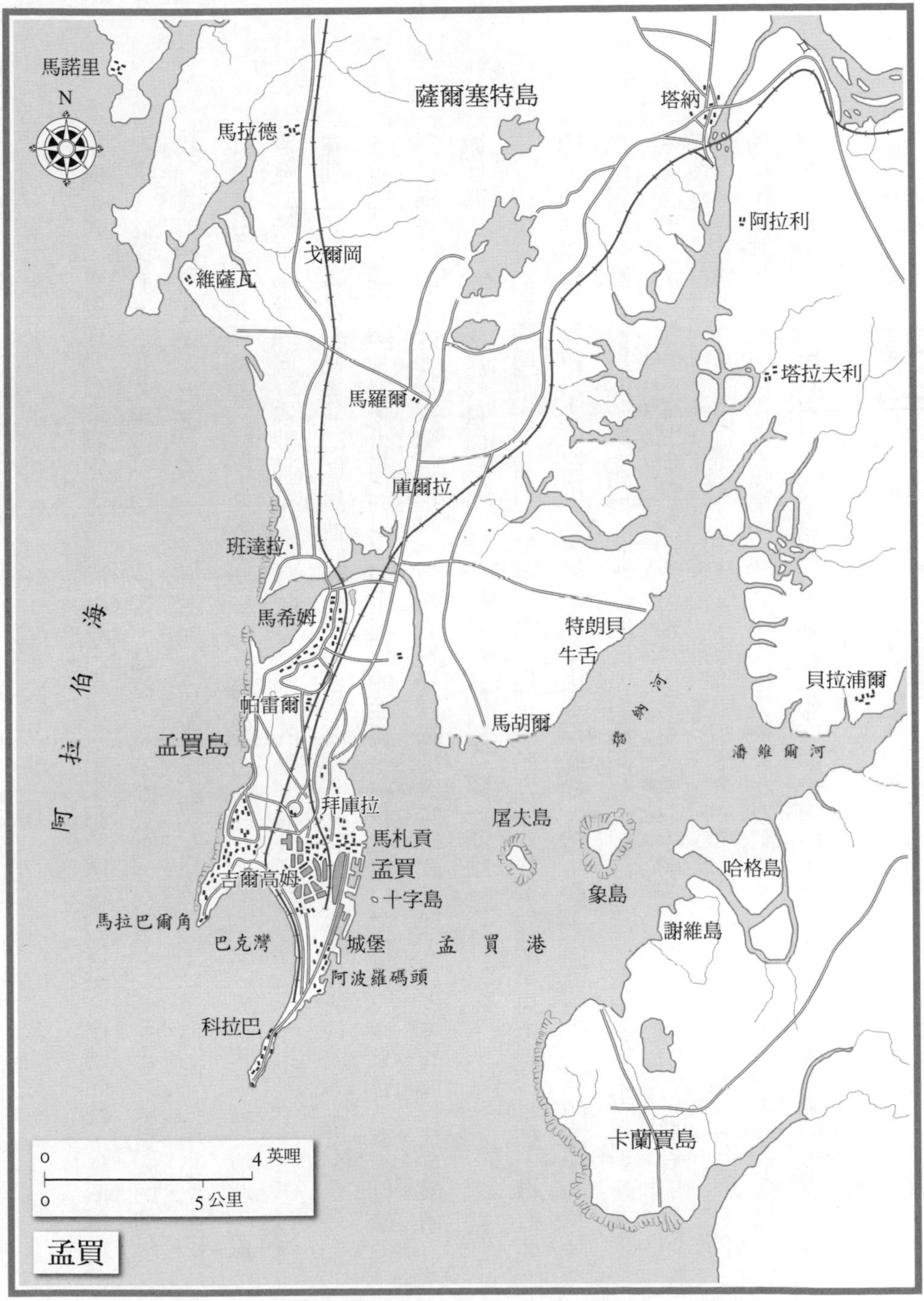

馬諾里
N
薩爾塞特島
塔納
馬拉德
阿拉利
戈爾岡
維薩瓦
塔拉夫利
馬羅爾
庫爾拉
班達拉
馬希姆
特朗貝
牛舌
阿拉伯海
帕雷爾
孟買島
馬胡爾
貝拉浦爾
潘維爾河
拜庫拉
屠大島
馬札貢
孟買
吉爾高姆
十字島
象島
哈格島
馬拉巴爾角
巴克灣
城堡
孟買港
謝維島
阿波羅碼頭
科拉巴
卡蘭賈島
0
4 英哩
0
5 公里

孟買

用處不大，主要作為歐洲籍對手或其印度籍「東道主」來犯時防守的據點。儘管如此，其價值仍有限。此鎮於一六八九年遭「西迪」（Sidi）劫掠，又不斷受到安格里亞（Angria）威脅。西迪是我行我素的蒙兀兒人海軍司令，安格里亞則是在海上活動的氏族，世代為馬拉塔聯邦（Maratha Confederacy，德干高原內陸的新興強權）的「艦隊司令」。一七五六年，安格里亞終於敗北，孟買從此較不易受到海軍攻擊，但仍是時時可能不保的東印度公司邊遠分部。然此時，該公司的商業利益和軍事野心側重於印度東海岸和孟加拉。隨著一七八〇、九〇年代征戰成本陡增，受到來自孟加拉大幅補貼且沒多少商品可出口至英國的孟買，對該公司的財務構成愈來愈沉重的負擔。對暴躁易怒的加爾各答新總督來說，最好的解決辦法係裁減行政管理人員過多的行政長官機構、城堡的人事，把孟買降為僅有一名公司特派代表的較次要「商館」。[14]

但離奇的命運轉折，使孟買免於落得這下場。一七九〇年代，與法國再啟戰端，加上擔心法國人與邁索爾、馬拉塔人（印度次大陸上前兩大軍事強權）暗中聯手出謀策畫，西印度洋的戰略地位日漸升高，孟買的戰略價值跟著水漲船高。與此同時，該公司已開始倚賴其與中國的茶葉貿易來獲利，而印度貨，尤其原棉和鴉片，提供了可用來換取中國茶葉的重要貨物。可能有部分印度貨來自孟買，於是，倫敦要該公司務必全力保住在孟買的基地。該公司和馬拉塔聯盟彼此間的鬥爭，使其更堅定保住孟買的意志。該公司攻打孟買東北邊肥沃的古吉拉特省內的馬拉塔采邑，更是得到孟買商人出資幫忙。而孟買所得到的回報，則是獲授予該省某些最富饒區域的稅收。孟買一舉得到其腹地和擴大腹地的憑藉。事實上，及至一八一八年，孟買島已支配古吉拉特許多地方、卡提阿瓦半島、孟買南邊的沿海平原（貢根／Konkan）、遼闊的內陸德干高原。孟買是口岸城市，但此時也是一陸上大帝國的首府，而且擁有軍隊。

但直到一八〇〇年後，孟買才取代蘇拉特，成為印度西海岸最大的商業、金融中心。[15]孟買的新地位，既有其商業勢力支持，也有該公司的海軍、外交力量當靠山。在當地數個海上強權——可想而知被該公司斥為「海盜」——都想要對商船強發通行證、強徵通行費之時，該公司憑藉孟買艦隊（Bombay Marine，約二十艘武裝巡洋艦），成為此段海岸船隻「通行證」的唯一發行者。在蘇拉特（十八世紀後期時人口五十萬），該公司受惠於帝國（蒙兀兒帝國）勢力衰落。蘇拉特商人日益指望東印度公司保護，以防馬拉塔政權或本地動亂的干預。而若以銀支付來自西印度的出口貨，也以孟買為交付口岸。隨著該公司在西海岸勢力日漸茁壯，並在一八〇〇年正式併吞蘇拉，以及一八〇三年取得古吉拉特境內足以產生稅收的區域，這個島嶼城市對帕西人（Parsis）、博赫拉派（Bohras）穆斯林、霍加派（Khojas）穆斯林、巴尼亞人（banias）印度教徒變得更有吸引力，從此不再只是蘇拉特的商業衛星城。

誠如前述所言，孟買雖有英藉行政長官和幾個歐洲籍商人，也已成為英國人在印度的一個管轄區（presidency），卻仍是個印度城市，而不只是歐洲的邊遠分部。一八一三年，該公司獨占英印貿易的權利遭取消（亞洲內部貿易或「港腳貿易」至此時為止一直開放私人參與），此後，歐洲籍商人愈來愈多。只是孟買的對外貿易，有許多仍掌握在來自古吉拉特的印度商人手中，其中又以帕西人居多。經手來自古吉拉特沖積平原的原棉貿易，並走海路把原棉運到孟買者，是印度商人。而位於孟買東北邊的中印度、距孟買甚遠的麻窪（Malwa），其所生產的原片為孟買的第二大出口業，在該貿易中占有最大份量者，也是印度商人

麻窪鴉片令東印度公司備感棘手。一七七〇年代，東印度公司已壟斷來自孟加拉的鴉片生產和銷售，並在巴特那（Patna）和貝拿勒斯（Benares，瓦拉納西／Varanasi）設有工廠。這些鴉片運至中國，以換取在廣州購入的茶葉。為防中國禁止鴉片進口，鴉片在加爾各答以拍賣方式賣給民間商人，由他們安排鴉片在中國的配銷事宜（怡和洋行／Jardine Matheson是其中最為人所知者）。但麻窪鴉片不受該公司控制。麻窪鴉片經由數條路線運到西海岸，但孟買很快成為最大的出口中心。幾次禁止不成後，該公司於一八三一年時迫於無奈同意對其課徵出口稅。[16]一項很有利可圖的行業就此誕生（麻窪鴉片因而得以削價，並和孟加拉鴉片競爭）。在此行業中，帕西人的商行，例如噫之皮（Jamsetjee Jejeebhoy）商行、卡瑪商行（Cama and Company）等獨占鰲頭，一八四〇年代，怡和洋行的鴉片半數由噫之皮供貨。一八三〇年代後期，出口中國的原棉、鴉片是孟買出口的最大宗，出口額比對英出口額多出一倍多——一八三六至一八三七年，前者的出口額為三千兩百萬盧比，後者為一千三百萬盧比。[17]原棉、鴉片的出口獲利，使孟買的印度籍商人得以累積財富，面對趾高氣昂、占上風的英籍商人和官員，仍能保住其社會、商業地位。

孟買（與中國、英國、波斯灣）的貿易和其人口盡皆快速成長。從一八三〇年代至一八五〇年代，其商品貿易成長了四倍。[18]孟買是從卡奇（Kutch）、卡提阿瓦半島到南方馬拉巴爾的印度西海岸的貨物集散地，但進入內陸的管道依舊有限。一八二〇年代後期，一條穿過博爾加特（Bohr Ghat）山口的公路建成，從孟買到德干高原從此更為輕鬆，一八三五年起，一進入炎夏，政府即遷至浦那（Poona）辦公。然而晚近才納入該公司治下的內陸區域往往杳無人煙，除非公務需要，少有歐洲人踏足鄉間（mofussil）。孟買商人盯著後來會成為重要產棉區的肯代什（Khandesh），只是肯代什已為馬拉塔軍隊和饑荒摧殘殆盡，其中許多村子甚至已人去村空，（當時某報導說）「幾乎沒有哪個鎮稱得上是一個鎮」。[19]更糟的是，通往肯代什的道路穿過畢爾人（Bhils）所盤據的濃密森林及丘陵，而「野蠻部族」畢爾人向來不從英國人管轄的，甚至雇用阿拉伯籍傭兵助其抗英。[20]商人忿忿抱怨道，來自內陸的產物，靠閹牛馱運的慢車花數星期運過來，途中飽受風吹日曬雨淋和地方掠奪，在轉運途中價格漲了一倍，[21]而且他們指摘東印度公司未花錢建造品質更好的道路。從法律、行政上看，孟買市也被刻意維持自成一格。該市（透過其治安官員）享有非常有限的地方自治，（更重要的是）有權透過高等法院裁決爭端。其所採行的，是英國司法程序，由英國人所訓練出來的法官主持，（一八二〇年代時）英籍律師已活躍於其中。但在此轄區的內陸，誠如歷任行政長官所說的，高等法院沒有管轄權。在此地區，不同版本的「習慣法」才享有其支配地位，這些習慣法由英籍官員、當地奇特帕萬婆羅門（Chitpavan

Brahmins）所組成的書吏菁英加以詮釋。孟買行政長官，一如後來英屬西非的行政長官，深恐「英國法」對複雜種姓制度、內陸族群的土地保有及家族關係造成衝擊。根據他們和當地菁英所達成的協定，他們誓言保護這些關係。[22]

如果說孟買已成為西印度的第一大口岸城市，其商業前景，在商人看來，仍有不少有待實現。孟買雖有無可匹敵的地位和比紐奧良多上許多的人口，其出口貿易卻比大西洋這個主要的棉花口岸小了許多——約紐奧良貿易額的六成左右。[23]孟買本身的航運、造船業，面臨英國的競爭而逐漸衰退，甚至在蒸汽問世前便已如此。[24]在將貨物（而非乘客）載到歐洲這方面，孟買相較於加爾各答並未占上風：在帆船時代，風和海流支配航運，從歐洲駛至這兩個口岸，所需時間是一樣的。統治印度的東印度公司，自一八三三年起，其貿易獨占權慘遭剝奪，對商業需求無動於衷，而且，在孟買商人看來，執著於徒勞無功且代價高昂的征服戰爭，根本有害無益。《孟買時報》（商人藉以了解時事動態的報紙）埋怨道，「對阿富汗的執迷」已浪費掉一百萬英鎊，征服信德（「令人厭惡的省」）的成本，竟由孟買承擔。[25]孟買商會創立於一八三六年，會員包括印度籍和歐洲籍。該商會痛批東印度公司的出口稅和其他弊病。孟買為何心心念念要以汽輪和歐洲往來，原因不難看出。「孟買蒸汽委員會」成立，藉此向倫敦針對「蒸汽航行印度」一事設立的特別委員會遊說，一八三四年，該特委員已發表了該主題的報告，儘管航行於孟買與蘇伊士間和亞歷山卓至英國間的汽輪已改變了郵遞和旅行的速度、頻繁程度，即使在一八四〇年代，都還不清楚蒸汽能帶給孟買什麼更大的好處。以汽輪走繞過好望角的漫長航線運貨尚不可行，而且要將貨物在埃及上岸走陸路轉運至另一海域，幾乎行不通。印度未能躲過襲捲英國、北美的「鐵路熱」。一八四〇年代初期，在倫敦和曼徹斯特，有人開始構想印度鐵路建設計畫。但在印度當地人看來，這類計畫再怎麼說風險都很高。《孟買時報》嚴正表示，在印度，鐵路會是「極高風險的商業活動」，[26]主要因為有海岸山脈構成難以克服的障礙。

孟買於十九世紀末成為維多利亞女王時代最重要的都市之一，歐洲進入「印度的門戶」，而事實上，孟買是從一八五〇年代開始踏上這條崛起之路。早期跡象之一，係印度的原棉出口轉而偏重歐洲甚於中國一事，而此轉變或許反映了一八五〇至一八六四年，太平天國之亂造成的混亂和蘭開夏對棉花日增的需求。平均來說，一八五〇年代多數時候，運至英國的原棉比運至中國的多出兩倍多。[27]駛往利物浦的船日漸擠滿孟買港。[28]然後，一八五三年，第一條鐵道鋪設於孟買以及位於大陸上的塔納（Thana）之間，並取了很人氣的名稱「大印度半島鐵路」（Great Indian Peninsula Railway，簡稱GIPR）。又過八年，鐵路翻越西高止山脈這處棘手的障礙，抵達德干高原上的浦那。鐵路建設牛步，既因為博爾加特山口構成的工程難題，也因為英籍承包商沒有處理印度情況的經驗，不管是在地質上、建材上或當地勞力供給上皆然。[29]即便如此，到了一八六〇年代中期，此鐵路已通到肯代什，看來不久後就可以有大量棉花經由該鐵路運到孟買。就在此時，孟買受惠於遙遠異地的一場戰事，突然帶動棉花業。美國南方邦聯各州停止原棉出口（以逼英法兩國外交承認），不久，北方聯邦封鎖南方港口，棉價隨之飆漲。孟買的棉花出口增加了三倍，現金大量流入，投機熱潮興起。隨著南方邦聯潰敗和南方棉花經濟可望復甦而來的蕭條，對孟買的打擊同樣劇烈。[30]孟買的最大銀行因此陷入紛至沓來的醜聞而倒閉。但這波短暫的榮景，留下較正面的影響。商界財力與政府稅收暴增，催生出改造孟買市容的浩大工程。《印度地名詞典》（*Imperial Gazetteer of India*）一八八一年論道，「當今的孟買，從其建築、碼頭、造地工程來看，有力說明了在這病態興奮的四年裡所啟動的宏遠公用事業計畫的成果。」[31]孟買開始有了歐洲城市的外觀。

事實上，此後直至十九世紀結束，孟買商業幾乎不斷在茁壯。隨著孟買的鐵路延伸到恆河流域和旁遮普（後來成為印度的主要小麥產地），穀物和油籽出口使原本倚賴棉花、鴉片的孟買出口業更為穩固。孟買輸入的蘭開夏棉製布匹也愈來愈多。這一興盛的貿易，有一部分源於印度本身體制的變革。一八五七年，印度大叛亂終結了由東印度公司統治印度的古老體制，英國政府自此改弦更張，將印度納入更強勢的直接管轄。由此帶來的結果之一，係一八八二年時印度已幾乎完全施行自由貿易。另一個結果，則是英國境內的商界遊說團體不斷要求增建鐵路（和發送出更多英國貨）。但最重要的是，一八六九年蘇伊士運河開通引發的航運巨變，改變了孟買的發展前景。

孟買的英籍居民一直以來便冀望著要讓該城與歐洲互通聲息。歐洲人所念茲在茲的，除了乘客的運送，還有商務、個人信件的及時送達。一八五五年起，半島東方輪船公司以每年接受倫敦補助的方式承攬郵件運送業務。此承包合約可展期，而每次展期時，孟買的商界領袖無不力促運送時間要短於該公司所提出的時間。一八七四年七月一場群情義憤的會議，一致同意向下議院請願，並要聯合英國、亞洲境內的其他商會共同反對該公司得以二十一天的時間，從倫敦運送郵件至孟買的合約。[32]四年後，英籍、印籍商人共聚一堂，要求將郵件運送業務開放競標，並要求在十六天內送達。[33]蘇伊士運河開通既為郵件、乘客運送業務的大幅改善提供了機會，也為貿易成長大大推了一把。自此，孟買比起最大對手加爾各答遠更接近北歐：該運河使孟買至倫敦的航運時程縮短了四成。此外，該運河為印度產品在地中海國家開闢出新市場，棉花自此可直送至法國、義大利境內的紡織業者，並取道黑海的敖得薩直送給在俄國的紡織業者。原本是波斯灣、哈德拉毛、尚吉巴的阿拉伯三角帆船、巴加拉船天下的西印度洋，才幾年工夫就成為歐洲與亞洲、澳洲、太平洋三地區之口岸間的主要幹道。英國商行在西印度洋沿岸尋找新貿易機會和新顧客，印度的巴尼亞人同時進入，成為該區域的新商業群體。孟買成為此一遼闊海上地區的中心，為此前所未見。

此轉變的關鍵是蒸汽。蘇伊士運河使汽輪航行於東方世界變得可行，汽輪也不再倚賴受官方補助的郵件運送業務。不過幾年，鐵造汽輪就大舉入侵帆船生意地盤，而誠如先前所提過的，帆船被迫撤退，專注於運送較粗質、耗時的散裝貨。孟買的印度籍船東，面對英國人競爭，原本能從與東南亞、中國的貿易中獲利，但此時敵不過用英國鐵建造、燒英國煤且無所不在的汽輪。事實上，「本地業者」雖多數倖存以滿足局限於一地的需要，[34]印度與歐洲、亞洲的外貿、印度往東、往西的客運業務、乃至印度沿海的郵件、貨物運輸，都已幾乎完全為英國人的商行所把持。到了一八八〇年代，英印輪船公司這家大型聯合企業，也是印度政府所偏愛的運輸業者，已為孟加拉灣和西印度洋沿岸多達九十七個口岸提供定期航運服務，並企圖將其業務範圍擴及澳洲。對孟買來說，最大的收穫係成為歐洲進入印度的主要口岸。一八七一年後，來到孟買的旅人，若想要搭火車橫越印度到加爾各答，可如願以償。《印度時報》一八七二年宣告，孟買即將「成為東方郵務體系的中心」，[35]歐洲消息和報紙的第一個停靠港。一八七三年，孟買港歸港口信託機構控制。全新的「王子碼頭」（Prince's Dock）於一八八〇年啟用，大印度半島鐵路氣派的「哥德式盛期」維多利亞終點站（Victoria Terminus）建成於一八八七年，象徵孟買對「蒸汽現代性」的熱情擁抱。

蘇伊士運河可能為孟買帶來一場海事革命，再加上一八六四年後把該城與歐洲連起來的電報（最初慢且貴），因此也帶來了商業革命。《印度時報》論道，舊商行此時「如同多餘的前膛槍」，[36]「電報、人的移動能力提高、蘇伊士運河開通、水運工具普遍改善，已徹底改變貿易，導致獲利減少，使世上各市場間往來更密切，而且這些市場以英國為中心。一地的價格制約另一地的價格……。」[37]隨著孟買的棉業轉而側重西方市場，航行時間縮短，信息往來加快，舊的貿易方法式微。過去，孟買商人買進當地棉花，將棉花「發送」到利物浦出售，或以抽佣的方式在利物浦賣掉，已不再盛行。愈來愈多歐洲境內買家直接向能夠提供其所需數量的孟買商人下訂。自此必須符合針對原棉等級而設的「利物浦標準」。[38]鐵路公司要求棉花上火車前務必打包且壓得非常緊實，用以節省空間。這些改變都有利於孟買境內的歐洲商行，這些商行是「母國」買家較中意的交易對象，且其財力支付得起鐵路線盡頭站的蒸汽棉花打包機。愈來愈多印度本地商行——其中許多商行已在一八六六至一八六七年的「蕭條」中被擊垮——把貿易業務局限於中國，或轉而製造棉紗或布供應印度國內市場。[39]一八七〇年代，孟買周邊開始出現棉紡廠，棉紡廠大多由印度本地商行管理或擁有，其中包括不久後將躋身印度最大商人世家之列的塔塔。一如其他地方的口岸城市，孟買開始從倚賴貿易的城市轉變為側重國內市場且從遠近地方招募勞動力的工業城市。

十九世紀下半葉，口岸城市社會也日漸改變。孟買老早就吸引多種族群的人前來闖天下。一九〇〇年，一如更早時，該城四分之三居民來自外地。「歐洲人」（在印度，所有白人，包括英國人，都被稱作「歐洲人」），一九〇一年時不到一萬一千人，是人數最少的族群。此族群包括任職於祕書處的官員和少數專業人士（醫生、律師、教師、記者），還有人數不多的駐守官兵。在歐洲人社會裡，駐軍軍官是人們一心追求的職業。兩家鐵路公司雇用歐洲籍經理和工程師，在航運代理公司和日益擴大的碼頭，還有半島東方、英印兩家輪船公司的職員裡，可看到歐洲人身影。最富裕的歐洲人，或許是任職於大型「代理行」、管理棉花貿易並為服務城中多種族群而興起的其他多種生意者。還有過客型的歐洲人：水手、遭英軍部隊撤除職務的軍人或四處遊走的藝人。其中有些人淪落為歐洲人濟貧所裡的流浪漢：一八七四年，該所的收容人包括一名樂師、一名馬戲團小丑。[40]歐洲籍商界菁英是商會裡的最大勢力，但未壟斷商會。在孟買，沒有不同族群分區居住的明文規定，許多歐洲人生活在帕西人所擁有的房產裡。

不同的是，歐洲人是「候鳥」。他們不斷過來，又離開，或因健康狀況而被迫返鄉。只有少許歐洲人自認會在工作任期或契約到期後仍留在孟買。對某些人來說，「最美的印度景致是往船尾往後看到的印度」，對曾居住的印度毫無思鄉之情。歐洲籍商人退休時，會賣掉其合夥企業，到英格蘭的切爾滕納姆（Cheltenham）、坦布里奇韋爾斯（Tunbridge Wells）或貝德福德（Bedford），或「老印度通」所愛去的其他地方，享受退休人生。有機會在印度長大的歐洲籍孩童甚少，以免他們回歐後水土不服或說起話來有令人不快的口音。歐洲籍居民以男性為主。歐洲人在兩個方面不同於帕西人。一如歐洲人，帕西人是少數中的少數，一九〇一年，在逼近百萬的孟買人口裡，帕西人不到五萬。中世紀時，他們以祆教徒身分從伊朗移居古吉拉特。他們原是藝匠，後來從事貿易和航運，成為東印度公司所青睞的代理人。他們是孟買境內的早期移民，初來時以經商、造船為業。久而久之，異鄉孟買成了家鄉。不久他們就是英國人貿易、治理所不可或缺，帕西族商界領袖受到倚重，獲賜以高位。第一個獲授爵位的印度人是帕西人噫之皮。[41]行政長官破例盛讚他們的成就。一名行政長官激動表示，「你們帕西人……擁有亞洲最高貴的出身」，[42]帕西人則以忠於其「英國關係」作為回應。一九〇二年，愛德華七世加冕典禮上，帕西族要人獲賜予特別的觀禮位置。[43]

但我們不該就此以為，他們毫無異議地服侍其帝國主子。若不尊重他們的儀式，有時會引發激烈反應。[44]如同其他與歐洲人打交道的亞裔族群，帕西人採取混合式衣著，保留了其特殊的打扮。帕西商人將大量錢財花在旨在強化帕西人宗教一致性的教育和慈善事業上。一九〇九年，在佩提特對吉吉拜的官司（Petit v Jjibhai）中，帕西人得到孟買高等法院的以下裁定：沒有人可就此改變成為帕西人，那就法律上而言，自成一族群的帕西人。[45]他們從不認為自己是印度人，而是回頭望著原鄉伊朗，熱情歡迎伊朗領事，用錢說服伊朗國王，撤除加諸在「母國」教友身上的諸多限制。[46]他們創立「波斯祆教改善會」（Persian Zoroastrian Amelioration Society），以教育伊朗境內的帕西人，修整他們的禮拜場所。[47]一如在亞非口岸城市所常見的，他們對世事的看法很複雜。孟買境內有錢且受過良好教育的帕西族巨賈（shetia），對印度人被拒於英國印度政府核心之外甚為反感。「印度民族主義之父」達達拜·納歐羅吉（DadabhaiNaoroji）是帕西人。英籍官員或許會譏諷帕西人「讓印度人民覺得格格不入的程度，就和英格蘭人給印度人民的感覺差不多。說到同情本地人，他們其實還不如英格蘭人。」[48]但一八八五年帶頭成立印度國大黨的人當中，就包括了帕西人。

孟買境內也住了少數族群猶太人（一九〇一年時約五千人）和人數更少的亞美尼亞人，其中最有名的猶太人是薩孫家族（Sassoons）。但印度教徒和穆斯林占人口多數。穆斯林約占孟買人口兩成，孟買也是重要的穆斯林中心。穆斯林本身分成許多派別，各派系持大同而小異的伊斯蘭，住在自成一體的聚居區（mohalla）裡，在諸多不同的清真寺進行禮拜，衣著、髮型各不相同。[49]最引人注目的穆斯林教派，包括數百年來以商人身分活躍於西印度的哈德拉毛阿拉伯人；屬什葉派的博赫拉人（Bohras），其中有些人自稱是埃及裔或葉門裔；以貿易為業，可見於整個印度地區且據說擁有孟買最多房地產的梅蒙人（Memons）；霍加人（伊斯瑪儀派信徒），原是逃離伊朗的難民，其局部歐式的衣著和極短的頭髮，令外人無法辨別他們和帕西人有何不同。霍加人必須效忠於世襲首領阿迦汗（Aga Khan）並向他獻上什一稅。阿迦汗於一八四〇年從伊朗移居印度，一八四八年來到孟買，住在孟買的氣派府第裡。此外還有西迪人（Sidis），即來自衣索匹亞、東非沿海地帶的奴隸以及水手的非洲裔印度人後代，為孟買愈來愈多的汽船提供了許多勞動力。在造船廠，有間祠廟特別為他們而建。

對帕西人來說，取得社會威望的關鍵，在於以博施濟眾的情懷，透過建造祠廟和支持經學院，獻身於「提升」教友的事業，對穆斯林富商來說亦然。與伊朗、波斯灣和東非沿海地帶的宗教關係，強化了把孟買的大洋腹地往西拉的傾向。成千上萬前往麥加朝覲的穆斯林途經孟買——隨著汽輪降低往吉達的船費支出，途經孟買的穆斯林日益增加。孟買的印刷業，用印度諸語言發行約五十種報紙，出版了許多阿拉伯語、烏爾都語、波斯語的書籍和烏爾都語、古吉拉特語、泰米爾語、馬來語、斯瓦希利語（Swahili）的伊斯蘭經書。[50]對西印度洋和更遠處的穆斯林來說，孟買是最重要的伊斯蘭都市之一。

但若依人數計算，孟買是印度教徒居多的城市，十九世紀末，印度教徒占該城人口約三分之二。來自古吉拉特的巴尼亞人是孟買商界菁英的一部分，印度教徒、穆斯林、帕西人普遍說古吉拉特語。該城和其日益壯大的工廠產業裡的粗活，大多由來自貢根（孟買以南的貧窮沿海平原）的移工來完成。孟買與德干高原之間的鐵路相通後，孟買即吸引來大量馬拉塔移工。他們為逃離德干高原農村的貧窮和頻頻發生的饑荒而投奔至此。能讀寫的馬拉塔人較不受宗教禁忌限制，比穆斯林更願意接受西式教育並就讀一八五七年創立的孟買大學。他們較可能受雇於公家機關或擔任老師、記者。但比起帕西人或穆斯林，孟買馬拉塔人把這個城市視為其文化母土的程度低上許多。奇特帕萬婆羅門，受到其他馬拉塔人敬重的書吏菁英，目光回望蒲那，即馬拉塔聯盟的故都。一八八六年《印度時報》論道，「蒲那是這個管轄區政治活動、知識活動的心與腦……印度境內少數幾個尚存民族精神的地方之一。」[51]到了十九世紀後期，蒲那已成為馬拉塔人的文化、宗教、政治中心、兩派人的戰場。一派人贊成與英國人密切合作，一起（以高度漸進的方式）擴大印度人參與政務的比例（英國人稱他們「溫和派」），另一派人（「極端派」）持反對立場，例如力促以宗教復興打動人心和動員農村群眾的巴爾・甘加達爾・提拉克（Bal

GangadharTilak）。[52]

十九、二十世紀之交，孟買已是公認世上主要口岸之一，停靠孟買的汽輪多於加爾各答，經手的進口額也較多（加爾各答在出口方面仍居首）。對許多來訪的西方人來說，孟買不只是進入印度的門戶，還是進入亞洲的門戶，因為西方人往往先到印度，再繼續前往東南亞或中國。從孟買前往歐洲的乘客，則有超過六家提供定期船班的航運公司可供選擇，包括半島東方、奧地利勞埃德、義大利航運公司魯巴蒂諾（Rubattino）、往馬賽的克蘭航運、船錨航運（Anchor Line）、球航運（Ball Line）以及英印航運。孟買口岸時時有來往麥加的朝覲者，有來來去去、休假中的歐洲人（《印度時報》鉅細靡遺記錄了他們的移動），還有把正規英軍部隊運來的運兵船。自一八五七年印度大叛亂後，英國運來正規英軍，以維持七萬駐軍的規模（在當地募集兵員、以英國人為軍官的「印度軍」，嚴格奉行英國軍人對印度軍人一比二的比例）。孟買有兩大鐵路公司提供運輸服務，連結起印度多數大城市，兩者分別是大印度半島鐵路公司和孟買、巴羅達、中印度（Mombay, Baroda and Central India）鐵路公司。就金融地位來說，孟買仍屈居加爾各答之後；就工業來說，它已被視為亞洲最大的棉織品產地，幾乎壟斷中國市場。[53]

一如其他許多口岸城市，孟買有其較陰暗的一面。孟買人口劇增，意味著有許多人口是晚近才移入。窮人生活環境相當低劣，而且隨著（已非常低的）工資停滯不漲，生活成本卻不斷上揚，十九世紀末時生活水平未提高，反倒陡降。[54]約八成人口住在單間出租房裡，一九〇一年，據記載，有多達五十四人擠在一間房的情況。孟買多濕地、水澇的生態和高降雨量，使情況更是雪上加霜。巨大化糞池到處可見。城裡許多地方沒有排水溝，於是排洩物流過馬路。一八六〇年代中期，這些問題大多已顯露於外。[55]在城區北部的工業區，許多居民棲身於分間出租的經濟公寓（chawl）裡。在這臭名遠播的居住空間裡，三呎寬的通道（其實是未加蓋的排水溝），通往一間間陰暗、無窗、塞滿人的小房間。[56]據記載，一九二五年，「孟買有了大概是世上最高嬰兒死亡率的惡名：千分之六六七。」[57]事實上，一八九六年孟買一再遭腺鼠疫侵襲，此後死亡率激增，死於腺鼠疫的人數遠多於其他亞洲城市（包括加爾各答）。[58]許多孟買居民逃出城，而英國當局強行入屋將鼠疫患者移到城外的收容營，用煙熏替分間出租的房間消毒，以及（在某些例子裡）夷平住所，以致招來激烈抵抗。從孟買往內陸望去的廣大農村，饑荒肆虐，十九世紀下半葉，此省人口成長率因此趨近於零。孟買住有語言、文化、宗教各異的許多族群，但誠如先前所提過的，它並非族群的大熔爐。事實上，隨著帕西人與穆斯林失和，以及一八九〇年代印度教徒和穆斯林爆發暴力衝突，族群間的緊張關係似乎升高。一八九三年，三天的族群暴動奪走八十一條人命，傷者超過七百。[59]

孟買與蒸汽現代性獨樹一格的相遇（對許多人來說，是致命的擁抱），必然限制其對內陸的影響。孟買的鐵路、電報把它與印度的遙遠地區相連。孟買城印度籍商界的輿論，非常關注由英屬印度中央政府（至一九一一年為止一直設在加爾各答）所決定的保護、課稅問題。塔塔已在東印度的賈姆謝德布爾（Jamshedpur）開設一家鋼鐵廠。但從許多方面來看，孟買在社會、文化、政治上依舊和其周邊地區格格不入，對其腹地的商業衝擊不大。用大印度半島鐵路運送的貨物，有六成左右來自此省外。[60]儘管德干高原上棉花種植區變廣，用於改善農村的投資仍不算多，農村社會的結構改變甚少。[61]原因之一是殖民地當局擔心社會動亂，嚴格限制土地賣給不屬既有耕種種姓的人。但有許多地方離最近的鐵路太遠，無緣受惠於運輸成本的下降，沒有鐵路經過的內陸城鎮則會走上商業衰退之路。[62]從社會、文化上來看，在印度教徒占絕大多數的省分裡，孟買城是帕西人與穆斯林的家鄉，但印度教徒（誠如先前已提過的）心裡卻只有德干高原或古吉拉特。就連在此城裡，擁抱西式文化都顯得遮遮掩掩且有所選擇，且其選擇無非是為了強化自身的宗教認同、文化認同，而非適應那一小群歐洲人水火不融的看法。[63]

就政治上而言，孟買的印度籍商界菁英非常欣賞英國的代議制思想和格萊斯頓自由主義（Gladstonian liberalism）——儘管對施行自由貿易一事有所保留。他們痛斥「不符英國人一貫作風的英國人統治」：英國人的統治仰賴獨裁作法；印度行政門部在治理上具種族排他性的「種姓」制度；存心不讓印度代議機關對課稅或行政機關有任何真正的控制權。他們要求印度中央施行「負責任」（亦即代議）的政體，且要在選舉權擴及大眾之前實現。孟買的富商巨賈或許想要成為新印度國的最重要人物，但政治現實不利於此願望的實現。孟買城的政局，沒有哪個族群獨大，需要用心求同存異，避免以派系或宗教訴求拉攏人心。[64]但出了此城，這種政治手法在農村社會行不通，在農村，農民心裡只想著宗教忠誠、種姓身分、土地稅、土地所有權衝突。促成印度群眾動員和次大陸政局徹底改頭換面者，不是孟買的巨賈，而是僑居國外的古吉拉特人聖雄甘地。他於一九一五年返回印度，向廣大農民宣揚道德復興之說。[65]一九一八年後，印度進入群眾政治時代，「孟買管轄區」立即成為風暴中心。但造就這股政治氣候者，不是孟買城，而是古吉拉特農村。[66]因為甘地是在那裡找到其最親信的盟友，並運用非暴力抗議手段來顛覆殖民地政權的正當性（和士氣）。甘地的示威、遊行、靜坐、人停工（hartal）等作法，很快地傳到孟買。[67]掌控印度國大黨該省支部者是古吉拉特人。巨賈領導人想建立「溫和派」政黨以因應變局未能如願，卻也反抗甘地的公民不服從綱領。[68]但他們尊重甘地的道德權威。事實上，面對孟買工廠工人罷工、生事時，他們反而求助於甘地，視之為收拾亂局所不可或缺。

一次大戰是世界許多地方的情勢轉捩點，對印度來說同樣如此。孟買人口持續成長，但戰後印度的貿易從實質角度來看卻是停滯，且於一九三〇年起驟降。從許多方面來看，印度已把注意力轉向內部，其以農業為主的心臟地帶，而非其口岸城市，成為印度政治的焦點，因為印度國大黨著手挑動鄉村反對英國人統治。憲政改革和壓制動亂成為政府的首要之務。對宗教認同的鼓動更是賣力，族群衝突更為嚴重。孟買當地有人有意成立一個兼顧歐洲人、印度人利益的政黨，可惜未能實現。隨著印度更加不受英國人控制，英國人著手降低印度對自身海疆的影響：將亞丁與緬甸抽離印度；宣告英屬東非首重非洲人的利益。部分為了支應印度沉重的戰時支出，倫敦於一九一九年讓步，同意印度「財政自主」：實際上就是讓印度有權利針對英國貨課徵關稅。進口稅很快地成為政府稅收的最大項目。一九二五年，針對製造品進口課徵的關稅已達百分之十五，印度於是成為保護主義經濟體。[69]過去以蘭開夏棉製布匹為大宗的貿易，承受不住日本的競爭和一九三〇年開始大蕭條的衝擊而崩潰，以此貿易為業的孟買英籍商人受到的影響顯而易見。孟買出口的原棉，以日本為目的地者愈來愈多。兩次世界大戰之間那段時期，孟買政府多數時候受到甘地式群眾運動圍攻。運動最激烈的地點便是在古吉拉特。到了這段時期，作為英國勢力與影響力的橋頭堡、西方蒸汽現代性的來源，孟買面對諸多難題似乎已窮途末路。

加爾各答：「英屬印度最重要的都市」[70]

一八四〇年代，一名具有科學精神的觀察家論道，「在遙遠異地開闢新拓居地的歐洲諸民族中，英國人在挑選殖民地城市的位址上，總是最不看重是否恰當。」[71]他這番話係針對加爾各答極不利人體健康所有感而發。加爾各答（與紐奧良無異）離遼闊的大海一百哩，從海上溯一條曲折且處處淺灘的水道而上方能抵達。它位在胡格利河（River Hooghly）的天然沖積堤上，天然堤背河的一側往多沼澤的地方和東邊三哩處的鹹水湖（Saltwater Lake）傾斜。排水不易，因而在建設現代衛生設施之前，瘧疾猖獗、死亡率甚高，事屬必然。加爾各答最初是三個河邊村子，一六

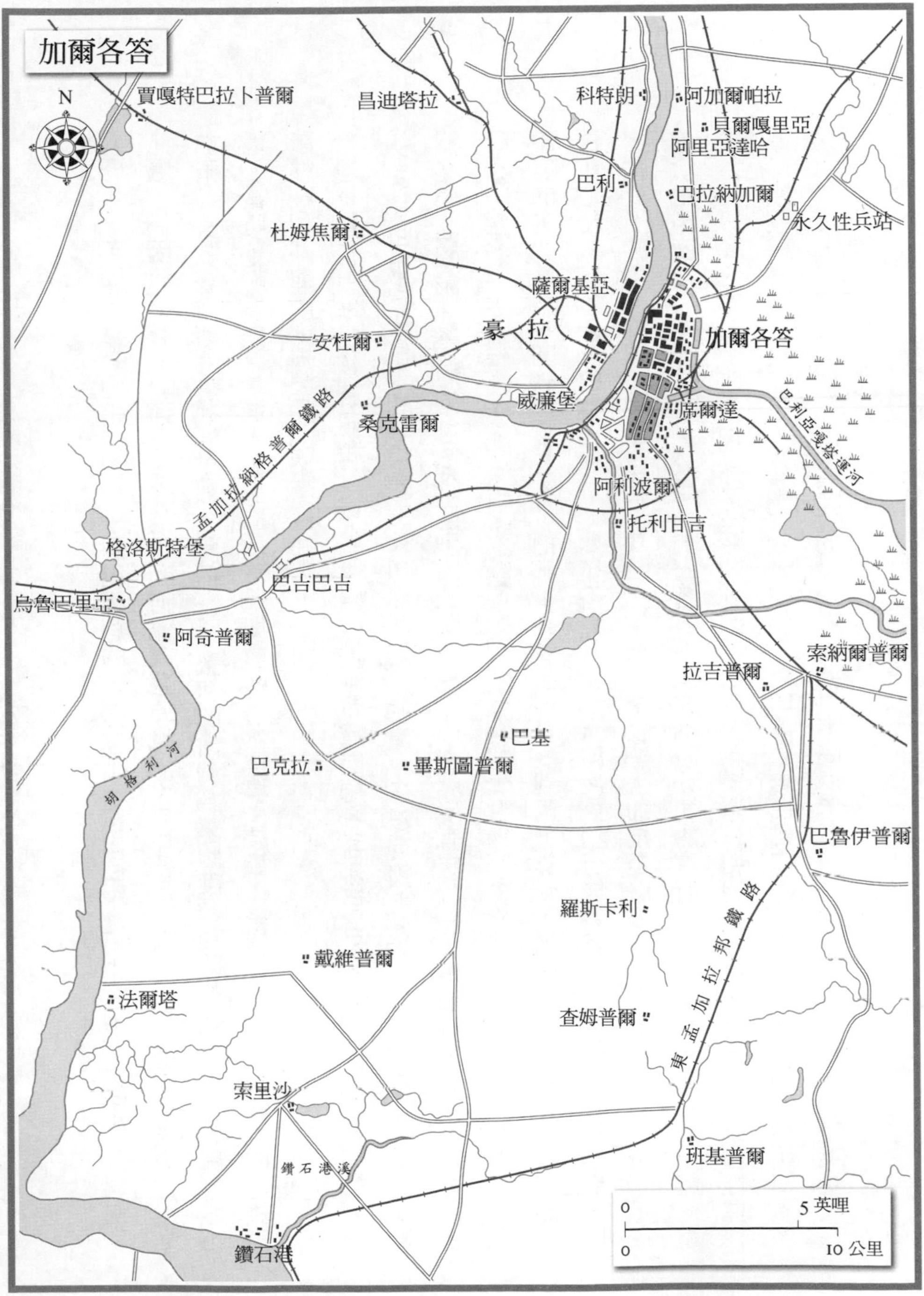
加爾各答
N
賈嘎特巴拉卜普爾
昌迪塔拉
科特朗
阿加爾帕拉
貝爾嘎里亞
阿里亞達哈
巴利
巴拉納加爾
永久性兵站
杜姆焦爾
薩爾基亞
豪拉
加爾各答
安杜爾
威廉堡
席爾達
巴利亞嘎塔運河
桑克雷爾
孟加拉納格普爾鐵路
阿利波爾
托利甘吉
格洛斯特堡
巴吉巴吉
烏魯巴里亞
阿奇普爾
拉吉普爾
索納爾普爾
巴基
巴克拉
畢斯圖普爾
胡格利河
巴魯伊普爾
東孟加拉邦鐵路
羅斯卡利
戴維普爾
法爾塔
查姆普爾
索里沙
班基普爾
鑽石港溪
鑽石港
0
5 英哩
0
10 公里

九〇年，英國自擁有向這三個村子課稅權利的印度地主（zamindar）手中買下。東印度公司選址此處，係因該處有利於通商。在胡格利河流入蘇達班（Sundarbans）這片被水淹沒的荒野之前，加爾各答為該河河邊最低海拔的適居地點。該河的河灣為東印度公司的船舶提供了一處深水泊地。當時，胡格利河是進入孟加拉最富饒地區的主要通道：該公司銷往歐洲、獲利甚大的值錢麥斯林紗和其他高價棉製品，便產自此處。[72]

一七五六年，該公司和以更上游處的穆爾希達巴德（Murshidabad）為首府的孟加拉太守（Nawab of Bengal）失和，東印度公司自此陷入泥淖。多數英國人逃出加爾各答，除了那些被關在惡名昭彰「黑洞」（Black Hole）裡的人之外（人數未有定論）。羅伯特・克萊夫（Robert Clive）率領一支海軍中隊和來自馬德拉斯的該公司陸軍分遣隊（馬德拉斯是當時東印度公司在印度的主要基地）回到加爾各答，把敵軍許多兵力爭取到己方陣營，從而在一七五七年六月的普拉西之役（Plassey）擊潰太守軍。此後不到八年，東印度公司已成為孟加拉實際上的統治者，開始往更上游恆河流域出征，並於一八〇三年抵達德里。孟加拉是該公司轄下最富裕的省份，足以養活由印度兵組成的大軍，於是，加爾各答不只成為該公司的首府，而且，自一七七三年起，還成為在印度的總部所在。「最高政府」（Supreme Government）和總督坐鎮加爾各答，運籌帷幄一連串戰役，經由這些征戰，及至一八二〇年，東印度公司已是次大陸大部分地區的最高統治者。

於是，加爾各答作為口岸城市的發跡過程截然不同於孟買。一七六〇年代起，它是英國人在印度的勢力及事業中心。在海上劫掠盛行的時代，該公司高級職員對孟加拉的貿易施以近乎獨占（且強制性）的控制，英國人通過貿易，還有掠奪，在此賺進大把鈔票，並由所謂的「納博卜」（譯按：nabob，在印度致富而返國的人）將錢匯到英國。一八〇〇年，東印度公司開始將商業職能、行政職能分工，此後，最嚴重的濫權行為總算有所收斂。但海上劫掠時代在此留下久久未消的印記。加爾各答從一開始就吸引來歐洲籍藝匠、店家老闆、乃至願意為「納博卜」的豪奢行徑提供服務的家僕，以及許多歐洲「自由商人」（非公司雇用，在亞洲境內合法貿易，卻在歐洲非法貿易的商人），而且其所吸引來的這類商人，比印度其他地方所吸引者更多上許多。[73]加爾各答也是東印度公司軍隊的主要駐地，歐洲籍軍官、高級職員主要居住在此，這些職員的薪水堪比王侯。歐洲籍商人的商行群聚於加爾各答市中心公司治理機關周邊，這些機關緊鄰胡格利河，離「舊堡」（Old Fort）不遠。[74]多數加爾各答的商業活動，都是因公司軍文職人員熱中於將薪水投入有利可圖的風險事業而發展起來，而且最好是能讓他們將獲利送回英國老家的事業。與孟買截然不同的是，支配加爾各答經濟的，是歐洲籍商人，支配該城社會生活的，是歐洲籍高級職員。

進入十九世紀許久以後，東印度公司和加爾各答的自由商人較常往東尋找獲利機會的可能性，而非往西。因為到了十八、十九世紀之交，該公司的主要業務已是在中國買茶葉，運到英國出售。於是出現一少見的三角貿易。為籌措買茶葉的資金，東印度公司找到比英國紡織品或金屬製品遠更有銷路的產品，而且比起過去甚受中國人歡迎的白銀，這個產品的供應更容易許多。而這就是鴉片。一七七〇年代起，鴉片於該公司位於恆河沿岸的工廠加工。東印度公司未敢在廣州公然販賣鴉片，於是每年一月冬季季風將第一批船從中國送回時，東印度公司便在其位於加爾各答的拍賣行，以拍賣方式將裝箱的鴉片球賣給「港腳商人」（country trader），即自負風險、收取大半獲利的民間商人。[75]鴉片是加爾各答商業皇冠上的明珠，這座城市之所以成為「府第城市」的財富的來源，倚重鴉片貿易的程度甚於孟買。加爾各答出口的鴉片，從一八三〇至一八三一年年度到一八六二至一八六三年這一年度，增加了九倍多。[76]但與孟買不同的是，支配此貿易者是歐洲籍商人。加爾各答的第二大出口商品是靛藍染料，以木藍的汁液加工製成，脫水後製成餅狀出口。靛藍貿易也由「歐洲人」經營。種植木藍者通常是農民，但坎普爾（Cawnpore／Kanpur）和安拉阿巴德（Allahabad）附近的歐洲籍「種植園主」控制加工作業，並把裝箱的靛藍餅運到加爾各答。[77]靛藍的最大市場在歐洲，且一如鴉片，使該城商人致富。

一八二〇、三〇年代的加爾各答，以這兩種「神奇作物」為標的，出現了投機熱潮，而多數歐洲籍商人想盡快發財，趁還未被瘧疾、霍亂、痢疾、天花或斑疹傷寒奪走性命前回英國享福的心態，對此投機熱起了推波助瀾的作用。結果是「代理行」（agency house）往往陷入不顧後果過度曝險的窘境。代理行是主宰加爾各答市場的合夥企業，負責收受存款，以沒把握的國外收益為擔保，大肆放款給當地客戶和種植園主。一八三〇年，最大的代理行約翰·帕爾默公司（John Palmer and Co.）隨著靛藍染料價格下跌而倒閉，不到三年，其他家代理行相繼破產，把積蓄存放在代理行的人（通常是歐洲人）因此損失慘重。[78]新代理行出現，一八四〇年代後期出現又一波倒閉潮，此後情勢才變得比較穩定（或許管理也較務實）。但這兩波災難產生久久未消的影響。一八三〇年代前，代理行即已日益看重有錢的印度人，指望他們挹注資金以擴大代理行資本，而且有一些孟加拉籍商人入股成為合夥人。名為卡爾·泰戈爾（Carr Tagore）的商行，係德瓦卡納特·泰戈爾（Dwarkanath Tagore）和一名歐洲籍商人合資成立的事業。德瓦卡納特·泰戈爾出身加爾各答第一大孟加拉籍家族。兩波商業災難使加爾各答的孟加拉籍菁英體認到，不該再把財富託付給歐洲籍商人運用，此一覺醒對當地社會影響甚大。

加爾各答指望成為最重要的商業都市之一，成為恆河流域的紐奧良，而能否如願，取決於能否打入北印度，並經由與恆河相通的胡格利河、帕吉勒提河（River Bhagirathi）取得該地的產物。但不若紐奧良，加爾各答的水路網遠更不可靠。因為一年裡多數時候水位太低，此期間要讓船從巴特納（Patna）、安拉阿巴德、坎普爾或米爾札布爾（Mirzapore，「北印度的大市場」）順流而下到加爾各答根本不切實際，除非轉向到加爾各答東邊，然後穿過蘇達班過來——由此多出一倍多的距離。從米爾札布爾用河船將貨物運到加爾各答，最長要花上三個月，[79]而且貨艙空間往往不足。汽船也幫不了多大的忙，因為河川往往太淺，汽船行駛其上有觸底之虞。於是，河運的成本（包括保險）、延宕、損失，嚴重削弱印度糖與棉花的競爭力，限制了經由加爾各答進口貨物的銷路。陸路運輸成本更高、更慢，天候不佳造成的損失更高（有人甚至抱怨閹牛會吃掉牠們馱運的原棉）。

一八四〇年代初期後，有些人極力鼓吹興建鐵路。一八四九年，此議得到總督達爾豪西勛爵（Lord Dalhousie）支持，（對成本深感憂心的）東印度公司讓步。約一百五十哩長的「試驗性鐵路」獲准興建，並於一八五五年開通。此鐵路將加爾各答與布德萬（Burdwan）周邊的煤田連接起來，但離恆河還有一段距離。經過一八五七年印度大叛亂的震撼衝擊，擴建鐵路刻不容緩，一八六五年，東印度鐵路（East India Railway）已通到離加爾各答一千哩的德里，為加爾各答的貿易打開了北印度市場。[80]鐵路改造了加爾各答的對外商業連結。鴉片（一如靛藍染料）依舊很重要，[81]但加爾各答商人這時冀望西邊的歐洲更甚於東邊的中國。然後，一八六〇年代起，黃麻纖維（用以製造無所不在的黃麻袋以供運送未加工產品的原料）和賣給英國消費者的茶葉（逐漸擺脫中國品種自立門戶的茶葉），[82]開始和棉花、靛藍染料並列出口大宗。到了一九〇〇至一九〇一年，未加工的黃麻纖維和黃麻製成品，連同茶葉，出口額已占印度總出口額四分之一以上。[83]但這些新生意，一如舊生意，在很大程度上仍掌握在該城英籍商行手中。

主要原因可在所謂的「經理行」（managing agency）體制中找到。[84]舊「代理行」除了收受當地儲蓄者（歐洲人居多）的存款，還充當木藍種植園主的貿易商和代理人。經理行也從事進出口業務，收受當地人存款，充當代理人，但其典型的職能係經管加爾各答北邊、東邊區域裡從事黃麻纖維加工、茶葉生產、煤礦開採的許多企業（老闆大多是歐洲人），以及經管為加爾各答的內部貿易和其航運、運輸、保險提供服務的許多附屬商行。在加爾各答克萊夫街設有辦事處的各大經理行，係（加爾各答）世界的主子。它們的合夥人是連高傲的孟加拉政府官員都得敬重三分的大人物。經理行支配商會（與孟買商會不同的是，此商會的成員全是歐洲商行）和加爾各答貿易協會（Calcutta Trades Association）——最大的商業遊說團體。大型經理行麥金農．麥肯錫（Mackinnon Mackenzie）為威廉．麥金農（William Mackinnon）所創辦的英印航運公司提供經營管理服務，其影響力遍及整個印度洋地區。[85]經理行能在商界呼風喚雨，主要因它們能從英國拉資金投入印度，而這一能力又和它們用心經營在倫敦的名聲脫離不了關係。它們是印度境內新風險事業與母國提心吊膽（且未能掌握情況）的投資人之間極重要的中間人。[86]連同得到擔保的鐵路公司，它們共同構成在印度英國私人投資的支柱。十九世紀下半葉時，此次大陸的商業活動已出現二元分立的怪現象，而它們正是此現象的象徵。當時，印度人的資本和企業把重心擺在印度國內市場上，英國人的資本和企業則幾乎全投入運輸業、出口業，這兩個行業的管理仍被英國人牢牢把持。事實上，一次大戰前夕，據估計，英國人在印度的投資約六成在加爾各答託人管理或經由加爾各答管理。[87]

十九世紀下半葉時，加爾各答已成什麼樣的城市？主要仍是個河川城市，但這條河，不管是加爾各答上游或下游，都非常難以捉摸。入海的深水河道不斷變化。往上游區域擴大耕種（和森林砍伐），為下游帶來愈來愈多的泥沙，流速因而變慢，淺灘處更不利航行。一八六五年某報告論道，當時較大型的船舶必須等水位變高才能駛抵加爾各答，從而造成航期「嚴重延宕」。[88] 隨著船舶體積愈來愈大，此問題更加惡化，於是加爾各答能否保住大口岸的地位，取決於疏濬、不斷改善入海水道、對河濱碼頭貨物的處理。[89] 逐漸擴大的鐵路網已呈扇形展開，舊商品作物（如棉花）和新商品作物（黃麻纖維和茶葉）被帶到此城：除了東印度鐵路，還有主要運送黃麻纖維和煤的東孟加拉鐵路（一九二〇年代，黃麻纖維已占該鐵路營收四成多）、[90] 一條通往阿薩姆和該地茶園的鐵路，以及縱橫交錯的一些窄軌鐵路。但河路運輸對加爾各答仍非常重要：事實上，由於來自東孟加拉和阿薩姆的黃麻纖維、稻米、茶葉，而非北印度的產物，在該城的商業裡所占的分量愈來愈重，能經由水路進入三角洲東部，對加爾各答來說變得更為緊要。二十世紀初期，靠河上汽船運來加爾各答的茶葉，已比靠鐵路運來者多了兩倍，運到胡格利河的黃麻纖維，有一半以同樣方式運來。[91]

日益集中於特定產品，尤其黃麻纖維（十九、二十世紀之交，黃麻纖維已占加爾各答出口貿易將近四成），[92] 以及該城的利益重心往東移，對社會、政治影響甚大。隨著時日推移，加爾各答為數甚少的歐洲人對該城商業活動的掌控未見放鬆，反倒日益嚴密。製造業成長，對此情況影響不大。在孟買棉業裡，領先群倫者是一些印度籍商人。在加爾各答據有同樣分量的產業，即該城北邊工廠區的黃麻織物製造業，也由歐洲人牢牢掌控。黃麻纖維、茶葉、煤與蒸汽河船公司、鐵路公司、航運業者連成一氣，構成一股龐大的商業勢力，殖民地政權通常必須對其敬重三分。

一八九三年起為英印輪船公司實際經營者的詹姆斯・萊爾・麥凱(James Lyle Mackay),係加爾各答總督的立法會成員,愛德華七世時期的許多時候,也是母國政府在其與印度商業關係上的非正式顧問。[93]加爾各答的歐洲人以不愛和外人交際著稱,此舉或許和他們的商業活動特點相呼應:不利他們接觸印度人或與印度人締結合夥關係的社會(和種族)高牆依舊高築,只有老師、神職人員、記者例外,由於職業關係,這些人較常和印度人來往。[94]這一模式既反諷又可悲。因為次大陸上熟悉西方文化、英語文學、英國法的印度人,以在加爾各答者為最多。自十九世紀初期,此城就出現向識字的孟加拉人提供「英語」教育的大中小學。過去有人論道,加爾各答的主要產業其實是教育。對數萬名孟加拉印度教徒來說,加爾各答提供了擔任政府公務員(英語是必備本事或有用工具)和在該城商界擔任辦事員的機會,而且辦事員的職缺與日俱增。加爾各答社會裡的主要社會群體是巴德拉洛克(bhadralok),即識字、受過教育的「有體面的人」。[95]其中許多人靠來自(往往不大的)農村地產的租金過活,即使並非完全依賴此收入過活。一批敢於申明自己主張的律師、教師、記者、文人,係使加爾各答在十九世紀下半葉成為政治意識最強烈的印度城市的功臣,而他們就出身自這些「有體面的人」。在商界和政界無緣躋身高層,助長了對「不符英國人一貫作風的英國人統治」的不公不義之感;加劇了英國人所宣揚的自由主義價值觀和他們實際上常展現的獨裁式種族歧視作風之間的矛盾。

這股政治怨氣實為更大型的社會、文化現象中的一部分。歐洲人的看法——強調個人主義、鍛鍊身體、「男子氣概」（歐洲人通常輕視他們眼中孟加拉男人的柔和、「嬌氣」）——以及歐洲人的衣著、休閒娛樂方式，令印度人大為欣賞，但也激起焦慮不安，引發道德論戰。[96]這些新行為模式得體或體面？它們與傳統美德觀、對親人的義務，或對大家族（孟加拉社會的主要社會單位）生活的義務，能否並行不悖？這些論戰和兩難，既在長篇小說這個新文學體裁裡，也在詩、小冊子、劇作裡，有所表達。這些作品催生出新興且較有彈性的孟加拉語，即抒發新孟加拉人意識的工具。於是，達爾豪西廣場（歐洲人商業區的中心）邊自信滿滿的英籍商販，親眼目睹清楚有力的孟加拉民族主義在他們腳下壯大。蘇倫德拉納特·巴納吉（**SurendranathBanerjea, 1848-1925**），「孟加拉的無冕王」，在其報紙《孟加拉人》（*Bengalee*）中抨擊英國的不義行徑。在加爾各答的巴德拉洛克人眼中，他們的城市和省受異族統治：政治事務應由他們自己主導，才比較符合公義。最初，要求讓印度人（至少部分）享有政治權力者，並不反對「英國關係」、效忠於「女王—女皇」或國王—皇帝。但當多事的英籍總督柯曾勛爵（**Lord Curzon**）在一九〇五年提議將孟加拉管轄區一分為二（把阿薩姆和穆斯林占境內人口多數的孟加拉東部從該管轄區分出，另立一省），擺明要粉碎巴德拉洛克人的願望——他的一名高階官員論道，「統一的孟加拉，勢力大，分割後的孟加拉，力量會分散。那是此計畫的好處之一」[97]——此議引發激烈反彈：抵制英國貨、愛用國貨的運動（**Swadeshi**）和日益嚴重的政治暴力傾向。政治上受挫使孟加拉動盪不安。一九一一年（首都遷到德里時）英國人撤銷此分割政策，但已太遲：深刻的疏離之感，已使英國人與那些原本自認「有幸」受惠於英國人統治者的隔閡程度來到史上新高。但一如在殖民地政治裡所常發生的，巴德拉洛克人聲稱為整個孟加拉、乃至為整個加爾各答發聲的主張，終究禁不起考驗。

十九、二十世紀之交，加爾各答繼續以驚人速度成長。該城的歐洲籍人口（一八五六年約六千）增幅不大，但全城人口至一九〇一年已增加一倍多，達到八十多萬，其中大多非該城土生土長。加爾各答的勞動人口，有許多人來自比哈爾和中央兩省（中央省今名北方邦），且非講孟加拉語，而是「興都斯坦語」（Hindustani）。興都斯坦語是今烏爾都語和印地語的綜合體，北印度的通用語言。人口急速成長（十九世紀最後十年增加了三成），後果可想而知。過度擁擠的程度驚人，窮人所不得不窩居的棚戶區（bustee），其生活環境的骯髒危險超乎想像，幾無衛生設施可言。在這個「夜裡讓人害怕的城市」，[98]成千上萬人露宿街頭。瘟疫於一九〇三年奪走八千多條性命，飲水引起的疾病（窮人喝污染嚴重的胡格利河水或公共蓄水池的水）奪走另外許多人的生命。都市改善工程，例如污水排放系統、有鋪面的道路、路燈和有軌電車，主要為歐洲人居住區和南邊較富裕的郊區服務，如印度籍專業人士開始入住的巴利根戈（Ballygunge）。[99]對大部分居民來說，加爾各答至一九一四年為止的長長榮景，如果真有帶來好處，他們所均霑到的也少得可憐：實際工資在下滑。但對「帝國的第二大城」來說，劇烈改變就要到來。

一九一四年一次大戰爆發後，加爾各答經歷了第一波戰爭衝擊，航運停擺（攻擊商船的德國船艦曾在孟加拉灣短暫撒野），黃麻纖維價格下滑，但在交戰雙方到處堆起壕溝沙包後，加爾各答和黃麻纖維發了筆戰爭財。[100]經過戰後短暫的衰退，一九二〇年代也是繁榮歲月。一九三一年加爾各答人口約一百四十萬，超過孟買，比德里或海德拉巴這兩個印度最大內陸城市的人口多了兩倍。加爾各答在出口方面依舊領先孟買。但從商業、政治面來看，此口岸城市開始大不同於以往。孟加拉和加爾各答被捲進追求「一年後自治」的甘地式人運動浪潮裡——即一九二〇至一九二二年的「不合作」運動。新憲法為此省帶來選舉政治和巴德拉洛克人當家作主的遠景。加爾各答市政當局一九二三年改組，藉此讓印度籍代表擁有真正的行政權。[101]商業上，出身印度北部拉賈斯坦的馬爾瓦爾人（Marwari）商人從事起黃麻纖維貿易和製造，印度首都的工業地位益發重要。[102]歐洲人經營的經理行，急欲讓印度人所擁有的商行繼續留在訂定黃麻纖維價格的卡特爾裡，也不得不接受現實。[103]較有見識的歐洲人，如大商行伯德（Bird's）的負責人愛德華・班瑟爾（Edward Benthall），看出他們能否繼續立足於商界，取決於能否遷就畢爾拉（G. D. Birla，甘地的忠實信徒）等印度籍企業家，以及已統治該城或日益統治該省的印度籍政治人物。一九三〇年經濟大蕭條，黃麻纖維價格崩盤，貿易量驟然萎縮，印度籍、歐洲籍商行比以往任何時候都更需要同舟共濟，且急需培養政治關係以防勞工滋事或防止官方訂定不樂見的規章。未想一九三七年省開始自治時，歐洲籍商人勢力仍強到足以確保取得特殊議席。他們在省議會裡掌控權力天平，對部長級施加壓力，因為這些部長級人士的個人財富多寡和黃麻纖維脫不了關係且需要低調金援才能在政壇更上層樓。[104]「我們對此政府的影響力很大，」此城民間歐洲人的領袖班瑟爾如是說。「我認為，無論我們想要他們採行何種政策，他們都會照單全收。」[105]只是這段時日並不長久。

加爾各答轉型，改由印度人當家作主的城市一事，最終以悲劇收場。加爾各答信奉印度教的巴德拉洛克，即等著上台接掌政權的這一群人，原以為會承接下一個統一的孟加拉（柯曾勛爵分割該省之舉已於一九一一年撤銷）。但到了一九二〇年代，該城與該省的命運已非他們所能自主，而是由遙遠異地的他人所決定。甘地的不合作運動極其仰賴對穆斯林的動員，以及穆斯林對英國於一九二〇年廢除鄂圖曼哈里發轄地一事的憤懣之情。穆斯林的政治意識一旦被喚醒，即難以平息：穆斯林為孟加拉省的多數人口，而且孟加拉穆斯林大多是位於該省東部以耕種為生的窮人。甘地堅持國大黨的成員必須包含印度教徒、穆斯林，英國堅持要自治就必須擴大選舉權的適用人數，從而摧毀巴德拉洛克的支配地位：一九三二年，英國首相的「族群裁定」（Communal Award）承認孟加拉為穆斯林占多數的省，國大黨裡的巴德拉洛克黨員未敢不從。[106]穆斯林政治人物一九三七年接掌該省。只是族群衝突已燃起：一九二六年，加爾各答發生數起凶殘的族群暴動，導致百餘人喪命，將近千人受傷。隨著一九三九年二次大戰爆發，殖民地時代的加爾各答進入悲慘的最後階段：一九四三年，孟加拉大饑荒奪走三百萬條性命；一九四六年，英國已鎮不住情勢時，該城發生數起集體殺戮事件；留下長遠創傷的一九四七年印巴分治，把孟加拉一分為二，數十萬難民往東、西兩邊逃亡。

乘著蒸汽進入印度：口岸城市和「進步」

孟買和加爾各答支配印度的海運連結以及船運貿易：馬德拉斯和喀拉嗤遠遠瞠乎其後。一八六〇至一九四〇年這段期間的多數時候，兩者也是印度前兩大城和最富裕城市。乍看之下，它們象徵了英國入主印度所帶來的主要衝擊：扭轉了印度內陸國家和帝國長久的稱霸地位，使沿海地帶和該地帶的船運貿易抬頭。孟買和加爾各答是歐洲在此次大陸上的橋頭堡；可能有人以為，歐洲的諸多影響——政治、商業、文化、宗教、技術的影響——是透過這兩者而進入印度內陸，而且一如當時（英國）人所以為的，會使停滯不前的社會迸發活力與衝勁。但誠如前面所提過的，這樣的改變並非如此明朗。

孟買和加爾各答都是靠蒸汽而興盛起來。汽輪和鐵路把它們從朝東望向中國的口岸轉變為西方進入印度的門戶。它們成為印度航運與鐵路的兩大中心，而此兩個鐵路系統深入次大陸。事實上，那些鐵路的歷史大有助於我們了解印度口岸城市的優勢和劣勢。一九三〇年，印度鐵路網長度已達約四萬兩千哩，就人口超過三億的次大陸來說，只是粗具雛形。十九、二十世紀之交的一份報告表明，在美國，每三百八十三人就有一哩鐵路，甚至在「落後」的蘇俄，每三千五百五十六人就有一哩鐵路，而在印度，卻是一萬二千二百三十一人。[107]一九三〇年時，此數字仍高達八千四百人。鐵路網如此稀疏，反映了當地需求的有限（在北美，鐵路建設往往出於地方主動的要求），但主要也反映了鐵路建設資本極為稀少的事實。在印度，興建鐵路需要來自政府的財務擔保：在人口稠密的印度內陸，無法依循北美的授地制。極度節儉的殖民地政權不願在財務上冒險，往往把內部安全或邊防視為第一要務，在鐵路建設上當然不如賓夕法尼亞鐵路或紐約中央鐵路的資本家那麼積極。事實上，印度的主要鐵路未被「私有化」，反而在一九二〇年代中期由官方完全控制。投入印度鐵路的資本和其鐵路系統所需要的管理規模，相較於北美，可謂微不足道。為何孟買和加爾各答都不同於紐約，其原因之一為：鐵路籌資與管理的高度集中，協助打造出紐約，但在印度這兩座城市，沒有這樣的事。

還有一個很大的差異。孟買和加爾各答都自詡為印度最大口岸，有時雙方對立且流於意氣之爭，但雙方都沒有資格聲稱自己獨占鰲頭：商貿的獲益由兩城瓜分。或許更重要的是，棉花貿易規模的龐大，相對需要龐大的運量，紐約因而獲利甚豐，但這兩座城市都找不到如此規模的出口品。一八三〇年後的蒸汽世紀，有許多時候，印度係作為蘭開夏棉製布匹的最大市場——從而間接作為美國棉花的最大市場——而在商業領域占得一席之地。印度口岸城市的活動，有許多是繞著以下需要而展開：擴大該市場，找到足以支應紡織品進口所需資金的商品。後來，棉布（在孟買）和黃麻織物（在加爾各答）的製造，使它們也成為工業城。而這兩項事業的籌資和管理，則揭露了印度口岸城市經濟的一大特點。

孟買棉布主要銷往國內；加爾各答的黃麻織物則是出口，供「包裝」穀物、種米、糖、咖啡這些貿易品。孟買的棉紡廠大多由取得印度本地資本的印度籍商人擁有、管理；反觀加爾各答的黃麻纖維加工廠，則歸英籍僑民所有。這一區分並非出於偶然。除了少數例外，僑商和僑資專事出口貿易和出口商品，把國內市場讓給印度人——此舉反映了僑商的以下判定：就市場動態的掌握和信貸及政治影響力的取得來說，他們在出口領域才享有戰略性優勢。於是，儘管銀行和其他機構的觸角從口岸往內陸擴展，尤其沿著鐵路線擴展，內陸經濟與兩大口岸城市以及它們和全球連結的商業整合程度，再怎麼說都不夠完整。身為全球經濟代理人的僑商未以其技術和資本「拓殖」次大陸，反而偏好開闢出一連串有利可圖的「利基」市場，然後，一如黃麻纖維市場，守住該市場，不讓對手生產者染指。一九二〇年代，僑商已類似商業要塞，依恃特權守衛，而且（隨著英國資本枯竭）面臨衰落命運。

此一演變背後，有另一個重要現象在支撐：印度農村社會看來無法根除的貧窮，只有在已有灌溉溝渠開闢出「新」土地的地方例外（如旁遮普）。農村貧窮驅使農民遷移至孟買和加爾各答（陷入新式的貧窮），或移往從千里達到斐濟的諸多熱帶殖民地裡的種植園。嚴酷的地理環境（如德干高原）係貧窮的禍首之一，但生態不穩定也是重要因素。穀物收成所倚賴的一年一度雨季極為無常：未如期至，就可能導致饑荒。地震、暴風雨、淹水更是常客。在孟加拉，恆河流向往東偏移，使西孟加拉無緣得到其泥沙的肥力加持，境內的小溪、池子也因此得不到一年一次的「清洗」。西孟加拉出現愈來愈多易致瘧疾的沼澤地：耕種者接連外移，農業衰退。有人憂心忡忡預言加爾各答可能不保。「此地區三角洲的活力逐漸衰退，很可能會毀掉加爾各答的口岸地位，」一名態度消極的專家寫道。「總有一天，加爾各答這個口岸只會和史冊上的古城塔姆盧克（Tambluk）或薩德岡（Satgaon）一樣，為人銘記。」[108]環境前景不明，使人更無心改善該地農業，更加偏好種植僅足自身溫飽的作物而非現金作物，而為防範生態災難而採取集體性土地持有的作法，可能就更難退場。可用來改造小農農業的資金的確始終不足，而且殖民地政權眾所周知唯恐改變農業社會。光這一點就足以削弱印度口岸城市對內陸的衝擊。孟買、加爾各答境內歐洲籍商行的獲利遲早匯回英國老家。

於是，印度的蒸汽全球化經濟獨樹一格。八成以上人口賴以為生的印度農業變得更商業化，取得土地所有權者大增——原因之一出在殖民地政權課徵土地稅的方式。被拿去買賣或用於抵押借款的土地變多。棉花、小麥、黃麻等現金作物的種植區大大增加。理論上，這應會改變農業經濟的效率和生產力。實際上，改變程度非常不均，農產品銷售好壞，取決於離鐵路的遠近、能否得到灌溉、「雨季」與「乾季」間氣候的變化。實際的勞動工資（亦即根據糧食價格算出的工資）依舊停滯，原因之一在於穀物成本上升，以及（前面所提過的）在口岸城市實際工資其實下跌。一八六〇年後的五十年，農業產出提高主要靠可耕地面積增加來達成：「新」土地的地力一旦耗盡，農業成長即無以為繼，作物產量開始下跌，生活水平倒退——一九三〇年後作物價格大跌，更加劇此趨勢。技術一成不變和投資付諸闕如實為元凶——與北美模式的另一個大相逕庭之處。此情況不變，農業內陸的數大片地區即擺脫不掉貧窮。[109]印度的對外貿易，在兩次大戰之間的那些年，規模比（人口幾乎只及印度三十分之一的）加拿大小了許多，對其大部分人民的生活幾無影響。[110]

但孟買、加爾各答的歷史所揭露的蒸汽全球化，不只表現在其商業滲透或技術滲透的有限，還表明印度對工業歐洲「開放」一事，有賴於與中國之間三角貿易的催化，以及直到進入十九世紀許久，依然對鴉片有著極度的依賴。兩城市商界菁英的特點南轅北轍，暗示著即使在殖民地口岸城市，歐洲人都不一定稱雄。兩城市都不只是製造品、商品的入口地、出口地：它們發展出讓加爾各答境內歐洲籍黃麻商人決心予以保護、使不受「母國」干預的工業基礎。政治上、文化上，全球化效應極不清晰。西方的法律、憲法得到採用，西方教育受到歡迎，但它們激起的是道德論戰，而非心甘情願的接納，被吸引進這兩座城市的不同族群裡後，促成獨樹一格的族群─宗教性動員模式。誠如後來的發展所顯示的，印度口岸城市的商業成就和城市穩定，主要倚賴當地人的努力或他們的海外連結。一九一四年後，他們的前途則和印度北部內陸（該地決定了英國在印度統治的存續）政治情勢的改變密不可分：在此關鍵階段，他們的影響力式微，相較於他們聲稱自己城市為印度最重要都市，情勢反轉之大，讓人意想不到。加爾各答的繁榮有賴於統一的孟加拉和易取得其東部區域資源的地位，只可惜一九四七年印巴分治，造成難以平復的創痛後，這些條件不復存在。[111]孟買（一如馬德拉斯）或許較想以自成一體的「城邦」省地位存在於獨立的印度裡，並期許最好能保住其具有國際色彩的社會；卻敵不過內陸政治人物的要求，以致兩者都未能如願。兩城市都需要與印度以外的世界自由貿易；但一九四七年後，國大黨的「許可證制度」（licence raj）施加限制和配額，以實現獨立印度的「計畫式發展」，直到一九九〇年解除管制才取消此種發展體制。「一九四七年後，加爾各答去全球化、去工業化」。[112]在印度，一如在其他地方，全球化或許跟著貿易和技術的腳步過來，但變化不定的全球化方向、全球化的進與退，卻受到地緣政治改變的風潮所推動。

新加坡河河口港灣，擠滿中式帆船和汽車，約一九三〇年（Bettmann/Getty Images）。

第七章 從南洋到長江：中國海域的口岸城市世界

如今仍在使用的「南洋」一詞，係中國人用以指稱從中國往南延伸到遼闊印尼群島這片海上世界的用詞。於是，南洋包括中南半島的沿海地帶（今越南和柬埔寨）、暹邏（一九三九年後稱泰國）、馬來半島，乃至緬甸最南部。十六世紀起，南洋就是歐洲人據以藉由貿易、外交和中國人打交道的通道。隨著上海、橫濱分別於一八四二年、一八五八年以「條約口岸」身分對外開放，南洋成為歐洲人據以前往長江流域（中國的商業心臟地帶）、進而前往日本的主要海上通道。一八七〇年代，蒸汽動力開始在蘇伊士以東大展身手之際，全球化似乎即將以令人驚歎的速度使這整片廣大地區的商業、文化、政治改觀，儘管其結果為何並不明朗。

但南洋的環境顯然不同於英國人統治下的印度，更遑論白人移民所占據的北美，南洋的十九世紀全球化依循著一條截然不同的道路。事實上，南洋早已是全球經濟的一部分，十六世紀起，南洋的香料和珍奇產物就販運至外地，遠至美洲。南洋作為印度、中國製造品的市場，歷史更是

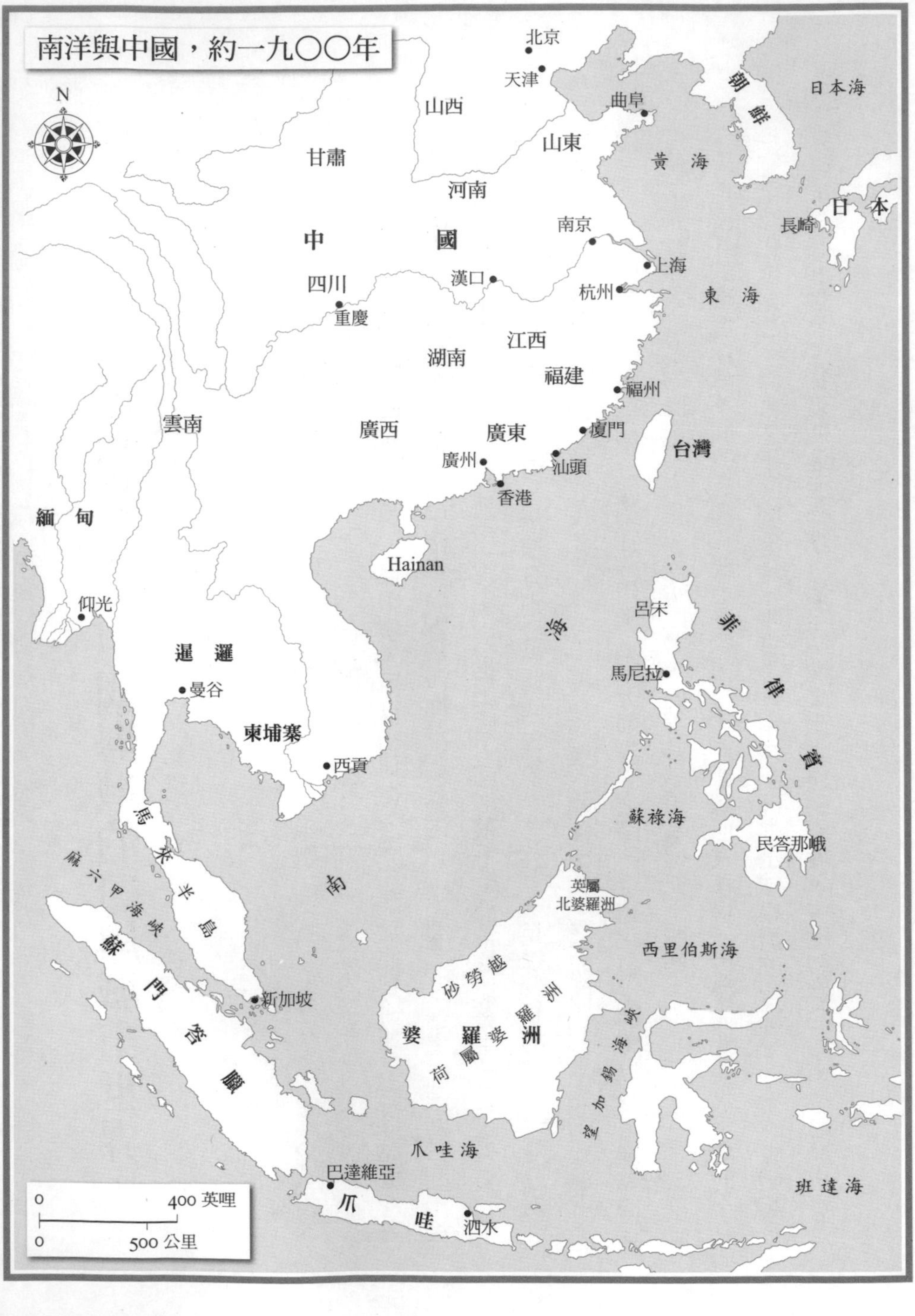

南洋與中國，約一九〇〇年
N
北京
天津
山西
曲阜
朝鮮
日本海
甘肅
山東
黃海
河南
日本
南京
長崎
中國
上海
四川
漢口
杭州
東海
重慶
江西
湖南
福建
福州
雲南
廣西
廣東
廈門
台灣
廣州
汕頭
香港
緬甸
Hainan
仰光
呂宋
海
菲律賓
暹邏
馬尼拉
曼谷
東埔寨
西貢
蘇祿海
馬來半島
民答那峨
麻六甲海峽
南
英屬
北婆羅洲
蘇門答臘
西里伯斯海
砂勞越
新加坡
婆羅洲
荷屬婆羅洲
望加錫海峽
爪哇海
巴達維亞
班達海
0
400 英哩
0
500 公里
爪哇
泗水

久遠。印度、阿拉伯、荷蘭、葡萄牙，乃至英格蘭的商人競相爭奪南洋的產品，但和南洋通商最頻繁者是中國人，而且中國人在這方面有時找荷蘭人合夥。南洋或許可被視為中國的「非正式帝國」，中國商人在此進行某種微妙且具有影響力的貿易。如果說這地區有個最重要都市，那非廣州莫屬。廣東、福建（茶鄉）、江南（長江下游）之間的國內貿易，在廣州連接起南洋的市場、產物。歐洲人勢力亦不容小覷，但西元一六〇〇年後，大多集中在菲律賓和爪哇。荷蘭東印度公司以爪哇為根據地，打造出涵蓋整個南亞的蛛網式商業連結，以支應其經常開支並維持其對南洋和歐洲的香料貿易壟斷地位。[1]

然而從更廣的角度看，十八世紀末南洋依舊未有外人（包括歐洲人和中國人）入主。在暹邏和越南，本地君王號令全國。在此地區的其他許多地方，包括馬來半島、蘇門答臘、婆羅洲、西里伯斯（蘇拉威西）、往澳洲綿延的「外島群」（Outer Islands），貿易和統治權分屬數十個、甚至數百個有組織體制的社會或「港口國」（harbour state）所有。在此，馬來人酋長、蘇丹、羅闍（raja）「前往上游」和森林地居民進行物物交易，「前往下游」則與形形色色的中國、印度、阿拉伯、歐洲商人進行物物交易，也從事有利可圖的奴隸買賣和海上劫掠。這是「海上人」（orang-laut）的世界，由與外隔絕的島嶼、溪流、水道構成的迷宮般世界。在大陸和島嶼上，宗教、文化的多樣，反映了有組織體制的社會林立的事實。佛教是緬甸、泰國的最大宗教。越南是儒家君主政體。在菲律賓和葡屬帝汶境內有皈依天主教者。許多森林地居民是泛靈論者。在峇里島可見到印度教徒。但在有組織體制的馬來人社會裡，以及爪哇島上，伊斯蘭早已是法律、宗教、文化的基礎。

貿易和地緣政治消融了這個「舊制度」。一七八〇年代，英國東印度公司和中國的茶葉貿易劇增，已使該公司對通往廣州的海路興趣大增，也使其更用心尋找有助於平衡和中國貿易的商品。這方面的早期跡象之一，係一七八六年從吉打（Kedah）蘇丹手中買下檳榔嶼一事。東印度公司冀望以此島作為該地區商業的貨物集散地。以印度為根據地的英籍、帕西籍「港腳商人」日益活躍。然後，一七九〇年代歐洲爆發戰爭，尼德蘭落入法國之手時，英國人開始一個個拿下荷蘭人在亞洲的領地，一七九五年拿下好望角（正式而言，當時係爪哇的屬地）、錫蘭（斯里蘭卡）、麻六甲。位在加爾各答的英國東印度公司政府覬覦爪哇（荷蘭皇冠上的明珠），一八一一年派兵奪下。英國東印度公司眼看就要擁有遼闊的領土。但一八一四至一八一五年的和會上，由於必須盡快恢復尼德蘭以壓制法國擴張野心（尼德蘭靠其殖民地財富維持國力並擴大版圖，其中包括後來成為比利時的地區），該公司在當地的負責人史丹福．萊佛士（Stamford Raffles）欲建立新東印度帝國的計畫因此夭折。宏圖大業未成，但萊佛士拿到安慰獎——新加坡島。一八一九年，他從附近大陸上的柔佛統治者手中買下這座島。經過一番較量，一八二四年，英荷條約敲定以新加坡南邊不遠處為界，劃定兩國在東印度群島的疆域。英國人放棄在蘇門答臘的駐地並換得麻六甲，後來麻六甲成為馬來半島周邊幾個口岸城鎮（合稱海峽殖民地）的一部分。但英國人欲掌控整個印尼群島貿易，同時拿下經由麻六甲海峽、南中國海連結加爾各答、廣州海路的野心未死。

新加坡建立之初，萊佛士擬定了更為宏遠的發展藍圖。他告訴一名宮廷友人，「我們的最終目標，當然是實現過去七十年一直與我們結盟的婆羅洲、蘇門答臘和其他國家的獨立自主……。」必須把它們的貿易從「荷蘭人的魔掌」中拯救出來。新加坡「距中國的航程不到一星期；更靠近暹邏、交趾支那等，位在此群島的正中央……我們所追求的不是領土，而是貿易；一個重要的商業中心，一個讓我們得以在此後情勢需要我們在政治上擴大影響力時得以如願的支柱。」[2]自由貿易會是「維護本地國家的獨立自主，強化它們的力量與重要性……從而使它們進步與改善」的手段。[3]荷蘭人會只剩爪哇和摩鹿加群島在手，此地區的其他地方尋求貿易和文明開化時會找英國。事實上，萊佛士打算以他的「新加坡書院」（Singapore Institute，後來改名萊佛士書院）作為教育該地區「高等人」的主要學院，並根除蓄奴、勞役抵債、獵殺人這些惡習，同時向華人提供現代教育，並為該公司的高級職員教授阿拉伯語和馬來語。[4]

新加坡建立後的五十年間，萊佛士所指望藉其掌控的那片區域，以他所不可能料想到的方式改頭換面。一八一九年，中國仍對西方人和西方人的貿易「緊閉門戶」，只開放廣州一通商口岸。第一次鴉片戰爭和之後簽訂的一八四二年南京條約，使中國向洋商開設了五個「條約口岸」，包括上海。英國人取得香港島，此後香港島成為他們在華的主要根據地，從事鴉片貿易的安全處所。一如新加坡，香港成為無關稅或無收費的「自由港」。一八五五年，英國與暹邏國王締結「寶寧條約」（Bowring Treaty），廢除暹邏王室的貿易獨占權，使暹邏向英國商人（和不久後其他西方人）開放通商。此約允許鴉片自由進口，據寶寧本人的記述，在他揚言派巡洋艦「拉特勒號」（Rattler）溯河而上威脅曼谷的王宮後，暹邏人即刻同意簽訂此約。[5]但萊佛士所構想的那個大自由貿易區未就此出現。荷蘭人在爪哇的殖民地政權並非行將就木的政權。經過五年爪哇戰爭（1825-1830）擊潰當地反抗勢力，該政權施行惡名昭彰的耕種制（kultuurstelsel），爪哇農民在此制度下，被迫為殖民地政權生產糖和咖啡。官方專賣機構——尼德蘭貿易會（Nederlandse Handel Maatschappij，簡稱ＮＨＭ）——在歐洲賣掉這些產品。與此同時，令新加坡的英國商人日益警覺的是，荷蘭人將蘇門答臘東部沿海和婆羅洲沿海有組織體制的當地社會強行納入控制，限制他們的貿易自由。一八五〇年代後期，新對手出現。一八五八至一八六四年，法國人將交趾支那強行納入殖民統治。交趾支那是越南最南端的部分，為該地區的「米倉」。

從商業觀點來看，北至上海、西至新加坡之間的海上世界，在此時期的多數時候依舊是一大片前景不明的區域。此區域並非公開、正當貿易之所在，反倒有許多商業活動由走私者執行，因為中國仍禁止鴉片進口。事實上，鴉片是幾乎每個地方商業交易的潤滑劑。貿易不斷被戰爭打斷：爪哇戰爭、兩次「鴉片戰爭」（1839-1841, 1856-1860）、太平軍所掀起、襲捲中國許多地方的動亂（1850-1864）。海盜橫行於中國沿海[6]和整個印尼群島。據一八四七年四月新加坡某報紙報導，每年十二月至一月，兩百艘馬來帆船組成的海盜艦隊南下穿過望加錫海峽，然後分成數支襲掠隊，擄掠船隻和奴隸。[7]民間商人想方設法影響馬來人羅闍、蘇丹，其中最著名的商人是詹姆斯·布魯克（James Brooke），一八四一年，他取得砂勞越，作為其在婆羅洲的私人帝國。在中國沿海地區，早期來到條約口岸的英國領事，不顧當地人的抵抗或騷擾，竭力申明其權威，而歐洲籍船員的暴力或脫序行為（華洋摩擦的根源）和此時期一再發生的戰爭與叛亂，使領事要達成此任務更是困難重重。[8]印尼群島的許多地方係「中間地帶」，殖民地政權、歐洲籍「自由業者」、馬來人羅闍、華人「公司」在此分享權力或爭奪權力。華人的「公司」為兄弟會型的組織，例如在婆羅洲西部沿海地區淘金的「公司」。在此群島各地走動，誠如自然學家阿爾弗烈德·羅素·華勒斯所發現的，有時很克難，除了有染病或遭劫掠之虞，搭無篷小船航行於島嶼間更是令人提心吊膽。[9]

這是一八八〇年代仍令約瑟夫·康拉德*備感熟悉的世界，然當時蒸汽全球化已開始改造這地區。

---

* 編注：約瑟夫·康拉德（Joseph Conrad, 1857-1924）為波蘭裔英國小說家。其創作多和自身的航海經歷有關，同時反應當時以歐洲主導的國際現象，如實呈現出帝國主義、殖民者的心態，以及對殖民地人民的影響。作品包括《黑暗之心》（*Heart of Darkness*）、《吉姆爺》（*Lord Jim*）等，其中，《黑暗之心》曾改編成電影《現代啟示錄》（*Apocalypse Now*）。

新加坡：貨物集散地

「對來自歐洲的旅人來說，少有地方比新加坡城和這座島嶼更有意思，」一八五四至一八六二年間經常造訪此地的阿爾弗烈德・羅素・華勒斯寫道：

> 政府官員、駐軍、大商人是英國人；但大部分居民是華人……本地馬來多為漁民和船員……麻六甲的葡萄牙人多屬辦事員和較小型的商人。西印度的克林人（Klings），係為數不少的穆罕默德信徒，連同許多阿拉伯人，經營小本生意、或店舖。馬夫和男洗衣工都是孟加拉人，還有一群人數不多但非常值得敬重的帕西籍商人。此外，有不少爪哇籍水手和家僕，以及來自西里伯斯群島、峇里島和此群島其他眾多島嶼的商人。港口裡雲集歐洲多國的軍艦和商船、數百艘馬來帆船和中式帆船……此城裡有堂皇的公共建築和教堂、伊斯蘭教清真寺、印度教神廟、中國廟宇、好看的歐洲房舍、大規模的倉庫、與眾不同的克林人和華人市集、由華人和馬來人小屋構成的狹長郊區。[10]

但予人最深刻印象的，莫過於華人城。在此島內陸，許多地方仍森林密布，華商已墾地種植胡椒和黑兒茶（用於鞣革的植物），由買自中國的苦力負責農活。

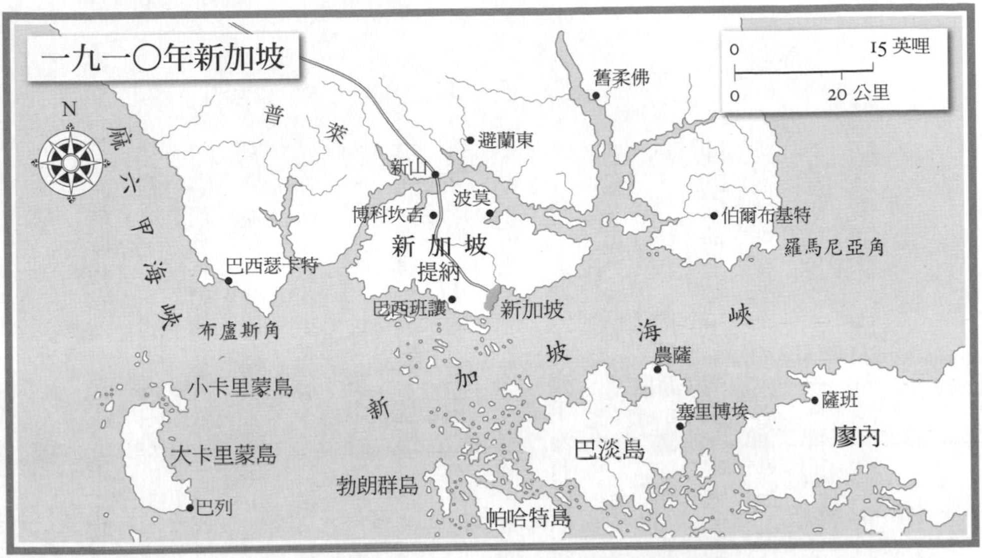

一九一〇年新加坡
0
15 英哩
0
20 公里
N
麻六甲海峽
普萊
舊柔佛
避蘭東
新山
波莫
博科坎吉
伯爾布基特
羅馬尼亞角
新加坡
提納
巴西瑟卡特
巴西班讓
新加坡
布盧斯角
新加坡海峽
農薩
小卡里蒙島
薩班
塞里博埃
廖內
巴淡島
大卡里蒙島
勃朗群島
巴列
帕哈特島

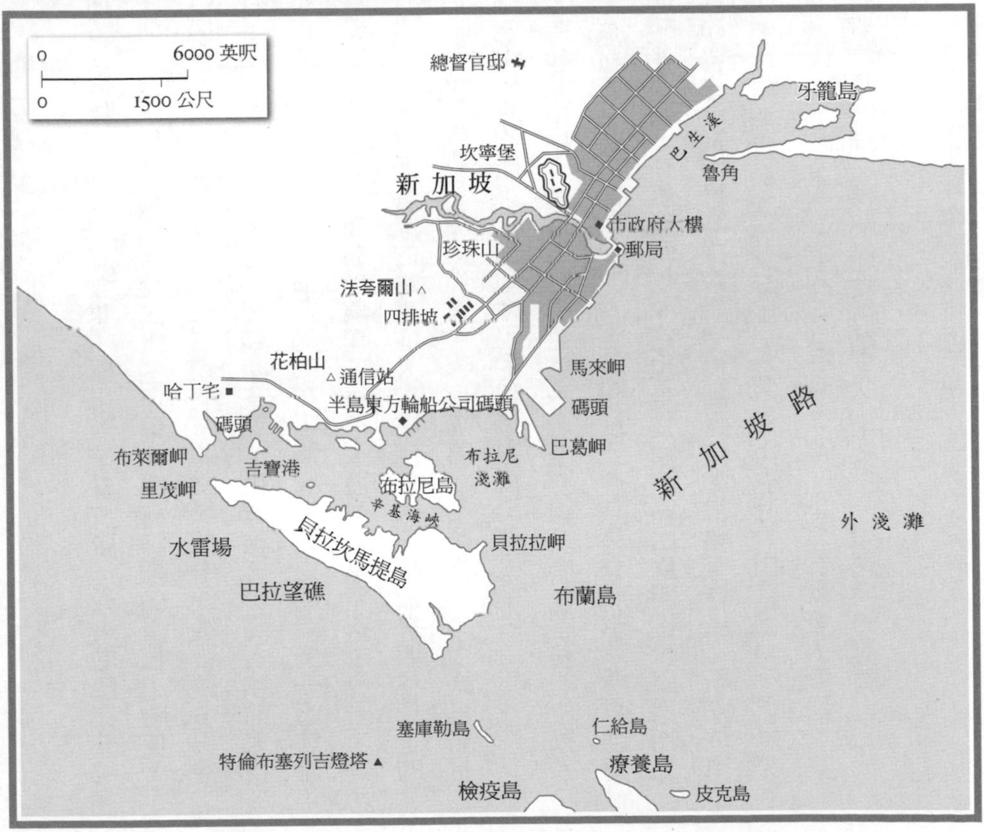

0
6000 英呎
0
1500 公尺
總督官邸
牙籠島
巴生溪
坎寧堡
魯角
新加坡
市政府大樓
郵局
珍珠山
法奇爾山
四排坡
花柏山
通信站
馬來岬
哈丁宅
半島東方輪船公司碼頭
碼頭
碼頭
巴葛岬
布萊爾岬
吉寶港
布拉尼淺灘
新加坡路
布拉尼島
里茂岬
辛基海峽
外淺灘
貝拉拉岬
水雷場
貝拉坎馬提島
巴拉望礁
布蘭島
塞庫勒島
仁給島
特倫布塞列吉燈塔
療養島
檢疫島
皮克島

此城的商業中心區是新加坡河，河兩岸不久就林立倉庫、碾米廠、鞣皮廠。較大的船在外港裝卸貨，卸下的船貨由駁船運進此河。但一如華勒斯所見，這些運輸作業有許多係用較小船隻，即中式帆船和馬來帆船。「中式帆船季」從一月至三月，在這期間東北季風把中式帆船從中國帶過來，船上載著陶器、麵線、線香、南京棉布、絲織品、樟腦、茶葉。也有乘客：商人和前來找工作的工人。六月至十一月是「布吉人季」，來自西里伯斯島的布吉族商人在此期間把「海峽產物」帶到新加坡，其中許多是為賣給華人消費者的商品：象牙、龜甲、海草、黑兒茶、金末、白藤莖、燕窩、海參、蜂蠟以及檀香等。來自蘇門答臘的馬來商人帶來西谷米（提取自西谷椰子的食品原料）；來自爪哇的「阿拉伯」船帶來咖啡和糖。然後，來自暹邏、交趾支那的中式帆船帶來糖、稻米、椰子油、生絲。歐洲人所擁有的船，帶來印度鴉片和英國製造品。[11]

新加坡是本身幾乎沒有任何生產品的市場，其貿易的高速成長，主要歸功於其有利的位置。它位在蘇門答臘、婆羅洲、馬來半島以及爪哇之間的海上十字路口，而且可輕易抵達西里伯斯島、峇里島、摩鹿加群島、帝汶島和菲律賓。在帆船時代，它也是從歐洲經由蘇門答臘與爪哇之間的巽他海峽至東南亞、中國的海路，以及從印度經由麻六甲海峽過來的海路交會處。新加坡東距從歐洲至中國的主要海路僅五十哩（帆船行駛或許半天）。[12]萊佛士或許看出其潛力，但馬來半島最南端老早就是此地區人民的交易地。「新加坡拉」（Singapura）十四世紀就有人聚居；其南邊數哩處的廖內群島，則一直是貨物集散地，後來毀於荷蘭人之手。[13]一如先前的荷蘭人，萊佛士看出生意興旺的關鍵在於吸引華商，並將新加坡嵌入中國人經營的商業網裡，並藉此商業網串連起印尼群島、東南亞大陸區、中國的口岸以及貿易。設計新加坡時，他為華商專留了一個居住區。但要把商人吸引到新加坡，最有用的作法或許是打造成沒有關稅或規費的自由港，受英國人保護的安全通商之地。

新加坡的成長的確甚快。麥庫洛克（M'Culloch）的《商業詞典》（*Commercial Dictionary*）寫道，「由於商業的繁榮，其成長類似在美洲的新拓居地，而非在亞洲的新拓居地。」[14]建城後不到五年，人口就超過一萬。一八六五年已超過九萬。其貿易額相應成長，一八六〇年代中期已達約一千兩百萬英鎊，[15]與歐洲的貿易占其中或許四分之一，與印度、中國的貿易各占一成五左右。但與東南亞其他地方的貿易，占比最大（超過四成），一八五〇年代，暹邏和交趾支那打開國際貿易大門後更是如此[16]。一八六〇年代時，新加坡已有許多貿易係乘西式橫帆船過來（其中許多船的船主為中國人），而非中式帆船或馬來帆船，然新加坡的東方口岸色彩依舊很鮮明。新加坡的貿易以擔和斤、帕拉（parah）和甘堂（gantang）、丘帕（chopa）和甘東（ganton）等單位計量，而它們所代表的重量可能因口岸而異。來自群島的產物，多以小量方式收購：《中國指南》（*China Directory*）論道，婆羅洲西南沿海地區，未得到充分的勘察，「只有小船造訪，小船大多由中國人和馬來人配以武裝並指揮。」[17]城裡的歐洲人甚少：一八六〇年人口普查僅得出三百六十人，[18]歐洲籍商人少到可以彼此親自談生意。

一八七〇年後、汽船時代前夕，新加坡是極其有特色且別具一格的口岸城市。貿易量大，卻還不致占壓倒性的量：和雪梨差不多，但少於因黃金而暴量的墨爾本，不到孟買的一半。[19]與孟買或加爾各答不同的是，新加坡沒有可藉由鐵路予以利用的內陸腹地：許久以後，新加坡才靠鐵路和馬來半島相連。孟買有大量輸出的棉花和鴉片，雪梨有羊毛，上海有茶葉，里約熱內盧有咖啡，紐奧良有靠奴隸種出的棉花，但在此階段，新加坡沒有這類主要商品可倚賴。它與西方的商業連結因此相對較窄，洋商在此大展身手的機會也比較有限。或許同樣引人注目的，是新加坡獨缺附屬領土。一八三二年起，新加坡成為海峽殖民地（Straits Settlement）的首府，但海峽殖民地面積甚小。加爾各答或倫敦不願擴增該島周邊的領土（至一八六七年為止，海峽殖民地一直由加爾各答當局管轄），始終令歐洲籍商人不滿。由於沒有土地稅收可供支應其行政成本或說不定會毀掉其貿易的關稅、規費，新加坡不得不仰賴一特殊的權宜措施。從印度進口的鴉片，早已是主要貿易品項之一，而隨著人口快速成長，當地人的鴉片需求格外高漲。把官方所輸入的鴉片零售業務外包給華商企業聯合組織，似乎是理所當然的選擇（因為英國人堅稱，鴉片是不折不扣的商品）。[20]事實上，鴉片零售外包所帶來的收入，成為此後直至十九世紀結束前，新加坡公共財政的關鍵部分。

十九世紀下半葉，三大改變的和合效應，改變了新加坡的前途。第一個是蘇伊士運河的開鑿。一八六九年十一月，該運河終於啟用，大大促進了歐亞間以汽船為工具的直接往來，新加坡自此成為重要的汽輪城市：一八七七年時，新加坡的汽輪噸位已遠遠超越帆船噸位。[21]第二個是對馬來半島（新加坡的後院）的經濟開發，因英國逐步擴大對馬來諸邦統治者的控制而加速。新加坡入手其明顯欠缺的一樣的東西，即陸地腹地。自此，新加坡成為該腹地主要出口品錫和（後來）橡膠的主要出口港。第三，一八六九年後，受到馬來半島「開發」的刺激，從中國過來的移民劇增，新加坡成為重要的入境移民口岸，而且是華人居多的城市（華人占比高於以往）。

蘇伊士運河把新加坡至歐洲的航程縮短了將近三分之一（從約一萬兩千哩縮短為八千三百哩），加速了兩地之間的運輸。事實上，來自英國的乘客，不久後就改在馬賽或布林迪西上船，而非在倫敦或南安普敦上船，藉此省掉在比斯開灣和繞過直布羅陀耗掉的時間。這時，從歐洲搭汽輪到新加坡，約需四十天，一九一三年時，從倫敦混搭快速火車和班輪，二十三天就可到。對於蘇伊士運河開通，新加坡的反應可謂欣喜若狂。「這條運河必然會推動商業，而且最終全世界的人都會感受到此效應，」商界喉舌《海峽時報》（*Straits Times*）得意說道。「歐洲與中國間的交通，最終會從巽他海峽轉移到新加坡海峽；帆船會被汽輪取代，從而必會使新加坡成為汽輪的加煤站和停靠地。」[22]而實際上，這一遠景能否實現，當然取決於更大且更重的汽輪能否利用該運河並和不必繳交該地通行費、沒有燃料成本負擔的帆船一爭高下。事實上，早期的估計認為，在最好的情況下收益都非常小。[23]但情況如樂觀派所料。一八七〇至一八八五年，新加坡港的船舶噸位成長迅速，從一百三十萬噸增至五百萬噸。[24]但或許令人意外的是，蘇伊士運河並未使新加坡成為歐洲在商業上的邊遠分部。因為，其貿易雖在一八七〇至十九世紀末成長了六倍，歐洲在此貿易裡所占的比重成長甚微。[25]對新加坡的商人來說，最要緊的事，反而是掌控東南亞的地區性貿易，防止該群島和大陸上的其他口岸與中國、歐洲直接貿易一事成真。此事若成真，新加坡將淪為「幾無異於一個加煤站和停靠港。」[26]誠如後文會提到的，此後四十年，不時有人發出這類憂心。

及至一八八〇年代，從歐洲至亞洲的新汽輪幹道，已延伸到孟加拉灣對岸，經可倫坡抵達麻六甲海峽和新加坡海峽。英、法、義的航運公司競相提供定期航運服務，在前往中國、日本途中停靠此處。一八七〇年時，已可從歐洲打電報到這裡，此舉意味著就南洋地區來說，新加坡是商業（尤其價格）資訊——電報的主要用途——的第一個傳抵地，一如班輪早早就把來自歐洲、印度、中國的郵件、報紙送來。電報也可用於管理船舶的移動，使船務代理行和經紀人得以較快回應艙位需求和貨運價格的起落——對不定期貨船來說，這是考量的重要事項之一。隨著汽輪在東南亞地區性貿易裡取代帆船（甚至在蘇伊士運河開通前就已開始取代）——一八七二年《海峽時報》報導，「如今，到處有小汽船行駛在幾乎每條溪上，猶如成群的胡蜂。」[27]——隨著新加坡透過電報與南洋其他口岸相連，新加坡成為許多航線的轉運中心。新加坡提供汽輪航行所需的新基礎設施：汽輪鍋爐所需的煤和水（汽輪不時要擔心水不足）；讓班輪可在港口迅速完成周轉的碼頭設備（迅速完成周轉係班輪所必需）；可供隨時填補船員的備用海員；讓停靠的不定期貨船可指望找到貨物裝載。新加坡因而得到的回報令人驚豔。全世界遠洋船舶噸位從一八七〇至一九一三年成長了三至四倍，利用新加坡港的船舶噸位（並非全是遠洋船）則增長了九倍。[28]

新加坡的轉口貿易得利於蒸汽動力問世、蘇伊士運河開通，以及暹邏、法屬印度支那的稻米出口劇增（新加坡是這兩地稻米的最大市場和在東南亞的配送中心），但一八七〇年後，新加坡也漸漸成為主要商品的大口岸。這在很大程度上要歸因於華人與英國人對馬來半島的「共同拓殖」。華籍礦工早年便活躍於馬來半島西海岸的採錫事業。十九世紀更後期，用來製作不生鏽的馬口鐵的錫，需求劇增（其中許多馬口鐵用於罐頭業），引發「採錫熱」，而「砂錫」礦砂的易於開採，係造成此熱潮的原因之一。只是這帶來不樂見的後果，即邊境地區日益混亂，該地區礦工為了爭奪礦產所有權而大打出手，或與裝備低劣又管不住他們的馬來人統治者大動干戈。一八七三年，《海峽時報》忿忿寫道，霹靂（Perak）和雪蘭莪（Selangor）——兩大錫產地——「令商人害怕，令資本家不安。」一如以往，倫敦政府因未能有所作為或將其吞併而飽受指責：那是個「沒有明確目標，多管閒事卻無視民生疾苦的政策」。[29]在雪蘭莪，蘇丹政府的軟弱阻礙資本投入。當地輿論的壓力迫使殖民地當局出手。「應把整個馬來半島西海岸據為己有，」一八七六年《海峽時報陸路期刊》（*Straits Times Overland Journal*）極力主張。「華人移民會滿足這兩個國家（霹靂與雪蘭莪）……所需的勞力……英國人和華人的資本會使土地的資源得以得到充分利用……。」[30]接下來二十年，馬來半島諸國淪為受間接統治的保護國，仍保有其馬來族統治者。

但它們實質上已門戶洞開，接受華工和英國人、中國人的資本。錫產量劇增，一八七四至一八七七，以及一八九六至一八九九年各增加了五倍，達世界產量一半。[31]然後，十九、二十世紀之交，來自亞馬遜河流域的橡膠樹苗開始在馬來亞栽種——但最一開始是在一八七六年，有人將橡膠樹苗先帶到錫蘭（斯里蘭卡）。橡膠需求的產生，源於蒸汽動力。探險家暨地理學家克萊門茨·馬克姆（Clements Markham）表示，「用到蒸汽動力的每艘水上汽船、每節火車、每個工廠……都必須使用印度橡膠。」[32]一九〇〇年後，隨著汽車革命展開，對橡膠輪胎的需求，首次與對蒸汽管子、墊圈的較古老需求相匹敵，然後超越。一九〇〇年，馬來亞境內的橡膠樹種植面積只有兩千英畝；一九一三年時已增至一百萬英畝。[33]新加坡成為過煉橡膠的最大出口港，其中許多橡膠並運至歐洲，而是運至美國。一九〇七年，美國所消耗的橡膠已占全世界橡膠產量約三成七，十年後更成長至超過四分之三。[34]

隨著腹地開發，新加坡不只成為主要商品的口岸，還成為大量移民入境的口岸。來自印度東海岸的泰米爾人越過孟加拉灣，通常以契約「苦力」的身分過來。但構成人口多數者是來自中國的移民，他們來到新加坡，然後被送去更遠處的種植園和礦場。中國移民一八七七年時已達一年約一萬人，十年後達到一年超過十萬人，一九一一至一九一三年平均一年達二十五萬人。[35]他們幾乎全來自華南窮鄉，來自福建（閩南人和潮州人）和廣東（說粵語者）。廈門、汕頭、香港是主要的外移口岸，其中香港是廣東人的外移口岸。海峽殖民地和馬來半島，連同暹邏，是主要的外移目的地。對航運公司和海運經紀人，以及四、五月主要外移季期間為有意外移者提供暫時住所的許多客棧來說，外移是樁大生意：乘帆船出海六至八天抵達東南亞，通常一次載一千名外移民。[36]在新加坡，華商和歐商都樂見移民源源不斷過來（幾乎全是男性而且年紀通常在十七至三十五歲間），也都認為這是新加坡所不可或缺。「華人移民是此殖民地和結成聯邦的馬來諸邦的支柱，」《海峽時報》一九〇四年論道。「或許可以篤定的說，輸入的華工愈多，貿易、工業、商業愈順利、愈好……。」[37]該報以較達觀的口吻說道，「總的看來……世事頗為公平。有數大片區域由亞洲人獨享，而我們一再力主其中一個區域的是……澳洲的廣大北部或熱帶區域。白人在此區域或許能活，但絕對繁榮不起來……。」[38]這一觀點在「白澳」不會受到多大歡迎。

華人移入使新加坡的榮枯和中國已為一共同體。一次大戰和其後續影響驟然切斷移民流入，中國境內白銀價值上漲，銀根更為充足，新加坡商界隨之感到絕望。「銀價幾乎是暴跌，或連續兩三年作物歉收，加上移入活動得到協助、航運設施充足、有個……計算和派送苦力的組織……會助我們擺脫困境。」新加坡的工業撐得過去，著實「令人難以置信」。[39]與華南的連結，不只在勞力和商貿上。此連結也使新加坡口岸城市社會的文化、政治改觀。

新加坡從一開始就是個多族群的新拓居地，吸引了來自孟買的印度商人、馬德拉斯的赤地亞人金融家，以及以契約工身分過來的泰米爾人；來自哈德拉毛、據說擁有新加坡許多房地產的阿拉伯籍商人和船東（如今新加坡仍有條「阿拉伯街」）；猶太人和亞美尼亞人（一八三〇年代時已有自己的教堂）；爪哇人、布吉人和本地馬來人；歐洲人和歐亞混血。但從一開始華人就居多數，一八六〇年代已占人口一半，十九世紀後期已占超過四分之三。但「華人」一詞並非只傳達一種身分。享有最高威望者是「海峽華人」。顧名思義，他們是很早以前便定居於此殖民地的華人。「海峽」華人或「麻六甲」華人通常與當地馬來人通婚，形成名為「峇峇」（baba）的族群。他們有獨具一格的混合文化，既保有華人風俗和衣著，又適應當地環境而有所改變，因此，「峇峇」男人仍和中國本地人民一樣留髮辮（towchang／頭鬃），仍穿中國人的典型衣著以及袍服。但他們抽菸、喝烈酒，且以歐式握手來表示問候之意。他們在家講「巴剎馬來話」（bazaar Malay），以之為通用語，但較正式的場合仍使用中國話。有些「峇峇」成為基督徒。麻六甲華人長年以來熟悉歐洲人經商的方法和語言，於是成為商業中間人的絕佳人選，而（誠如史丹福・萊佛士所看到的）這些中間人係新加坡前途所繫。他們不久就遷到這個新拓居地。英國人很快就尋求他們的協助，不只以他們為地區性貿易的代理人，還要他們充當稅款（尤其鴉片）的「包收人」。海峽華人大商人既有獨占事業和稅收的「現金流」，又從事商業活動，成為很有勢力的上層人士。各大中國方言族群（福建人、潮州人、客家人、廣東人）以廟宇為中心凝聚在一塊，而這些大商人是廟宇的贊助者。英國人（其中會講中國話者少之又少）指望這些大商人維持該族群的秩序，卻也發現，華人族群在社會上、文化上自成一體，外人難以融入。[40]

移民流入，使此一維持秩序的任務變得棘手，甚至在移入潮變成洪流般之前就如此。這些新移入的華人，與海峽華人的共通之處甚少。他們和自己的家族相隔兩地（家族是中國農村社會的主要社會單位），在自己的方言族群裡以及乘勢崛起的祕密會社裡找到休戚與共之情。不同的方言族群為了爭奪空間和工作機會或為了儀禮問題互看不順眼（而且或許還因為絕大多數是血氣方剛的男子），助長了逞凶鬥狠之事：四百人死於一八五四年不同華人派系間的械鬥火拼。[41]英國人不確定祕密會社威脅法律、秩序，還是有助於社會穩定，但最終還是明令禁止。一八七〇年代，英國人不再私下倚賴海峽華人要人管治華人，而是成立「華民護衛司署」（Chinese Protectorate），以及後來的華人參事局（Chinese Advisory Board）。與此同時，來自中國的移民日增（清廷禁止外移令一八六〇年非正式取消，一八九三年正式取消），由華商稱霸的東南亞地區性貿易規模愈來愈大，新加坡諸華人族群的勢力隨之有所消長。土生土長的華人或許申明其對英國人的忠誠，但仍保有強烈的華人意識——由留辮便可見一斑。一八九八年，退休的第一任華民護衛司畢麒麟（William Pickering）主張，海峽華人的忠誠只是表面。他抱怨道，「這些人出生於我們所統治的地區，在我們的學校接受教育，靠我們的保護致富，或許會說或寫（英語），但內心仍自認是華人，把其他種族的人都貶為較低等的外國人，只有在想要索取其認為應得的權利或身陷麻煩時才說自己是英國人。」[42]

對海峽華人和更晚才抵達新加坡的華人來說，這些問題都非如此單純。一八九〇年後，中國內憂外患日益深重，必然激起強烈的政治情感。有錢的新加坡華人支持中國的「自強」改革運動，也忠於陷入困境的清朝。許多人仍與大陸家鄉有聯繫，渴望躋身士紳階層——藉由引人注目的慈善義舉和精心培養本地官僚之舉取得的身分地位。一如孟買的帕西人，這些「華人資本家」希望利用他們的「英國關係」和英國所提供的保護來振興祖國。[43]香港大學的創建，旨在作為華南的現代性指標，而此大學能夠存續，新加坡的資金（和學生）是功臣之一。[44]事實上，中國人外移與僑民匯錢回鄉相輔相成，其中許多錢經由香港匯回。對海外華人來說更甚的是，因效忠而起的矛盾可能會是極其敏感的問題。林文慶是出生於新加坡的海峽華人，信奉基督教，在英國取得醫學學位。一八九五年，他獲任命為海峽殖民地定例局（即後來立法局）的「非正式」成員，定例局是該殖民地的立法機關（但成員係派任而非民選）。一如其他海峽華人，他苦惱於在中國出生的華人在新加坡勢力愈來愈大。一九〇〇年，他成立華人英籍公會（Straits Chinese British Association），以重申其以英國體制為首要效忠對象的立場：一九〇〇年，林文慶說「我們海峽華人是自由民，」間接表明其不認同清朝政權。[45]但林文慶也認為，應該積極推動新加坡華文（而非英文）教育，力促復興儒家文化，並以民國時期大學校長的身分結束其事業生涯。[46]*

新加坡的建設仿英屬印度的口岸城市，其城市布局一如那些口岸城市，讓不同族群的人自成一區。「歐洲人區」占據新加坡北邊的首善地區。該河以南分配給「華人甘榜」（Chinese campong）和（供印度人居住的）「珠烈甘榜」（Chuliacampong）。該河以北，比歐洲人區更北邊的地方，有阿拉伯人區，再過去是布吉人、馬來人的甘榜。到了一八四〇年代，歐洲人區境內除了以盛行於英屬印度的古典風格建成的一排公共建築，還有一些氣派的別墅，例如馬德拉斯或加爾各答的有錢歐洲人名下的別墅。在廈門街周邊的福建人區、駁船碼頭（Boat Quay）一帶的潮州人區或位於更外面的丹戎巴葛（TanjongPagar）的客家人區，一八三〇年代時已可見興建中的精緻廟宇。詹美回教堂（Chulia Mosque, 1830-35）和馬里安曼廟（Sri Maraiamman temple, 1827-43），反映了來自印度的印度教徒、穆斯林的存在（和財力）。在橋南路（South Bridge Road）和其許多小街沿線，所謂的「店屋」（shophouse）大增，從該街的商業建築往後延伸到擁緊、陰暗且往往不衛生的隔間。十九世紀末，新加坡已有氣派飯店、宏偉銀行（香港上海匯豐銀行、渣打銀行）、一個歐式中央商業區：一九〇〇年後景氣大好時期，大型辦公建築和店鋪大增。有錢的歐洲人和華人在郊區築起大宅：最氣派的郊區是東陵（Tangling）。[47]但新加坡許多地方，如同其他地方的口岸城市，由「專業化的貿易區、巴剎、緊鄰且供多戶分租的經濟公寓、集中的餐館、劇院、娼館」所組成。[48]過度擁擠（大量人口移入的代價）司空見慣，衛生設施簡陋。於是，死亡率比印度城市或香港還高：一九〇〇至一九二九年嬰兒死亡率，達到華嬰千分之三〇五、馬來嬰將近千分之三四四的驚人程度。[49]結核病、瘧疾、霍亂是主要的殺手。在如此倚賴人口大量流入、如此堅決投身商貿的城市，不管是要調動資金，還是要鼓起民心來完成改善，都不是容易的事。

＊編註：一九二一年，林文慶應孫中山的請求，擔任廈門大學校長。

如果說不斷且幾乎不受管制的人員移動，嚴重損害了居民的健康，此現象也助長了新加坡的另一面，且讓殖民地主子覺得同樣難以掌控。人口移動，也代表了不見容於帝國和殖民地統治或會顛覆帝國和殖民地統治之資訊、觀念、忠誠觀的移動。作為置身伊斯蘭東南亞裡的航運中心，新加坡是前往麥加或從麥加返鄉的穆斯林理所當然的上船口岸。[50]十九世紀後期，「泛伊斯蘭」忠誠觀的吸引力和伊斯蘭改良主義，循著汽輪路線，經由朝覲的統艙旅客，往外散播。民族主義一在中國大行其道，也能循著移民的水路往外擴散。作為某史家所謂的「全球碼頭區」（global waterfront）的一部分，新加坡迎來四處漂泊的水手、碼頭工人和其他港口勞動力，以及十九世紀後期影響他們的激進的、無政府主義的或社會主義的觀念。[51]作為「開放城市」新加坡，一如其他口岸，有其反城市（anti-city）區域，[52]即不受統治者掌控的區域。開放也帶來印刷廠和印刷機，促進以整個印度洋地區大英帝國子民為對象的報紙、小冊子、時事通訊、書籍的發行，從而強化了旅人、朝覲者所能收到的信息。如果說新加坡快速繁榮的中央商業區是全球化現代性在東南亞的代言人，流動性甚大的碼頭區勞動人口、與激進的或非西方的運動團體的長距離連結和以遙遠異地的讀者為服務對象的印刷業者和蹩腳作家，則是跟著該現代性一起出現且具顛覆性的事物。

這帶來的衝擊，在一九一五年前、在該年印度士兵發動短命（但對新加坡的歐洲人來說可怕）的叛變之前，或許人們只是微微感受到。直到一九一四年和那之後，新加坡的主業一直是航運：收集南中國海、馬來半島的產物；把來自暹邏、越南的稻米轉配送到本地區的消費者手上（新加坡是此時東南亞的最大稻米市場）；銷售從西方過來的製造品（尤其棉製布匹）。作為主要的沿海中心之一，新加坡是世界各大海路所構成的網絡的一部分。但新加坡在該網絡裡的地位，大不同於倫敦或利物浦、漢堡或馬賽等沿海大都市。

這有一部分源於「傳統」船舶的頑強：中式帆船和「布吉船……外形奇怪的小型縱帆船」，連同以中國人為船主的不定期貨船，一九〇二年時仍可見於新加坡港裡。這些不定期貨船，有著「帶有補釘的木船體，勉強塞進的發動機」，但運送了「很大比例的本地貿易商品」。[53]一九〇三年《海峽時報》指出，除了「遠東」（東亞）與歐洲、澳洲間的長程貿易，中國人船舶所占的比重「的確很大」。[54]但不管是對華商來說，還是對支配與西方貿易的各大歐洲人代理行——如莫實德（Boustead's）或牙直利（Guthrie's）——來說，提醒他們新加坡在海運商業裡的邊陲地位的，另有其他。船舶，一如金、銀，往需求（和貨運價格）最高的地方流動，逃離過度飽和之地。一八九九至一九〇二年的南非戰爭期間，船舶被捲入英軍所需要的大供應鏈裡。在海峽殖民地，船舶短缺，價格大漲，貿易遭推遲，從而帶來虧損。一九〇三年，俄日開戰的可能，導致此地區保險費率上漲一倍。[55]隨著汽輪船體變得更大，在港口的周轉時間變短，新加坡，如同其他口岸城市，被迫與其他口岸競爭。丹戎巴葛碼頭公司（TanjongPagar Dock Company）是新加坡碼頭設施、加煤設施、船舶修理設施的最大擁有者。該公司不願進一步擴大設施，不免令商界憂心忡忡，殖民地政府因此祭出極具爭議性的舉措，在一九〇五年沒收該公司，改為公有（該公司大部分資本由位在倫敦的人持有）——英國殖民部勉強批准。更具爭議性之舉，係為新加坡提供服務的英國、歐洲各大汽輪航運公司決定成立「海運公會」（conference）——實際上就是卡特爾——以由它們均分貨物，並用所謂的「回饋款項」，拴住各大發貨人。貨運價格不可避免的上漲，倫敦、利物浦因此受益，而新加坡作為印尼群島最大貨物集散地的地位，則似乎可能因此受害，小型商辦更是深感如此。一九〇二年《海峽時報》激動說道，「這一幫母國發貨人會毀掉本城的繁榮」。[56]新加坡商人吹噓新加坡獨一無二的商業優勢，但心裡其實擔心來自鄰近口岸的競爭，擔心法國人在中南半島的保護主義行徑，擔心德國人侵入攸關新加坡生存以及和曼谷之間的貿易，或擔心失去被公認為繁榮基礎的自由港地位。

事實上，誠如先前所提過的，新加坡的商業前途，依靠其作為主要商品出口口岸的快速發展而得到保障。新加坡為馬來半島上和附近荷蘭人領地裡的錫礦開採和後來橡膠生產，提供了融資和管理，以及加工、行銷、出口等設施。若說一次大戰時新加坡發展頓挫，一九二〇年代則見發展蓬勃。新加坡是在一九二〇年代時取得其第三個主要出口商品，成為蘇門答臘和婆羅洲油田的主要出口中心。到了一九二〇年代中期，新加坡的貿易規模已高於加爾各答、孟買。[57]但靠英國帝國力量支撐的蒸汽全球化時代，就要接近其盛極而衰的時刻。如果危機時刻降臨新加坡的時間晚於世上其他地方，要說將會有什麼不同，那無疑是其衝擊的破壞力會更大。

新加坡與全球化

乍看之下，新加坡似乎是充當歐洲邊遠分部的口岸城市的典型例子，歐洲透過新加坡將其全球化影響力導入南中國海的海上世界。要說明新加坡為何有如此出色的商業成就的確不難。地利是首要因素，但非唯一因素，因為新加坡地處來往印度洋、南中國海的船舶所必經的兩大海路（和兩大「咽喉口」）的交會處。誠如先前已提過的，隨著蘇伊士運河使汽輪在歐洲、東亞間的長程貿易上具有競爭力，這一地利立即被大幅放大，因為汽輪偏愛走位於新加坡後門的麻六甲海峽，甚於走更南邊的巽他海峽。一九一四年，取道麻六甲航道的船隻多出巽他航道四倍左右。[58] 由於汽輪需要頻頻補充燃料，新加坡成為可倫坡以東當然的加煤站。除了是「過境交通」必要的停靠港，新加坡還在東南亞的島嶼、半島世界據有中心位置。新加坡既能輕易吸引本地船舶前來，自能不用像其他口岸那樣花高昂成本和時間建造進入腹地的鐵公路基礎設施，就收集到廣大地區的產物（這是其與美國內戰前的紐奧良都享有的得天獨厚優勢）。到了十九世紀後期，新加坡已兼具地區性貨物集散地和主要商品口岸的角色。事實上，新加坡運氣出奇得好，擁有市況正好的主要商品：隨著西方製造技術演進，對錫、然後橡膠、最後石油的需求劇增。然而，一如多數發達的口岸城市，政治和地緣政治也起了關鍵作用。英國人一開始就領悟到，東南亞商業的存續有賴於和華商、華人航運業「結盟」：新加坡不可能成為純歐洲人的新拓居地。但也是因為存在一批在倫敦有良好關係、人數不多但敢於強勢申明自身主張的英籍商人，才保住至為重要的自由港地位，取得「直轄殖民地」的有限自主地位（1867）——受遙遠的倫敦管轄，而非受盛氣凌人的加爾各答專橫。新加坡為數甚少的歐洲人裡，把此地視為永久居地的人少之又少一事，也是一大助力。於是，在獨裁統治和歐洲人享有特權的表象底下，新加坡政府在「管理」其與境內華人、其他族群的關係上，享有不尋常的自主權，以及在對來自中國（與印度）的移民繼續完全敞開大門上，享有更不尋常的自主權——直到困頓的一九三〇年代政治氣氛改變，此開放政策才有了改變。或許，直到那個時候，新加坡對英國帝國力量支撐的良性地緣政治體制的實際依賴程度，才赫然呈現世人眼前。

新加坡對貨物、資金、人員、資訊的移動持特別開放的立場、其遍布全球的航運連結、僑商（華人、印度人、馬來人、阿拉伯人、猶太人、亞美尼亞人、歐洲人）的存在，使新加坡就一般標準來看，成為特別出色的全球城市。但它對周邊地區的政治、經濟、文化有多大影響力？它是「全球化」的影響據以向外輻射而改造南洋的中心嗎？如果沒有新加坡，當然可能會有其他口岸城市填補這個位置：巴達維亞、泗水、曼谷、西貢和馬尼拉都有實力躋身此地位，只是實力高低不同。從商業上講，新加坡所發揮的關鍵作用，係把英國的商業信貸和十九世紀中期起擴張迅速的華人商業網結合在一起。新加坡為這兩者提供的安全保障，加上其地理位置優勢，加速南洋融入維多利亞女王時代的新全球經濟，加速南洋本身的**地區性**整合。新加坡成為尼德蘭東印度的產物（尤其糖）的出口港，成為「稻米集散地」，把來自暹邏、越南的稻米發送至馬來亞、爪哇、蘇門答臘、婆羅洲和其他地方。新加坡的興盛繁榮，多所倚賴錫、橡膠、石油的獲利。但就其為主要商品的生產提供投資和管理（主要商品口岸的重要職能）來說，這方面的作用大多局限於鄰近的英屬馬來亞。[59]

就政治方面而言，新加坡的影響遠沒這麼清楚。萊佛士希望建立一控制區，其中涵蓋印尼群島和以外地方並從新加坡居中號令，卻始終未如願。東南亞被數個勢力割據，就英國人來說，若不考量面朝孟加拉灣的緬甸，其在東南亞的地盤相對來說並不大。事實表明，荷蘭人的帝國主義擴張超乎預期的強勁，十九世紀末已牢牢掌控根據一八二四年條約所分配到的廣大區域。菲律賓於一八九八年落入美國這個比西班牙還富強的殖民強權之手。印度—支那（中南半島）落入法國人之手，而倫敦和巴黎為爭奪獨立國暹邏起口角，但英法兩國都未能獨大於暹邏。新加坡也是想要終結殖民主義者的安全棲身之所，但一九四〇年之前，那不過夢一場。新加坡華僑和中國大陸的連結，反而切合現實得多。

海峽華人菁英和較晚過來的華人都想與香港、中國沿海城市的「追求現代化者」聯手改造清帝國，找到應對西方列強的可靠辦法。他們所希望的，或許是讓富商階層取代抱持儒家精神的士紳，由富商階層和西方打交道（而且以堅定不移的立場和西方打交道）。要從上而下打造一屬於中華民族的國度：要爭取西方支持，卻不受制於西方。但如果說那是他們所追求的，卻完全失算了。一九一一年中國辛亥革命，中國商人出力甚少。隨著一九一四年後西方陷入動亂，日本成為最大的外部勢力，一九一五年日本提出的「二十一條要求」正體現了日本這時的霸權——這些要求實際上要中國接受其非正式的管轄。一九一九年，日本似乎打定主意要奪走德國在華北的所有權和租借地，巴黎和會上所提出的自決承諾隨之似乎化為泡影，中國人民的民族主義變得（可以理解地）日益仇外。一九二五年五月，在英國人所治理的上海公共租界，警方向示威者開槍，引發在廣州策畫的省港大罷工、抵制英貨，香港隨即陷入癱瘓。

對新加坡的華僑來說，這是見真章的時刻。他們繼續出錢支持國民黨（中國最大的民族主義團體）。國民黨支部在新加坡成立，捱過英國人的查禁。但新加坡華人菁英不願以直接的行動支持中國大陸上的反殖民運動，甚至不願加入抵制日貨的運動。他們利用自身的社會力量，阻止使香港屈服的罷工、抵制英貨在新加坡上演。[60] 隨著共產黨在中國大陸崛起並和國民黨締結不穩定的同盟關係，作為重要貿易城的新加坡，與決意將外國勢力逐出中國的群眾民族主義運動之間的利益分歧變得尖銳。隨著中國陷入內戰，日本的野心更是不加遮掩，首要之務是如何在經濟衰退下維持自己內部穩定，而非對付國外勢力。新加坡自此安於扮演其作為英屬馬來亞公認最重要都市的角色。

如果說商業上的情況如上所述，文化和政治上則遠非如此明朗。誠如先前已提過的，在新加坡，一如在孟買或加爾各答，對西方現代性的適應一直極有選擇性，絕非照單全收。新加坡的政治權依舊交由純歐洲人的殖民地官僚體系行使。華人、印度人、馬來人的菁英專注於維持對所屬（分裂的）族群的影響力。新加坡未正式施行種族隔離政策，卻也看不到要成為多元「熔爐」的跡象。實情正好相反。「全球現代性」的最有力效應之一，係大大提高不同族群的交融，同時使透過族籍或宗教認同動員效忠一事有了手段和理由。政治和文化彼此綁縛在一起。在馬來半島（新加坡的商業、政治、文化腹地），這會產生極重要影響。面對華人大批湧入拓殖，英國人小心翼翼保住（並提高）馬來人蘇丹在該地的「傳統」權威。共同的宗教信仰，強化了馬來人自認是真正「土地之子」（sons of the soil）的身分認同感。對境內居少數的馬來人而言，新加坡是格格不入的華人城市，蘇丹對生活在轄區的華人所能造成的影響力，令屬於馬來族的蘇丹深感不安。即使經歷二戰戰火摧殘，馬來族統治者仍在一九四六年斷然拒絕以新加坡作為「馬來亞聯邦」（Malayan Union）首都的倡議，而一九六三年新加坡成為獨立的馬來西亞聯邦一員一事，只維持了將近兩年。新加坡在商業上成就輝煌，但注定要繼續扮演其在蒸汽全球化時代所發展出來的角色，即獨特的政治文化，且靠其幾乎無力主宰的地緣政治格局來維繫自身安全的重要貿易中心。

連結「沿海地區」：沿海中國的興起

新加坡最初的定位，係為在中國只開放廣州一口通商時，英國人用以取得對華貿易的前沿基地。第一次鴉片戰爭和奪取香港，使擔任這個角色變得多餘。香港是南海的最北端，近台灣海峽，而台灣海峽另一端就是東海和長江口，更往北是黃海和天津（北京的口岸）、「隱士王國」朝鮮、對馬海峽、一八四〇年代前少有西方船隻造訪的日本海。一八四二年，南京條約迫使中國對西方開放五口通商（上海是其中最北的口岸），代表西方強行進入中國的開端，但也導致中國社會的重大轉變，財富與權力的天平自此從農業內陸傾向沿海地區。民族主義者的救國大業——先是致力於改革君主政體，然後致力於推翻君主政體、振興中國文化——始於條約口岸，絕非巧合。一如亞洲其他地方的民族主義，中國的民族主義既傾心於西方，同時遭西方拒斥，最終在追求自強的過程中轉向群眾，帶來戲劇性的結果。

在倫敦，有人把一八四一年取得香港一事，視為當地一個剛愎自用之徒犯下的可悲、愚蠢錯誤。一塊沒有華商的「光禿禿岩石」，能帶來什麼貿易？事實上，即使六年後，英國國會一特別委員會仍語帶不屑地認為，香港無商業潛力。或許更糟的是，地近福建產茶區的廣州和有龐大河岸腹地的上海，雙雙作為條約口岸開放通商，意味著香港的商業前景，再怎麼說可能都有限。[61]但一如其他口岸城市，好運，再加上其優良港灣，讓來自海上的闖入者覺得未來大有可為，由此拯救了香港：對中國人來說，由於有廣州以及廣州和內陸的連結，香港一直只是廣州外圍防禦的一環，漁村和有城牆環繞的小九龍城的所在。香港的第一個救星是鴉片，而且有很長時間鴉片係其繁榮的基石。即使簽訂南京條約，鴉片輸入中國仍屬非法。香港作為英國領土，實為安全的庇護所，印度鴉片可在此卸卸貨，然後走私進中國。以怡和洋行為首的鴉片進口商，隨即在香港的前濱沿線砸錢興建倉庫和辦事處，香港有了一批人數不多但有錢的歐洲人，還有駐軍和殖民地官員。[62]五個條約口岸的商業態勢經十年或更久才底定，香港作為「先行者」，保有其優勢。長期以來，進口鴉片在香港加工、再包裝、轉送至中國消費者手上。第二樁好運氣，來得更是突然。一八四八年，加利福尼亞發現金礦。隔年，澳洲淘金熱也於焉展開，在紐西蘭南北島也出現較小規模的淘金熱。勞力需求和發財機會，發揮了磁吸效應，打動華南貧困鄉村的人民，往一個又一個「金山」外移的「熱潮」開始出現。香港很快地成為這些跨太平洋遷徙者的主要出境口岸，有定期船班來往舊金山。在加利福尼亞和澳洲的華人與家鄉保持聯繫，往往選擇出外幾年後就返鄉，希望在外期間滙回所賺的錢，因此香港不久便發展出人員流動所需的種種服務：預付船費的經紀人；為有意搭船出海者提供臨時住所的客棧；處理匯錢事宜的銀行以及代理人；掌握僑居海外者動態的報紙。由於外移的華人（一如其他多數這類人）偏愛消費他們所熟悉的各種事物（包括鴉片），香港也成為這個新海外市場的主要供貨者。[63]

由於前述因素，到了一八五〇年代，香港已成為中國沿海地區的海上活動中心，將它和太平洋的既有連結，延伸至南洋、印度、歐洲。一八四五年時，香港已是半島東方輪船公司經蘇伊士至歐洲航運路線的終點站，也是歐洲在亞洲的信箱。毫不意外的是，造船、修船成為主要活動之一，香港成為英國皇家海軍在中國新設立的主要基地。專門為船提供所需物資器材的零售商變多，東航的船隻也是在這裡招募到來自中國和其他地方的船員。英國人漸漸倚賴當地的蜑家人——歷來受壓迫的「水上人」，以討海、捕魚為生。隨著汽輪普及於中國沿海，一八六九年後，可見汽輪自歐洲過來，香港成為大加煤站——另一筆大生意——一八九〇年代時輸入的煤已超過八十萬噸。但或許是第三樁好運，因禍得福的好運，才真的「造就」香港。一八五〇年代起，長達十餘年時間，華中和華南被反清的太平軍攪得天翻地覆。經濟、社會、宗教、族群上的民怨，透過太平軍一時爆發出來。廣州和華南其他地方的眾多有錢中國人，為逃離太平天國之亂，紛紛避走香港。香港的中國人劇增，推升房地產價格，吸引來與內陸有連結的新商界菁英。在這方面，香港類似新加坡：其殖民地統治者和人數不多的歐洲籍商人，得益於自由港地位和帝國保護，這時能靠日益壯大的中國人商業網絡擴大其貿易。香港政府，一如新加坡政府，有充分理由對中國人進出香港維持完全任其自由出入的政策。一八九〇年代，已有一名眼光獨到的英國殖民地事務大臣指出，香港其實是中國人的城鎮，非歐洲人的城鎮。[64]

前述情況並未使香港就此成為可輕鬆或安穩闖蕩事業的所在。鄰近的廣州長久以來被認為強烈反洋或反英——英國人在一八三九至一八四二年和一八五六至一八六〇年，打了兩次鴉片戰爭，完全未能驅散這股反感。香港的歐洲人時時擔心遭人密謀殺害。不時有大規模下毒的陰謀在香港全境流傳。最初幾十年，華南沿海猖獗的海盜打斷航運，抬高保險費，使如何維持當地航運安全的問題幾乎無解。[65]香港也以不利人體健康而惡名昭彰，受害於瘧疾和隨著衛生條件差而來的水傳染疾病。人員大量流入，加上惡劣的住居環境，成了瘟疫在香港始終不消的幫凶（一九二〇年代瘟疫才不致猖獗）。但對快速增加的華人、非華人居民來說，香港極具吸引力。巴格達猶太人、亞美尼亞人、帕西人以及歐洲人前來尋找經商致富的機會，往往以鴉片為致富憑藉。香港未正式施行種族隔離制，但猶如雙方共識般，歐洲人和中國人碰面為了公事，而非為玩樂：香港的賽馬俱樂部限歐洲人參加。到了十九世紀末期，香港已是公認中國沿海的最大口岸，中國的進出口品高達四成或更高經香港轉運。[66]當時一觀察家論道，香港「猶如世界性的克拉彭鐵路聯軌站（Clapham Junction），乘客在此換車，貨物在此轉運至各地。」[67]存續更久的一項成就，係香港成為中國境內最大的金融市場、中國的「城市」。這項成就建立在香港作為貨物集散地、鴉片賣家（賺進大量白銀）、移民出入口岸、匯款接收者的角色上。在這裡，最易掌握到關於投資機會的金融資訊、匯率動態（在中國匯率動態特別複雜）、商品價格、貨運費率，以及世界其他地方的市況。香港的非華人裡，有許多人受雇於管理錢，香港上海匯豐銀行不久後成為中國境內勢力最大的銀行，一八六四年創立於香港。同樣重要的是，兩個「社會資本網」——歐洲和中國的資本網，在香港接合，而調動本地中國人資本，攸關此地區大部分風險事業的成敗。[68]

一九一四年，始料未及的全球、本地情勢合力，已使香港成為中國兩大沿海門戶之一。扼控珠江三角洲的廣州仍是商業大城，天津（一八六〇年起開放通商）作為北京外港發展迅速，則是另一個商業大城。[69]但香港的主要對手當然是上海。即使拿其他亞洲口岸城市來衡量，上海的崛起仍是快如流星。一八四二年前，上海已是富裕的商業鎮：長江三角洲新生地裡廣大棉花種植、製造區的中心，沿海貿易規模可觀。[70]事實上，因其龐大的帆船貿易，上海吸引了英國人的注意，[71]使英國人將它列入要求開放通商的五個口岸裡。上海享有不久後就讓人覺得是舉世無雙的地利。它位於離長江口不遠的黃浦江邊，黃浦江是可通舟楫的長江支流，（一如紐奧良或加爾各答）上海掌握遼闊的河邊腹地，包括江南（中國最富庶、商業最發達的地區）。上海也是中國最北的不封凍港。如果說早期還看不清其會一飛沖天的跡象（十年間，有大半時間廣州掌握著中國的對外貿易），一八五〇年代期間，上海已把諸多競爭對手拋在後頭。航運量增加了九倍；進口額增加了兩倍；人口增加一倍，達五十萬。

這在很大程度上與上海作為條約口岸的獨特歷史有關係。條約口岸開放對外通商，但對外貿受制於嚴格的關稅上限（進口額百分之五）規定。外商在條約口岸不受中國稅則、法律約束，只對其領事負責：即享有治外法權。因此，外國領事既是外國與中國當局的外交中間人，也集地方法官、行政首長、驗屍官等角色於一身。在條約口岸，外商通常獲分配到城裡一處自有區域作為倉庫和住所。這塊區域若是「租界」（concession），該區域便是只保留給外國人；若是「居留地」（settlement），則准許華人住進該區域。在上海，英國人取得上海縣城北邊一大塊河岸居留地，後來該居留地與美國人的區域合併，成為臭名遠播的「公共租界」，占地九平方哩、位處黃浦江邊。一八五〇年代中期，隨著上海工部局（Shanghai Municipal Council）成立，公共租界的歐洲籍居民已取得高度的地方自治權，擁有志願兵防衛隊和警力。公共租界實質上的目的，是為了成為歐洲人的殖民地，瀰漫著殖民者心態和——就西方人自身的角度看來——近乎移民共和國的地位。[72]不久，前來中國找生意機會的更大型外國企業，幾乎都偏愛將辦事處設於上海租界。一八八〇年代，上海黃浦江邊洋行林立，形成著名的「外灘」，與中國貿易有關的各大機構，順著江邊成排落腳：怡和、太古（Butterfield and Swire）、寶順（Dent and Co.）、旗昌（Russell and Co.）、半島東方、英印、香港上海匯豐銀行、江海關大樓、占地七英畝的英國領事館。[73]一如在香港、新加坡、孟買以及加爾各答，上海的貿易極倚賴鴉片，曾有很長時間鴉片是上海最值錢的進口品。嚴格來說，進口鴉片違法，因此鴉片存放在停泊於黃浦江上的船身裡，以避開敏感的官員檢查，但靠鴉片賺得的白銀，使上海有錢購入外貿所賴以興盛的茶葉和絲織品。

但上海商業的發達，並非全是洋商努力的結果。在中國各地，西方人都需要華籍中間人來談成生意。這些人是所謂的「買辦」。[74]語言是一大障礙，因為絕大多數西方人頂多只會一知半解的幾句「通商混雜語」。中國的度量衡更是出了名的複雜，且因地區而異。貨幣一樣讓人頭疼。大部分較小型的交易使用銅錢——成串的小額錢幣。較大筆的交易則用銀兩，但銅錢兌換銀兩的匯率可能因地而異。每一兩的重量也可能因地區而不同，有北京兩、廣州兩、天津兩、漢口兩、上海兩），而用於交易的銀錠，其成色（從而價值）可能各地不同。當時的專家莫爾斯（H. B. Morse）提醒道，「在中國各地行走的……旅人，最好隨身帶著一把桿秤和一串挑選出來……

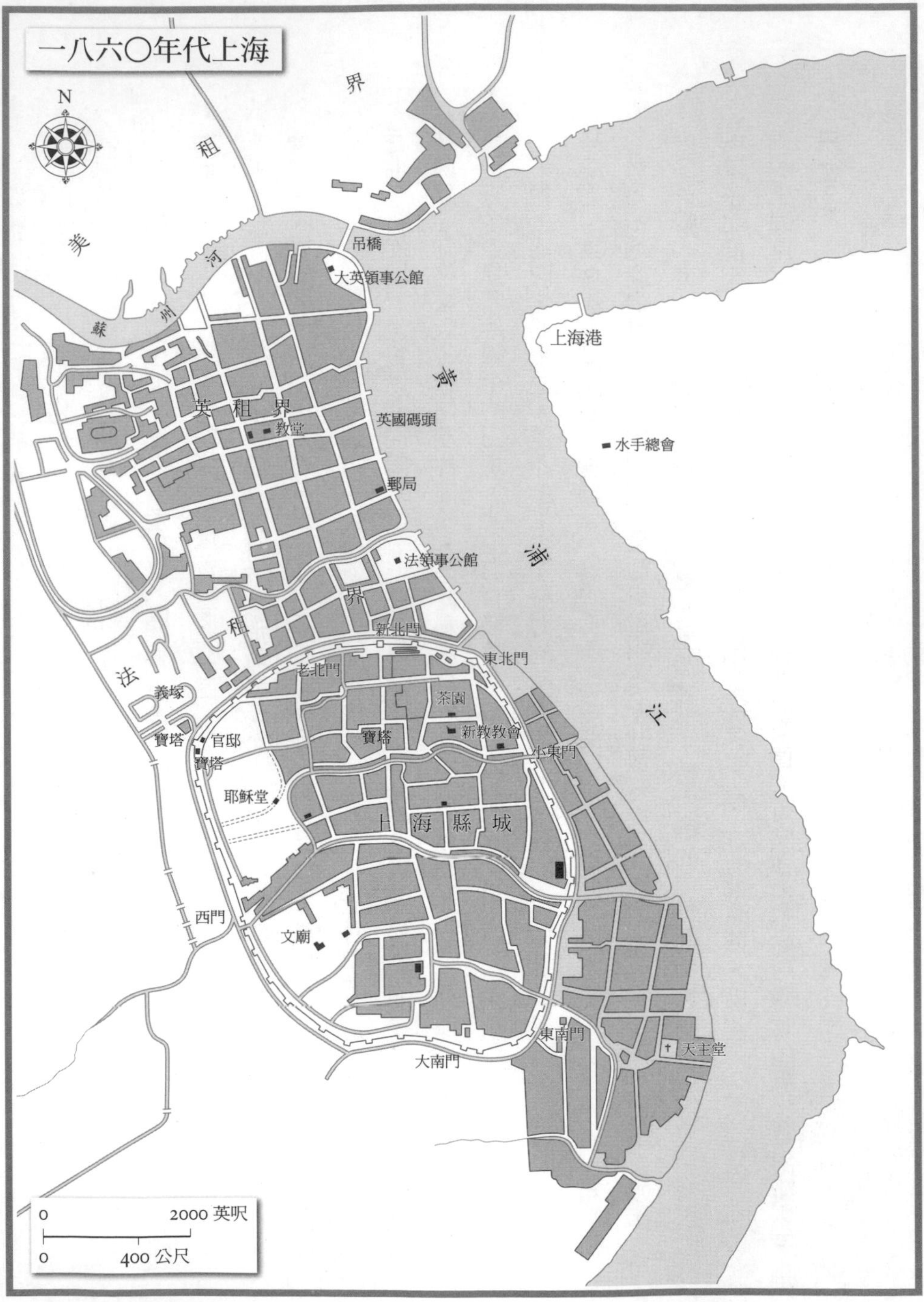
一八六〇年代上海
N
美租界
蘇州河
吊橋
大英領事公館
上海港
黃浦江
英租界
教堂
英國碼頭
水手總會
郵局
法領事公館
法租界
新北門
東北門
老北門
茶園
義塚
新教教會
寶塔
官邸
寶塔
小東門
寶塔
耶穌堂
上海縣城
西門
文廟
東南門
天主堂
大南門
0 2000 英呎
0 400 公尺

確切知道其重量的『錢』。」[75]對洋商來說，還有個更麻煩的問題，那就是打進中國內陸的商人網絡，並建立互信，以便預付款項給對方後，不致收不到貨。為了發揮前述功能，買辦不可或缺。由此可見，早期以上海諸多本地錢莊的老闆充任買辦，則絕非偶然：[76]他們有錢支付洋商所要求的保證金，將西方人的預付金轉化為給本地人的貸款，並判斷金融交易的風險。

於是，上海的舊商界菁英是上海商業擴張的必要組成。不久，來自廣州和附近寧波的商人加入他們的行列。但把上海從繁榮的條約口岸提升為（一九三〇年代時）中國最大都市、「現代」中國的國際性首府者，實為政治劇變。一九四〇年，上海人口已比排名其後的中國大都市北京或天津，或加爾各答，多出一倍。[77]太平天國之亂把有錢的中國人趕到安全的香港。上海也出現同樣的情況，但規模大上許多，先是一八五三至一八五五年的「小刀會」之亂，然後是太平天國之亂。中國鄉紳和商人避走於上海公共租界，使該租界成為華人大城，非華人在該城只占極少數（但居統治地位）。一八八〇年，該租界華人已超過十萬，英國人只千餘人。[78]房價飆漲，對大都市貨物和服務的需求大幅增加。「洋」上海的角色，已遠非只是個商業中心。此後直至十九世紀結束，上海漸漸呈現現代大都市的風貌，寬闊的大道、飯店、百貨公司、雅緻的郊區，以及外灘成排的宏偉建築。上海有戲院、現代醫院、中小學校及學院、圖書館、博物館，以及一座賽馬場（很早就有）。上海有中文、歐文報紙，包括創刊於一八五〇年的英文週報《北華捷報》（*North China Herald*），其內容最多時篇幅達九十頁，大量報導來自世界各地的消息，性質類似英文日報《字林西報》（*North China Daily News*）。上海也有無數酒吧、妓院、鴉片館，滿足華人和洋人的需要，還有兼作店鋪、住家之用的成排店屋。許多華人居民——店家老闆、工匠、工廠工人、粗活工人、搬運工、沿街叫賣的小販、人力車夫、妓女、僕人等——（一如在新加坡或香港所見）不得不住在店屋後面：這些人是「棚民」（shed people）。二十世紀某觀察家寫道，上海是「有四十八層摩天大樓的城市，而摩天大樓則建在二十四層的地獄之上。」[79]上海的外籍居民也非全是名為大班（富商）的有錢上層人士。輪船公司、銀行、保險公司、公用事業、船廠、工部局的職員都是歐洲人，其中許多人薪水不高。歐洲人從事教師、護士、警察、速記員、辦事員、旅店老闆、引水人、印刷工、收稅員、喪事承辦人的工作，也有人賣淫為生。[80]到了一九二五年，最多歐洲人從事的工作類別已是「製造廠、繅絲廠、工廠職員」。[81]其中許多人很不想「返鄉」，因為在家鄉機會有限，生活水平低了許多。《北華捷報》一九一九年論道，「除了一些幸運兒，上海是其他人的永久居所。」[82]這是個移民世界。甚至在中國的其他歐洲人看來，上海人都有可能被認為是思想狹隘、無知，而且極度自滿。[83]

十九世紀末，隨著中國的對外貿易急速成長，列強爭奪鐵路特許經營權，上海的商業成長似乎勢不可擋。那時，已得到改善並擴建的上海港，經手中國一半的貿易。在上海，以及在中國的其他大口岸，一種始創於一八六〇年代的新組織已接掌海關和燈塔、航標之類輔助導航工具的提供事宜。這個組織就是受清廷管轄、但職員以西方人（英國人居多）為主的大清皇家總稅務司署，其主事者為令人不寒而慄的總稅務司赫德（Ulsterman Robert Hart, 1835-1922）。赫德曾說，「我想要使中國強大，讓她視英國為最佳盟友。」[84]總稅務司署除了為日益困頓的中國政府提供日益增加的稅收來源，還是中國諸口岸現代化的大功臣。[85]這個機構，加上治外法權、西方所強加於中國的低關稅體制、位於沿海和長江更上游的諸多條約口岸和其他「開放地」、警衛和駐軍以及數十艘維持中國水道治安、保護散居各地的西方僑民的砲艇（通常是英、法、義、日、美的砲艇，一九二二年《北華捷報》聲稱，「外國砲艇依舊是保護沿海航運、河運所不可或缺」），[86]構成形塑——約束——中國對外關係「堅不可摧」的一環。

蒸汽和長江也是打造洋上海的大功臣。直到一八六〇年為止，洋人僅獲准在少數條約口岸走動，不得進入中國內陸。隨著該禁令廢除，西方的汽船長驅直入長江，以攻占長江的貿易。汽船突破強勁的長江水勢逆流而上，幾天就能抵達內陸最大茶葉市場漢口：在中國內陸水道攬下許多茶葉貿易的中式帆船，走這趟航程則要花上數星期。上海的各大英美商行，包括怡和、旗昌，投資成立汽船隊，一八九〇年代，已有一個來到中國的英國人、無畏的伊莎貝拉・伯德*（Isabella Bird），發現上海有十八艘汽船提供定期駛往漢口的服務。上海成為長江河運與數量日增的沿海

* 編注：伊莎貝拉・伯德（Isabella Bird, 1831-1904），英國探險家、作家。曾幾度前往中國，最後一次是在一八九七年，當時，她對長江有極深入的探索。

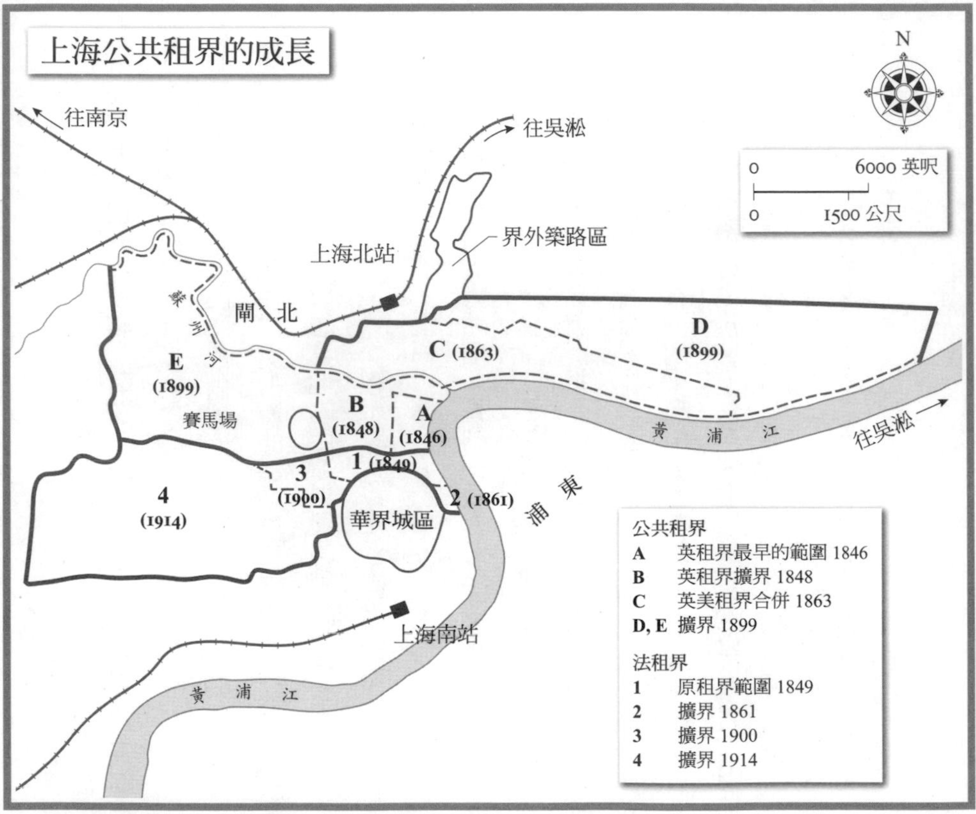

上海公共租界的成長
N
往南京
往吳淞
0
6000 英呎
0
1500 公尺
上海北站
界外築路區
閘北
蘇州河
D
(1899)
C (1863)
E
(1899)
B
(1848)
A
(1846)
賽馬場
黃浦江
往吳淞
1 (1849)
3
(1900)
2 (1861)
浦東
4
(1914)
華界城區
上海南站
黃浦江
公共租界
A 英租界最早的範圍 1846
B 英租界擴界 1848
C 英美租界合併 1863
D, E 擴界 1899
法租界
1 原租界範圍 1849
2 擴界 1861
3 擴界 1900
4 擴界 1914

汽輪、來自歐洲、北美的遠洋船舶輻輳之地。十九世紀結束時，尚存的內陸汽船航行限制已取消，而中國在一八九五年甲午戰爭中敗給日本，係促成此事的因素之一（至一八九〇年代為止，不管是中國人還是外國人擁有的汽船，都只能停靠條約口岸，為何必須在上游開設新條約口岸，這是原因之一）。一九一三年，長江流域及其以外的內陸水道，已有超過千艘汽船行駛其上。[87]

在上海和香港，「沿海」社會正漸漸成形。在這樣的社會裡，有錢的華人上層人士心儀於西方在政治自由、個人自由、行政與法律、教育與休閒（尤其跳舞）、行為和衣著方面的觀念一九二〇、三〇年代，上海已有許多咖啡館、舞廳、戲院。[88]一九四七年，諷刺小說《圍城》首度出版的，作者錢鍾書便在其中捕捉到當時上海社會的些許氛圍，令人禁不住會心一笑。一如新加坡和其他地方的華僑，沿海社會期盼中國「現代化」，視之為抵抗西方宰制的憑藉。有太多俱樂部和協會問世，以辯論這些觀念，而一八九四年成立的華興會，即國民黨的前身，係其中之一。領導人孫中山多數時間都待在香港——或待在汽輪上。一九一一年各省起義，清朝傾覆，中國著眼於立憲政體，成立民選國會和共和政府。未想一九一五年後日本出手干預、「贊成君主政體」的總統和民選國會間的鬥爭、地方「軍閥」割據，造成政局混亂。然後，一九一九年，日本對於其在一次大戰時所占領的德國在山東的權益拒絕讓步，引爆民族主義群眾運動。該運動既表達社會、經濟方面的不滿，也抒發對外國勢力（日本與西方）影響、控制中國的強烈反感。在條約口岸和租界，工會成立，罷工、抵制變得司空見慣。一九二二年一月至三月，船員罷工癱瘓香港航運。三年後的一九二五年五月，上海一場勞資糾紛，造成十二名中國人遭公共租界警方殺害，此即臭名遠播的「五卅慘案」。反英示威在華南各地蜂起，同年六月二十三日，英法士兵在廣州沙面租界與示威群眾對峙，槍殺了五十二名中國人。民憤沸騰，香港爆發長達十六個月的省港大罷工。隨著保護中國境內本國公民和治外法權日益艱困，英國政府兩害相權取其輕，準備放棄「不平等條約」，以保住英國的經濟利益。而在當時的中國，擁有最大經濟利益的外國，仍是英國。[89]

多少令人意外的是，南方國民黨政府（最初以廣州為根據地）和北洋政府的政爭，波及中國許多地方，卻似乎對上海的繁榮影響甚少，這或許因為上海的外資企業（這時包括紡織業和其他製造業）其影響範圍只及上海本身或鄰近地區：上海經濟有一部分屬飛地經濟。中國境內互爭短長的各派系，從一九二〇年代已頭角崢嶸的有錢中國資本家（銀行家、船東、實業家）手中取得貸款，[90]盯著上海的龐大關稅收入——過去此收入作為北京向外借款的抵押品。一九二八年，情勢改觀，因為這一年蔣介石領導的國民黨軍隊重新統一中國，以南京為首都，而非北京。或許體察到對抗日本威脅需要西方支持，國民黨未要求廢除治外法權——儘管只是暫時如此。但中國境內的外商不得不接受一個強徵過高的保護主義關稅、要求繳交新稅、鼓動其工人造反或阻撓其貿易的政權。這一改變發生之際，時值出現英美菸草（British American Tobacco）、荷蘭皇家殼牌（Royal Dutch Shell）、帝國化學工業（ＩＣＩ）、亞細亞火油公司（Asiatic Petroleum

Company）、聯合利華（Unilever）等新興跨國公司。這些跨國公司揚棄舊式買辦體制，雇用中國職員以直抵條約口岸或香港之外的市場。他們選擇走的路，係務實遷就國民政府，而非堅守他們基於條約所應享的權利。[91]三〇年代大蕭條正嚴重時，倫敦說服國民黨政府將其新貨幣和英鎊掛鉤，藉以促進貿易和放款，因為英國銀行和企業仍是中國境內最大的商業勢力。與國民黨合作成為首要之務，而非捍衛條約口岸特權。代表英國使華的李滋羅斯（Frederick Leith-Ross），對條約口岸作法深感不以為然：他說，英國商人憑藉砲艇和領事之助，過著「受庇護且不合情理的生活」。「上海心態」已經過時。[92]眼前這一切會發展成什麼光景，不得而知。國民黨中國與帝制日本日益升高的衝突，隨著一九三一年日本占領東三省而展開，一九三七年升高為全面戰爭，從而改造了來自歐洲的全球化影響力得以在中國穩穩立足的地緣政治環境。事實上，在亞洲許多地方，與歐洲的經濟關係已急劇改變。在中國（一如在印度），英國棉製品的銷路隨著關稅壁壘高築和當地出現一強勁的新貿易對手而崩跌。[93]到了兩次世界大戰之間那些年，在上海的日本人已遠多於歐洲人，甚至把一九二〇年後大量湧入該市的白俄難民算進去亦然。到了一九三〇年代中期，在亞洲，以西方帝國主義為基礎打造的舊全球化秩序已逐步崩解。

香港和上海是蒸汽全球化在中國的兩大橋頭堡。蒸汽協助打造了這兩座城市。上海靠行駛於河上的汽船，與其腹地的諸多地方連結，蒸汽河船（一如在紐奧良）是其商業蓬勃發展的關鍵。香港是東亞汽輪航運的中心，而且是重要的加煤站，提供造船、修船、輪機、鍋爐製造方面的服務。[94]在兩次世界大戰之間那些年，香港依舊是重要口岸，一九三五年時船舶噸位排名世界第七。[95]一九三〇年初期的某三個星期裡，公告的汽輪航次達到約四百，目的地為歐亞六十多個地方。[96]香港商會嚴正表示，「香港的存在要歸功於航運」。[97]香港最大報《德臣西報》（*China Mail*）上，汽輪廣告屢見不鮮。該報每天闢出一個「航運欄」，頻頻報導海軍動態，並以激動口吻說道，「這個（新加坡）基地是香港安全和其貿易路線安全所不可或缺，一如其是紐西蘭、澳洲之安全、乃至印度之安全所不可或缺。」[98]兩次大戰之間那些年，未遭蹂躪的香港，也繼續作為銀行業重鎮和華僑對家鄉匯款、投資的收受地。但香港領導人深知，香港榮枯極其倚賴和中國的連結：與中國的貿易占其貿易四成多，港元小心翼翼緊盯著上海的法幣。[99]因為它老早就把最重要商業城的寶座讓給上海。「作為英國在大陸的商業活動中心，（上海）對英國的重要性遠非香港所能及，」一九三九年某份調查報告推斷道。[100]擁有自由港規章和貨物集散地經濟的香港，在兩次大戰之間那些年，興起了一些本地工業。[101]但上海已開始大規模工業化——一次大戰和歐洲製造業的轉移，助長了此一轉變。中國資本的調動數量開始大增，隨之有大量勞力進入。擁有三百萬人口的上海，之所以能夠成為中國最大都市，除了得益於上海和外部的連結，還要歸功於中國的工業。

蒸汽全球化已在文化和政治領域都留下遺產：事實上，國民黨政府是這份遺產的不明確受贈人，在其對鐵路建設的熱中上尤其可看出端倪。但中國向西方開放九十年的結果，顯然有好有壞。一八七〇至一九一三年，中國出口額增加一倍，但仍不及印度出口額一半。人均所得落後於西方之勢日益惡化。[102]當時某專家說，中國的生活水平只及於印度一半。[103]中國經濟或許高達九成八仍處於「前現代」。[104]農村貧窮、內陸大體上與外界隔絕、舊水力設施傾頹、陸上運輸系統成長牛步（一九三〇年代，全國鐵路總長僅一萬哩），由此創造出兩個中國：一個是口岸城市世界和其沿海周邊地區，另一個是廣大的內陸。若順利發展，這些沿海經濟體本可以把其腹地改造到何種程度（和本可以在何時改造其腹地），如今仍未有定論。兩次大戰之間那些年，劇烈的政治動盪、內戰、日本侵略，使它們無緣達成更緊密的整合。一九三〇年代後期，中國大部分沿海地區被無情地拉進封閉的日本經濟圈裡，此即「大東亞共榮圈」。隨後，日本與中華民國之間爆發了二十世紀最大規模且長達八年的戰爭。和世界其他地方相較，在中國，我們或許得以更鮮明的觀察到，口岸城市的命運和它們改造其後方內陸的機會，而它們又是如何緊隨地緣政治局勢的轉折而變動。

二十世紀中期利物浦攝政王碼頭
（StephenShakeshaft/Liverpool Echo/Mirrorpix/Getty Images）。

第八章 沿海大城的危機

不受約束的全球化

一九一三年，蒸汽全球化已成為一股改造世界的力量且似乎銳不可擋。其規模和速度非但未放緩，反而以超乎尋常的高速繼續成長。一八八〇年，世界貿易額已漲至約三十億英鎊，一九〇〇年達到四十億英鎊，然後，一九一三年時已增加將近一倍，達到八十億英鎊左右。[1]誠如前面某章裡所提過的，全世界船舶的運載力（世界貿易大多靠船舶運輸），一八七〇至一九一三年增長了四至五倍，該時期末期增長尤其驚人。這些數據揭露了世界諸多地區投入貿易的程度和其經濟、社會（有意或無意）受外國製造品或產品影響的程度大增，從而使這些數據更加有意義。據可靠的估計顯示，全世界的ＧＤＰ（國內生產毛額）裡，以商品形式出口者所占的比例，從一八二〇年的百分之一成長為一九一三年的將近百分之八，[2]一八二〇年貿易總額（進出口）相當於全世界GDP的百分之二，但到了一九一三年已達百分之二十二。[3]當然，就人均貿易額來說，因地而有很大差異，在澳洲、加拿大等白人移民殖民地，人均貿易額高，在中國、印度等國家則甚低。但許多人認為，貿易在印度和中國的經濟活動中的占比會愈來愈高。但即便是在印度，一八三四至一八七〇年其貿易額成長了六至七倍，至一九一三年已成長將近四十倍。[4]至於中國，普遍認為，占比日漸成長的經濟活動，將轉而以貿易為主。

在全世界流動的資本流，也以差不多的成長幅度，轉變成洪流。這方面的估計不可能精確。但二十世紀開始時，投入世界各地（包括歐洲和美國）的外來資本總額，以當時幣值來看，約五十億英鎊。到了一九一四年一次大戰爆發時，已成長為八十億至九十億英鎊。其中幾乎全來自歐洲，來自美國者所占比重小了許多（或許百分之八）。[5]一九一三年，全世界的外來資本，將近一半來自英國或經由倫敦——歐洲（與世界）的金融總部——匯出。法國占比將近百分之二十，德國將近百分之十三。據某項估計，一九一三年，英國一年的儲蓄額已有一半被投到海外，英國的境外資產收入規模，相較於二十世紀開始時，已增加將近一倍。如此急劇增加的資本輸出，與歐洲人的外移潮同時出現，絕非巧合。超過三成的英國對外投資擺在美國和加拿大；另有兩成放在阿根廷、澳洲以及巴西。[6]而外移的歐洲人大多前往這些國家：一八九二至一九〇〇年將近七百萬；一九〇一至一九一〇年超過一千一百萬；一九一一至一九二〇年，雖曾因大戰而中斷，仍有將近八百萬。[7]歐洲人外移潮的加速，與中國人、印度人的外移潮相映成趣（但後兩者的外移規模較小）。從華南移出者（大多移至東南亞），自一九〇一年一年不到三十萬，成長為一九一一年超過四十萬。[8]一八八〇年代尾聲，每年有兩萬印度人越海遷徙至馬來半島，一九一一年時已增至每年十萬人。[9]全世界的人都在移動，而且並非全是跨海移動。一九〇六至一九一三年，約三百五十萬俄羅斯人定居於西伯利亞，使西伯利亞人口增加了五成；一八九八至一九〇八年，約一千萬中國人移入滿洲，使滿洲人口增加了一倍多。[10]在緬甸、荷屬東印度群島以及法屬越南，大規模境內遷徙，擴增了耕地。受雇於南非蘭德（Rand）礦區的非洲移工，從一九〇三至一九〇四年不到八萬人，暴增為一九一三年超過二十一萬四千人。[11]

貿易、遷徙、資本移動如此劇烈成長的同時，歐洲對世界其他地方的拓殖，在當時人看來，也來到最後階段，而世界其他地方在歐洲人支持下更是密集開發，則為此階段的序曲。一八九三年，佛雷德里克·傑克遜·透納（Frederick Jackson Turner）已讓人注意到，美國從此沒有無人開發的「邊境」——從此沒有「可隨意據為己有」之地。一九〇〇至一九一四年，加拿大大平原被拚命湧入的移民占據。在澳洲，移民快速占據熱帶昆士蘭和北維多利亞的「桉樹」地帶，意味著可供白人移居的邊境同樣歸零。在阿根廷亦復如是，彭巴大草原很快遭大地主占用，一九一四年已沒有邊境。[12]白人如此瓜分溫帶地區的同時，西方列強（一八九八年時已包含美國）瓜分了熱帶、亞熱帶——雖說在撒哈拉沙漠以南的非洲，「實質占領」（據認是殖民統治正當性的衡量標準）在許多地方，幾可說只是想望。對（一九一三年時版圖已大為縮水的）鄂圖曼帝國和（已被分割為數個外力干預範圍的）波斯的最終瓜分慘遭延後；對中國的最終瓜分，則因「條約列強」當下共同的利害考量，因此懸而未決。但這是個對西方諸國的商業和資本敞開大門的世界，敞開的程度係一八七〇年前所想像不到。

蒸汽技術的擴散和其對運輸業、製造業（尤其紡織業）的革命性衝擊，輕易便說明了蒸汽全球化的速度有多劇烈。資本的調動和移民的遷徙，以英國為首、歐洲列強動不動就用條約或規則強行打開市場的作風，把這個以歐洲為中心的新經濟推入亞洲和美洲深處。蒸汽全球化為何在一九〇〇年後「重振旗鼓」，為何改變的速度未放緩，反而似乎愈來愈快，原因或許比較不易看出。答案肯定有一部分在於一八九〇年代起，歐洲全境工業化步伐的快速，產生新財富，提高都市化比例，增加了原物料和食品原料的消耗量。在歐洲許多地方，工業化與農村人口過剩、貧窮同時發生，於是在義大利、西班牙、東歐和俄羅斯創造出龐大的新遷徙人口（包括永久、暫時遷徙）。便宜的汽輪票價，使這批龐大的勞動力得以轉移到美洲從事較具生產效益的工作。十九世紀末，發生在電力、化學品、內燃機（三者全是蒸汽技術的衍生物）上的第二次工業革命，降低了許多生產程序的成本，創造出新產品和對新原料（例如橡膠和石油）的需求。但為何歐洲境內的投資者如此願意供應源源不絕的新資本，在既有的賭注上又增資一倍？法國、德國投資人所投下的資本，當然有許多意在借給歐洲其他地方的借款人：借給俄國政府的錢，占了法國人對外放款的很大一部分（一八九二年後，俄國是法國的最重要盟友）。相對的，英國人的投資大半流出歐洲，其中有許多資金來自先前資本轉移的獲利。事實上，往往就是這些更早期首開先河的投資，為新資本進行更具收益的運用，因而創造了更安全、更可靠的環境。[13]至少在英國，專家大體上相信國內的繁榮有賴於有增無減的對外投資。統計學界龍頭喬治．派希（George Paish）表示，「英格蘭為了殖民地國家和外國盡情撒放新資本時，總是一派繁榮似景的樣子。」而當時的財政大臣大衛．勞合．喬治，曾向派希徵求意見。[14]年輕的約翰．梅納德．凱因斯（John Maynard Keynes）主張，對外投資的風險正逐漸降低，然對外投資不管降低多少，都會毀掉英國大半出口貿易。[15]

到了二十世紀初期，今人或許會稱之為高度發展的全球化體制已然確立：組成該體制的商業元素、貨幣元素、意識形態元素、地緣政治元素等，已創造出令人樂於接受其規章、追隨其發展軌跡的有力誘因。這些元素在歐洲得到最強烈的認同，但它們的影響卻遍及全世界——儘管影響程度因地而異。在歐洲的工業地區，產出和製造出該產出的勞動力，都有很大比例倚賴境外市場，而且此比例有增無減。有個以大批「白領」工作者為職員的複雜商業組織，為進出口品的運輸提供服務，安排進出口的配送，並提供保險和信貸。加工業通常位在口岸，利用來自遙遠農場、種植園的穀物、稻米、糖、油籽，餵飽歐洲都市居民。輪船公司、鐵路公司以及銀行和放款公司，基於自身利益，都樂見貿易管道變寬，不願屈從於要求施加保護、關稅的壓力。事實上，許多人認為，在歐洲以外的世界尋找新市場，擴大世界貿易，係經濟成長的最佳保障。相對的，藉由提高工資或由官方主導所得重分配來增加國內消費一事，被整個正統派陣營認為是經濟外行之舉：危險、愚蠢、不符科學原則。在英國，只有少數「專家」認同以下的保護主義觀點：完全開放的經濟使勞動人口貧窮、無安全感、失業，創造出困擾工業城的都市貧民區。這些「慣見於大城市」的正統觀念，反映在歐洲以外世界許多地方的商界菁英和地主菁英的看法上。在土地充足的國家，商品出口猶如把地產轉化為所得、取得購買消費品的金錢、為鐵路、港口、都市運輸和公用事業等設施提供資金，由此促進經濟現代化並吸引更多人移入。就連在新土地相對來講較不足的地方，例如中國或印度，經濟成長似乎都倚賴增加出口，好將更多的錢拉進內陸地區，降低農村貧窮，支應社會改善工程之所需。在有些地方如印度，可見批判聲浪譴責財富「外流」，將矛頭指向將印度出口收益撥用於支付「母國款」（Home Charges）：倫敦為其駐軍印度收取的租金、英國僑民的退休金支出、印度在倫敦的借款利息。甘地認為，印度是由諸多自給自足的村莊共和國組成的無政府主義政治實體，而在一九一四年前，印度國大黨的諸多領袖中，只有少數人會贊同此說。

相信多邊貿易和低關稅制並非舉世通用的觀念：美俄境內有力的（工業）利益團體抗拒此說。但在大部分國家，人們認為，要達成社會穩定、經濟穩定，理應如此。一八七〇年，只有少數國家遵守所謂的「金本位」制——承諾紙鈔可自由兌換等值黃金，（從而）承諾將貨幣的流通與黃金「儲備」掛鉤。一九一三年，世上大部分獨立國家都已接受此制，包括日本：（誠如前文所提過的）十九世紀下半葉黃金開採量大增，有助於此制的盛行。金本位有兩大好處。首先，穩定貿易伙伴間的匯率，並藉由降低匯率不穩的風險，促進了貿易。其次，讓外國放款人和投資人不必擔心其資本的價值會毀於大量無法兌換的紙鈔。一八九〇年代中期起，隨著國際貿易強勁復甦，金本位的吸引力更甚以往。對那些把日益繁榮的希望寄託在增加其商品出口額且面臨其他生產者激烈競爭的國家來說，不接受金本位會降低它們對歐洲買家的吸引力。它們指望吸引外來投資，以取得欲增加產量所需的資金，並得以改善運輸系統，使農產品能從產地順利運送到能進行吊卸儲存的穀物倉庫、冷凍工廠以及港口，而拒絕金本位對這些外來投資的投資意願可能會造成更大的打擊。在許多國家，直接收稅因政治或行政因素而難以辦到，許多政府活動倚賴借款，且由於本地資本不足，往往找國外借款。在這方面，讓放款人安心似乎更為迫切：對這些國家的外來現金流突然施以限制，可能使它們陷入政治危機或說不定政權易主。於是，自由貿易和金本位彼此借力使力，許多國家不得不更堅決投入一體化的全球經濟。放棄自由貿易，改走保護主義路線，將減少出口所得。沒有了出口所得，對內投資的資金或縮水或枯竭。尤有甚者，說不定會引爆危機，使國家破產，政權易主。

在倚賴某些主要商品出口的農業國家，這類憂心最為強烈（在南美洲可見到鮮明的例子）。歐洲列強看待全球化稍有不同。對當時許多人來說，一次大戰前的十年是關鍵階段，在此期間，世界據以達成全球化的條件，經由五大「世界國」（英法德俄美）的一連串交易終於得到確立。動作不夠快，未能取得擴張區域，其後果可能是永遠無緣取得未來的財富來源，陷入經濟遭包圍的狀態。在瓜分、占領、勢力範圍和租界盛行的時代，在新工業強權和投資暴增的時代，不難理解這看法為何會深植人心。具影響力的英國籍地理學家哈爾福德・麥金德（Halford Mackinder, 1861-1947）於一九〇九年寫道，「不管喜不喜歡，我們已來到大帝國當道的時代，工商業托拉斯（卡特爾）當道的時代。」[16]更早時，歐洲另有人得出同樣的結論。德國海軍政策的幕後主導者海軍上將提爾皮茨（Tirpitz）一八九五年主張，如果不把德國的海外利益擺在「最前頭，德國會在即將到來的世界瞬間失去大國地位。」[17]俄國部長維特伯爵（Count Witte）一九〇三年告訴沙皇，「較無作為的（亞洲）國家會成為強大入侵者的獵物」，「每個與此相關的國家所要克服的難題，係把尚存的東方國家——尤其中華大國——的遺產弄到手裡，愈多愈好。」[18]申明所有權成為刻不容緩的新要務，不只對領土來說如此，對商業、金融影響力來說亦然。但隨著世界遭瓜分，海上通道成為其重中之重。比利時國王萊奧波德二世說，「一國濱臨大海，該國就絕不是小國，」語中充滿希望。[19]德皇威廉二世以更堅定的語氣嚴正表示，「我們的未來在水上」。世界不久後會被分割為正式帝國、非正式帝國，而那些在海上沒有力量（包括商業力量、海軍武力）的國家，其所遭逢的危機，可能是被拒於這些帝國之外。一八九八年西班牙被美國奪走其帝國尚存的（幾乎）所有領土，此般遭遇讓人無法安心。

但歐洲列強儘管彼此對立，仍一致認為歐陸居世界中心的位置比以往更為確立。蒸汽全球化的過程已證實，歐洲和歐洲在北美洲所擴增的地盤，在商業、金融、科學、技術上略高一籌。蒸汽全球化未拉平生活水平和財富，反而加大西方與「其他地方」的差距。較粗略的軍力、殖民統治指標，指向同一方向，助長白種歐洲人在力氣、道德、智力上享有「先天」優勢的看法。專家的看法讓人覺得，歐洲相對於亞洲、非洲也享有人口優勢，因為其人口成長比亞非洲快了許多。著名統計學家羅伯特·紀芬（Robert Giffen）爵士預測，一百年後歐洲人口會超過十億，比現今印度或中國的人口多上「許多」。[20]專家也把歐洲人不適合拓殖熱帶地區一說斥為迷思。熱帶醫學領域的第一把交椅萬巴德爵士（Patrick Manson）於一八九八年寫道，「如今我堅信，白人拓殖熱帶地區有其可能」。[21]白人在全世界可為所欲為。事實上，某個具影響力的人種誌研究領域主張，美洲、澳洲境內的「原住」民（包括毛利人）是「行將滅亡的種族」，其消失令人難過，但無可避免。聲稱歐洲人稱雄世界勢不可擋者，不只愛吹噓的歐洲人。在亞洲、非洲境內歐洲人影響力最強的地方，當地菁英也承認歐洲人的絕頂之處。誠如當地菁英所認為的，他們的任務是改造歐洲的體制、觀念和技術，以實現他們捍衛自身宗教、文化和尚存的政治自主權的目標。在大部分例子裡，他們眼下真正該思考的問題，係他們會在何種條件下獲准和歐洲列強結為伙伴、結為盟友（例如日本）、或被選為他們所在殖民地社會的代表。許多人認為，除了幾個例外情況，某種無限期的監管形式，為非歐洲人種的最終歸宿。一九一四年一月《經濟學人》論道，美國人在加勒比海和中美洲的影響力（中美洲巴拿馬運河周邊領土已被強行抽離哥倫比亞），「不久後，（會）幾乎和英國政府對……其殖民地的影響力一樣強大且無法抗拒。」[22]

蒸汽全球化的最後主要階段，呈現了出奇突兀的景象。貿易與投資格外高速成長，讓人覺得未來由於經濟互賴程度高，不和會消弭，戰爭成本將高不可攀。《經濟學人》示警道，英德兩國兵戎相向，「會永遠改變世界的商業均勢」。[23]但在歐洲以外地區，貿易與資本增加對和平的促進效應，則沒那麼明顯。對於倚賴商品出口的國家來說，與世界經濟更是密切相關，也帶來會因為遙遠異地的情勢而落得商業、社會、政治可能不穩的處境。[24]未如期履行債務，可能招來外國武力干預：如奪取海關大樓（海關大樓是一九一四年四月美國占領貝拉克魯斯行動的主要目標）。外資企業表現太招搖，可能引發擔心文化競爭或工業競爭的神職人員或藝匠反對。更糟的是，某商品突然奇貨可居，受到瘋狂追捧，可能招來掠奪成性的外人以駭人的凶殘強占土地、強徵勞力，一如在剛果所見。而且，如同在印度等地的情況所表明的，蒸汽全球化拉大西方與亞非洲整體生活水平的差距，可能遠大於縮小差距。

全球化的這一體兩面的面貌，當然源於拜蒸汽技術之助而形成的財富、權力嚴重不平等。蒸汽技術使歐洲諸國得以藉由商業滲透和占領、併吞、強制等各種手段，快速進入世界其他地方。可想而知，歐洲各國在這方面互相競逐，而一八九〇年代時此一競爭加劇——或者說情況看來似乎如此——幾乎達到狂熱程度。此後，伴隨貿易以及投資增長潮而出現的，除了旨在劃定領土和勢力範圍等令人難以捉摸的外交，還有主要海上強權（英法德義日美，以及奧匈帝國）海軍支出的大增——一九〇六至一九〇七年，和一九一三至一九一四年間，成長將近七成。蒸汽全球化似乎催生出日益軍國主義的「帝國主義盛世」。只是如同早先時期，全球化亦促使一矛盾趨勢的崛起。如果說蒸汽全球化助長強國擴張，卻也引發了全新形態的在地抵抗。全球化為領土整合提供動機並增加吸引力，由此，國家方可充分利用全球經濟，通常以花錢興建鐵路和鋪設電報線為手段。而這些手段提供給新興「民族」國家先前所想像不到的希望：鐵路可謂「民族國家」之父。在完全擺脫不掉歐洲帝國主義勢力的地區，新式的連結方式（誠如先前所提過的）為文化及族群動員提供了管道，就在「帝國全球化」程度更為高漲之際。事實上，在歐洲、近東的王朝制帝國裡——在德意志帝國、俄羅斯帝國、奧匈帝國和鄂圖曼帝國——皆可看到此現象。帝國主義和民族主義都是全球化的產物。這般現象，再加上技術日新月異之感，或許有助於說明此時期的時代精神為何兼具勇敢、焦慮這種躁動的特質。

一九一四年前，儘管有利害關係的各方長吁哀嘆，衝突即將爆發的跡象並不明顯。歐洲列強對「外部世界」的所有權主張和野心，已因偶爾水火不容的外交而大致抵定——歐洲內部為爭奪非洲沙漠和灌木地帶而開戰一事，被視為太離譜而未受到採納，光是因為這點，以外交解決紛爭就屬必然。真的發生戰爭時，例如西美戰爭、日俄戰爭時，戰爭被刻意局限在一地，儘管戰爭的後果波及較廣。在亞非洲世界，反西方列強的民族主義叛亂或族群叛亂，若非遭粉碎——例如菲律賓人或赫雷羅人（Hereros）的叛亂——就是遭以馬基維利式的「改革」壓制住（英國人的專長）。中華民國欲擺脫強加在清朝身上的「半殖民地」處境，但能擺脫到何種程度，沒人說得準。真正的問題或許是高度全球化必然產生摩擦。全球化的衝擊也因地而在程度上有很大的不同。全球化的確在政治和經濟上帶來無法預料的結果。但要管理「神經系統」已在晚近以極快速度被一體化的世界，其所需的外交機制，再怎麼說都不夠完備。當歐洲土耳其突如其來的解體，可能不只為非洲叢林地帶帶來邊境衝突的威脅，在被視為攸關歐洲均勢的地區，都可能引發對抗，王朝外交的種種缺陷完全呈現在世人眼前[25]。蒸汽全球化也在劇烈震盪中嘎然而止。

海洋歐洲

就是在前述時空環境下，歐洲的沿海大城來到其影響力的最高峰。事實上，種種跡象都顯示，這些大城的商業地位會一路看漲，任誰也擋不住。畢竟，伴隨世界貿易的大幅成長，連帶地遠洋汽輪噸位有更大幅度的增長。即使在鐵路時代，交通還未到壅塞程度時，陸上運輸的運載力都有其局限。一名重要的地理學家推斷，正是這個問題的存在，「有助於相對少數的大型海港城市成長，例如倫敦、紐約」，貨物會從這些城市走海路配送到較小的沿海城市。「大海港永遠不可或缺而且愈發必要。」[26]事實上，歐洲的各大口岸城市——倫敦、利物浦、安特衛普、鹿特丹、漢堡、勒阿弗爾、馬賽、的里雅斯特以及熱那亞——似乎都在激烈較勁，競相擴大港區，好吸引船主想要入手而船廠正在建造的大型商船入港。

競爭壓力有許多來自歐洲口岸城市具有雙重功能一事。集體上來看，其之所以為大城市，是因為將歐洲與由美洲、亞非洲、南太平洋構成的「更廣大世界」連接起來。從這方面看，它們是歐洲遂行蒸汽全球化的代理人。但它們也參與了歐洲內部貿易的大成長，那可是占全世界貿易六成左右。然還有其他特點促使這些城市有別於歐洲以外世界大多數的重要口岸城市。首先，歐洲的自然地理和政治地理共同促成大型口岸城市的分布超乎尋常的密集。十九世紀後期，西歐和中歐擠滿了多達十三個主權國（挪威已於一九〇五年脫離瑞典獨立），而且這些國家都能夠通達這個「半島中的半島」的鋸齒狀海岸線。每個國家都需要，或想要一個大型口岸（可以的話數個口岸更好），以追求自身利益，並擴大貿易。其次，它們無疑是世上最大規模人口外流的出口（同樣的角色可見於香港），而誠如先前所提過的，此一外流未見稍緩的跡象，更是帶來沉重的社會負擔。第三，除了美國東北部的諸地區工業化，歐洲這些城市的背後，幾乎也都有高度工業化的地區。因此，歐洲大部分口岸是不折不扣的「進口型」口岸，大量食品原料、原物料、燃料在此入境歐洲，改走陸路，運到工廠和消費者手上。和歐洲以外世界的許多重要「出口型」口岸不同的是，它們倚賴赤道南北的多種產區，因此它們的貿易較無季節性——它們之所以能支應改善其港口設施的開支，並維持龐大的勞動人口，這是重要因素之一。第四，與世界其他地方的口岸城市不同的是，歐洲的重要口岸城市是各大航運公司的總部所在地，而（誠如先前所提過的）這些航運公司正加緊對海運貿易的控制，且正將其規則（透過海運工會體制）強加在汽輪運輸上。全球海上走廊的管理，要在歐洲的口岸城市會議室裡執行。

還有一個特點使它們與眾不同。在世界的大部分地方，口岸城市必須與企圖奪走它們的對外連結、拉走它們的船舶、入侵它們腹地的對手口岸競爭。二十世紀初期，鐵路與汽輪「幹道」、加煤站相互加乘，已使幾個「中心」占盡上風，導致許多原本較受青睞的港（例如魁北克市、波士頓、馬德拉省、檳榔嶼和廣州）淪為次角。但在歐洲，不同的模式更具優勢。在此，「中心化」受制於企圖保護一國主要口岸的政治影響力，也因為歐洲鐵路線、水道網格外密集而變得極複雜。把紐約和芝加哥連接起來的大鐵路走廊和從布宜諾斯艾利斯「呈扇狀」往外延伸的特殊鐵路網，在歐洲是看不到的。反而是（誠如後文會提到的）不同口岸的腹地彼此部分重疊，而不同的「配送規則」應用在口岸所收發的多種產品上。口岸間的競爭因此很激烈，而且激烈程度或許是其他任何地方所不能及。歐洲本身的全球化既創造出互賴，也使其極易受其政治風險影響：一處混合著希望和恐懼的變動之地。

歐洲整個沿海地帶到處分布著規模頗大的口岸城市。曾是漢撒同盟所在地的波羅的海，老早就淪為歐洲商業裡的次角。哥本哈根（曾是帝國首都，但早已失去其帝國）和哥德堡（Gothenburg，瑞典的最大口岸），地處波羅的海入口附近，戰略位置重要。哥本哈根是貨物集散地，乘客可在此轉搭其他船班前往較偏遠的波羅的海口岸。一九〇四年它取得「自由港」身分，貨物可不必繳稅便可在此停留。德國開鑿基爾運河（Kiel Canal），跨越日德蘭半島頸部，連接北海和波羅的海，一八九五年該運河啟用，哥本哈根的貿易量隨之減少。沒有任何口岸全面控制波羅的海內部貿易。德國斯德丁（Stettin）、但澤兩口岸苦於腹地有限，就但澤來說，原因之一係其主要水道，即維斯圖拉河（Vistula），為來往船隻提供的停靠點不多，鐵路連結也未臻完善。[27]斯德丁苦於漢堡的競爭。位於德維納（Dvina）河口的里加（Riga），係俄國第三大口岸，僅次於聖彼得堡和敖得薩。從一八七〇至一九一三年，里加人口成長了三倍，達到將近五十萬。其貿易額增長了七倍，已是俄國主要的工業區之一。二十世紀初，說德語、掌握該城政務的菁英和被吸引到該城工廠工作的拉脫維亞人、俄羅斯人，已陷入日益激烈的惡鬥。一如歐洲境外的許多口岸城市，里加的三個族群大體上只跟自己人為伍。[28]今稱塔林（Tallinn）的雷瓦爾（Reval）是為聖彼得堡棉紡廠提供服務的棉花進口口岸，雖然自一八八〇年代中期起，一條運河穿過喀瑯施塔得（Kronstadt，俄國的主要海軍基地）上方的淺水域，已使較大的船隻能直接駛抵聖彼得堡。聖彼得堡—喀瑯施塔得長年是俄國的最大口岸，只是自一八六〇年代起，其在俄國出口所占的份額驟降。而人口從一八七〇至一九一四年大增，從不到百萬增加到兩百多萬，因為此城已是大型工業中心，該處的工人住在過度擁擠、骯髒且有害健康的環境裡：霍亂是一直以來的隱患。[29]但一如波羅的海大部分口岸，它冬天封凍，較近處的腹地人煙稀疏。

穀物占俄國出口額一半，其中許多穀物產於俄國南部，從敖得薩、赫爾松（Kherson）以及塔甘羅格（Taganrog，契訶夫的出生地）等黑海口岸出口。敖得薩是其中最大口岸，一九〇〇年

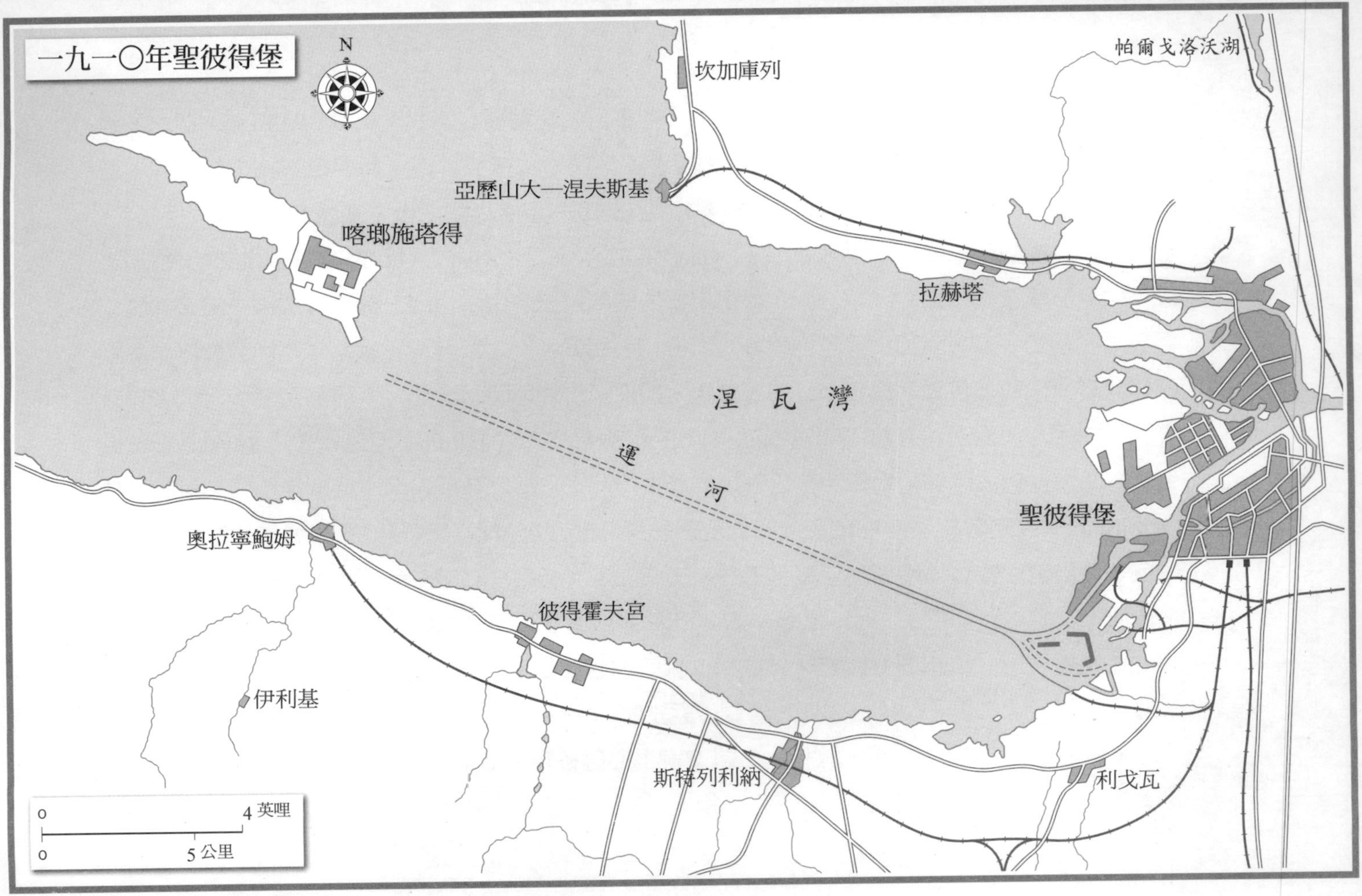
一九一〇年聖彼得堡
N
坎加庫列
帕爾戈洛沃湖
亞歷山大—涅夫斯基
喀瑯施塔得
拉赫塔
涅瓦灣
運河
聖彼得堡
奧拉寧鮑姆
彼得霍夫宮
伊利基
斯特列利納
利戈瓦
0
4 英哩
0
5 公里

後人口約五十萬，其中不到一成的人口說烏克蘭語（周邊地區的語言）；不到一半人說俄語。敖得薩是有四十九種語言的城市，法語、義大利語、希臘語、阿爾巴尼亞語、保加利亞語、德語、波蘭語、亞美尼亞語、喬治亞語和土耳其語都可在此聽到。只是真正掌控此城市者是猶太人。一九一四年，他們已占其人口三分之一，且日益支配貿易和工業。耐人尋味的是，敖得薩周邊圍繞著「德國人殖民地」——這些德國人之所以移居此地，是受到可隨意據為己有的土地和自治市特權的前景所吸引：他們後來的遭遇，如同一九四一年時敖得薩多數人口的遭遇，甚為淒慘。一九一四年前，敖得薩前景不明。在「俄羅斯化」時代*，其濃厚的國際色彩招來官方敵視。地方自治遭斷然緊縮。大批部隊駐紮該市。敖得薩的貿易苦於鄰近諸口岸的競爭。富商開始離城，對準猶太人的族群仇視情緒日益高漲，一九〇五年發生了一場大規模迫害猶太人的事件。[30]事實上，敖得薩的情況正說明了我們已在其他地方看到的必要條件。口岸城市若要繁榮茁壯，不能沒有內陸政府的支持與保護，或連口岸城市的存續亦是如此。而敖得薩，兩者皆未可得。

波羅的海和黑海都是海上「死胡同」，周邊口岸無一在歐洲以外的世界貿易扮演過重要角色，儘管敖得薩已成為印度產棉花的目的地。地中海則不一樣。地中海各地區間悠久的連結史，

* 十九世紀末期到二十世紀初，沙皇持續打壓其他種族、文化以及語言，藉此將俄羅斯這多元的帝國，打造成單一民族國家。

賦予了該海域發展出一些較大的口岸城市。十八世紀，地中海貿易相對而言愈見衰退，落於大西洋、亞洲貿易之後，同時又遭逢似是環境倒退的打擊，因為低地區變得更冷且多雨，耕種區縮小。[31]十九世紀，時運轉好。農業復甦，在埃布羅河（Ebro）、波河（Po）流域開墾出大片新生地，在阿爾及利亞的米提賈（Mitidja）平原、希臘帖撒利亞區（Thessaly）、土耳其安納托利亞和其他地方，耕種區擴大。最重要的是，蘇伊士運河開通，一夕間給了地中海諸口岸進入印度洋的航行通道，地中海就此成為重要的「取道路線」。地中海的各大口岸城市——的里雅斯特、熱那亞，尤其馬賽——無不指望在高速成長的世界經濟裡扮演遠更重要的角色。

的里雅斯特位在亞得里亞海的里雅斯特灣的最深處，（一如敖得薩或香港）係帝國的產物。一三八二年，（不顧威尼斯反對）它被納歸哈布斯堡君主國保護，一七一九年則宣告為自由港——理由和新加坡和香港差不多——藉此鼓勵外商前來。哈布斯堡君主國在中世紀舊城旁，資助興建了名為泰蕾西亞諾城（Borgo Teresiano）的新城，的里雅斯特以地中海貨物集散地的角色就此發展了起來。受阻於東邊荒涼的石灰岩高原（喀斯特高原／義語Carso），的里雅斯特與內陸往來不易，而且哈布斯堡君主國對亞得里亞海的興趣忽冷忽熱。隨著哈布斯堡君主國於拿破崙戰爭結束時失去「奧屬尼德蘭」（今比利時），並取得已滅亡的威尼斯共和國作為補償，從而使亞得里亞海的商業、戰略地位重要性得到新的體認，的里雅斯特總算迎來轉捩點。威尼斯本身衰落已久，難怪一八六〇年代時，麥庫洛克的《商業詞典》形容該城的商業「相對而言微不足道」。[32]與此同時，的里雅斯特的商人已於一八三五年創辦名為「奧地利勞埃德」（Austrian Lloyd）的汽輪航運公司，藉此把握東地中海日增的貿易所帶來的商機。維也納羅特希爾德家族（Rothschilds）為該公司的成立出了一份力。官方的支持帶來極重要的郵遞承包合約和補助。[33]一八五〇年代，塞默靈鐵路（Semmering Railway）和奧地利南部鐵路（Südbahn）先後建成，使該城與維也納相通，而隨著一八六六年威尼斯落入義大利之手，的里雅斯特成為哈布斯堡帝國唯一的大海港。然後在一八六九年，蘇伊士運河開通，的里雅斯特一夕之間成為離印度洋最近的歐洲口岸：第一艘穿過該運河的船，就是發自的里雅斯特的一艘汽輪。一八七〇年代中期，奧地利勞埃德已在《泰晤士報》上宣傳駛往孟買的定期船班。[34]

十九世紀後期，的里雅斯特已是公認的歐洲主要口岸之一，一九一三年時，船舶噸位已排名第八。[35]奧地利勞埃德是主要的航運公司，有船班駛往黎凡特地區，還有東亞和美洲。奧匈帝國的現代海軍船艦，便是由的里雅斯特的造船廠建成。一八八〇年代的里雅斯特有了一座新港，一九〇九年又多了一條聯外鐵路線。作為地中海口岸，的里雅斯特本身以世界主義為特點。義大利人是最大族群，另有斯洛維尼亞人、塞爾維亞人等巴爾幹半島民族。由商人、銀行家、船東組成的中產階級上層，其成員包括希臘人、亞美尼亞人、德意志人、威尼斯人以及猶太人。的里雅斯特是重要的咖啡口岸——伊利（Illy）公司如今仍在，總提醒著人們這段歷史——同時也得利於奧匈帝國工業、農業的擴張。一九一三年時或許沒人預料得到它的未來境遇。隨著奧匈帝國於一九一八年瓦解，的里雅斯特的商業地位隨之消逝，猶如一場夢。其短暫的黃金時期淪為長長的漸衰之路，儘管其魅力仍在。[36]「廣大腹地的產品和需求，過去必然得通過這個口岸，而如今腹地卻被分割為數片，」一九二七年《經濟學人》語帶哀傷報導道。「再無有力的理由要某些貿易非得在這些碼頭上處理不可……。」[37]

義大利的漫長海岸線密布口岸城市，其中大部分口岸城市有著光明的未來。那不勒斯在一八六〇年義大利統一之前，長期作為南義大利的首府，吸引來許多船舶，但能得到這麼多船隻青睞，究其原因，這座港口是離鄉前往美洲居住或工作的數百萬義大利人的主要外移口岸之一。雖經歷十九世紀後期的文化大復興，它仍是個人口眾多、過度擁擠且貧窮的城市，以窮到令人絕望的南義大利（Mezzogiorno）為其腹地。[38]熱那亞的歷史不同於此。在現代早期，它是西地中海的商業、金融中心，也跟著西地中海一起走上相對性的衰落。十九世紀末期，歷史翻出新頁。皮埃蒙特—薩丁尼亞（Piedmont-Sardinia）王國是一八六〇年後新義大利王國最重要的一分子，而作為皮埃蒙特—薩丁尼亞的一部分，熱那亞占天時地利，成為義大利最大口岸，尤以工業化在都靈（Turin）、米蘭周邊開展之後為然。一八八〇年代後期，義大利的貿易有八成局限在歐洲，但到了一九一三年，貿易對象已可見多元化發展：超過三分一輸出到其他地方。[39]與此同時，熱那亞成為主要的遷徙口岸之一：一九〇六年，將近四十萬移民從熱那亞出境，幾乎同樣數量的人返回。[40]遷徙和貿易並非兩不相干，因為永久或暫時定居阿根廷、美國的許多義大利人，為義大利織物和食品原料提供了不易被搶走的市場。熱那亞也是大型航運公司魯巴蒂諾（Rubattino）的總部所在地。一八七〇年代起，該公司提供經蘇伊士運河「至孟買的最快捷、最便宜、最舒適的路線。」[41]隨著港口運輸量成長，熱那亞人口也增加，一九一一年時已成長一倍多，達到約二十七萬。[42]

但要發展成類似倫敦的大城市，熱那亞機會不大。此城坐落在夾處於山海間的陸棚上：就現代早期的貨物集散地來說，安全且便利，但就鐵路時代的口岸來說就遠非如此。熱那亞將前濱（高潮線和低潮線之間的地帶）填土造地，一八七〇年代於是有了新海港，但與內陸的交通仍然多所限制。藉由鐵路，它與都靈、米蘭相通，但坡度大以及穿過沿海山脈的狹窄山口，使鐵路載運量大減。進口量大大多於出量，使熱那亞的鐵路運輸更難有突破性的發展，大量的煤、原棉、穀物進來，然運出去的貨物甚少：每七艘離港的船，只有一艘滿載船貨。作為口岸，熱那亞經營成本甚高，而且易發生罷工。至二十世紀初期，儘管有穿越阿爾卑斯山的新鐵路線，在取得北義大利以外的腹地上成果也不大：而在歐洲內部的貿易，越過國界者幾乎不到百分之五。往瑞士、南德意志的鐵路運費過高，意味著敵不過遙遠的鹿特丹或安特衛普的事實。[43]

熱那亞的困境，正點出在大國競爭、擔心遭「包圍」的時代中，義大利的難題。熱那亞有輝煌的過去，卻遠遠扮演不了倫敦、漢堡或安特衛普等作為工業歐洲重要貨物集散地的角色，甚至無法高聲宣示，自身為義大利最大金融、商業中心，儘管三分之一的義大利海運貿易經由此口岸。[44]熱那亞得等北義大利進一步工業化才有可為。熱那亞和義大利許多地方一樣，遭遇國內交通問題，國內交通不完善使義大利無法達成經濟一體化，而經濟一體化係歐洲其他地方繁榮的關鍵。南義大利依舊自成一個世界。為了躋身大國之列，義大利領導人追求國家統一，卻非常不滿意統一後義大利的處境，於是有了收復國土的主張和拓展殖民地的野心，有此想法，或許也就不足為奇了。他們深知義大利是「最小的大國」。[45]但為擺脫此不光彩地位所做的努力，也為義大利帶來災難。

公認的地中海最大口岸是馬賽。自上古時期起，馬賽便被賦予口岸之姿，擁有狹窄但格外不易受大風大浪侵襲的良港（今馬賽舊港），若遊客如今從海上過來，仍可清楚見到當時為守衛而築起的防禦工事。它成為一四八一年起統治該城的法蘭西君主國遂行地中海野心的根據地。懷有帝國雄心的路易十四在位期間，宣告馬賽為自由港，國王下令大舉擴大城區，城區面積因而擴充了兩倍。[46]現代早期，馬賽是獲鄂圖曼人准許與黎凡特地區直接貿易的法國唯一口岸。此一特權使馬賽國際色彩濃厚，但也因此易遭瘟疫侵襲。一七二〇年，該城三分之一人口死於瘟疫。[47]十八世紀，馬賽的貿易觸角擴及美洲、西非、印度以及中國，但一七九三至一八一五年漫長的烽火期間，貿易因英國封鎖而受到重創。[48]

蒸汽和阿爾及利亞促使馬賽再現繁榮。法國人征服阿爾及利亞始於一八三〇年，馬賽成為法國非洲軍的主要補給基地。一八三一年起，蒸汽班輪往來阿爾及爾和馬賽，一八八〇年代，約二十四小時便可抵達阿爾及爾，而且幾乎每天都有航班。一八七〇年代起，馬賽透過電報和北非各

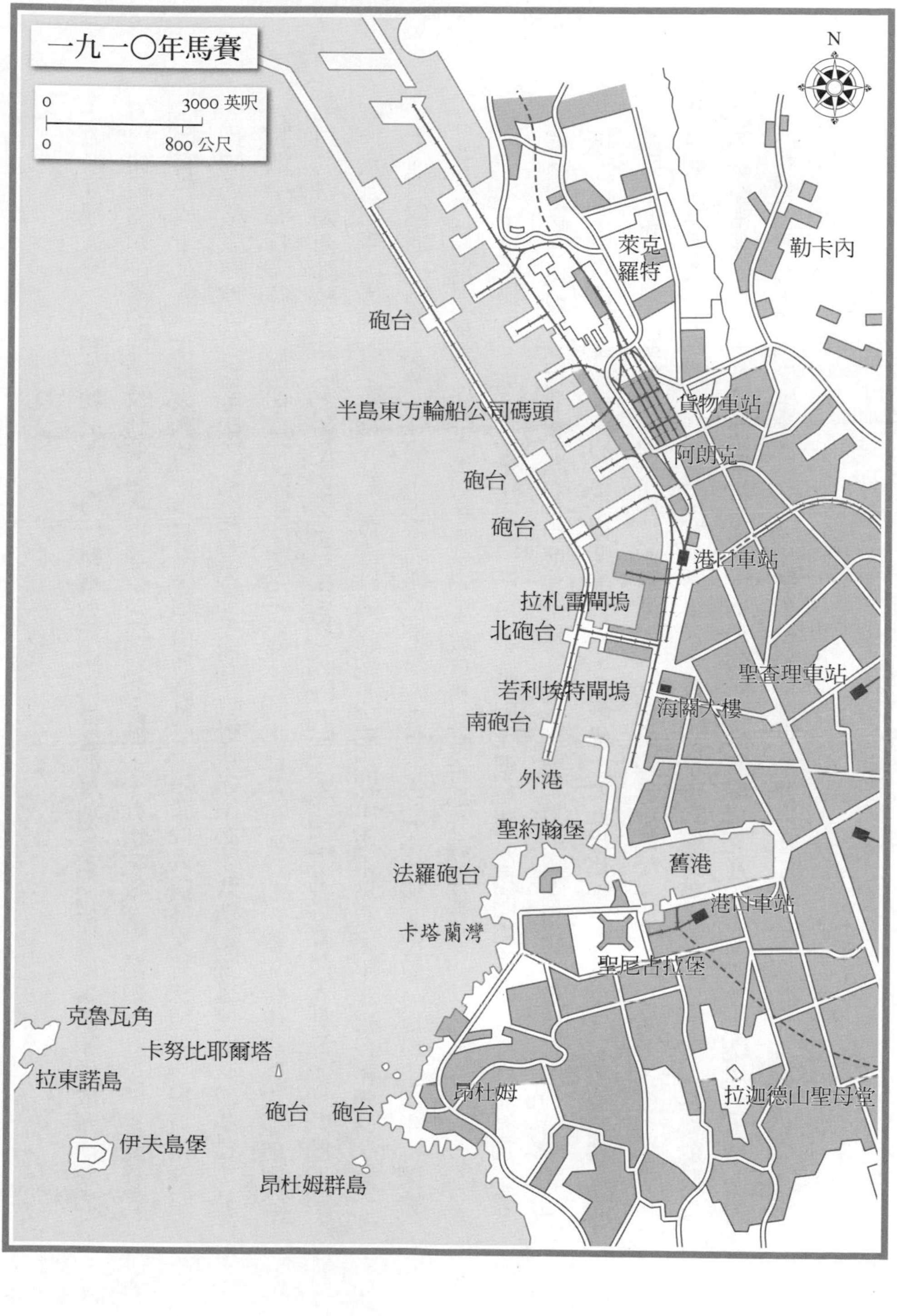
一九一〇年馬賽
0
3000 英呎
0
800 公尺
N
萊克
羅特
勒卡內
砲台
半島東方輪船公司碼頭
貨物車站
阿朗克
砲台
砲台
港口車站
拉札雷閘塢
北砲台
聖查理車站
若利埃特閘塢
海關大樓
南砲台
外港
聖約翰堡
法羅砲台
舊港
港口車站
卡塔蘭灣
聖尼古拉堡
克魯瓦角
卡努比耶爾塔
拉東諾島
昂杜姆
拉迦德山聖母堂
砲台
砲台
伊夫島堡
昂杜姆群島

大城互通聲息，仰賴汽輪航運、海底電纜和地中海地區的其他地方相通。[49]馬賽順理成章成為出口葡萄酒和小麥的阿爾及利亞殖民地經濟所倚賴的大城，十九世紀後期，阿爾及利亞的法籍移民已有約六十萬人，本地人雖然多上許多，但處於弱勢。[50]馬賽商人積極支持法國將突尼斯至摩洛哥的馬格里布地區（Maghreb）納為殖民地，而且也很快看出必須改造馬賽以適應蒸汽時代，並將地中海打造為「法蘭西內海」——一八三〇年代時，已甚為流行的口號。後來成為大型航運公司的法蘭西郵船公司（Messageries Maritimes），一八五一年由一名馬賽商人創立，一八四四至一八五三年，馬賽有了新港，就在舊港腳邊。正當法國正在中南半島和太平洋殖民擴張時，蘇伊士運河開通，拓展了法國在商業上攻城略地的野心。一八五七年，隨著巴黎—里昂—地中海鐵路（PLM）啟用，馬賽從此不再和法國第二大城里昂以及首都分隔三地。

二十世紀初期，馬賽已是法國最大口岸、數家大型航運公司的總部所在、煉糖、加工穀物（穀物來自阿爾及利亞和俄國、印度和阿根廷）、製造肥皂的工業重鎮。但當時有份評估報告說，就口岸角色來說，馬賽的進步程度讓人失望。蘇伊士運河已使地中海再度成為重要海路，因此而來的代價是加劇地中海諸口岸間的競爭，馬賽則是競爭中的受害者。轉口貿易對安特衛普或倫敦至為重要，但馬賽分到的轉口貿易甚少。馬賽與南德意志往來極不便。與其直接相接的腹地為法國南部，卻又沒多少商品可供出口。更糟的是，馬賽離更北邊的法國主要工業中心太遠，無法充當它們的主要出口港。問題主要出在對外鐵路連結不足和巴黎—里昂—地中海鐵路的貨運費率。但馬賽的發展也受阻於其碼頭容量有限，以及（一如熱那亞）受阻於妨礙內陸交通的沿海山脈。[51]得自官方的協助也甚少。一八九二年重拾高關稅，更是傷害貿易，而第三共和議會的「互助投票」（log-rolling）作風（譯按：互投同意票以使各自關心的法案都能通過），意味著只要有議員提案協助某法國口岸，其他口岸若有議員在國會為其請命，提案就必須一體適用。[52]

結果就是馬賽日益倚賴受到高度保護的法國殖民地貿易。拜地中海之賜，馬賽成為法國與法國在地中海、印度洋（一八九〇年代征服馬達加斯加島）、東南亞殖民地貿易以及前往這些地方的當然口岸。「擁有殖民地的馬賽」是馬賽商會的口號。[53]法國第一場殖民地博覽會，在此舉辦，而非巴黎。城內除了為數甚多的義裔移民，還有來自阿爾及利亞的卡比爾人（Kabyles）。卡比爾人是「阿拉伯人」，依賴在船上替鍋爐加煤討生活，他們對這項工作的不滿，係一九一四年前困擾馬賽的諸多罷工的肇因之一。[54]事實上，就歐洲各大口岸城市來說，馬賽是最專注於殖民地貿易和殖民地擴張者（里斯本或許類似馬賽，但規模小了許多），而且是最集中心力於一個殖民地（阿爾及利亞）者。這或許局部反映了地中海各經濟體相對而言較貧窮的事實。相較於西北歐的經濟體，它們的所得更低，而且兩者差距愈來愈大。[55]事實上，地中海諸國的貿易只及於北歐諸國貿易的一成多。馬賽對歐洲其他地方指望不大，對它來說，「我們的殖民地是我們的希望和未來。」[56]

歐洲的海運貿易大多在西北歐的一個略呈矩形地帶裡進行。這個矩形長約六百哩，寬約兩百五十哩，不過地球表面上如針孔般的小點，卻是歐洲的前五大口岸的所在：倫敦、利物浦、安特衛普、鹿特丹、漢堡。有兩個重要口岸位在此矩形之外：不來梅和勒阿弗爾。不來梅是北德意志勞埃德（Norddeutscher Lloyd）航運公司的所在地，也是重要的棉花市場；[57]勒阿弗爾的棉花、咖啡貿易，則由信奉新教、內部極為團結的中產階級上層把持，這群人住在海邊懸崖頂上，因此被當地人稱作寇特人（Côte）。[58]

倫敦仍是最重要的沿海大城，其地位之重要，不只因為所擁有貿易額和貿易量居世界首位。倫敦之所以獨一無二，係因為兼具治理、製造、商業、金融等功能，本地消費的規模反映個人財富高度集中於該城。倫敦既是國都，也是帝國首都。它也是龐大資訊網的「神經中樞」，報紙、期刊、小冊子、大量專門刊物以及商行、無數專業團體——例如土木工程師協會（Institution of Civil Engineers——在此網絡裡收集、消化並發送來自世界各地的消息和專門知識。諸多商品（羊毛、糖、茶葉、金屬、木材等）的世界最大市場，以及服務本地消費者的大型物產市場，例如比林斯門（Billingsgate）、史密斯費爾德（Smithfield）、斯皮塔佛德（Spitalfields）、煤炭交易所（Coal Exchange），都位在俗稱「一平方哩」（Square Mile）的「倫敦城」（City of London）裡。海運經紀人和航運公司在此設立營業所，由英國人擁有的許多海外鐵路公司也是如此，集中在芬斯伯里圓形公園（Finsbury Circus）。不遠處坐落著倫敦的勞合社（Lloyds of London），即供航運相關人士掌握海運最新消息的場所。「倫敦城」裡有多家為海外貿易提供資金的「承兌行」、四十多家英國的海外銀行、將近三十家外資銀行、從事較特別商品（例如鴕鳥毛或黑兒茶）買賣的專業商人。[59]源源不絕的外來投資，經過倫敦證券交易所，流向預定投入的外國政府、鐵路公司（「美國鐵路公司」占大部分）、公用事業公司，以及愈來愈多流向預定投入的礦場、種植園和加工廠——外來投資占此交易所業務約八成。掌管這一繁忙金融活動者是英格蘭銀行（仍是私人事業），全世界金本位制的最高管理者。一九一一年，「倫敦城」裡將近十萬人受雇從事與「商品」有關的業務，另三萬人受雇於提供信貸或資本的商行。[60]

倫敦許多外商係因為使用「倫敦的應付匯票」——在任何地方都可兌現的票據——買賣貨物極為方便，因而被吸引到這裡。從這個意義上看，倫敦在某種程度上是個「虛擬口岸」：貨物在該地買賣，卻從頭到尾見不到摸不著貨物。針對「見得到摸得著」的貨物，倫敦也提供許多有利條件。英國是自由貿易經濟體，對產品進口施加的障礙甚少。倫敦既為其主要商品提供市場，也提供多種專門從事異國珍品或奢侈品買賣的交易商。通過此口岸的貨物數量極為龐大，因此要找到貨物裝滿船（船東的考量重點之一）不是難事，而來自世界各地的船舶甚多，代表出口商品能及時運送出去。一九一二年，九千多艘船來到倫敦，包括來自日本的九十九艘、阿根廷的兩百一十五艘、印度的一千一百艘、紐澳的一千三百多艘。[61]這些有利條件的出現，當然非出於偶然。倫敦享有得天獨厚的地利之便。它位在泰晤士河畔，可建造大城、可架橋於該河之上的最低點。[62]拜經由泰晤士河和其支流往內陸的交通之賜，從倫敦能輕易抵達南英格蘭許多地方：在鐵路時代，把倫敦與英格蘭中部、北部境內密布煤田、工廠的「動力地帶」（Power Belt）相連的鐵

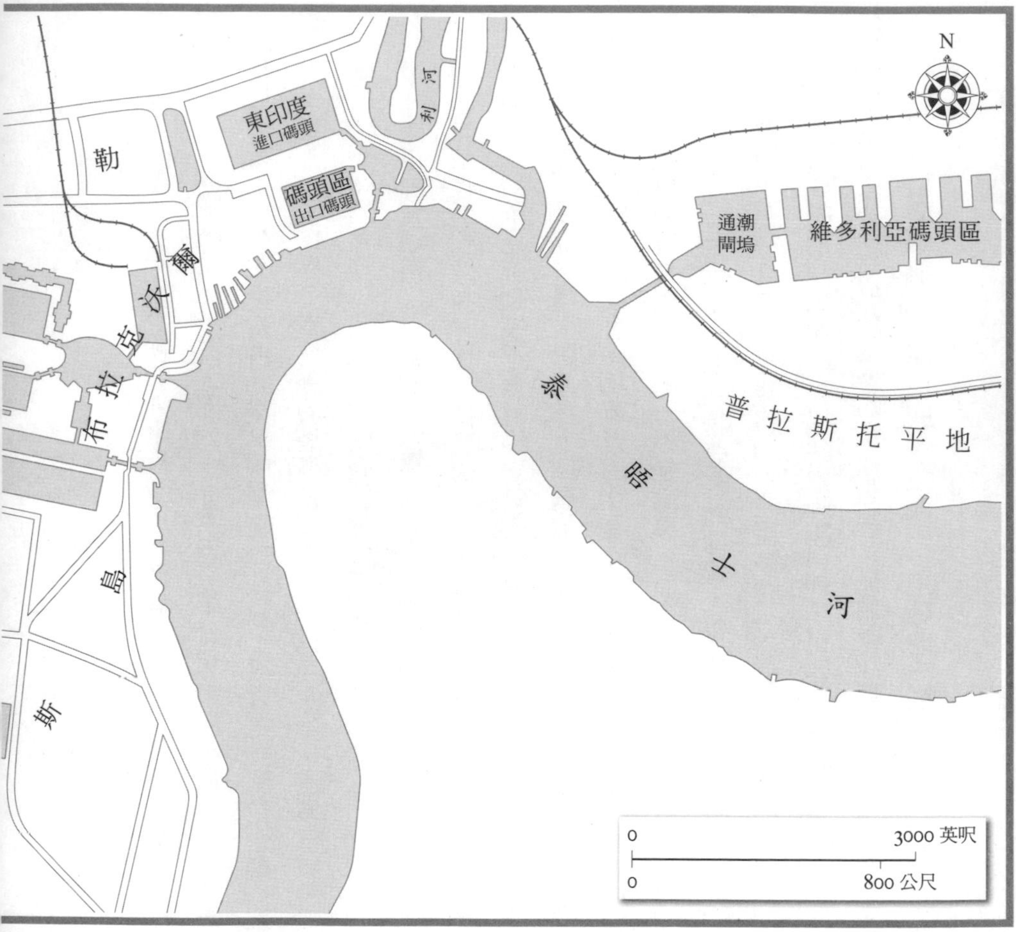
N
東印度
進口碼頭
碼頭區
出口碼頭
勒
利河
布拉克沃爾
島
斯
通潮
閘塢
維多利亞碼頭區
普拉斯托平地
泰晤士河
0
3000 英呎
0
800 公尺

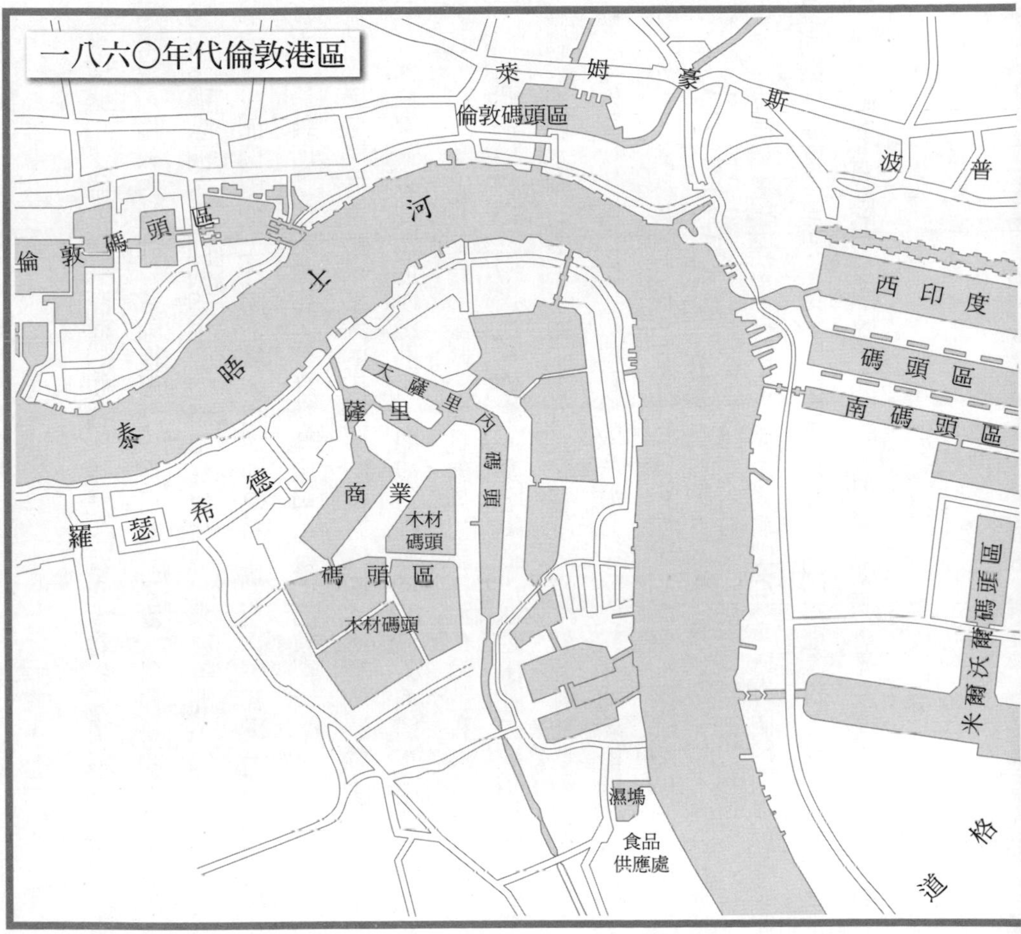
一八六〇年代倫敦港區
萊姆豪斯
倫敦碼頭區
波普
倫敦碼頭區
泰晤士河
西印度
碼頭區
南碼頭區
大薩里
薩里
內碼頭
商業
木材
碼頭
碼頭區
木材碼頭
羅瑟希德
米爾沃爾碼頭區
濕塢
食品
供應處
格道

路線，更深度強化了倫敦對外交通的便利。從許多方面來看，英格蘭大半地方是倫敦的腹地。就海上交通來說，倫敦的地理位置同樣優越。從泰恩（Tyne）可輕易滿足煤炭需求。倫敦地處歐洲的南北向海路與歐洲、美洲間的東西向路線交會之地。來自美洲、亞洲、非洲的船穿過英吉利海峽和多佛海峽，而倫敦地近此二海峽，自然成為將大型貨物「卸下」以轉運到歐陸口岸的當然地點。事實上，倫敦所進口的貨物，有許多轉出口給歐洲的買家。

但倫敦不是個易於維持或擴大的口岸。它位在受潮汐影響的泰晤士河畔，距其河口至少二十哩，而且從河口至倫敦的河段水道曲折。船隻得在漲潮時駛入河道，才能及時抵達較深的河域，同時避開淺水區。十八世紀時，泰晤士河的航運已擁擠到危險的程度，而運煤船眾多，情況更是每況愈下。碼頭區以貨物易遭損壞、偷竊而臭名遠播，原因出在欠缺防護與保安。為此，築起設有安全倉儲設備和水閘的船塢。到了十九世紀後期，已耗費巨資建成五個碼頭區：最早的聖凱薩琳碼頭區（St Katharine Docks），位在倫敦塔近旁；規模甚大的薩里碼頭區（Surry Docks），位在泰晤士河南岸；東印度碼頭區（East India Docks）和米爾沃爾碼頭區（Millwall Docks）；維多利亞碼頭區（Victoria Docks）和皇家亞伯特碼頭區（Royal Albert Docks，容量最大）；最後增建的碼頭區，是提爾伯里碼頭區（Tilbury Docks，河口近旁）。每個碼頭區專事處理特定商品的貿易：薩里商業碼頭區（Surrey Commercial Docks）專門處理木材貿易，一如該碼頭區稱之為「加拿大碼頭」、「魁北克碼頭」所間接表明的。但儘管碼頭長達數哩，運抵的貨物鮮少卸上岸：超過八成卸入為數達數百艘的駁船，之後在河的更上游處卸下。運抵倫敦的貨物，種類多不勝數，貨物或裝在大袋裡，或裝在小包裡，或散裝（例如以難處理著稱的木材）。約三萬名碼頭工人，通常以「臨時」工身分受雇，提供將貨物搬入、推入、拖進貨艙和搬出、推出、拖出貨艙所需的人力。[63]蒸汽有助於使泰晤士河航運更易管理，但遠洋船體形愈來愈大，帶來極大挑戰，需要花錢濬深河道。要兼顧此河上無數私人利益也非易事。就連鋪設鐵道以便將貨物運入、運出碼頭，都要解決聲稱有財產歸屬權的老居民的抗爭。在船舶運力和數量都高速成長的時候，協調口岸經濟的諸多組成要素刻不容緩，倫敦港務局因此應運而生（1909）。[64]

倫敦的海上連結網格外廣闊，使倫敦成為首屈一指的全球口岸。多樣是其強項：未特別偏重哪個市場。但一如其他所有口岸城市，隨著對手擴展和世界其他口岸的「直接」連結，倫敦擔心競爭，擔心失去其轉口貿易。就英國本身來說，倫敦幾乎高枕無憂。利物浦的卸貨噸位逼近倫敦，就出口來說，比倫敦重要，但兩者相輔相成更甚於競爭，因為利物浦所服務的工業地區，就倫敦而言受制於地理位置，無法滿足其需求。倫敦與利物浦遠勝於英國其他口岸，經手英國一半以上的貿易。

利物浦[65]發跡於切斯特（Chester）因迪河（Dee）淤積而衰落之際，最初作為面向愛爾蘭的口岸，發展緩慢。但（一如波爾多和南特）拜糖和奴隸之賜，早已繁榮起來。「三角貿易」把布和金屬製品運到西非，把奴隸運到西印度群島，把糖運回英國，利物浦則是此三角形的頂點。有些利物浦商人，例如格萊斯頓家族（Gladstones），也取得以奴隸為勞力的種植園。利物浦的優勢在於寬闊的默西河（Mersey）河口和其位置，正符合想找到往返美洲最快捷海路的帆船所需。但此優勢有其代價。默西航道穿過易位移的沙洲和淺灘，漲潮時水位可能上漲九公尺或更多。[66]利物浦商人不得不建造封閉的有閘船塢，以便船隻在其中安全卸貨——此建閘塢之舉早於倫敦許久——一八五〇年代中期，利物浦已擁有沿著其前濱綿延五哩長的碼頭區。[67]到了二十世紀初期，此碼頭區已擴展為約三十個大碼頭，往原為「水池」（pool）之地的南北兩側綿延數哩，並有平行延伸的鐵路提供陸上運輸服務。[68]利物浦能籌措到資金進行如此大規模的擴建，要歸功於美南奴隸生產的棉花和把蘭開夏郡南部改造為巨大紡織廠的工業革命在此聚合、累積能量，一九一三年時，英國出口商品約四成來自蘭開夏郡南部。輸入英國的原棉，四分之三經由利物浦輸入，蘭開夏輸出到世界的棉織品和棉紗，大半經由利物浦出口。和北美洲的航運往來，使其成為加拿大、美國穀物偏愛的口岸，而受到唾棄的奴隸買賣為棕櫚油（和後來可可豆）貿易取代後，利物浦也立即宣告自身是英屬西非的商業首府。利物浦也非只關注英國消費者。它轉出口至歐洲的貿易規模甚大，尤以棉花為然。作為世上最大的棉花市場，它為歐陸消費者制定了「現貨」、「期貨」價格。[69]利物浦也是英國最大的人口外移口岸：一八七〇至一九〇〇年，五百萬人移民美國（其中許多人來自歐洲其他地方），其中約九成從利物浦碼頭離開。[70]這一有利可圖的運輸業務，為利物浦的許多航運公司的獲利貢獻卓著。[71]從北美來的旅人，不管是要去英國或歐陸，大多經由利物浦入境。

一八六〇年代利物浦港區

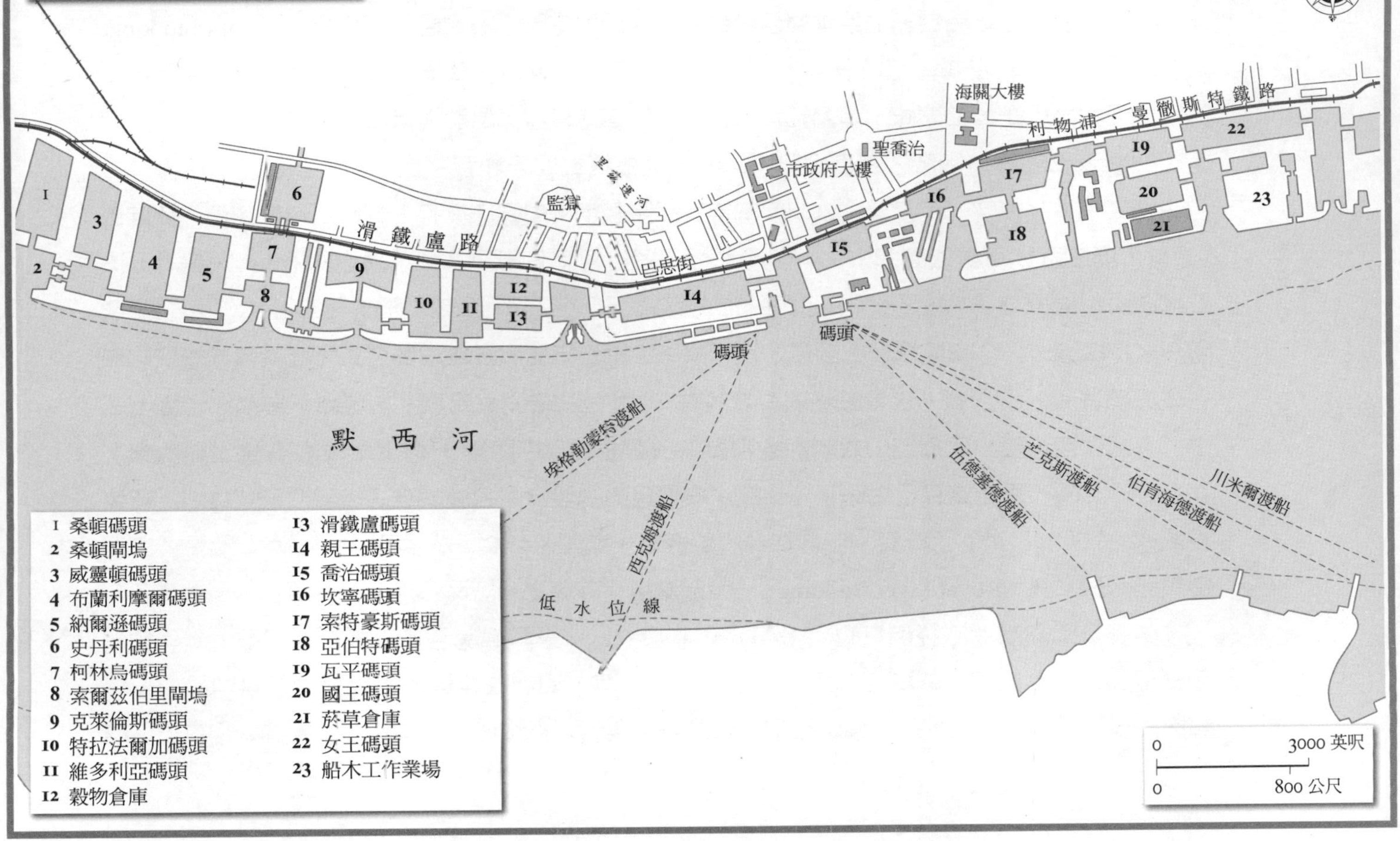
N
利物浦、曼徹斯特鐵路
海關大樓
聖喬治
市政府大樓
監獄
里茲運河
滑鐵盧路
巴思街
碼頭
碼頭
默西河
埃格勒蒙特渡船
西克姆渡船
伍德塞德渡船
芒克斯渡船
伯肯海德渡船
川米爾渡船
低水位線
0 3000 英呎
0 800 公尺
1 桑頓碼頭
2 桑頓閘塢
3 威靈頓碼頭
4 布蘭利摩爾碼頭
5 納爾遜碼頭
6 史丹利碼頭
7 柯林烏碼頭
8 索爾茲伯里閘塢
9 克萊倫斯碼頭
10 特拉法爾加碼頭
11 維多利亞碼頭
12 穀物倉庫
13 滑鐵盧碼頭
14 親王碼頭
15 喬治碼頭
16 坎寧碼頭
17 索特豪斯碼頭
18 亞伯特碼頭
19 瓦平碼頭
20 國王碼頭
21 菸草倉庫
22 女王碼頭
23 船木工作業場

這一可觀的成長創造出一群有錢的權貴人士，即被稱作「水街的汽輪鉅子」（steamship kings of Water Street）的船東（約二十五家航運公司把總部設於此）、棉花經紀人、商人。但如同在蒸汽時代的許多口岸城市所見，利物浦為此成長付出極高的社會代價。利物浦人口在一九一一年之前的半世紀裡增加了一倍，達到約七十五萬。無專業技能的勞動人口，看中在碼頭和碼頭附近的工作機會，大量湧入利物浦，於是利物浦出現龐大的「過剩」勞力，更甚於工業城鎮，從而使「臨時」雇用制更加難以撼動。一九二〇年，約兩成的利物浦工人是「臨時工」；在工業界，平均為百分之五。[72]工資本就不高，因為工作不固定，收入更低，往往一週只工作三天。[73]碼頭近旁的工人階級區，苦於貧窮和過度擁擠，許多人不得不住在貧民窟似的環境裡，而為興建鐵路而清空鐵路預定地上的居民，使擁擠情況更為嚴重。[74]就業不穩定，加劇天主教徒、新教徒的彼此仇視，一九一四年前，利物浦已以教派暴力和勞工騷亂而惡名昭彰。[75]這種族群敵對模式或許是一九一九年反黑人種族暴力的推手：這些黑人是為因應戰時勞動力不足而引進的西印度群島、西非的黑人。[76]只是一九一四年前，商業信心仍然高昂。新碼頭建成；一九一一年，利物浦濱水區出現皇家利物大廈（Royal Liver Building）。此建築有一對鐘樓，是利物浦海上歷史的最宏偉象徵。

倫敦和利物浦都與歐陸口岸往來密切：一九一二年來到倫敦的船，來自尼德蘭、比利時、德國的船隻居於前列。但最能生動說明一九一四年前，西北歐諸腹地彼此部分重疊且和各經濟體環環相扣的關係者，其實是安特衛普。根據某些評估，安特衛普是當時歐陸最繁忙的口岸，儘管漢堡、鹿特丹也以類似頭銜自居。安特衛普崛起甚快。現代早期，安特衛普其實已是北歐的最大市場。可惜脫離尼德蘭和先後遭西班牙、奧地利統治，曾使安特衛普的商業實力大衰。安特衛普能在那時（一如後來）稱霸商界，關鍵在於其深入內陸，位於斯海爾德河河口最深處，透過水路與法國北部、尼德蘭、萊茵河往來容易。但未想荷蘭人控制住斯海爾德河河口，藉此癱瘓安特衛普貿易，以利阿姆斯特丹、鹿特丹壯大。到了十九世紀初期，安特衛普比較不像是個口岸，反而應稱作製造業重鎮，仰賴生產紡織品為生。之後的三大改變使其前途完全改觀。首先，比利時於一八三〇年脫離尼德蘭，自成一國，需要有自己的口岸。其次，作為比利時獨立建國的條件的一部分，尼德蘭被迫於一八三九年開放斯海爾德河，允許船隻經該河進入比利時，但行經船隻得向尼德蘭繳交通行費。[77]第三，開放斯海爾德河，正逢比利時、法國北部、魯爾地區快速工業化之際，而這三地都位處安特衛普水路網和（不久後）鐵路網的範圍裡。貿易和航運迅速成長：一八六〇至一九一一年，船舶噸位成長約二十五倍。[78]隨之，一如在世界各地的許多口岸城市所見，人口有增無減，從一八四六年約八萬八千增至一九〇〇年超過二十七萬，一九〇〇年時，該城居民有四成多非本地出生。[79]這些改變並非人人樂見。在小說家喬治·伊庫德（Georges Eekhoud, 1854-1927）看來，安特衛普是「新迦太基」（La Nouvelle Carthage，其一八八八年長篇小說名），言下之意，它是衰敗腐化之城：中產階級上層貪婪、無情、傲慢；工人階級受壓迫剝削；環境遭蹂躪。[80]

二十世紀初期，安特衛普的興衰已和蒸蒸日上的德國工業經濟密不可分。鐵路對安特衛普至為重要，腹地自此擴及魯爾地區、德國南部、瑞士和奧匈帝國，一九〇五年，啟用的安特衛普中央車站（Middenstatie）可謂精緻華麗，正貼切體現了鐵路角色的重要，甚有「鐵路大教堂」之稱。小麥、羊毛、金屬礦砂是其主要進口品；比利時和德國的製造品則是其出口品。德國是其最大市場，其次是英國、阿根廷以及美國。安特衛普也是服務比利時唯一殖民地比屬剛果的口岸，以文藝復興風格建成的宏偉磚造建築「剛果倉庫」（Entrepôt du Congo），則是濱水區最搶眼的建築。安特衛普以「經紀人」（courtier）和不定期貨船而遠近皆知，「經紀人」為此口岸竭力爭取生意，不定期貨船則運送此口岸的大半貨物。因為安特衛普是商業重鎮，入境貨物配送到許多不同買家手上，出境貨物則裝上船，成為獲利甚豐的船貨。安特衛普也已成為往南美（其小麥、咖啡、玉米的來源地）和其他地方投入資本的輸出口岸。[81]

但安特衛普並非無懈可擊。安特衛普位在德國的腹地，有許多地方係因為對其有利的鐵路貨運費率而以此為出口口岸。貨運費率使運貨到安特衛普比運到鹿特丹、不來梅或漢堡等更為便宜。但一次政治決定說不定一夕之間就使這一切改觀。另一個令人不安的情形，則是尼德蘭遲早會加入德意志關稅同盟（Zollverein）。若走到那一步，和安特衛普實力相當的鹿特丹——而且就在幾乎不到七十哩外——或許會展開致命的一擊。鹿特丹的崛起令人驚豔，尤以一八七二年拜「新水道」（New Waterway）之賜，更得以直接通向大海。鹿特丹成為萊茵河河口的口岸，占去

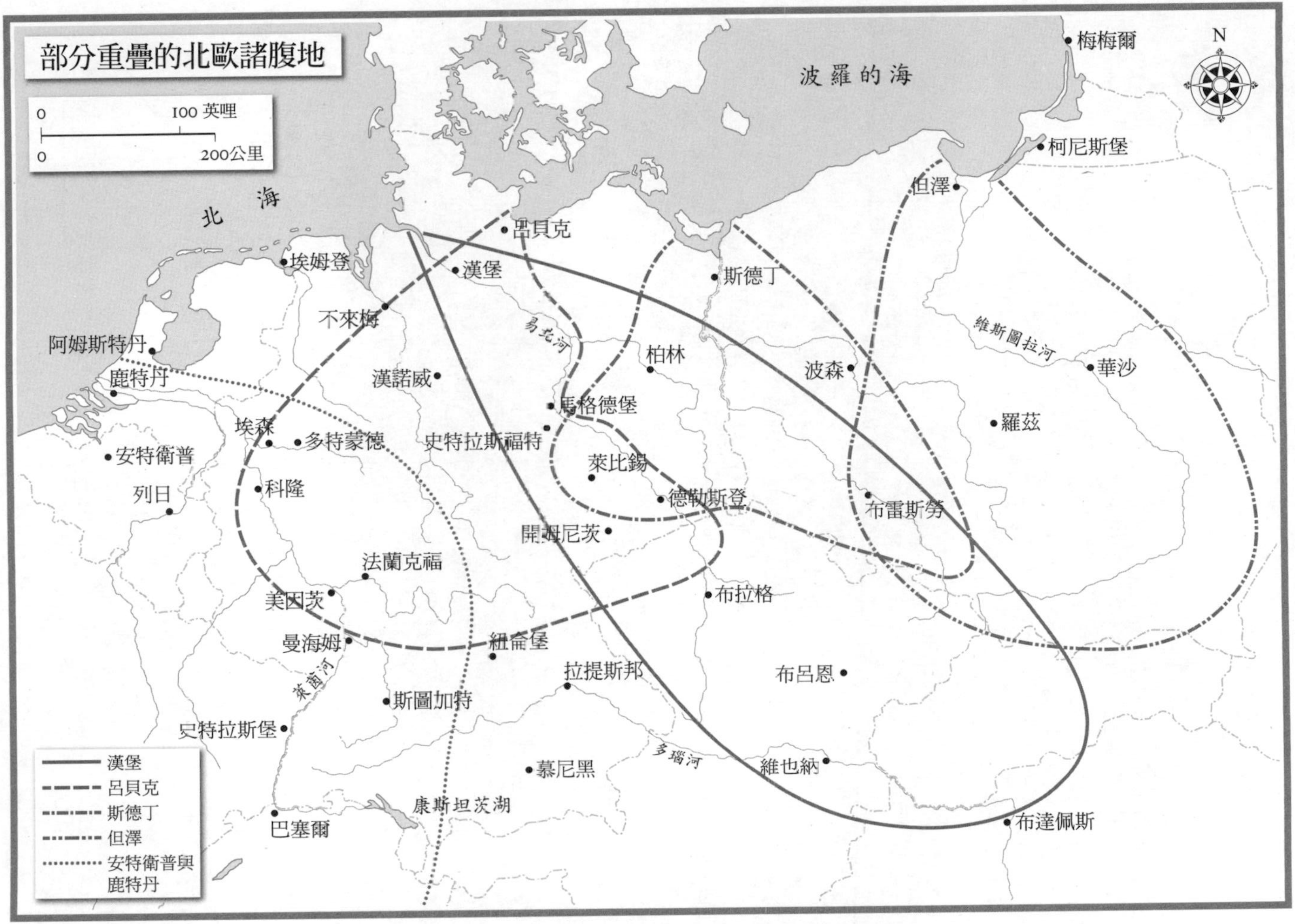
部分重疊的北歐諸腹地
0
100 英哩
0
200公里
波羅的海
北海
梅梅爾
柯尼斯堡
但澤
呂貝克
埃姆登
漢堡
斯德丁
不來梅
易北河
阿姆斯特丹
鹿特丹
柏林
波森
維斯圖拉河
華沙
漢諾威
馬格德堡
羅茲
埃森
多特蒙德
史特拉斯福特
安特衛普
萊比錫
科隆
德勒斯登
列日
布雷斯勞
開姆尼茨
法蘭克福
美因茨
布拉格
曼海姆
紐侖堡
萊茵河
拉提斯邦
布呂恩
斯圖加特
史特拉斯堡
多瑙河
維也納
慕尼黑
康斯坦茨湖
巴塞爾
布達佩斯
漢堡
呂貝克
斯德丁
但澤
安特衛普與鹿特丹

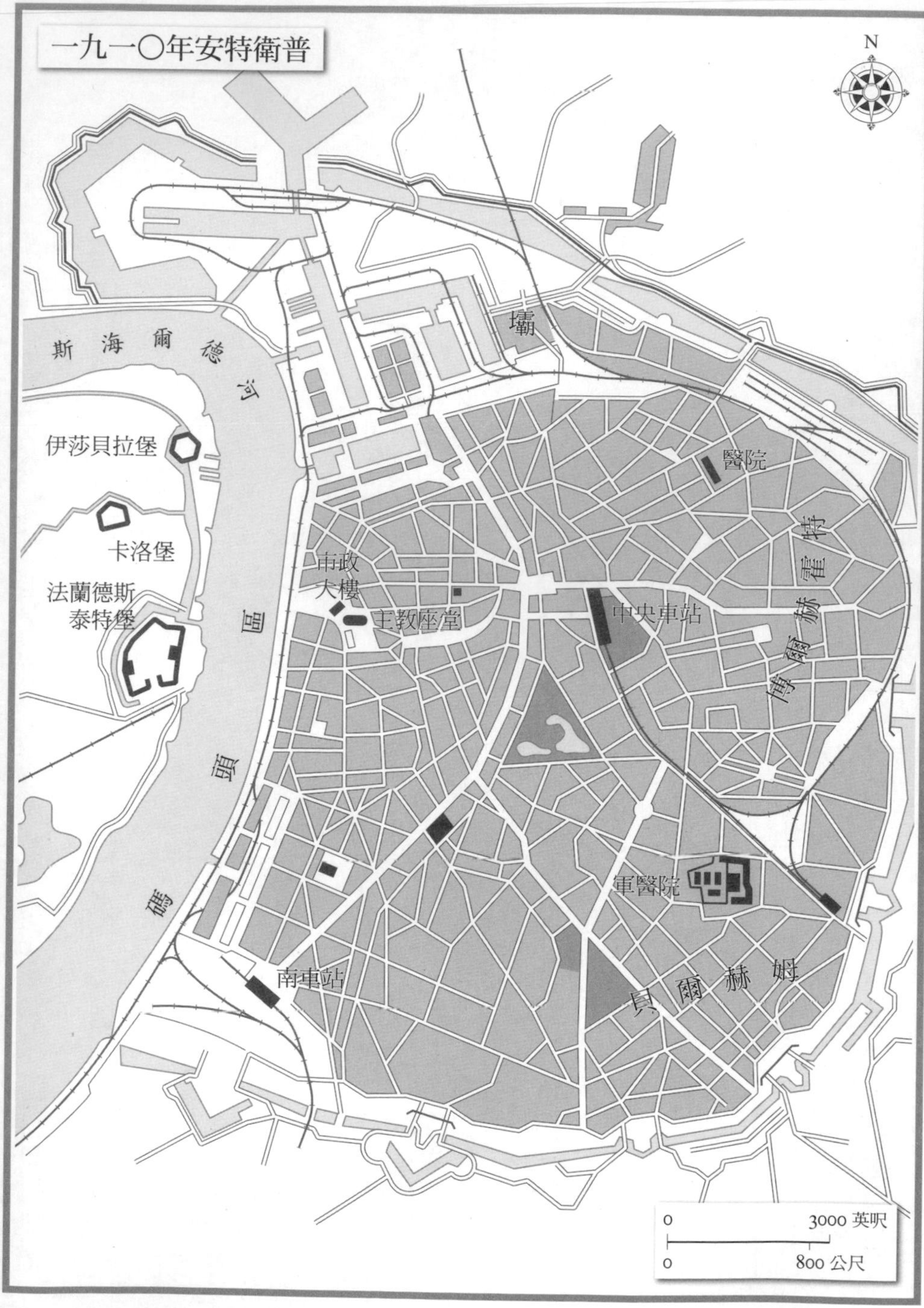
一九一〇年安特衛普
N
斯海爾德河
碼頭區
伊莎貝拉堡
卡洛堡
法蘭德斯泰特堡
市政大樓
主教座堂
壩
醫院
中央車站
博爾赫霍特
軍醫院
南車站
貝爾赫姆
0
3000 英呎
0
800 公尺

萊茵河貿易九成以上。鹿特丹的港口，沿著萊茵河兩岸伸展，比起安特衛普所倚賴的複雜碼頭系統，使用起來更是容易且成本低。鹿特丹比安特衛普更適合輸入穀物、鐵礦砂這兩種散裝貨，其中許多貨物直接轉到行駛於萊茵河的大型平底船上。[82]鹿特丹也是荷美（Holland-Amerika）這家成長快速的航運公司總部所在地。荷美創立於一八七三年，在歐洲各地雇用了約兩千個代理人，積極拓展跨大西洋移民輸運業務（獲利的主要來源之一）。[83]而鹿特丹和安特衛普的競爭並非直接短兵相接。在整個西北歐，不同口岸相隔不遠，選擇在哪個口岸出貨，考慮的重點是貨物在不同口岸裝船的難易和快慢、各口岸用以處理專門貨物的設施、將特定生產者和顧客聚在一塊所需的商業組織：這些要考量的因素可能因口岸而異，因產品而異，因月份而異。[84]正是這些因素決定了要在哪個口岸交易，以及誰會從這些交易中獲利。安特衛普進口的穀物或許少於鹿特丹，但從鹿特丹進口的穀物，有許多在斯海爾德河畔便銷售一空，因為穀物價格由安特衛普制定，穀物合約也在該城談定。

地緣政治特性使歐陸這兩大口岸位在沒資格自稱大國的國家。第三個口岸漢堡，則正好相反。而漢堡，本身即是異數。它（如呂貝克和不來梅）是德意志帝國裡的「自由漢撒城」（Free Hanseatic City），和所有德意志邦一樣享有高度地方自治。[85]漢堡保有獨立自主地位，直到進入十九世紀許久，然後於一八六六年同意加入俾斯麥的北德意志邦聯（North German Confederation），即一八七一年德意志帝國前身。但它不願加入德意志關稅同盟，擔心受害於保

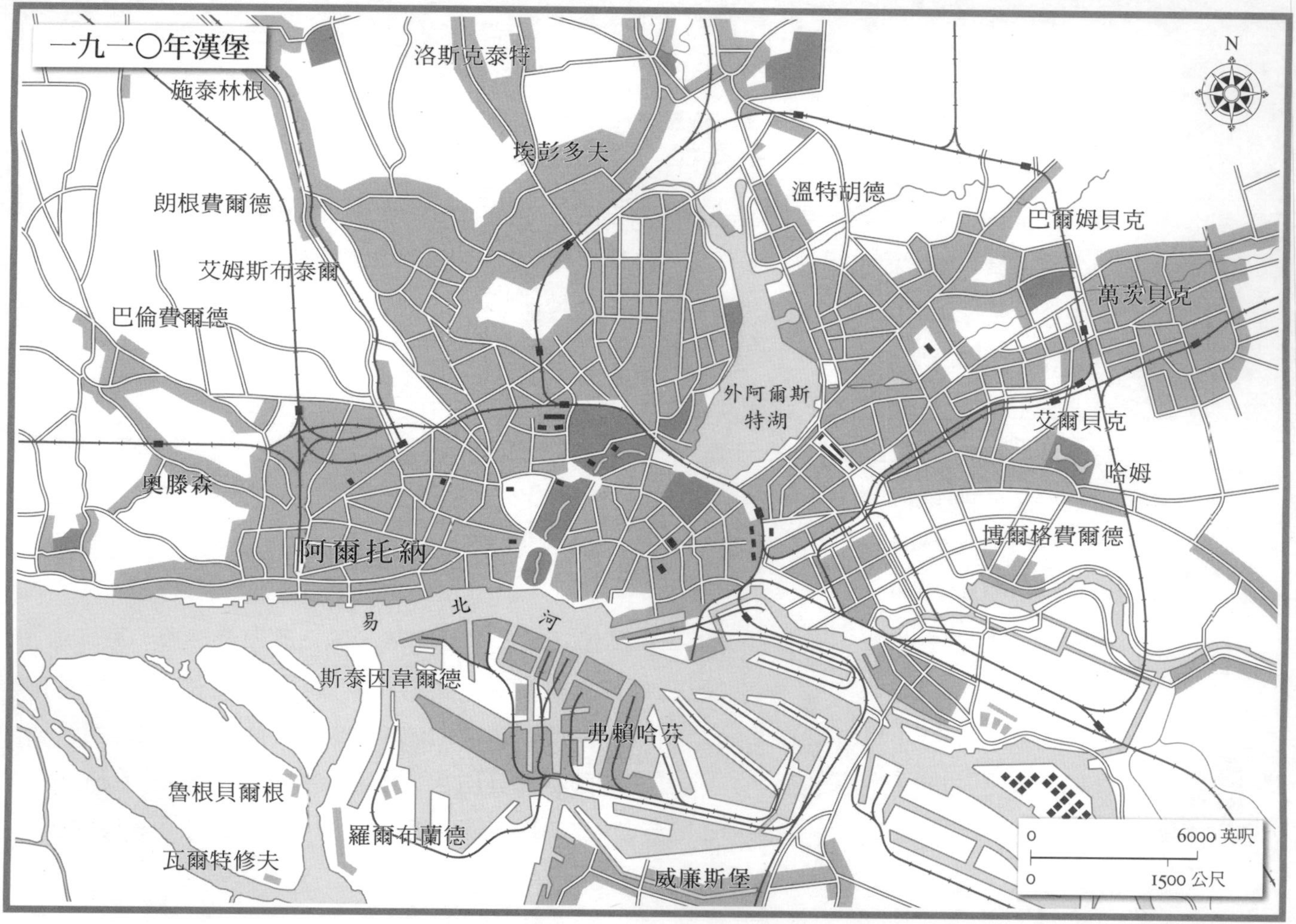
一九一〇年漢堡
N
洛斯克泰特
施泰林根
埃彭多夫
朗根費爾德
溫特胡德
巴爾姆貝克
艾姆斯布泰爾
萬茨貝克
巴倫費爾德
外阿爾斯特湖
艾爾貝克
哈姆
奧滕森
博爾格費爾德
阿爾托納
易北河
斯泰因韋爾德
弗賴哈芬
魯根貝爾根
羅爾布蘭德
瓦爾特修夫
威廉斯堡
0 6000 英呎
0 1500 公尺

護壁壘而失去龐大的轉口貿易。一八八八年同意加入該同盟時，它爭取到一個很大特許權：在港口裡維持一個大「自由港」區的權利，而轉口貿易會在該區裡繼續進行，不受限制。這一堅持保住其商業自主地位之舉，反映了漢堡長久以來的角色，即不是為德國服務的口岸，而是北歐的主要貨物集散地。漢堡的繁榮源於其作為待轉售殖民地產物的大型「倉庫」的角色，以及與英國（該產物主要來源）的密切商業關係。相對的，漢堡雖位於易北河口——易北河是北歐平原的主要（但尚未得到改善）的水道——大體上孤立於德意志其他地區，而當時，德意志許多地方仍是貧窮的務農區。

十九世紀中期後的三大改變，徹底改變了漢堡的前景。第一個（誠如前面某章所提過的）是英國航海法的廢除，從此漢堡可用所屬船舶從事重要的對英貿易。於是，漢堡市擁有的船隻劇增，造船業也蓬勃發展。第二個是浩大的工程計畫，把易北河改造成通往中歐心臟地帶的重要河道，漢堡的腹地自此擴及遠至布拉格。第三個是德國本身的高速工業化並崛起為歐陸最強大經濟體一事。漢堡的貿易和人口自此如其他口岸城市，高速成長了起來：貿易比一八五二年時成長了二十倍；港口裡的船舶噸位自一八六〇年以來成長了十四倍。[86]到了一九一三年，漢堡已是人口超過百萬的城市，在德國僅次於柏林。漢堡的深水水道，最大的船隻也能安心行駛。漢堡的碼頭區已大幅擴建——但最窮困的居民卻因此受害。新「自由港」建成時，約兩萬四千人遭逐出家園，落得只能自覓棲身之所。[87]漢堡是數家大型航運公司的總部所在地，包括漢堡—美洲（Hamburg-

Amerika）。漢堡—美洲是世上最大的航運公司，有汽輪一百七十五艘。漢堡的造船廠，以布洛姆—福斯（Blohm and Voss）為首，造船效率和英國造船廠不相上下。漢堡的貿易、航運觸角遍及全世界，遠至南美、太平洋、印度、東亞和其在歐洲境外的最大貿易伙伴美國。德國的對外投資，四分之一左右出自漢堡，該城經手四成多的德國進口和幾乎一樣比例的德國出口。[88]

一如許多口岸城市，一群關係緊密的商人暨權貴主宰了漢堡，包括阿姆辛克家族（Amsincks）、施拉姆家族（Schramms）、奧斯瓦爾德家族（O'Swalds）、韋爾曼家族（Woermanns）、戈德弗魯瓦家族（Godeffroys）、斯洛曼家族（Slomans）等，托馬斯·曼（Thomas Mann）在《布登勃洛克家族》（*Buddenbrooks*）裡，針對另一個漢撒同盟城市呂貝克所撰寫的虛構故事，便貼切捕捉到這些人是如何主宰城市。漢堡因許多窮人落得只能住在市中心貧民區和地窖裡而聲名狼籍，而這群商人暨權貴抗拒社會改善，係使漢堡蒙上此惡名的幫凶。此所造成的駭人後果之一，便是一八九二年的霍亂肆虐，奪走將近一萬條性命。這波大疫的病源幾可肯定是經由漢堡外移的諸多東歐人所帶來，卻是漢堡遭人非議的衛生環境所引爆的大流行（附近的不來梅，從事同樣大規模的人口外移事業，卻只有六人死於霍亂）。[89]漢堡的領導階級在政治上屬「自由派」，堅守自由貿易理念，深知他們與英美兩國的關係何等攸關漢堡的興衰。但到了二十世紀初期，他們也抱持著在德國境內更為普遍的觀點：他們為商貿的存續而奮鬥，而官方的支持攸關此事的成敗。阿爾貝特·巴林（Albert Ballin，曾是外移事業代理人），係具有領袖魅力的漢堡—美洲航運公司的總經理，一手策畫該公司的全球擴展。他於一九〇〇年寫道，德國是「世界市場上的競爭者之一」，但「在國家爭奪陽光與空氣的殘酷鬥爭中，終究只有實力說了算。」[90]一如漢堡的其他權貴，巴林支持打造一支全新的作戰艦隊，並由海軍上將提爾皮茨領軍以對抗英國，但隨著英德關係日益惡化，巴林立場退縮。七月危機爆發時，他深信英國對一次大戰只會做壁上觀，因此，英國參戰時，他幾乎是心力交瘁。漢堡的貿易以及航運將受重創，不久後就會清楚呈現。

如今，蒸汽全球化是從歐洲輸出到世界其他地方的，這觀點不難想像。但就一九一四年時的各大陸來說，歐洲是全球化程度最高者。從人員的大量外流和便宜的汽輪票價所助長且日益盛行的「連續遷移」習慣，以及旅人不斷來往地球遙遠異地一事，可最清楚看出這點。許多位於溫帶的移民國家（包括美國、阿根廷）靠歐洲市場吃下他們的農產品，而歐洲較富裕的幾個經濟體則更是倚賴世界其他地方取得的原物料和糧食，後者是這些經濟體製造品的買家，而且，愈來愈明顯的是，他們也是這些經濟體資本的標的物。歐洲的口岸城市與世界每個地方的連結最廣，也倚賴這些地方來維持它們的口岸經濟。歐洲諸國已在每塊大陸攻占土地、建立殖民地，或將自身意圖強加於當地人，使當地人淪入「半殖民地」狀態。於是，歐洲諸國與其他民族、文化有了密集接觸，儘管往往不對等，也積累了龐大概念的人種誌知識，以補足、強化、浪漫化或正當化彼此之間的關係。十九世紀中期起，歐洲人日益意識到歐陸在世界上的「中心位置」（歐洲人的世界地圖已明確表態），以及其應改良、啟蒙其他文明與民族的世界史「使命」——主要透過基督教來遂行。十九、二十世紀之交，這一全球意識傳播得愈來愈廣：歐洲人支配世界，成為必須履行的責任。也正好此時出現以下認知：（一如阿爾貝特・巴林所言）「全世界，而非歐陸，已成為政治角力場」[91]，而歐洲諸大國在此角力場上必須競爭求生。「全球化」變得刻不容緩。

歐洲的口岸城市是歐洲全球化的代理人，但也是令人不安的全球化效應的舞台。需要工作和棲身之所的大量新住民；過度擁擠的「出租營房」（rent-barrack，漢堡語）如此骯髒又可怖；對臨時工或季節性工人的倚賴；船東卡特爾的無情支配；對社會改善或衛生改良的抗拒；流行病發生的風險；市道易大起大落：這些現象可見於世上任何地方，歐洲自不例外——但在歐洲，較高的生活水平稍微減緩了嚴重程度。這些現象無不提醒我們，歐洲的全球化，一如其他地方的全球化，始終是個非全面性且不均等的過程，某些人受惠，但另一些人變窮，某些地方彼此連結在一起，卻「斷開」和其他地方的連結，消弭某些偏見，但強化其他偏見。在歐洲，全球化不只助長歐洲人對其技術實力的自傲，而且使歐洲人愈發堅信自身文化的優越性，甚至堅信種族優越（種族歧視的要素）。歐洲是都市化程度最高的大陸，但許多地區依舊大體上是農村社會，歐洲軍力最強的國家所走的方向，依舊擺脫不掉擁地貴族的特權階級和已過時的精神特質。歐洲是工業化程度最高的大陸，但境內一半以上地區由王朝帝國統治，而非由對代議機構負責的政府統治。最讓人備感諷刺的是，西北歐就商業和文化來說，都是世上一體化程度最高的地區，但位處該地區的國家卻打了（至當時為止）一場人類史上最慘烈的戰爭。全球化會帶來和平一說其實是「嚴重的錯覺」，儘管歐洲的口岸城市菁英財力傲人，自信滿滿，然碰上一次大戰這場大危機，幾乎完全左右不了局勢。

一場大亂

一九一四年突然陷入戰爭狀態的全球秩序，從表面上的盛況和情形看來，不但嶄新而且更是脆弱。約翰·梅納德·凱因斯於一九一九年論道，「我們之中，僅少之又少的人，體認到過去半世紀來，西歐所賴以生存的經濟組織，其特質是多麼高度不尋常、不穩定、複雜、不可靠而且短暫。」[92]西北歐的商業一體化程度，以及高度倚賴外貿來取得糧食、原物料，係相對較晚近才有的發展（但英國例外）。兩者無不仰賴暢通無阻的海路、電報通信相對容易、世界各地買家與賣家建立在信用上的交易。來自海外的糧食，有許多是來自晚近才有白人移居的地區：加拿大大草原和和阿根廷彭巴大草原都是在一八九〇年代時「得到開墾」，那時，不斷上漲的價格使這兩個地區的穀物生產得以持續下去。南非黃金——使國際金融得以順利運作的主要資源之一——一八八〇年代後期，才在蘭德地區（Rand）開始生產。把世界各地的原物料和食品原料運往歐洲、返程時運回製造品的眾多汽輪中，許多船隻係在過去十年間問世，其中一半更是問世於一次大戰爆發前。鐵路長度也在十九世紀最後幾十年裡急速成長：全世界鐵路總長從一八七〇年十三萬三六一哩增加到一九〇〇年四十九萬九七四哩。[93]調度信貸和資本的銀行和保險公司更為強勢，公司大樓更見霸氣——十九、二十世紀之交時，已是許多口岸城市中心區最宏偉搶眼的建築。

事實上，過了一段時間，世人才看出一次大戰將（如《經濟學人》所預料）導致世界經濟「永遠」改觀。事後來看，在協約國首度看清楚要耗費多大的人力、物力、財力才能把德國人驅離他們於戰爭頭幾個月所奪占的領土時，才有人看出這一點。俄國和法國的工業產能都不足以撐住這場抗戰（而且法國已把太多人力投入軍隊），倫敦也就必須代法、俄借款或自行借款給這兩國，以協助兩國自美國添購重要的作戰物資。到了一九一七年中期，這已導致過度膨脹的債務——包括欠英國的錢和英國自身的負債——美國則是最終債權人：債務最終高達約百億美元（相當於一九一三年英國所有海外資產的四成左右）。就是在這個看不見的背景下，一次大戰造成了巨大的有形損失：生命、財產、工業、基礎設施、作物的損失；原用於出口的生產力轉用在生產軍備（隨之失去了市場和收入）；船舶遭毀；德國的海外貿易和其所控制的區域遭封鎖而停擺。但如果說最明顯可見的當務之急，係必須從這場戰爭的驚人有形傷害中復原，然事實上——正如後來的發展所表明的——阻礙全球經濟回復到一九一三年水平者，卻是「看不見」的戰債問題。

債務的龐大打亂了維繫歐洲的戰前貿易和其在全球經濟裡角色更是全面的信貸、資本機制。戰前的英法德三國是債權國，來自海外的收入協助支應了本國的進口開銷，為其針對海外基礎設施、礦場、種植園的投資提供了資金。三國國際收支的大量順差，也有助於維持各自貨幣的穩定，把本國貨幣牢牢拴在全球金本位制上。未來既要用難以賺得的美元償還巨額債務，海外收入必然驟減，本國幣值必然不穩。對法國來說，使情況更加惡化的，係新成立的俄國布爾什維克政權拒絕清償戰時和戰前沙俄政府積欠法國的巨債。正是此因素，加上修復法國村鎮的高昂成本，使德國「賠款」多寡一事，巴黎、倫敦、華府之間，在巴黎討論時引發火爆的爭執。英法兩國都打定主意，若未從德國取得賠款，就不還美國錢。但德國經濟已是一敗塗地，在德意志帝國垮臺後，政局動盪不安之際，新德意志共和國的政府未敢同意會使戰敗的德國更是一窮二白的賠款。情勢就此陷入僵局和危機，五年後的一九二四年，道茲協議（Daws Agreement）出爐，為相對較少的賠款總額以及至為重要的美國資本流入德國和東歐，創造了有利條件，危機這才化解。[94]然後，英法義三個債務國與其美國債主達成大體上友好的協議。

眼看歐洲經濟就要恢復「常態」，英國人於是試圖恢復倫敦和英鎊在世界經濟裡的舊地位。一九二五年，英國重拾金本位制，係倫敦欲重振戰前貿易、支付模式計畫的重要環節之一。戰前，歐洲就靠這些模式維繫自身的商業一體性和與世界其他地方的有利關係。英國此舉將鼓勵世界各國重拾金本位制，歐洲資本得以重新外流（大有利於歐洲出口成長）。地緣政治看來會走上穩定，使這個樂觀的前景得到進一步的肯定。一九二五年，盧卡諾協定（Locarno Agreement）確立西歐各國的新邊界——表面上看來——英法義德四國經過十年衝突後，就此握手言和。三年前的華盛頓會議上，各大強權，包括日本，承諾尊重中國領土完整，不尋求在中國建立特殊勢力範圍。一九二三年，在洛桑，土耳其人同意放棄在阿拉伯地區的領土，交由英、法這兩個國際聯盟「託管國」管理。好似對戰前「舊外交」的威脅、恐嚇之舉而作出的反應，一九二〇年，國際主義理念大行其道，受到國際聯盟支持的許多機構提倡保護少數、改善勞動條件、改善公共衛生。

一九二〇年代後期，世界貿易也顯著復甦。一九二〇至一九二九年，海運貿易額增長超過五成。[95]得力於美國資本大量注入，全球化回到正軌：美國對外投資比戰前增加了七倍，達到約一百七十億美元。結果竟是空歡喜一場。不若戰前十年，一九二〇年代後期商品價格下滑，原因之一是戰爭促成供給嚴重過剩。美國資本大量外流，助長歐洲過度放款之風。一九二九年，紐約證券交易所崩盤，重創經濟信心，但使此事演變成經濟災難者，係德國銀行體系經不起打擊——一九二五年，金融動盪的惡果。在德國，中央銀行唯恐銀行破產（過度放款所致）將導致一九二三年德國貨幣變成廢紙的慘事重演，於是強行促成劇烈通縮。[96]結果未恢復金融信心，反而為資本外逃和銀行擠兌打開大門。隨著信用緊縮，失業率上升，所得暴跌，市場內爆。金融動盪波及全世界。倫敦和紐約都支撐不了或不願支撐德國銀行體系。重拾金本位制已傷害英國出口貿易，削弱其國際收支。倫敦也未能買回在戰時變賣的龐大海外資產，尤其是無法用美元買回。面對自身金融可能完全崩盤的危急情勢，倫敦政府放棄已恢復的全球經濟的兩大支柱：一九三一年九月退出金本位制，揚棄自由貿易。在財力遠更雄厚的大西洋彼岸，回應與此類似。華府祭出種種保護措施，以防杜便宜外國貨輸入，並且使美元和黃金脫鉤。某哈佛大學教授在一篇簡明扼要的剖析文章中論道，不再有哪個地方可讓負債國有把握賣掉其產品以避開經濟蕭條。一九三二年，世上那些倚賴出售原物料和食品原料為生的地方，境外收益大多減半。工業西方與其位在世界其他地方的供應者、市場之間的活絡關係，原是全球經濟以及其他許多層面賴以建立的基礎，但此時已崩盤，陷入一場混亂。

值此空窗期，新全球體制隨之出現。此時的世界，在幾乎每個方面都明顯不同於一九一四年前的世界。不再採行金本位制，而是「管理」貨幣，或刻意予以貶值，或允許貨幣「浮動」，或以外匯管制保衛貨幣。施行自由貿易或類似自由貿易的地方原本愈來愈多見，此時卻讓步給保護主義路線的陣營：英國的「帝國優惠」英鎊集團；美國的美元區；不久後會擴大為「大東亞共榮圈」的日圓區；德國在中歐、東歐的「物物交易」區；此時急速工業化但幾乎封閉的蘇聯經濟。這些集團之外的國家也祭出保護性關稅，並鼓勵「進口替代工業化」（import substitution industrialisation）。[97]戰前幾十年的龐大遷徙潮（已在一九二〇年代大幅恢復），此時受到阻斷：就連最歡迎外人移入的經濟體阿根廷，都在一九三二年嚴格限制移入。[98]事實上，從飽受經濟蕭條之苦的初級產品生產國絕望的回到歐洲成為主流。西方的資本輸出也走上類似的路。就長年以來不斷對外大量投資的英國來說，政府借款吸走許多國內儲蓄，流向海外的資本大多只投在英鎊集團國家。[99]美國的對外投資一九三〇年後驟減。[100]位在國外的資本未一逕「外」流，反而送回國，畢竟在國內也是有可能賺到更多錢。貿易占世界產出的比重，至一九一四年為止一直急速增長，但一九三〇年代時急劇萎縮。事實上，此時專家咸認為，隨著世界上愈來愈多地方工業化，這一比重縮小的情況將成為常態。一九三九年，一名美國經濟學家嘆道，「至今無人能判斷，世界一體化的進程是否會再次重啟」。[101]

在歐洲以外向來倚重為世界市場生產的那些地區，感受到其中一部分最難捱的效應。對加拿大的穀農、加勒比海和巴西的咖啡、甘蔗種植園主、緬甸的稻農、澳洲的牧場主來說，價格暴跌（往往高達五成）不只可能導致收入減少，還可能失去土地、生計、身分地位。在英屬西印度群島進行的一項調查，揭露了因糖經濟萎縮而惡化的極貧困處境。[102]在殖民地坦干伊喀（今坦尚尼亞的大陸部分），隨著劍麻種植園的工作機會減少，對糧食性穀物和牛的需求降低，它們的價格隨之下跌。[103]經濟蕭條助長一九三〇年印度境內新一波大規模的政治動盪，以及一九三一年緬甸境內的「薩耶山」（Saya San）叛亂。緬甸的本地農民往往積欠印度放款人一大筆債。整個殖民地世界，使人民願意默許外族統治的未言明經濟交易，若尚未瓦解，也正處於高度壓力的狀態下。[104]

全球經濟突然斷裂後不久，地緣政治領域出現同樣現象。英美嘗試建立的伙伴關係，經不起經濟災難打擊，不久便夭折。華府提高關稅，（藉由放棄金本位制）使美元貶值，倫敦隨之無法如期償還美元債務，於是拖欠借款。美國國會的回應係一九三四年通過強森法案（Johnson Act）——禁止日後借款給拖欠債務的國家——矛頭擺明對準英國。國際聯盟，作為願意共同抵抗侵略者所組成的聯盟，其運作能否順利，取決於英法兩國是否願意為了共同目標，而任其自身利益陷入險境。針對滿洲（1931）和衣索匹亞（1934-35）問題，國際聯盟偏好姑息而非衝突。一九一四年前，歐洲列強的空言恫嚇，掩蓋了一項認知，可悲的是，這是一九一四年七月時所缺乏的），即它們其實一致認為，當下世界體制強加某種「競爭性共存」、限制任何強權所能冀望得到的益處。一九三〇年後，幾乎「一無所有」的列強德義日三國，拒絕接受既有的世界秩序，支持革命性的改變——蘇聯抱持同樣心態，至少原則上認同。美國對歐洲殖民帝國的看法再怎麼樣都帶著矛盾，因此，守住現狀的責任便落在英法這對各懷鬼胎的伙伴身上。如果說一九一四年前全球貿易的進行，好似幾乎完全察覺不到外交齟齬和混戰，一九三〇年代，貿易戰、關稅、配額和抵制、內戰和占領的威脅，則創造出愈來愈令人憂憂、害怕的氣氛。在劇變的年代，地緣政治秩序的地標脆弱得令人心驚。

這是全球各大口岸城市此時所必須適應的環境。所有大型口岸城市都難以抵禦突然失去的貿易、從而帶來集體失業和貧窮的衝擊。在利物浦，十多萬人失業；在漢堡，失業人數則是其將近兩倍。[105]在遠至蒙特婁、阿德萊德這類的口岸城市，也出現相近的模式。[106]一九三六年時已逐漸復甦，但復甦掩蓋了一連串的結構性改變，而且某些口岸城市受此改變影響的程度更甚於其他口岸城市。最顯而易見的，是貿易方面的驟然改變：相較於製造品，食品原料和原物料的貿易額大跌。工業國家的財力能進口多上許多的初級產品。在英國，這對倫敦（「進口」口岸）有利，對利物浦則極其不利。有些主要輸出品此時失去市場：蘭開夏棉製品是主要例子之一。長年以來，印度是此棉製品的最大買家，但此時，印度境內對棉製品的需求，這十年間跌了四分之三或更多。利物浦一直是蘭開夏棉製品的「出口」口岸。英國的煤貿易也受害於改變，原因之一在於世界航運改用燃料油的比例愈來愈高。但至為根本的，或許是官方權力愈來愈大，以及官方對直接影響口岸城市利益的金融、貿易的干預。

其中最重要的改變（誠如前文所提過的），係舉世各國幾乎都祭出保護性關稅以保護本國工業。當然，就許多口岸城市來說，製造業以它們為中心進行擴張：利物浦、孟買、雪梨、墨爾本、伊莉莎白港等為其中部分案例。澳洲在調漲八成的關稅保護下工業化。[107]過去貿易、航運獨占優勢的局面橫遭削弱：新的工業勞動力迅速成長。在貨幣、信貸和外匯供由受官方控制的情況下，口岸城市商人和銀行家以往享有的自由，削減了不少。關稅和針對特定國家給予進口關稅優惠，支配了他們挑選市場時的決定性因素。船主之間的合併、締結卡特爾、談成價格協議，變得司空見慣。許多船隊得到政府補助（英國船隊則否）。[108]有個更不易察覺的改變也已進行中。幾乎在每個地方（奈及利亞或蘇丹等財政窘困的殖民地例外），政府規模都在擴大，官僚體系也在壯大。在資本投放於內陸的情況下，口岸城市影響力下降。在中央政府（或如澳洲）或省級政府位在沿海城市的情況下，工業和官僚體系此時更是主宰一切。在世界許多地方，「內陸」政治的興起，同時也是民族主義的興起，人民尋找與眾不同的身分認同，對「世界主義」價值觀或外人的利益深感懷疑。「全球化」口岸城市的典型功用——接收「外來」影響並將這些影響傳到內陸——在一心為種族、族群或國家的團結而奮鬥且往往嚴格執行教條或文化一致的世界裡，已完全不適用。在口岸城市得不到外力保護的情況下，大災難可能跟著降臨，士麥那（Smyrna）的遭遇就是明證（見第九章）。

這些全球性趨勢遮掩了不同口岸的境遇差別有多大。有些口岸城市，例如漢堡，受到嚴厲的控制，有些則幾乎未受控制。有些口岸城市得益於技術變革而繁榮：美國對橡膠輪胎的需求，新加坡因此受惠。（金本位制失敗）金價上漲，帶來意想不到的致富財源，使南非洲諸口岸的財富（和進口）迅速高漲。經濟蕭條在阿根廷和巴西雙雙引發革命。在巴西，寡頭統治集團內部的衝突，導致「舊共和」遭推翻，催生出由外匯管制、關稅、工業化當道的新式經濟[109]。但在阿根廷，身為地主的上層人士和其位在口岸城市的盟友，堅持走輸出穀物、牛肉這些舊主要商品的路線，拒斥工業化，贊同其批評者眼中一味依賴其最大市場英國的作法。一九三三年，羅卡—朗西曼條約（Roca-Runciman Pact）保證讓阿根廷牛肉在（此時已受保護的）英國市場有一席之地，阿根廷則承諾英國從投資鐵路、公用事業得到的收入不會受制於外匯管制作為回報。[110]隨著時日推移，有些口岸城市在這十年期間身陷戰區無法脫身：巴塞隆納一九三六年，上海一九三七年。其他口岸城市，例如漢堡、利物浦，得利於重整軍備計畫。但多數口岸城市的共通處境，係隨著政局或地緣政治的變化而浮沉。

「老太太明天走人」

這是針對英格蘭銀行（綽號「針線街的老太太」）即將放棄金本位制所發出的暗語示警。對約翰．梅納德．凱因斯來說，這是解放束縛之舉，使倫敦得以帶頭重振世界貿易，擺脫金本位制所加諸的殘暴限制。他認為世界許多地方，包括德國和中歐，會加入「英鎊（國家）集團」，屆時英鎊，而非黃金，會是國際的價值單位。[111]結果只是奢望。但對擁英派的德籍猶太人，出身法蘭克福銀行家族且具影響力的學者莫里茨．伯恩（Moritz Bonn）來說，拋棄金本位制是十足不負責任之舉，「經濟自由主義時代的末日」。[112]此舉未提供脫貧之路，反倒預示自給自足帝國和國家的興起，而且此舉不會有好下場。其中天然資源較不足的國家——「一無所有的國家」——被迫回頭倚賴自身的天然資源，不再能透過貿易改善自身處境。事實上，基於本身的意識形態性世界觀，這些國家不可能對受到唾棄的全球自由貿易體制有所讓步，左派和右派咸認為，該體制是世界主義金融狂妄的把戲。要擺脫經濟不平等，唯有一個辦法，那就是藉由掠奪或戰爭奪取更多資源。[113]一九三〇年代中期，這已是看來愈來愈可能成真的結果。那時蒸汽動力已不再是進步的護身符一事，或許具有象徵意義。這時是飛機——石油時代的產物——的時代。於是，在自給自足的時代，有人擔心「轟炸機總能長驅直入」（因此，在未來的戰爭裡，若要自保，就得比敵人更快殺掉更多婦孺）。

但全球化未停擺，除非從商業一體化的角度看。由於中國、印度動盪不安，全球化的破壞效應似乎遠比以往明顯。[114]與此同時，以歐洲為中心的世界秩序，其結構和運作方法仍有許多部分顯而易見。歐洲人所擁有的船舶仍舊支配海路，只有在東亞例外。歐洲的貿易公司仍管理世界貿易的大部。最重要的，一九一四年前的百年裡打造出來的殖民地政權、半殖民地政權依舊安然在位，隨之依舊控制世界許多地方的商業走向。體現全球現代性的新事物，正發揮其影響力：收音機、戲院、東西方教師與學生的交流愈來愈多。隨著自由主義在一九三〇年代襲捲世界的經濟大蕭條中式微，馬克思主義、法西斯主義（都是歐洲人的信條）在世界每個地方都有了新信徒——並且提供了認定全球大勢必然改變的未來觀。這時人們甚至可以主張，全球化的經濟規則變得比以往任何時候更加難以抗拒。美國經濟學家尤金・史戴利（Eugene Staley）極力主張，技術變革和製造業倚賴有增無減的原物料投入一事，有賴於「全球」經濟。在煤、鐵和汽輪、鐵路當道的「舊技術時代」，獨立自主和自給自足或許不無可能。在電力和合金、收音機和汽車、柴電機關車和飛機當道的「新技術」時代，「孤立和國家兵戎相向是技術上蓄意自取滅亡的表現。」[115]但這個十年結束時，新的征服戰爭能否改造蒸汽所創造的地球，依然有待觀察。

撤出士麥那，一九二二年（Bettmann/Getty Images）。

第九章 士麥那教訓

賈武爾・伊茲密爾（Giaour Izmir）

兩次大戰之間那些年，命運最悲慘的口岸城市，非士麥那（今土耳期伊茲密爾）莫屬。伊茲密爾自上古時代就是口岸。現代早期，商隊將波斯絲織品運到安納托利亞另一頭後，即在此上船轉運歐洲，伊茲密爾靠此貿易欣欣向榮。十八世紀，它的主要貿易伙伴是馬賽，法籍商人是該城僑社的中堅分子[1]。但它最輝煌的日子降臨於一八三〇年後。隨著鄂圖曼帝國陷入危機，而且不確定能否從該危機中恢復元氣，歐洲列強便逼它給予其基督徒子民新的自由，並向歐洲籍商人敞開經濟門戶。而士麥那是這些改變的最大受益者。

士麥那能繁榮興盛，地理因素是主因。它有不受大風大浪侵襲的大型良港，地處通往黑海、愛琴海、東地中海的諸多海路和其廣大安納托利亞腹地的交會點，拜此地利之賜，在鄂圖曼帝國的對外貿易正開始急速成長之際，順理成章成為該地區最大的貨物集散地。旅行家暨史家金雷克（A. W. Kinglake）論道，「士麥那……是歐亞商業的主要接觸點。」[2]士麥那的出口額一八三九至一八六二年增長了三倍多。麥庫洛克的《商業詞典》一八六九年說道，「士麥那是整個黎凡特地區的主要汽輪中心」，有各大航運公司的汽輪和來自利物浦的汽輪造訪。[3]一八五〇、六〇年代期間，兩條鐵路線駛進內陸，運出士麥那的主要出口品棉花和果乾。[4]該城的商業活動大多為希臘籍（亦即希臘東正教教徒）、亞美尼亞籍、猶太籍商人把持，希臘籍商人逐漸據領導地位。希臘籍水手和商人管理北起敖得薩、南至亞歷山卓這整個沿海地區的許多運輸活動。美國駐君士坦丁堡公使一八五七年寫道，「希臘人是黎凡特地區的洋基人」。[5]事實上，隨著一八三〇年獨立的希臘人國家問世，而且鄂圖曼蘇丹矢志改革和「現代化」，鄂圖曼帝國境內的希臘人開始展現愈來愈濃厚的族群意識，而他們與歐洲的接觸更助長此意識。士麥那取得某種程度的市自治權，以及成功口岸城市的典型特性：擴建的港口；氣派的濱海人行道；飯店和公共建築。還有了「黎凡特的巴黎」這個綽號。[6]比起雅典，遠更繁榮、更富國際色彩，成為整個希臘世界的最重要文化都市。土耳其人稱之為賈武爾．伊茲密爾，意為「異教徒伊茲密爾」。

此口岸城市菁英能享有這一早熟的現代性和相對來講較自由的環境，有賴於兩個重要因素而有所保障。首先，是鄂圖曼政府不願惹西方列強不快，尤其是其主要擁護者英國的不快。其次，是「外僑特權條約」（Capitulations）——十六世紀中期起，鄂圖曼人據以給予境內西方籍居民特權身分的條約——提供了令人難以理解的法律保護。根據外僑特權條約，西方僑民不受鄂圖曼人管轄，只受其本國領事管轄——與中國條約口岸的情況明顯相似。他們不向鄂圖曼政府繳稅，但這些特權易遭大幅濫用。十九世紀後期，此城約二十萬總人口中，五分之一至四分之一自稱「外國人」——且在歐洲國家領事的縱容（或更要不得的作法）之下取得此身分（一名義大利領事抱怨，此城六千四百名「義大利人」，幾乎個個都不會講義語）。[7] 因此，士麥那是個不尋常的「半殖民」城市，城中的穆斯林居民是二等市民，該城的國際色彩建立在西方列強願意保護自身富裕的僑民並維護其商界菁英的假外國人身分的心態上。

一九一四年前，問題便由此衍生而出。一九〇八年，青年土耳其黨（Young Turks）革命，以軍隊為基礎的民族主義政權崛起，並藉由捍衛鄂圖曼帝國在巴爾幹半島上不易守住的領土而鞏固政權（後來人稱凱末爾．阿塔圖克的穆斯塔法．凱末爾是馬其頓籍穆斯林，這絕非巧合）。雪上加霜的是，俄國在高加索地區長達百年的攻勢和保加利亞國的建立，把一波波穆斯林難民趕到他們面前，其中許多人被安置在西安納托利亞，成為騷動不安、心懷怨恨且貧困的一群居民。[8] 光是來自保加利亞者就有百萬。十九、二十世紀之交時，士麥那周邊地區已日益失序，革命時期的派系鬥爭使法紀更加蕩然無存。[9] 一九一四年十月一次世界大戰爆發，把希臘人和其他少數族群捲入一場宣洩不滿的風暴中。對安納托利亞的亞美尼亞人來說，一次大戰無疑帶來種族滅絕。

但對士麥那希臘人來說，協約國最終的勝利，預示了不一樣的未來：小亞細亞許多地方（「愛奧尼亞」）和希臘本土結合，鄂圖曼土耳領土縮水，僅餘位於安納托利亞內陸的殘餘領土。戰勝國在一九二〇年八月塞夫勒條約（Treaty of Sèvres）裡所同意的方案正是如此：達達尼爾、博斯普魯斯兩海峽永遠不再歸土耳其人掌控，同時建立並擴張新希臘王國。但有個重大瑕疵：穆斯塔法·凱末爾所領導的土耳其人武裝抵抗勢力。英法兩國不願再背負無謂的重責大任，而且兩國已因為各自的近東利益失和，於是任希臘獨自捍衛其不義之所得。結果惹來一場大災難。一九二二年，安納托利亞境內的希臘軍隊已被攻破，退守士麥那。他們逃離該城時，土耳其人放火燒城、屠殺非穆斯林。倖存的希臘人遭驅逐出境，或根據一九二三年洛桑條約所議定的人口交換遷置希臘。[10]在新土耳其共和國裡，經濟民族主義當道，士麥那（此時稱伊茲密爾）從黎凡特地區的主要貨物集散地降格為靠關稅庇護且規模不大的工業中心。

士麥那的悲慘命運鮮明揭露了口岸城市所據以建立繁榮與自由的基礎有多不安穩。該城的商界菁英再怎麼富裕、享有再多的特權，還是無法指望控制周邊更廣大地區的政治動盪。對該城居多數的穆斯林來說，他們無論如何都是外人。一旦失去大國保護，而希臘遞補不了這樣的大國角色，該城就只能在烽火連天的戰爭中和戰後蕩漾的餘波中任人擺布。它成為民族主義野心和地緣政治冒險的玩物。士麥那的苦澀歷史雖是極端的特例，卻讓我們得以看到一八三〇年後的百年全球化裡，其他口岸城市據以繁榮和經歷逆境仍屹立不搖的條件。

蒸汽全球化發揮作用

一八三〇至一九三〇年這一百年間，有兩大體制在運行。第一個是自由貿易——憑武力或出於自身利益打開歐洲以外的世界，使其受歐洲人的商業、文化影響。第二個是帝國。因為在這百年裡，世上數大片地區為歐洲人或其西邊新地盤裡的歐裔美國人占領、統治或非正式支配。把這兩個體制牢牢綁在一起者是蒸汽。蒸汽讓歐洲和其衍生而出的社會擁有獨占的經濟力和武力，一舉扭轉了諸文明、諸大陸間長期以來的平衡。蒸汽動力是冶金、工程、通信、化學品方面的諸多附屬技術的催化劑。蒸汽讓歐洲人擁有成本低廉的紡織品，藉由這些紡織品攻占最初仰賴烈酒、鴉片或槍砲打開的新市場，從而有助於創造出新交換方式和新商業區。原本進口甚少外國貨的自給自足經濟體，成為「初級產品生產國」，賣原物料和食品原料供製造「不可或缺」的產品。蒸汽大幅增加了走河路、走沿海、跨大洋，而後走陸路移動和遷徙的規模以及頻繁程度，供給了開發「新」土地和資源所需的勞動力。靠蒸汽連結兩地較容易且快速，挑起世界各地人們對資訊與知識的追求，而蒸汽印刷機、電報、受官方補助的蒸汽郵船正滿足此一追求。蒸汽使世界各地都有煤的需求，促進了英國煤的大量出口，進而削減往返布宜諾斯艾利斯、孟買等遙遠異地的航運成本。

蒸汽全球化當然還有並非像這樣一眼即可看出的良性面向。蒸汽動力使歐洲諸國和其在北美洲的衍生國，最終得以將武裝部隊送往帆船時代所無法抵達的地方，或只有投下高出許多的成本才能抵達的地方。迫使清廷一八四二年同意開港通商者，係溯長江而上的汽輪。使英國得以把不到三十萬兵力（英國兵和印度兵）的軍隊拖行至相隔數萬哩的地方者，係汽輪。蒸汽使這支軍隊更易於征服緬甸，也使法國更易於在北非和印度支那拓植殖民地，荷蘭人也因此更易於「平靖」印尼群島的外圍群島。蒸汽動力運輸工具能快速滲透此前不可能抵達的上游河段、快速橫越大海，並在軍事鐵路鋪設後快速橫越陸地，對殖民地軍隊打擊力道的提升，或許和較先進武器一樣。英國人利用鐵路穩固自身在印度次大陸的統治：印度鐵路網有很大部分主要為了軍用。鐵路也是大量白人新移民賴以迅速進駐新拓居地邊區的重要憑藉。[11]面對這類機械化的遷徙大軍，原住民的抵抗幾無成功機會。在他們看來，對手想必擁有源源不斷的補給和人力。

全球化的這個面向讓人意識到，全球化一詞所呈現的商業益處其實有其代價。自由貿易意在使和平廣被。未想一八三〇至一九一四這九十年間，並非和平時代。這期間全球有將近三百場（大大小小）戰爭。[12]就連在歐洲，都有五十多萬人戰死，如果把一八七七至一八七八年俄土戰爭算進來，則有將近八十萬人戰死。而在美國南北戰爭期間，近七十萬人喪命。關於亞洲、非洲、南北美洲、澳洲以及紐西蘭境內本地人之間或殖民強權和本地人之間打的數百場戰爭，則沒有可靠的死亡人數統計。此外，戰爭與征服的影響，遠非只表現在戰死的人數上。人民被迫離開家園、糧食供給遭破壞、貿易遭打斷，以及（通常伴隨殖民地戰爭而來）疾病的散播，更是奪走許多的生命。[13]根據某個不及於美洲，但包含不能直接歸因於征服，而是因飢餓而喪命的估計，從十八世紀中期至一九一四年，印度以外喪命的本地人超過兩千五百萬，而在印度境內，則有兩千八百萬。[14]中國的太平天國之亂（1850-1864）奪走兩千萬至三千萬人命。[15]此時，歐洲人的生育力特別高，似乎和非歐洲人的停滯、衰落或（如在北美、澳大拉西亞所見）據認為消失一事，形成鮮明對比。

口岸城市扮演了多種角色。在亞洲和非洲，它們是非西方人全面遭遇來自歐洲全球化影響力的所在。口岸城市也是外人據以致力於往前景看好的腹地推進，藉以找到商品、土地、皈依者、工作或單純掠奪品的「橋頭堡」（十九世紀時，這類外人除了歐洲人，還有印度人、中國人和其他幾個民族）。就商業、軍事或行政目的來說，它們是「指揮、控制」中心。它們收集本地資訊，吸收本地盟友，同時向「母國」的商人、投資人、移民和傳教士積極宣揚可得到的好處。它們得彼此爭奪公眾目光和實質支持。它們也是成千上萬（甚至數百萬）移民的集散之地。移民從境外匯集於此，再循著水路或鐵路散入內陸，他們的行經路線和從紐約發出的鐵路線，或如布宜諾斯艾利斯呈扇狀分布的路線一致。在溫帶地區，魁北克、蒙特婁、波士頓、紐約、巴爾的摩、紐奧良、舊金山、里約、桑托斯（Santos）、蒙特維多（Montevideo）、布宜諾斯艾利斯等，為美洲提供物資；墨爾本、雪梨、阿德萊德、布里斯班、威靈頓、奧克蘭、基督城、但尼丁等，為澳大拉西亞提供物資；開普敦、伊莉莎白港、東倫敦、德爾班（小幅），等，則為非洲南部提供物資；阿爾及爾和奧蘭（Oran），為法國在北非的領土提供物資。在熱帶地區，仰光、檳榔嶼、新加坡，以及位於加勒比海、南太平洋的較小口岸，經手華人、印度人的流動，其中有些人就此定居異鄉，但有更多人只是以移工身分在異鄉逗留。口岸城市供給其農業內陸所需的許多物資——設備、機械、衣物、信貸、資本、教育、消息、娛樂——並將內陸的農產品包裝、加工以便出口，因此人口成長尤為快速，並把許多登上碼頭的移民留了下來。

口岸城市為一樞紐中心，將特定地方、地區以及貿易巨幅成長、工業化製造業的興起、龐大的遷徙潮、大陸的瓜分四者所造成的全球轉變接合起來。它們坐上財富的雲霄飛車，卻非每一座城市都得到獎賞——或只是使得其中一些贏得容易些。過去兩千年間，無數口岸城市淪為考古遺址或只剩少許遺跡訴說往日的城市繁華。它們可能因港口淤積而航運停擺，或（就某些內陸口岸城市來說）遭沙漠吞噬，消失於地圖。對其他口岸城市來說，命運則平淡無奇：原賴以吸引船舶、商人、專業人士、藝匠、勞工、奴隸販子、奴隸過來的商業前景消失無蹤。牙買加的金士頓原是英格蘭商人據以和「封閉」的西屬美洲從事違禁品貿易的基地，也是十八世紀時英國最富裕殖民地的首府，重要產糖暨奴隸種植園。一八三〇、四〇年代，這兩個財富來源都已幾乎斷流，金士頓就此衰頹。巴西經濟以製糖為主時，累西腓（Recife）和薩爾瓦多（Salvador）是重要城市。黃金和咖啡先後把財富抽離這兩地，往南邊的里約和聖保羅送去。一八二〇年前，查爾斯頓（Charleston）是美國蓄奴南方的首要城市。但南卡羅來納農業衰落，或許還有內陸缺乏鐵路連通的因素，在美國內戰危機前，便已產生商業衰落之感。紐奧良躋身龍頭之位，但為時不久。一七六〇年前，馬德拉斯是英國在印度的統治中樞。百年後，加爾各答和孟買崛起，馬德拉斯商業一蹶不振。檳榔嶼，作為英國人在東南亞遂行商業野心的主要基地長達三十年，經歷打擊後處境看似好一些，但不久就因敵不過勢不可擋的新加坡而萎靡不振——蘇伊士運河開通和蒸汽船問世是此轉變的原因，至少是原因之一。英國人一八四二年逼中國簽南京條約時，以為寧波和廈門會成為主要的條約口岸，但不久上海就壓倒群雄，使廣州（長期以來中國面對世界的門戶）退居第二。中國沿海和沿河的條約口岸，大多不久後就落得商業停滯的局面。[16]

繁榮——或經歷逆境仍屹立不搖——有賴於多種因素的加持，而這些因素並非全是口岸城市菁英所能掌控。當口岸城市主要扮演貨物集散地角色，從事相隔遙遠之口岸間的貨物交換，而非與其附近農業地區交換貨物——一八〇〇年前相當常見的模式——它們本身的海軍武力或作為它們靠山的主權國的海軍武力，就是極重要的資源。當口岸城市的業務重心在於找到並服務一個有利可圖的腹地，並把該腹地的商業改造為以口岸為中心，其他要件就變得很重要。第一個要件是，該腹地所生產的產品為世界各地所需要，或產品夠多樣且捱過地力衰竭、他地競爭、大疫或消費者冷落的衝擊。這在很大程度上取決於口岸城市的企業家在勘察可供移居或迅速開墾為商品作物種植地的土地上付出多大心血。一八八〇年代，紐西蘭威靈頓的商人帶頭勘測該城北邊一百哩處的濕地平原馬納瓦圖（Manawatu）便是一例。[17]但誠如士麥那的歷史所提醒我們的，有利可圖的腹地，也有賴於有效的保境安民，使不受內部掠奪者或外來入侵者的侵害，才能讓口岸城市受益。更為人熟悉的威脅，係出現一個對口岸城市社會的政治影響力和「世界主義」價值觀持敵視心態的內陸政權，或受迫於經濟衰退而走向封閉式經濟的內陸政權。[18]一九三〇年前，大部分口岸城市克服這一挑戰，但那之後的幾十年裡，許多口岸城市淪為該挑戰的階下囚。其實這一挑戰可能會以較神不知鬼不覺的方式上門。在日益擴張的口岸城市，碼頭工作和加工催生出工業，從而會吸引新的勞動人口過來，而這些勞動者的宗教或政治傾向或許會和該城統治菁英相牴觸，成為與此統治菁英為敵的內陸人士的當然盟友。有時，內陸社會的支配力難以抵抗。以紐奧良為例，來自「自由主義歐洲」的外部影響，因紐奧良腹地已被蓄奴的美國南方北部在實體上、文化上納為殖民地，而無法充分發揮。紐奧良未成為具世界主義精神的「橋頭堡」，反而受擁奴菁英的價值觀支配，被迫跟著那些菁英走上絕路。

但口岸城市當下的首個政治要務，係保衛口岸和其貿易。幾乎每個口岸城市都不時得擔心衰落再次降臨。威脅或許來自對手的出現：孟買的商人慌張地目睹著喀拉蚩興起。新建的鐵路或許有利於新崛起的口岸，或者「新」商品（黃金、鑽石、錫、橡膠）可能「造就」新口岸，把既有的貿易和船舶一律拉走：舊金山、墨爾本的突然興起便是如此。海路的改變，例如普遍採用蒸汽動力所帶來的海路改變，或是更戲刻性的，蘇伊士、巴拿馬兩運河開通所帶來的海路改變，對諸多口岸來說可謂幾家歡樂幾家愁。但最常盤繞的焦慮，或許來自必須改善口岸、保護入港通道，使不受淺灘和沙洲、河川淤積或環境變動所帶來的其他妨礙危害航行一事。這一要求，加上必須滿足運載量急速擴大、吃水加深的商船的需求，不只帶來（疏濬、興建碼頭的）成本問題，還帶來得兼顧更多方利益的問題：航運公司和其代理人；進出口商；財產所有人和官方當局；鐵路公司與碼頭工人的供應者；內陸的生產者。要消弭這些分歧，除了有賴於商會和市政機關的正式支持，還有賴於個人和團體檯面上、檯面下精心的政治聯姻、伙伴關係、默許的商業優惠以及優先順序建立尊卑關係。利物浦港的特殊需求，係促使早期便採用「港務局」來全盤管理港務的原因。在新加坡，殖民地當局也體認到不能沒有該口岸的轉口貿易，於是將新加坡的主要港口設施「國有化」。但就口岸城市實現其抱負來說，政治權力既能是助力，也能是阻力。維吉尼亞州的諾福克（Norfolk）本有可能作為阿帕拉契山脈以西內陸地區的貨物出境口岸，但由於位在阿帕拉契山脈和大西洋海濱平原之間的美東瀑布線（Fall Line）——內陸航運終點——上的城鎮裡的商業利益團體，見不得諾福克壯大，深怕自己的生意轉移到沿海地區，此前景無緣實現。維吉尼亞因未能建成從諾福克至俄亥俄河的鐵路而付出沉重代價——建成此鐵路的巴爾的摩因此得利。[19]

但就本書探討過其歷史的那些口岸城市來說，本地環境只是影響其榮枯的諸多因素之一。它們的安全和繁榮也與更大範圍的地緣政治格局——全世界的權力分布態勢——密不可分。一八三〇至一九一四年，此格局格外有利於這些口岸城市。歐洲各列強把它們的衝突局限在歐洲境內，一般來說，避免彼此在歐洲境外公開兵戎相向。從意識形態上講，它們都堅信私人財產神聖不可侵犯、殖民統治正當合理、「文明開化使命」必須承擔。它們支持干預歐洲以外世界，以保護外國人的生命財產，前提是此干預保住它們之間利益的平衡。當然，緊張關係未消，列強外交風波不斷，踉蹌地走過一個又一個危機：列強勢力範圍的接壤處，存在著無數斷層線，而競爭和武力恫嚇在這些斷層線上是常態。但晚至一九一四年六月，似乎沒有哪個歐洲國家願意為了殖民地利益，冒險打破歐洲均勢。

原因之一可在特殊的全球均勢格局裡找到。自一八〇五年特拉法爾加之役後，英國獨霸海上。英國皇家海軍遍布卻也顯得薄弱，但仍強大到足以令任何挑戰者不敢輕舉妄動。全球的海路或許受害於海盜或偶發的封鎖而無法暢行無阻，但海運貿易整體而言未受到重商主義時代的戰爭和排外行徑危害。這百年間頻發的地方叛亂和戰爭，只有少數得以波及大洋的主要航道。南北大西洋貿易、歐亞間航運量或流出歐洲的移民數量大幅成長，若未有這個安定的海上環境，不可能實現。英國稱霸海運一事，也是使英國得以逼鎖國經濟體接受自由貿易、拖欠債務或侵占資產之舉無法如願的極重要因素之一。在西半球，美洲所有國家，得益於英國海上武力的庇護，大大降低了防禦外侮的成本。在亞洲，英國海上武力是英國確保其在印度的統治地位和中國境內條約口岸安全的最終憑藉。自由貿易是維多利亞女王時代英國的主流意識形態，因此全球第一強權和口岸城市世界在觀念和利害上顯著契合。一次大戰使此全球體制的韌性受到殘酷考驗。雖然俄國、中國發生革命，一九二〇年代後期，得益於倫敦與華府的關係友好，出現了小陽春般的短暫好時光。但不久即迎來嚴冬。一九三〇年代後期，以蒸汽為動力的全球經濟，其地緣政治架構已徹底崩壞。

兩個世界的故事

如上所述是從大處著眼的一般情況。蒸汽全球化所連結的世界裡，有許多內陸區域局勢非常不靖，但其沿海地區和海路格外安全。蒸汽全球化的效應不均等、不完整，就商業來講易變動。透過口岸城市的歷史來檢視此全球化的衝擊，輕易便可看出，想像中是各地一致的經濟、政治、文化一體化的過程裡——愈來愈「平」的世界裡——其實存在很大差異。

經濟上，可看到兩個大不相同的模式。在歐洲以外的整個溫帶地區，亦即在美洲、澳大拉西亞的溫帶地區，全球化使這兩地的白人移民和其西歐母國在生活水平和生活方式漸漸趨同。白人移民區以令人咋舌的速度轉化為全球經濟不可或缺的一部分，而隨著更多歐洲移民入境、關稅壁壘倒下，整個歐洲，從西往東，慢慢受惠於這些區域的高工資、廉價食物。這些移民區天然資源的豐富，無法道盡事情的全部原委。同樣重要的一點，係這些闖入他人地盤者，從一開始就能自由將商業化的「發展型」經濟強加於當地，他們擁有私人產權、投放信貸與資本的組織，尤其是普遍有機會使用蒸汽技術。這一自由係在令他人付出慘重代價下取得：藉由無情消滅本地人的土地所有權（和往往本地人本身）；藉由同樣無情的運用奴隸勞力來「立即」轉型為商品作物經濟（在美國南方的南部和巴西）。粗糙卻有效的西歐商業機構轉移到移民邊區一事，為信貸範圍的擴大和資本的注入打造了有利條件，從而利於加快建成運輸網並維持一路高歌猛進的拓殖、征服勢頭。一九二〇、三〇年代，在北加拿大、美國西部、巴西、阿根廷、南中非、澳洲和蘇聯西伯利亞，仍可看到白人的新拓殖區；在列強欲染指的滿洲，仍可見到類似的中國人新拓殖區。[20]

在非移民世界，模式則迥然不同。在此，西方的蒸汽全球化代理人，在本地商人裡找到願意合作的盟友，事實上倚賴他們來接觸消費者和種植者。但他們未能將西式商業的法律和習慣全盤加諸於當地，反而面對了極抗拒立即轉型的勞動權、產權體制，以及通常沒有或只有稀少「可隨意據為己有」之地的農業經濟體。在印度，殖民地統治者理論上堅信開放性經濟，而就連在這裡，都不可能將西式資本主義強加於其上。反觀外來商人的活動範圍，則受到嚴格控制，以免他們危害英籍統治者與有地菁英（英國人在印統治的基礎）的關係。於是，官方必須祭出收益保障，才得以為印度鐵路建設吸引到所需的大量西方資本。印度的鐵路按照官方的計畫興建，（與美國、乃至阿根廷相比），鐵路網小得可憐。在中國，一九〇〇年前，幾無鐵路。口岸城市商人從不受限制輸入英製紡織品和削弱當地生產量中得利，但沒有擴大事業及野心所需的財力，反而偏好倚賴打造一連串利基經濟體——此類經濟體的產物受惠於自身的對外連結。於是，內部發展的重擔大多落在印度籍商人或政府身上：而這兩者都無足夠的資金完成此事。印度、中國、俄國境內饑荒不斷，正生動說明蒸汽所打造的全球經濟在地球上數片地區受到極大限制，其對地方的糧食市場所帶來的扭曲效應。因此，白人移民世界與西北歐漸漸趨同，而亞非洲的大部分地方，儘管受益有限，卻在所得和生活水平上離西方愈來愈遠——而且直到二十世紀後期此趨勢才見緩和。就連在歐洲，都能在離極貧窮的農業地區——西班牙、義大利、巴爾幹半島、俄羅斯境內的此類地區——甚近的地方，找到「現代」口岸城市的墓石——全球經濟對消滅貧窮幫助不大，有時反倒加劇貧窮。事實上，在「全球化」世界的整個邊陲地區，仍存在為數甚多居於弱勢的游耕者、渴求擁有土地的農民、貧窮移工、尚存的流離失所且苦不堪言的本地人。

在傳播歐洲人的價值觀、習慣、生活方式、信念上，口岸城市的表現同樣參差不齊。在傳播本應很容易的移民世界，文化性服從之所以有其限制，在於常見於移民社會、人們心安理得的成見——「舊世界」墮落、受階級束縛、停滯不前。歐洲觀念與移民自身利益相牴觸時——例如在蓄奴或趕走土著上相牴觸——歐洲觀念受到強烈的否定。在非移民世界，一如在印度、東南亞和中國所見，當地的口岸城市菁英極願意接受經濟自由、政治自由之說，但堅決保護他們的身分地位所倚恃的語言、宗教、家族結構、家系。他們精於運用外來技術——印刷機、西式教育、協會、遊說團體——以加快對自身族群或宗教社群的文化性動員。綜觀全世界，口岸城市都是混合型社會的搖籃，多種族群在此社會裡，有所揀擇的改造陌生的、熟悉的事物，打造「現代」身分。因為遭遇種族排斥，它們在政治上往往愈來愈不支持西方體制。到了二十世紀中期，即使不是大部分，但也已有許多口岸城市埋沒於民族主義大旗下。新加坡和處境艱困的香港是倖存者之二；飽受衝突蹂躪的亞丁，則讓人想起被併入無能的民族國家所要付出的代價。[21]

在蒸汽動力所創造出的海路和鐵路的沿線，則可零星找到一個較不易見到的遺產。汽輪和河船、港口設施和鐵路聯軌站、電報局和飯店、所有依靠蒸汽驅動的移動裝置，都需要一組專門人員才得以運作，如工程師和機工、火車司機和裝配工、辦事員和文書、廚子和侍者等，而且這些人往往為當前的附近地區之所缺。這批新勞動人口，身為外來者和與當地社會格格不入之人，多居住在城中孤立的少數族群聚居地、營房或「鐵路職工聚居區」（railway colony），靠歐洲人的支配地位或對殖民地的控制得到保護。在蘇丹的阿特巴拉（Atbara），即該地最大的鐵路聯軌站，具專門技能的藝匠包括希臘人、馬爾他人、埃及科普特人、波蘭人、阿爾巴尼亞人、敘利亞、印度人。[22]「阿比西尼亞人區」（Abyssinian Quarter）是妓女居住區。[23]臥亞人先是在東非沿海船隻上擔任服務員和侍者，然後轉進內陸，為鐵路效力，或從事專門行業、經商。[24]住在「鐵路職工聚居區」的英印混血，從事印度鐵路上需專門技能的工作。自行出外討生活者，循著新建的鐵路來到有機會謀生的地方，在蒸汽所催生出的新城市裡開設店鋪、提供信貸、供應新城市所需的正派或非正派的服務。這些遷徙是零星的小遷徙，在適逢全球化不久的勞動人口裡占了極大一部分，而且對他們來說，「返鄉」已是可望不可及。惴惴不安適應與其格格不入的環境，係他們在此處境下通常的回應，但新興民族國家興起後，他們顯得特別搶眼，因應之道即有所改變。有時，掩飾自己的出身便已足夠；下場往往是外逃或遭驅逐。這些是「不為人知的歷史」，其中許多歷史尚未有人講述。

最後，有個存在更廣的情況，係我們應納入考量的。在歐洲、北美以外世界的大部分地方，蒸汽全球化基本上依舊局限於沿海地區，也就是位在某些地理學家所謂的「邊緣地帶」（Rimlands）。蒸汽全球化把長長的觸角往內陸伸，把某些內陸地區強行拖進商品生產領域，如俄羅斯的小麥平原。但在拉丁美洲部分地區、撒哈拉沙漠以南非洲的大半地方、中國、印度乃至俄羅斯這三個一九三〇年時務農人口仍占全國人口約八成的國家的廣大農業內陸，[25]位於口岸城市後方的農村社會，與興盛於口岸的資本主義幾無共通之處。俄國的農民或許對一九一四年前，俄國經濟的成長貢獻甚大，但鄉村許多地方依舊擺脫不掉土地共同持有制，於是，一九一七至一九一八年沸騰的民怨撕裂經濟。[26]在印度，一九一八年後鼓動農民反英統治者，係甘地的村莊自給自足綱領，而非商業化農業的遠景。在中國，使毛澤東最終奪取天下者，是廣大農民的叛亂。從這個角度看，我們或許不由得會說，口岸城市雖有影響力，卻對廣大農村世界的情勢幾無影響，而農村世界（被迫）投入社會主義陣營一事（俄、中兩國），將決定二十世紀大半時期的世局。

就今日的全球化來說，所謂的「全球城市」扮演了本書所談過的那種較早期版本的口岸城市的角色。有些事看來熟悉：愈來愈倚賴遙遠異地提供的糧食、原物料、製造品；海運貿易占世界貿易很高的比例；人類遷徙規模有增無減，以及移工在低技能行業和專門行業、商業領域裡都無所不在；長途旅行日益容易且規律；大量資本在世界各地縱橫；資訊交換的數量與速度驚人成長；大地因農業或礦物生產而受到破壞。我們或許會不由得以為，「當今」的全球化範圍更大、速度更快，觸及到先前靠蒸汽驅動的全球化所無望觸及的地方。但熟悉會蒙蔽人對客觀世界的了解：不一樣之處很多，而且不只在規模上不一樣。對以歐洲為中心的世界秩序有利的地緣政治環境早已消失，把蒸汽技術用於遂行自身目的的那些帝國也隨之消逝。歐洲霸權的接班人，國力已在衰退，隨著中國影響力擴及全球，新的全球秩序正在成形。新帝國正在打造，新的半殖民邊陲亦然。這有一部分源於「運勢反轉」，使亞洲各經濟體（尤其中國）成為世界工廠、漸漸成為技術創新中心。

早該開始的「大合流」，因網路時代技術轉移的容易而得以成真，並推翻了蒸汽所協助加劇的「分流」趨勢。如今資訊科技讓人能從遠處控制錯綜複雜的製造業，因此，有許多工業產能轉移到原是貧窮初級產品的生產國。[27]它們新取得的財富已被大舉用於購買進口品，或以資本形式輸出。眼下，對外投資既可能由西往東流，也同樣可能由東往西流。過去，倫敦把外流的資本導向世界其他地方。如今，倫敦主要靠促進資本流入來謀生。世界貿易依舊多仰賴船舶運輸，但主要的航運路線已大不同於以往。如今，從亞洲至北美洲的跨太平洋航線的貨運量顯得其他地區的無足輕重，這條航線的貨運量比從亞洲至北歐多了將近一倍，比從北美至歐洲（曾是最繁忙的海運路線）多了將近九倍。世界前十大口岸（以量計）全在亞洲：歐洲的最大口岸鹿特丹，貨運量不到亞洲最大口岸上海的三分之一。[28]與此同時，「金融化」——貨幣自由移動的產物——已把所有權一再分割，化為以空殼公司為偽裝或藏身在避稅天堂（二十世紀初期的資本主義鮮少有幸運用到的旁門左道）的無數片段。企業對其所在社會應盡的義務（不管是社會義務還是財政義務），係這些社會主要的獲利來源之一，而今日的「全球化」企業卻能輕鬆避掉這些義務。[29]如今，主要的遷徙方式，已非從北邊移至「較空曠」的南邊，而是反方向移動——儘管經濟野心、擔心遭壓迫或純粹走投無路，依舊是遷徙的推手。「今日」全球化的準則和價值觀（甚至習慣作為）同樣不同於以往：駁斥種族等級觀，也駁斥以世上唯一文明者自居的歐洲舊主張；擁抱種族平等、性別平等的理想（在蒸汽時代偶爾才得一聞的理想）。收集並處理大量資料以供營利性用途的高科技公司的壟斷地位、它們對知識供給與散播的掌控、或電子媒體的網絡化力量，都是十九世紀所未見。環境的脆弱所激發出的普遍焦慮（儘管有美國人喬治・柏金斯・馬爾什／George Perkins Marsh等早期的環保主義者付出心血），也是十九世紀所未見。於是，我們所置身的世界，係蒸汽全球化所協助打造出來，但已被我們改造得和當初幾乎截然不同。然而，有個相似之處，或許會令我們眼睛為之一亮。就在蒸汽全球化的前進勢頭似乎沛然莫之能禦，把歐洲的商業和文化往非西方世界日益深入推進時，蒸汽全球化激起一股迅速摧毀其正當性的抵抗。蒸汽全球化的敵人，以反帝國主義的新學說為武器，等著紛擾的時刻降臨。一九一三年，誰想得到，不久前才打造出來的世界會突然潰敗。但在當今的全球化周期裡，我們究竟是處於那一個階段？

注釋

引言：鑰匙與鎖

1. 此概念首見於 A. F. Burghardt, 'A Hypothesis about Gateway Cities', *Annals of the Association of American Geographers*, 61, 2 (1971), 269–85.
2. J. Scheele, 'Traders, Saints and Irrigation: Reflections on Saharan Connectivity', *Journal of African History*, 51, 3 (2010), 281–300.
3. 關於西撒克斯（Wessex）王國境內哈姆韋克（Hamwic，盎格魯撒克遜南安普敦）的情況，見R. Hodges, *The Anglo-Saxon Achievement* (London, 1989), ch.4.
4. G. Milne, *The Portof Medieval London* (Stroud, 2003), p. 73.
5. B. Martinetti, *Les Négociants de la Rochelle au XVIIIe siècle* (Rennes, 2013), pp. 17–18.
6. See M. B. Gleave, 'Port Activities and the Spatial Structure of Cities: The Caseof Freetown, Sierra Leone', *Journal of Transport Geography*, 5, 4 (1997), 257–75.
7. 對這類轉口貿易城市的權威性描述，見 Edward Whiting Fox, *History in Geographical Perspective: The Other France* (New York, 1971).
8. See J.-P. Pousson, *Bordeaux et le Sud-Ouest au XVIIIe siècle* (Paris, 1983), p. 241.
9. A. Rosenthal, 'The Arrival of the Electric Streetcar and the Conflictover Progress in Early Twentieth-Century Montevideo', *Journal of Latin American Studies*, 27, 2 (1995), 5.

10. J. W. Crowfoot, 'Some Red Sea Ports in the Anglo-Egyptian Sudan', *Geographical Journal*, 37, 5 (1911), 528.
11. See J. Booker, *Maritime Quarantine: The British Experience c.1650–1900* (Aldershot, 2007); P. Baldwin, *Contagion and the Statein Europe 1830–1930* (Cambridge, 1999).
12. See G. J. Milne, 'Knowledge, Communications and the Information Order in Nineteenth-Century Liverpool', *International Journal of Maritime History*, 14, 1 (2002), 209–24.
13. 見商業史先驅N. S. B. Gras，在*Introduction to Economic History* (NewYork, 1922), p. 244，所陳述的諸階段。
14. A. G. Hopkins (ed.), *Globalizationin World History* (London, 2002)，精闢闡述了支持此觀點的理由。
15. T. Earle and C. Gamble with H. Poinar, 'Migration', in A. Shryock and D. L. Smail (eds.), *Deep History: The Architecture of Past and Present* (Berkeley, 2011), p.214.
16. See P. V. Kirch, 'Peopling of the Pacific: A Holistic Anthropological Perspective', *Annual Review of Anthropology*, 39 (2010), 131–48, esp.141.
17. See J. G. Manning, *The Open Sea: The Economic Life of the Ancient Mediterranean World from the Iron Age to the Rise of Rome* (Prince-ton, 2018), ch. 8; P. D. Curtin, *Cross-Cultural Trade in World History* (Cambridge, 1984), ch.4.
18. 著名的專題論著，A. W. Crosby, *The Columbian Exchange: Biological and Cultural Consequences of 1492* (Westport, CT, 1972).
19. 被引用於L. Mumford, *Technics and Civilization* (New York, 1934), p. 121.
20. Lewis Mumford在《技術與文明》（*Technics and Civilization*）一書中創造了此詞。
21. See A. McCrae, 'The Irrawaddy Flotilla Company', *Business History*, 22, 1 (1980), 87–99。到了一九二〇年代後期，此公司已擁有超過兩百五十艘動力船和超過三百五十艘平底船，成為「迄當時為止世上最大的內陸河運企業。」（p. 97）。
22. See R. Hora, *The Landowners of the Argentine Pampas* (Oxford, 2001), ch.2.
23. 見G. Freyre, *The Mansions and the Shanties* [1936] (Eng. trans., New York, 1963) 一書中的描述（pp. 293ff）。關於回程的大商船，見C. R. Boxer, *The Portuguese Seaborne Empire* (Harmondsworth, 1969), p. 222; A. J. R. Russell-Wood, 'Ports

of Colonial Brazil', in F. Knight and P. Liss (eds.), *Atlantic Port Cities: Economy, Culture and Society in the Atlantic World, 1650–1850* (Knoxville, 1991), pp. 201ff.

24. Freyre, *Mansions*, p. 223.
25. J. Needell, *A Tropical Belle Epoque: Elite Culture and Society in Turn-of-the-Century Rio de Janeiro* (Cambridge, 1987), p. 167.
26. Freyre, *Mansions*, p. 229。關於歐洲「風」的吸引力，見G. Freyre, *Order and Progress: Brazil from Monarchy to Republic* [1957] (Eng. trans., New York, 1970), ch.2.
27. See W. E. Rudolph, 'Strategic Roads of the World', *Geographical Review*, 33, 1 (1943), 110–31.
28 關於這在二十世紀初期為中國所帶來的影響，J. E. Baker, 'Transportation in China', *Annals of the American Academy of Political and Social Sciences*, 152, 1 (1930), 160–72，有生動的描述。
29. W. Ashworth, *A Short History of the International Economy, 1850–1950* (London, 1952), p.63.
30. E. Shann, *An Economic History of Australia* (Cambridge, 1930), p. 292.
31. R. Wenzlhuemer, *Connecting the Nineteenth-Century World: The Telegraph and Globalization* (Cambridge, 2013).

第二章：舊世界的口岸城市

1. L. Paine, *The Sea and Civilization* (New York, 2015), p.36.
2. D. Abulafia, *The Great Sea: AHuman History of the Mediterranean* (London, 2011), p.37.
3. Paine, *The Sea*, p.80.
4. E. Alpers, *The Indian Ocean in World History* (Oxford, 2014), p.25.
5. See M. Vink, 'Indian Ocean Studies and the "New Thalassology"', *Journal of Global History*, 2 (2007), 41–62.
6. B. Cunliffe, *By Steppe, Desert and Ocean: The Birth of Eurasia* (Oxford, 2015), p. 279; M. Fitzpatrick, 'Provincializing Rome: The Indian Ocean Trade Network and Roman Imperialism', *Journal of World History* 22, 1 (2011), 27–54.

7. See R.B. Marks, *China: Its Environment and History* (Lanham, MD, 2012), pp. 123–30.
8. É. de la Vaissiére, 'Trans-Asian Trade, or the Silk Road Deconstructed (Antiquity, Middle Ages)', in L. Neal and J. G. Williamson (eds.), *The Cambridge History of Capitalism*, vol. 1 (Cambridge, 2014), pp.102–4.
9. See K. McPherson, *The Indian Ocean: A History of People and the Sea* (New Delhi, 1993), pp. 66–7.
10. Cunliffe, *Steppe, Desertand Ocean*, p.293.
11. See W. M. Jongman, 'Re-constructing the Roman Economy', in Nealand Williamson (eds.), *The Cambridge History of Capitalism*, vol. 1, pp. 91–6.
12. See S. E. Sidebotham, *Berenike and the Ancient Maritime Spice Route* (Berkeley and London, 2011), pp. 279–81.
13. M. Elvin, *The Pattern of the Chinese Past* (London, 1973), Part Two. 14.
14. Ibid., p.113.
15. See L. Cooke Johnson, *Shanghai: From Market Town to Treaty Port 1074–1858* (Stanford, 1995); M. Elvin, Another History: Essays on China from a European Perspective (Sydney, 1996), p.106.
16. See A. Wink, *Al-Hind: The Making of the Indo-Islamic World*, vol. 1:*Early Medieval India and the Expansion of Islam, 7th to 11th Centu-ries* (Leiden, 1990), pp. 296ff.; R. M. Eaton, *The Rise of Islam and the Bengal Frontier 1204–1760* (Berkeley, Los Angeles and London, 1993); V. Lieberman, *Strange Parallels: Southeast Asiain Global Context c. 800– 1830*, vol. 2: *Mainland Mirrors* (Cambridge, 2009), pp. 681ff.
17. Lieberman, *Strange Parallels*, vol.2, ch. 6.
18. McPherson, *Indian Ocean*, p.96.
19. Wink, *Al-Hind*, vol. 1, pp. 324–8.
20. B. M. S. Campbell, *The Great Transition* (Cambridge, 2016)，對此論點有令人信服的闡述。
21 關於西元八〇〇年後貴族稅收的恢復和這些稅收對貿易的重要，見C. Wickham, *Framing the Early Middle Ages* (Oxford,

2005), pp. 818ff.

22. P. Spufford, *Powerand Profit: The Merchant in Medieval Europe* (London, 2002), pp.356–8.

23 權威性描述，見J. Abu-Lughod, *Before European Hegemony: The World System AD 1250–1350* (New York, 1989).

24. See S. Pamuk and M. Shatzmiller, 'Plagues, Wages, and Economic Change in the Islamic Middle East, 700–1500', *Journal of Economic History*, 74, 1 (2014), 196–229.

25 這一調查結果大多取自Wink, *Al-Hind*, vol. 1, chs. 2 and 3.

26. See R. W. Bulliet, *Cotton, Climate and Camelsin Early Islamic Iran* (New York, 2009).

27. B. V. Schmid et al., 'Climate-Driven Introduction of the Black Death and Successive Plague Reintroductions into Europe', *Proceedings of the National Academy of Sciences*, 112, 10 (2015), 3020–25.

28. See Pamuk and Shatzmiller, 'Plagues, Wages, and Economic Change'.

29. Lieberman, *Strange Parallels*, vol. 2, pp. 692ff.

30. Marks, *China*, p.170.

31. T. Brook, *The Confusions of Pleasure: Commerce and Culture in Ming China* (Berkeley, Los Angeles and London, 1998), p.18.

32. Lieberman, *Strange Parallels*, vol. 2, p.558.

33. C. Clunas and J. Harrison-Hall (eds.), *Ming: Fifty Years that Changed China* (BP Exhibition, 2014)，對明朝中國有入門性介紹，且插圖甚多。

34. T. Brook, 'Commerce: The Mingin the World', in Clunas and Harrison-Hall (eds.), *Ming*, p.271.

35. G. Riello, *Cotton: The Fabric that Made the Modern World* (Cambridge, 2013), p.67.

36. See R. Palat, *The Making of an Indian Ocean World-Economy, 1250–1650* (Basingstoke, 2015).

37. See L. Schick, *Un grand home d'affaires au début du XVIe siècle: Jacob Fugger* (Paris, 1957), ch.3.

38. See P. Jackson, *Mongols and the Islamic World: From Conquest to Conversion* (New Haven, 2017), pp.90–93.

39. Ibid., p. 226.
40. D. Ludden, *Peasant History in South India* (Delhi, 1989), p.42.
41. See H. A. R. Gibb, *Ibn Battuta: Travels in Asia and Africa, 1325–1354* [1929] (London, 1983), Introduction.
42. J. Gommans, 'The Silent Frontier of South Asia, *c.AD* 1100–1800', *Journal of World History*, 9, 1 (1998), 1–23，對此有精彩描述。
43. 關於明朝人使用紅寶石一事是「彰顯尊貴與身分地位的視覺語言」一說，見C. Clunas, 'Precious Stones and Ming Culture, 1400–1450', in C. Clunas, J. Harrison-Hall and Luk Yu-ping (eds.), *Ming China: Courts and Contacts, 1400–1450* (London, 2016).
44. Jackson, *Mongols*, pp. 234ff.
45. See Sheldon Pollock, 'TheTransformation of Culture-PowerinIndo-Europe, 1000–1300', *Medieval Encounters*, 10, 1–3 (2004), 247–78.
46. A. Reid, *Southeast Asiain the Age of Commerce 1450–1680*, vol. 2 (1993), p. 207.
47. Abulafia, *Great Sea*, pp. 362ff.
48. 這方面的作為，見S. R. Prange, 'The Contested Sea: Regimes of Maritime Violence in the Pre-Modern Indian Ocean', *Journal of Early Modern History*, 17, 1 (2013), 9–33.
49. See F. C. Lane, *Venice: A Maritime Republic* (Baltimore and London, 1973), p. 68.
50. Chen Dasheng and D. Lombard, 'Foreign Merchants in Maritime Trade in Quanzhou ('Zaitun')', in D. Lombard and J. Aubin (eds.), *Asian Merchants and Businessmen in the Indian Ocean and the China Sea* (New Delhi, 2000), p.20.
51. A. C. Fong, '"Together They Might Make Trouble": Cross-Cultural Interactions in Tang Dynasty Guangzhou, 618–907 CE', *Journal of World History*, 25, 4 (2014), 475–92.
52. See C. Baker, 'Ayutthaya Rising: From Land or Sea?', *Journal of South-east Asian Studies*, 34, 1 (2003), 41–62.
53. M.Collis, *Siamese White*[1936] (London, 1951), p.47.
54. Deng Hui and Li Xin, 'The Asian Monsoons and Zheng He's Voyages to the Western Ocean', *Journal of Navigation*, 64, 2 (2011),

207–18.

55. See J. Horsburgh, *India Directory, or Directions for Sailing to and from the East Indies, China, New Holland [etc.]*, 3rd edn. (London, 1827), pp. 238ff.

56. See L. F. F. R. Thomaz, 'Melaka and Its Merchant Communities at the Turn of the Sixteenth Century', in Lombard and Aubin (eds.), *Asian Merchants*, pp. 25–39.

57. 此人是若昂・德・巴羅斯（João de Barros），其見聞錄出版於一五五三年。見P. E. De J. De Jong and H. L. A. Van Wijk, 'The Malacca Sultanate', *Journal of Southeast Asian History* 1, 2 (1960), 20–29.

58. C. N. Parkinson, *Trade in the Eastern Seas, 1793–1813* (Cambridge, 1937), p.108.

59. G. Bouchon, 'A Microcosm: Calicut in the Sixteenth Century', in Lombard and Aubin (eds.), *Asian Merchants*, pp.40–49.

60. J. Deloche, *Transport and Communications in India Prior to Steam Locomotion*, vol. 2: *Water Transport* (Delhi, 1994), p. 90.

61. W. Floor, *The Persian Gulf: A Political and Economic History of Five Port Cities 1500–1730* (Washington DC, 2006), ch. 1.

62. 關於此事，見A.Villiers, *Sonsof Sindbad* (London, 1940)，對其在一九三〇年代後期搭乘阿拉伯三角帆船航行的記述。

63. See R. E. Margariti, *Aden and the Indian Ocean Trade* (Chapel Hill, 2007), pp. 38ff.

64. Ibid., p. 27. 65.

65. Ibid., p. 207.

66. See S. Pradines, 'The Mamluk Fortifications of Egypt', *Mamluk Stud- ies Review*, 19 (2016), 33ff.

67. G.Christ, *TradingConflicts: VenetianMer-chants and Mamluk Officials in Late Medieval Alexandria* (Leiden, 2012), pp. 23–7，對此有所描述。

68. See J. P. Cooper, *The Medieval Nile: Route, Navigation and Land- scape in Islamic Egypt* (Cairo, 2014), ch. 9.

69. See G. Christ, 'Collapse and Continuity: Alexandria as a Declining City with a Thriving Port (Thirteenth to Sixteenth Centuries)', in W. Blockmans, M. Krom and J. Wubs-Mrozewicz (eds.), *The Rout-ledge Handbook of Maritime Trade around*

Europe 1300–1600 (London, 2017), p. 124.

70. See F. J. Apellániz Ruiz de Galarreta, *Pouvoir et finance en Méditer-ranée pré-moderne: le deuxième* état *Mamelouk et le commerce des épices (1382–1517)* (Barcelona, 2009), esp. p. 42; Christ, *Trading Con- flicts*, ch. 7.
71. Cooper, *Medieval Nile*, ch. 13.
72. G. Christ, 'Beyond the Network', in S. Conermann (ed.), *Everything is on the Move: The Mamluk Empire as a Node in (Trans-) Regional Networks* (Göttingen, 2014), p. 50.
73. See A. Sopracasa, 'Venetian Merchants and Alexandrian Officials (End of the Fifteenth-Beginning of the Sixteenth Century)', *Mamluk Studies Review*, 19 (2016).
74. Christ, *Trading Conflicts*, p. 49.
75. 關於此數字，見*Encyclopaedia Islamica Online*, 'Alexandria'.
76. See P. Horden and N. Purcell, *The Corrupting Sea: A Study of Mediterranean History* (Oxford, 2000) ch. 6.
77. 關於此點，見W. Blockmans and J. Wubs-Mrozew78.icz, 'European Integration from the Seaside', in Blockmans et al. (eds.), *Maritime Trade around Europe*, pp. 448ff.
78. 權威性專題論著依舊是Lane, *Venice.*
79. 晚近出色的專題論著之一，M. Fusaro, *Political Economies of Empire in the Early Modern Mediterranean: The Decline of Venice and the Rise of England, 1450–1700* (Cambridge, 2015).
80. See R. C. Mueller, *The Venetian Money Market: Banks, Panics and the Public Debt, 1200–1500* (Baltimore, 1997), pp. 454ff.
81. See C. Shaw, 'Principles and Practice in the Civic Government of Fifteenth-Century Genoa', *Renaissance Quarterly*, 58 (2005), 45–90.
82. Apellániz, *Pouvoir et finance*, pp. 156ff.
83. See C. Taviani, 'The Genoese Casa di San Giorgio as a Micro-Economic and Territorial Nodal System', in Blockmans et al. (eds.), *Maritime Trade around Europe*.

84. See D. Coulon, *Barcelone et le grand commerce d'orient au moyen* âge (Barcelona, 2004); F. Fernandez-Armesto, *Barcelona* (London, 1991).
85. 這段敘述，我借鑑了P. Russell, *Prince Henry the 'Navigator': A Life* (New Haven and London, 2000) for this account.
86. See G. Eekhout, 'Le Port de Bruges au moyen âge', in Société Scientifique de Bruxelles, *Les Ports ét leur fonction économique*, vol. 1 (Louvain, 1906), pp. 37–53; O. Gelderblom, *Cities of Commerce: The Institutional Foundations of International Tradeinthe Low Countries1250–1650* (Princeton, 2013), pp.16ff。Beurs廣場的插圖，見Spufford, *Power and Profit*, p.139.
87. See D. J. Harreld, *High Germans in the Low Countries* (Leiden, 2004), pp. 4–5.
88. Ibid., p. 2.
89. R. C. Hoffmann, 'Frontier Foods for Late Medieval Consumers: Cul-ture, Economy, Ecology', *Environment and History*, 7, 2 (2001), 140ff.
90. Spufford, *Power and Profit*, pp. 386–8.
91. P. Dollinger, *The German Hansa* (Eng. trans., London, 1970), p. 111.
92. Ibid., pp. 187–9.
93. 關於波士頓，見S. H. Rigby, '"Sore Decay" and "Fair Dwellings": Bos-ton and Urban Decline in the Later Middle Ages', *Midland History*, 10 (1985), 47–61; 關於關於金斯林，見K. Friedland and P. Richards (eds.), *Essays in Hanseatic History: The King's Lynn Symposium 1998* (Dereham, 2005).
94. 權威性專題論著，C. E. Hill, *The Danish Sound Dues and the Command of the Baltic* (Durham, NC, 1926). See ch.2.
95. Dollinger, *German Hansa*, pp. 207ff.
96. See E. Lindberg, 'Club Goods and Inefficient Institutions: Why Danzigand Lübeck Failed in the Early Modern Period', *Economic History Review*, 62, 3 (2009), 604–28.
97. G. Milne, *The Port of Medieval London* (Stroud, 2003), ch.4.

98. See H. C. Darby (ed.), *A New Historical Geography of England before 1600* (Cambridge, 1973), pp. 245–6.

99. Milne, *Medieval London*, pp. 91, 128, 149.

100. S. Thrupp, *The Merchant Class of Medieval London* [1948] (AnnArbor, 1989), pp. 87ff.

101. A. A. Ruddock, *Italian Merchants and Shipping in South ampton 1270–1600* (Southampton, 1951), pp. 264–5.

102. 關於此時倫敦，見C. Dyer, *Making a Living in the Middle Ages: The People of Britain 850–1520* (London, 2003), p. 305.

103. See L. Benton, *Law and Colonial Cultures: Legal Regimes in World History, 1400–1900* (Cambridge, 2002), chs. 2 and 3.

104. F. Braudel, *The Wheels of Commerce* [1975] (Eng. trans., London, 1985), p. 405.

105. Ibid.

106. See E. S. Hunt and J. M. Murray, *A History of Business in Medieval Europe, 1200–1550* (Cambridge, 1999), pp. 154ff.; Spufford, *Power and Profit*, ch. 1.

107. S. R. Epstein, *Freedom and Growth* (Lon-don, 2000)，對此有精闢的論證。

第二章：哥倫布序曲

1. Adam Smith, *The Wealth of Nations*, vol. 2 (Everyman edn., n.d.), pp. 121–2.
2. S. M. Guérin, 'Forgotten Routes? Italy, Ifrīqiya and the Trans-SaharanIvoryTrade', *Al-Masāq*, 25, 1 (2013), 70–91.
3. T. Vorderstrasse, 'Trade and Textiles from Medieval Antioch', *Al- Masāq*, 22, 2 (2010), 153.
4. B. Cunliffe, *By Steppe, Des-ertandOcean: The Birth of Eurasia* (Oxford, 2015)，對它們的起源，有出色的考察。
5. See D. Buisseret (ed.), *Monarchs, Ministers and Maps: The Emergence of Cartography as a Tool of Government in Early Modern Europe* (Chicago and London, 1992).
6. See S. Mintz, *Sweetness and Power: The Place of Sugar in Modern His- tory* (Harmondsworth, 1985), ch. 3; J. De Vries, *The Economy of Europe an Age of Crisis, 1600–1750* (Cambridge, 1976), chs. 4 and 5.

7. 對此的權威性描述，係A. W. Crosby, *The Columbian Exchange: Biological and Cultural Consequences of 1492* (Westport, CT, 1972).
8. See Robert B. Marks, *China: Its Environment and History* (Lanham, MD, 2012), pp. 206, 170.
9. See Shuo Chen and James Kai-sing Kung, 'Of Maize and Men: The Effect of a New World Crop on Population and Economic Growth in China', *Journal of Economic Growth*, 21, 1 (2016), 71–99.
10. 對此的精彩討論，見J. C. McCann, *Maize and Grace: Africa's Encounter with a New World Food Crop 1500–2000* (Cambridge, MA, 2005), pp.44–6.
11. 見E. W. Evans and D. Richardson, 'Hunting for Rents:The Economics of Slaving in Pre-Colonial Africa', *Economic History Review*, 48, 4 (1995), 673的提示。
12. R. Findlay and K. O'Rourke, National Bureau of Economic Research Working Paper, 'Commodity Market Integration 1500–2000', table 2, at http://venus.iere.go.kr/metadata/202821_w8579.pdf.
13. K. N. Chaudhuri, *The Trading World of Asia and the English East India Company 1660–1760* (Cambridge, 1978), p. 177.
14. Ibid., pp. 540–5.
15. See R. S. DuPlessis, *The Material Atlantic: Clothing, Commerce and Colonization in the Atlantic World, 1650–1800* (Cambridge, 2016).
16. Marks, *China*, p.224。有人估計的比例大低於此，見下文裡的縝密剖析：K. G. Deng, 'Foreign Silver, China's Economy and the Globalisation of the 16th to 19th Centuries', Global History and Maritime Asia Working and Discussion Paper Series, no. 4 (2007), available online.
17. See T. Andrade, *Lost Colony: The Untold Story of China's First Great Victory over the West* (Princeton, 2011), p.14.
18. See E. M. Jacobs, *Merchantin Asia: TheTrade of the Dutch East India Company during the Eighteenth Century* (Leiden, 2006).
19. See J. E. Inikori, *Africans and the Industrial Revolution in England* (Cambridge, 2002).
20. DuPlessis, *Material Atlantic*, p. 241.

21. L. Blussé, *Strange Company: Chinese Settlers, Mestizo Women and the Dutch in VOC Batavia* (Dordrecht, 1986), p. 26.
22. See B. Lemire, 'Revising the Historical Narrative: India, Europe and the Cotton Trade *c*.1300–1800', in G. Riello and P. Parthasarathi (eds.), *The Spinning World: A Global History of Cotton Textiles, 1200–1850* (Oxford, 2009).
23. See G. M. Theal, *Willem Adriaan van der Stel and Other Historical Sketches* (Cape Town, 1913), ch. 1.
24. See Kwee Hui Kian, 'The Rise of Chinese Commercial Dominance in Early Modern Southeast Asia', in Lin Yu-ju and M. Zelin (eds.), *Mer- chant Communities in Asia, 1600–1980* (London, 2015).
25. R. Ptak, *China's Seaborne Trade with South and Southeast Asia 1200–1750* (Aldershot, 1999).
26. See C. R. Boxer, *The Portuguese Seaborne Empire 1415–1825* (Lon-don, 1969), ch. 5.
27. D. Washbrook, 'India in the Early Modern World Economy: Modes of Production, Reproduction and Exchange', *Journal of Global History*, 2 (2007), 87–111, esp. 93 and 110.
28. L. Colley, *The Ordeal of Elizabeth Marsh: A Womanin World History* (London, 2007)，記述了其中某些災難。Marsh的丈夫，境遇同樣淒慘。
29. Inikori, *Africans*, p.181.
30. Chaudhuri, *Trading World*, pp. 388（茶），547（紡織品）。
31. www.slavevoyages.orgestimate.
32. J. De Vries, 'The Limits of Globalization in the Early Modern World', *Economic History Review*, 63, 3 (2010), 710–33, esp. 718.
33. DuPlessis, *Material Atlantic*, p. 240.
34. E. Murakami, 'A Comparison of the End of the Canton and Nagasaki Trade Control Systems', *Itinerario* 37, 3 (2013), 39–48.
35. M. B. Jansen, *The Making of Modern Japan* (Cambridge, MA, 2000), p. 260.
36. 被引用於A. Singer, *The Lion and the Dragon: The Story of the First British Embassy to the Court of the Emperor Qianlong in Peking, 1792–1794* (London, 1992), p. 99

37. C. E. Kriger, '"Guinea Cloth": Production and Consumption of Cot-ton Textiles in West Africa before and during the Atlantic Slave Trade', in Riello and Parthasarathi (eds.), *The Spinning World*, pp. 105–26.
38. DuPlessis, *Material Atlantic*, p. 236.
39. Smith, *Wealth of Nations*, vol. 1, p. 394.
40. DuPlessis, *Material Atlantic*, ch. 4.
41. Smith, *Wealth of Nations*, vol. 2, p. 122.
42. See C. L. Brown, *Moral Capital: The Foundations of British Aboli- tionism* (Chapel Hill, 2006).
43. See C. Iannini, '"The Itinerant Man": Crèvecoeur's Caribbean, Raynal's Revolution, and the Fate of Atlantic Cosmopolitanism', *William and Mary Quarterly*, 61 (2004), 208, 221–2.
44. See P. Cheney, *Revolutionary Commerce: Globalization and the French Monarchy* (Cambridge, MA, 2010).
45. R. Whatmore, *Republicanism and the French Revolution* (Oxford, 2000), p. 40.
46. 被引用於Ibid., p. 48.
47. Ibid., p. 56.
48. Baron de Montesquieu, *The Spirit of the Laws* [1748] (Eng. trans., New York, 1949), p. 316.
49. David Hume, 'Of Commerce', in S. Copley and A. Edgar (eds.), *David Hume: Selected Essays* (Oxford, 1993), p. 162.
50. Smith, *Wealth of Nations*, vol. 1, p. 436.
51. See A. von Oppen, *Terms of Trade and Terms of Trust: The History and Contexts of Pre-Colonial Market Production around the Upper Zambezi and Kasai* (Hamburg and Münster, 1993), pp. 49ff.
52. P. C. Perdue, *China Marches West: The Qing Conquest of Central Eurasia* (Cambridge, MA, 2005), 提供了一個很好的報告。
53. See A. W. Knapp, *Cocoa and Chocolate: Their History from Planta- tion to Consumer* (London, 1920).
54. R. W. Unger, 'Shipping and Western European Economic Growth in the Late Renaissance: Potential Connections', *International*

Journal of Maritime History, 18, 2 (2006), 101.

55. See D. Hancock, '"A World of Business to Do": William Freeman and the Foundations of England's Commercial Empire, 1645–1707', *William and Mary Quarterly*, 57 (2000), 3–34.

56. R. S. Dunn, *Sugar and Slaves: The Rise of the Planter Class in the English West Indies, 1624–1713* (Chapel Hill, 1972), ch. 2.

57. See A. Borucki, D. Eltis and D. Wheat, 'Atlantic History and the Slave Trade to Spanish America', *American Historical Review*, 120, 2 (2015), 433–61.

58. Dunn, *Sugar and Slaves*, p. 72.

59. Unger, 'Shipping and Western European Economic Growth', 89–91.

60. 關於一九五〇年代的布里斯托，見Sir Lewis Namier, *The Structure of Politics at the Accession of George III*, 2nd edn. (London, 1957), pp. 88–9.

61. C. Lesger, *The Rise of the Amsterdam Market and Information Exchange: Merchants, Commercial Expansion and Change in the Spatial Economy of the Low Countries, c.1550–1630* (Aldershot, 2006), pp. 214ff.; C. Wilson, *Anglo-Dutch Commerce and Finance in the Eighteenth Century* (Cambridge, 1941), ch. 1.

62. D. Ormrod, *The Rise of Commercial Empires: England and the Netherlands in the Age of Mercantilism, 1650–1770* (Cambridge, 2003), Table 2.1.

63. Ibid., p. 40.

64. Ibid., p. 276

65. Ibid., Table 1.2.

66. 晚近最出色的專題論著，P. Gauci, *Emporium of the World: The Mer-chants of London, 1660–1800* (London, 2007). For London's trades and industries, see M. Daunton, *Progress and Poverty: An Economic and Social History of Britain 1700–1850* (Oxford, 1995), pp. 138–40

67. Wilson, *Anglo-Dutch Commerce*, p. 78.
68. C. R. Boxer, *The Golden Age of Brazil* (Berkeley, 1962), p.312.
69. N. Zahedieh, 'Trade, Plunder and Economic Development in Early English Jamaica, 1655–89', *Economic History Review*, 39, 2 (1986), 205–22.
70. 大量王室收入來自西屬美洲一說，已被下文戳破：R. Grafe and A. Irigoin, 'A Stakeholder Empire: The Political Economy of Spanish Imperial Rule in America', *Economic HistoryReview*, 65, 2 (2012), 609–51。關於西班牙在此期間的經濟情況，見R. Grafe, *Distant Tyranny: Markets, Power and BackwardnessinSpain, 1550–1800* (Princeton, 2012)，一六五〇至一八〇〇年這期間西班牙的落後，主要被歸咎於國家未能中央集權化。
71. 關於西班牙—美洲貿易，見J. R. Fisher, *Economic Aspects of Spanish Imperialism in America, 1492–1810* (Liverpool, 1997), esp.chs. 4 and 6；關於巴拿馬大帆船（*galeones*），見X. Lamikiz, 'Transatlantic Networks and Merchant Guild Rivalry in Colonial Trade with Peru, 1729–1780', *Hispanic American Historical Review*, 91, 2 (2011), 312.
72. P. H. Marks, 'Confrontinga Mercantile Elite: Bourbon Reformers and the Merchants of Lima, 1765–1796', *The Americas*, 60, 4 (2004), 519–58。令利馬驚愕的，一七四〇年代，來自加的斯的商人已獲准和智利直接通商。
73. 晚近對此城市的探究，見G. García, *Beyond the Walled City: Colonial Exclusion in Havana* (Oakland, CA, 2016), ch.2.
74. 關於查爾斯頓，見E. Hart, *Building Charleston: Town and Society in the Eighteenth-Century British Atlantic World* (Charlottesville, 2012).
75. T. Burnard and E. Hart, 'Kingston, Jamaica, and Charleston, South Carolina', *Journal of Urban History*, 39, 2 (2013), 214–34.
76. 令人眼界大開的探討，見S. Mentz, *The English Gentleman Merchantat Work: Madras and the City of London 1660–1740* (Copenhagen, 2005).
77. 晚近重要的探討，見P. J. Stern, *The Company State: Corporate Sovereignty and the Early Modern Foundations of the British Empire in India* (Oxford, 2011).

78. See C. R. Boxer, *Francisco Vieira da Figueiredo: A Portuguese Merchant-Adventurer in South East Asia, 1624–1667* (TheHague, 1967).
79. Jacobs, *Merchant in Asia*, p. 231.
80. See Blussé, *Strange Company*, p. 19.
81. U. Bosma and R. Raben, *Being 'Dutch' in the Indies: A History of Creolisation and Empire, 1500–1920* (Singapore, 2008), p.46.
82. Blussé, *Strange Company*, p.74.
83. 關於巴達維亞的商業衰落，見L. Blussé, *Visible Cities: Canton, Nagasaki and Batavia and the Coming of the Americans* (Cambridge, MA, 2008), p.64.
84. G. B. Souza, 'Opium and the Company: Maritime Trade and Imperial Finances on Java, 1684–1796', *Modern Asian Studies*, 43, 1 (2009), 113–33.
85. R. Van Niel, *Java's Northeast* Coast *1740–1840* (Leiden, 2005), chs.1 and 2.
86. J. Horsburgh, *India Directory, or Directions for Sailing to and from the East Indies, China, New Holland [etc.]*, 3rd edn. (London, 1827), p. 309.
87. L. Dermigny, *La Chine et l' Occident: le commerceà Canton au XVII Iesiècle, 1719–1833*, vol. 2 (Paris, 1964), p. 445.
88. Ibid.
89. 這段敘述，我借鑑了Paul Van Dyke的開創性著作，見他的*Merchants of Canton and Macao: Politics and Strategies in Eighteenth-Century Chinese Trade* (HongKong, 2012).
90. P. J. Marshall, *Bengal: The British Bridgehead – Eastern India 1740–1828* (Cambridge, 1987).
91. See O. Prakash, 'From Negotiation to Coercion: Textile Manufacturing in India in the Eighteenth Century', *Modern Asian Studies*, 41, 6 (2007), 1, 331–68.
92. See R. C. Allen, *The British Industrial Revolution in Global Perspective* (Cambridge, 2009), pp. 128–9.
93. R. Davis, 'English Foreign Trade, 1700–1774', *Economic History Review*, 15, 2 (1962), 285–303.

第三章：蒸汽全球化

1. C. F. Adams Jr, 'The Railroad System', in C. F. Adams and H. Adams, *Chapters of Erie and Other Essays* [Boston, 1871] (New York, 1967), p. 354. C. F. Adams Jr (1835–1915)，兩位美國總統的孫子和曾孫，出身波士頓望族。他後來充當聯合太平洋鐵路公司的門面人物，直到他與大亨JayGould失和為止。
2. P. W. Schroeder, *The Transformation of European Politics, 1763–1848* (Oxford, 1994)，探討了這些事件。
3. See M. E. Yapp, *Strategies of British India: Britain, Iran and Afghani- stan, 1798–1850* (Oxford, 1980).
4. 對此的全面考察，見L. Bethell (ed.), *Spanish America after Independence c.1820–c.1870* (Cambridge, 1987).
5. 已有許多著作以「第二奴隸制」為主題寫成，例如，A. E. Kaye, 'The Second Slavery: Modernity in the Nineteenth-Century South and the Atlantic World', *Journal of Southern History*, 75, 3 (2009), 627–50.
6. H. Clay, *Speech of Henry Clay, in Defence of the American System, against the British Colonial System* (Washington DC, 1832), p. 18.
7. 最經典的討論見 H. Tinker, *A New System of Slavery: The Export of Indian Labour Overseas, 1830–1920* (London, 1974).
8. See B. W. Sheehan, *Seeds of Extinction: Jeffersonian Philanthropy and the American Indian* (Chapel Hill, 1973), pp. 20ff. For the highly ambiguous attitudes of many Enlightenment thinkers, see A. Pagden, *The Enlightenment and Why It Still Matters* (Oxford, 2013), pp. 139–42.
9. See C. A. Bayly, *Recovering Liberties: Indian Thought in the Age of Liberalism and Empire* (Cambridge, 2012), chs. 2 and 3.
10. A. E. Musson and E. Robinson, 'The Early Growth of Steam Power', *Economic History Review*, New Series, 11, 3 (1959), 418–39.
11. A. Nuvolari and B. Verspagen, 'Technical Choice, Innovation, and British Steam Engineering, 1800–50', *Economic History Review*, 62, 3 (2009), 685–710.
12. J. Tann and J. Aitken, 'The Diffusion of the Stationary Steam Engine from Britain to India 1790–1830', *Indian Economic and Social History Review*, 29, 2 (1992), 203.
13. 見以下著作裡的精闢見解：N. Crafts, 'Productivity Growth in the Industrial Revolution', *Journal of Economic History*, 64, 2

(2004), 521–35.

14. G. N. von Tunzelmann, *Steam Power and British Industrialization to 1860* (Oxford, 1978), p. 295.
15. J. S. Lyons, 'Powerloom Profitability and Steam Power Costs: Britain in the 1830s', *Explorations in Economic History*, 24 (1987), 392–3.
16. 這些數字來自M. G. Mulhall, *The Dictionary of Statistics* (London, 1892), p. 545.
17. Ibid., p. 546.
18. Tann and Aitken, 'Stationary Steam Engine'.
19. F. Mackey, *Steamboat Connections: Montreal to Upper Canada, 1816–1843* (Montreal and Kingston, 2000), ch. 1.
20. See Fellows of the Australian Academy of Technological Sciences and Engineering, *Technology in Australia 1788–1988* (online, 2000), ch. 12.
21. Tann and Aitken, 'Stationary Steam Engine'.
22. A. J. Bolton, 'Progress of Inland Steam-Navigation in North-East India from 1832', *Minutes of the Proceedings of the Institution of Civil Engineers*, 99 (1890), 330–42 (online).
23. See A. Odlyzko, 'Collective Hallucinations and Inefficient Markets: The British Railway Mania of the 1840s', www.dtc.umn.edu/~odlyzko/ doc//hallucinations.pdf, 186.
24. O. Barak, 'Outsourcing: Energy and Empire in the Age of Coal, 1820– 1911', *International Journal of Middle East Studies*, 47, 3 (2015), 428–2.9.
25. See V. Inal, 'The Eighteenth and Nineteenth Century Ottoman Attempts to Catch Up with Europe', *Middle East Studies*, 47, 5 (2011), 725–56.
26. 此次遠航的多災多難，見W. D. Bernard and W. H. Hall, *A Narrative of the Voyages and Services of the Nemesis, from 1840 to 1843* (London, 1844).

27. 見下文的精彩探討：Hsien-Chun Wang, 'Discovering Steam Power in China, 1840s–1860s', *Technology and Culture*, 51, 1 (2010), 31–54.
28. J. H. Clapham, *An Economic History of Modern Britain*, vol. 2: *Free Trade and Steel, 1850–1886* (Cambridge, 1932), p.29.
29. Ibid., p.82.
30. See R. Floud, *The British Machine Tool Industry, 1850–1914* (Cam-bridge, 1976).
31. 工業革命源於支持創新的資產階級文化一說，見D. N. McCloskey, *Bourgeois Dig-nity: Why Economics Can't Explain the Modern World* (Chicago, 2010).
32. See *Minutes of the Proceedings of the Institution of Civil Engineers*, 29 (1870) (online).
33. Malm, *Fossil Capital: The Rise of Steam Power and the Roots of Global Warming* (London, 2015) 一書的關鍵論點。
34. See T. Balderston, 'The Economics of Abundance', *Economic History Review*, 63, 3 (2010), 569–90.
35. 這些數字來自一九一一年版*Encyclopaedia Britannica*。
36. P. L. Cottrell, *British Overseas Investment in the Nineteenth Century* (London, 1975), p. 63.
37. V. Bignon, R. Esteves and A. Herranz-Loncán, 'Big Push or Big Grab? Railways, Government Activism, and Export Growth in Latin Amer- ica, 1865–1913', *Economic History Review*, 68, 4 (2015), 1282.
38. R. W. Fogel, *Railroads and American Economic Growth: Essays in Econometric History* (Baltimore, 1964)，提出此著名看法。
39. P. A. David, 'Transport Innovation and Economic Growth: Professor Fogel on and off the Rails', *Economic History Review*, 22, 3 (1969), 506–25.
40. D. Donaldson and R. Hornbeck, 'Railroads and American Economic Growth A "Market Access" Approach', *Quarterly Journal of Eco-nomics*, 131, 2 (May 2016), 799–858.
41. T. S. Berry, *Western Prices before 1861: A Study of the Cincinnati Market* (Cambridge, MA, 1943), p.69.
42. See I. J. Kerr, 'Colonial India, Its Railways, and the Cliometricians', *Journal of Transport History*, 35, 1 (2014), 114–20.

43. Bignon, Esteves and Herranz-Loncán, 'Big Pushor Big Grab?', 1279–81.
44. 縝密的探究，見S. Sweeney, *Financing India's Imperial Rail-ways, 1875–1914* (London, 2011).
45. F. Norris, *The Octopus: A Story of California* [1901] (Penguin edn., Harmondsworth, 1986), p.11.
46. Charles Francis Adams, quoted in B. Marsden and C. Smith, *Engin-eering Empires: A Cultural History of Technology in Nineteenth-Century Britain* (Basingstoke, 2004), p. 169.
47. 被引用於I. F. Clarke, *The Pattern of Expectation 1644–2001* (Lon-don, 1979), p. 54.
48. D. Lardner, *The Steam Engine Explained and Illustrated* (London, 1840), p. 5.
49. W. H. G. Armytage, *A Social History of Engineering* (London, 1961), p.74.
50. 被引用於Clarke, *Pattern*, p.56.
51. M. Chevalier, *Système de la Méditerranée* (Paris, 1832), p. 37.
52. Ibid., p.47.
53. R. to F. Cobden, 30 November 1836, in A. Howe (ed.), *The Letters of Richard Cobden*, vol. 1 (Oxford, 2007), p.81.
54. R. Cobden, *England, Ireland, and America* [1835], 4th edn. (London, 1836), p.11.
55. See A. Fyfe, *Steam-Powered Knowledge: William Chambers and the Business of Publishing, 1820–1860* (Chicago, 2012).
56. A. Anim-Addo, '"Thence to the River Plate": Steam ship Mobilities in the South Atlantic, 1842–1869', *Atlantic Studies*, 13, 1 (2016), 10.
57. *New York Daily Times*, 27 April 1852 (online).
58. See D. R. Headrick, *The Invisible Weapon* (Oxford and New York, 1991), p.19.
59. Ibid., pp. 12–15.
60. Ibid., p.22. 就倫敦與中國，澳洲兩地的通信來說，一九〇〇年時分別是八十分鐘、一百分鐘。
61. See A. Nalbach, '"The Software of Empire": Telegraphic News Agencies and Imperial Publicity, 1865–1914', in J. F. Codell (ed.),

Imperial Co- Histories: National Identities and the British and Colonial Press (Madison, NJ, 2003).

62. 被引用於 *Proceedings of the Colonial Conference 1894* (Ottawa, 1894), p. 89.

63. 到了二十世紀初期，彭德底下的數個公司已控制全世界四成的電報纜線。見D. R. Headrick, The *Tentacles of Progress: Technology Transfer in the Age of Imperialism, 1850–1940* (Oxford and New York, 1988), p. 105.

64. D. P. Nickles, *Under the Wire: How the Telegraph Changed Diplomacy* (Cambridge, MA, 2003), p. 181.

65. S. M. Müller, 'From Cabling the Atlantic to Wiring the World', *Tech-nology and Culture*, 57, 3 (2016), 507–26.

66. Nickles, *Under the Wire*, p. 180.

67. See V. Ogle, 'Whose Time Is It? The Pluralization of Time and the Global Condition, 1870s–1940s', *American Historical Review*, 118, 5 (2013), 1376–402.

68. See Nile Green, *Bombay Islam: The Religious Economy of the West Indian Ocean, 1840–1915* (Cambridge, 2011).

69. 關於哈吉的影響力，見M. F. Laffan的重要著作*Islamic Nationhood and Colonial Indonesia* (London and New York, 2003).

70. In his *Oceana, or, England and Her Colonies* (London, 1886).

71. See J. M. Brown (ed.), *Mahatma Gandhi: The Essential Writings* (Oxford, 2008), pp. 68, 69, 83.

72. W. Woodruff, *Impact of Western Man* (London, 1966), p. 313.

73. Ibid., p. 264.

74. A. Maddison, *Contours of the World Economy, 1–2030 AD* (Oxford and New York, 2007), p.43.

75. See Woodruff, *Impact*, p. 106.

76. R. Findlay and K. H. O'Rourke, *Power and Plenty: Trade, War, and the World Economy in the Second Millennium* (Princeton, 2007), p. 382.

77. G. J. Milne, 'Knowledge, Communications and the Information Order in Nineteenth-Century Liverpool', *International Journal of Maritime History*, 14, 1 (2002), 214.

78. R. Graham, *Britain and the Onset of Modernization in Brazil, 1850–1914* (Cambridge, 1972), esp. chs. 2, 3, 5, 7.
79. P. Winn, 'British Informal Empire in Uruguay in the Nineteenth Century', *Past and Present*, 73 (1976), 110, 112.
80. J. Adelman, *Republic of Capital: Buenos Aires and the Legal Trans-formation of the Atlantic World* (Stanford, 1999), chs. 9 and 10; R. Hora, *The Landowners of the Argentine Pampas* (Oxford, 2001), pp. 57ff.
81. D. Kynaston, *The City of London: Golden Years, 1890–1914* (London, 1995)，精闢說明了倫敦的角色。
82. R. C. Michie, *The City of London: Continuity and Change, 1850–1990* (Basingstoke, 1992), ch.2.
83. See S. D. Chapman, *The Rise of Merchant Banking* (London, 1984).
84. A. I. Bloomfield, *Short-Term Capital Movement sunder the Pre-1914 Gold Standard* (Princeton, 1963), p.46.
85. Michie, *City of London*, p. 134.
86. Maddison, *Contours*, p.224.
87. 關於淘金潮，見B. Mountford and S. Tuffnell (eds.), *A Global History of Gold Rushes* (Oakland, CA, 2018).
88. J. A. Mann, *The Cotton Trade of Great Britain* [1860](reprint, Lon-don, 1968), p. 39.
89. Cobden, *England, Ireland, and America*, p.11.
90. P. Baldwin, *Contagion and the State in Europe, 1830–1930* (Cam-bridge, 1999), p.37.
91. K. D. Patterson, 'Cholera Diffusion in Russia, 1823–1923', *Social Science and Medicine*, 38, 9 (1994), 1171–91.
92. *Abstract of Proceedings and Reports of the International Sanitary Conference of 1866* (Bombay, 1867), pp. 16, 113.
93. J. A. Carrigan, *The Saffron Scourge: A History of Yellow Fever in Louisiana, 1796–1905* (Lafayette, LA, 1994).
94. See M. Echenberg, *Plague Ports: The Global Impact of Bubonic Plague, 1894–1901* (New York, 2007).
95. M. Harrison, *Contagion: How Commerce Has Spread Disease* (NewHaven, 2012), p. 192.
96. L. Twrdek and K. Manzel, 'The Seed of Abundance and Misery: Peru-vian Living Standards...1820–1880', *Economics and Human Biology*, 8, 2 (2010), 145–52.

97. W. P. McGreevey, *An Economic History of Colombia, 1845–1930* (Cambridge, 1971), pp. 138ff.
98. See R. Owen, *The Middle East in the World Economy 1800–1914* (London, 1981), chs. 4and5.
99. C. Suter and H. Stamm, 'Coping with Global Debt Crises: Debt Settle-ments, 1820 to 1986', *Comparative Studies in Society and History*, 34, 4 (1992), 645–78.
100. 關於巴黎作為金融中心的重要性，見Y. Cassis, *Capitals of Capital: The Rise and Fall of International Financial Centres, 1780–2005* (Cambridge, 2006), chs. 2 and 3.
101. 以下文章對此有生動描述：I. Phimister, 'Corners and Company-Mongering: Nigerian Tin and the City of London, 1909–12', *Journal of Imperial and Commonwealth History*, 28, 2 (2000), 23–41; and Phimister, 'Frenzied Finance: Gold Mining in the Globalizing South, circa1886–1896', in Mountford and Tuffnell (eds.), *Gold Rushes*, pp. 142–57.
102. J. A. Hobson, *The Evolution of Modern Capitalism* [1894], rev. edn. (London, 1926), p. 246.
103. G. R. Searle, *Corruption in British Politics, 1895–1930* (Oxford, 1987).
104. R. Austen, *African Economic History* (London and Portsmouth, NH, 1987), pp. 121–5.
105. A. Hochschild, *King Leopold's Ghost* (London, 1998).
106. See C. van Onselen, *Chibaro: African Mine Labour in Southern Rho-desia 1900–1933* (London, 1976), p. 50; I. Phimister, *Wangi Kolia* (Johannesburg, 1994).
107. B. Kidd, *Social Evolution* (London, 1894), p.50.
108. R. McGregor, *Imagined Destinies: Aboriginal Australians and the Doomed Race Theory, 1880–1939* (Carlton, Victoria, 1997).
109. 被引用於R. Robinson and J. Gallagher, *Africaand the Victorians* (London, 1961), p.5.
110. 這方面的權威性著作，依舊是J. K. Fairbank, *Trade and Diplomacy on the China Coast: The Opening of the Treaty Ports, 1842–1854,* 2 vols. (Cambridge, MA, 1953).
111. See M. R. Auslin, *Negotiating with Imperialism: The Unequal Trea-ties and the Culture of Japanese Diplomacy* (Cambridge,

MA, 2004), chs. 1–5.

112. 關於此，見D. Omissi, *TheSepoy and the Raj* (Basingstoke, 1994).

113. See S. B. Saul, *Studies in British Overseas Trade, 1870–1914* (Liver-pool, 1960).

114. A. D. Todd, 'A French Imperial Meridian, 1814–1870', *Past and Present*, 210 (2011), 155–86; and D. Todd, 'Transnational Projects of Empire in France, *c*.1815–*c*.1870', *Modern Intellectual History*, 12, 2 (2015), 265–93.

115. A. G. Hopkins, *American Empire: A Global History* (Princeton, 2018), chs. 8 and 9，對美國躋身為帝國一事，有最精闢的探討。

116. 被引用於D. Gillard, *The Struggle for Asia, 1828–1914* (London, 1977), p. 103.

117. See A. Jersild, *Orientalism and Empire: North Caucasus Mountain Peoples and the Georgian Frontier, 1845–1917* (Montreal and King-ston, 2002).

118. See C. J. Colombos, *The International Law of the Sea*, 4th edn. (Lon-don, 1959), pp.81–2.

119. 這就是Karl Kautsky的「極端帝國主義」（ultra-imperialism），列寧在其*Imperialism: The Highest Stage of Capitalism* (London, 1917)一書中，痛斥此種帝國主義。

第四章：改變紛至沓來

1. L. Paine, *The Seaand Civilization* (New York, 2015), p.40.
2. 關於Joseph Conrad的描述，見他的*The Mirror of the Sea* (London, 1906), pp. 35, 95.
3. K. J. Banks, *Chasing Empire across the Sea: Communications and the State in the French Atlantic, 1713–1763* (Montreal, 2002)，對此有精彩的說明。
4. A. Villiers, *Sons of Sindbad* (London, 1940).
5. H. J. Mackinder, 'The Geographical Pivot of History', *Geographical Journal*, 23, 4 (1904), 432.

6. 'The Interest of Americain Sea Power, Present and Future', in A. Westcott (ed.), *Mahanon Naval Warfare* (Boston, 1919), p.286.
7. C. Darwin, *Journal of Researches into the Geology and Natural History of the Various Countries Visited during the Voyage of HMS Beagleround the World*...[1843] (Everymanedn., London, 1906), p.1.
8. J. Goodman, *The Rattlesnake: A Voyage of Discovery to the Coral Sea* (London, 2005).
9. H. M. Rozwadowski, 'Technology and Ocean-Scape: Defining the Deep Sea in the Mid-Nineteenth Century', *History and Technology*, 17, 3 (2001), 217–47.
10. J. Hyslop, '"Ghostlike" Seafarers and Sailing Ship Nostalgia: The Fig- ure of the Steamship Lascar in the British Imagination, c.1880–1960', *Journal for Maritime Research*, 16, 2 (2014), 212–28.
11. A. R. Wallace, *The Malay Archipelago* (London, 1869), ch. 28, for a description.
12. P. Machado, *Ocean of Trade: South Asian Merchants, Africa and the Indian Ocean, c.1750–1850* (Cambridge, 2014), chs. 3, 4 and 5。英國人於一八〇七年後禁止奴隸買賣，但在印度，直到一八六〇年，才明令禁止蓄奴。
13. R. G. Landen, *Oman since 1856* (Princeton, 1967), p.111.
14. See G. Fox, *British Admirals and Chinese Pirates, 1832–1869* (Lon-don, 1940).
15. See J. B. Kelly, *Britain and the Persian Gulf, 1795–1880* (Oxford, 1968).
16. I. K. Steele, *The English Atlantic 1675–1740: An Exploration of Com- munication and Community* (Oxford, 1986).
17. 關於拉羅謝爾和波爾多，見B. Martinetti, *Les Négociants de la Rochelle au XVII Ie siècle* (Rennes, 2013);J.-P. Poussou, *Bordeaux et le Sud-Ouest au XVII Ie siècle* (Paris, 1983); P. Butel, *Les Négociants bordelais: L'Europeet les Îlesau XVII Ie siècle* (Paris, 1974).
18. A. Roland, W. J. Bolster and A. Keyssar, *The Way of the Ship: Ameri- ca's Maritime History Reenvisioned, 1600–2000* (Hoboken, NJ, 2007), p. 194.
19. M. Maury, 'Maritime Interests of the South and West', *Southern Liter- ary Messenger*, 11, 11 (November 1845), 655–8
20. Quoted in J. H. Clapham, *An Economic History of Modern Britain: The Early Railway Age, 1820–1850* [1930], 2nd edn.

(Cambridge, 1964) p. 506.

21. 關於美國沿海航運的發展，見R. G. Albion, *Square-Riggers on Schedule: The New York Sailing Packets to England, France and the Cotton Ports* (Princeton, 1938).

22. C. Capper, *The Port and Trade of London* (London, 1862), p. 309.

23. Roland, Bolster and Keyssar, *Way of the Ship*, p. 196.

24. Steele, *The English Atlantic*, pp. 170–73.

25. R. G. Albion, *The Rise of New York Port, 1815–1860* (New York, 1939), p. 52; R. C. McKay, *South Street: A Maritime History of New York* (New York, 1934), p. 161.

26. W. A. Fairburn, *Merchant Sail*, 6 vols. (Center Lovell, ME, 1945–55), vol. 2, pp. 1142, 1155; Albion, *Square-Riggers*, ch. 3.

27. P [arliamentary]. P [apers]. 1875, C.1167 Commercial Reports No. 4, p. 460: Report of Consul-General Archibald for New York, 1874.

28. P. de Rousiers and J. Charles, 'Le Port de Hambourg', in Société Scien- tifique de Bruxelles, *Les Ports et leur fonction* économique, vol. 3 (Louvain, 1908), p. 136.

29. Roland, Bolster, Keyssar, *Way of the Ship*, p. 196.

30. See L. Bethell, *The Abolition of the Brazilian Slave Trade* (Cambridge, 1970), pp. 370ff.

31. See J. McAleer, 'Looking East: St Helena, the South Atlantic and Britain's Indian Ocean World', *Atlantic Studies*, 13, 1 (2016), 78–98.

32. J. P. Delgado, *Gold Rush Port: The Maritime Archaeology of San Francisco's Waterfront* (Berkeley, 2009), pp. 41ff.

33. G. Blainey, *The Tyranny of Distance* (South Melbourne, Victoria, 1966), p. 195.

34. M'Culloch's *Commercial Dictionary,* new edn. (London, 1869), p. 1184.

35. L. L. Johnson and Z. Frank, 'Cities and Wealth in the South Atlantic: Buenos Aires and Rio de Janeiro before 1860', *Comparative Studies in Society and History*, 48, 3 (2006), 634–68.

36. R. Graham, *Britain and the Onset of Modernization in Brazil, 1850– 1914* (Cambridge, 1968), ch. 2; D. C. M. Platt, *Latin*

America and British Trade, 1806–1914 (London, 1972), chs. 4, 6 and 7; J. Adelman, *Republic of Capital* (Stanford, 1999), chs. 9 and 10; P. Winn, 'British Informal Empire in Uruguay in the Nineteenth Century', *Past and Pre- sent*, 73 (1976), 110ff.

37. See R. G. Albion, 'Capital Movement and Transportation: British Shipping and Latin America, 1806–1914', *Journal of Economic His- tory*, 11, 4 (1951), 361–74.
38. See C. Fyfe, *A History of Sierra Leone* (London, 1962).
39. Bethell, *Brazilian Slave Trade*, pp. 49, 104.
40. K. Mann, *Slavery and the Birth of an African City: Lagos, 1760–1900* (Bloomington, IN, 2007), p. 61.
41. Bethell, *Brazilian Slave Trade*, remains the classic account of this episode.
42. Lord Anson, *Voyage Round the World in 1740–1744* (Everyman edn., London, 1911), pp. 275–9, 317, 320.
43. See O. H. K. Spate, *The Pacific since Magellan*, vol. 3: *Paradise Found and Lost* (London, 1988), p. 173.
44. See R. Richards, *Honolulu: Centre of Trans-Pacific Trade* (Canberra, 2000).
45. 被引用於H. W. Bradley, 'Hawaii and the American Penetration of the Northeastern Pacific, 1800–1845', *Pacific Historical Review*, 12, 3 (1943), 282.
46. See D. Igler, 'Diseased Goods: Global Exchanges in the Eastern Pacific Basin, 1770–1850', *American Historical Review*, 109, 3 (2004), 693–719.
47. See E. Sinn, *Pacific Crossing: California Gold, Chinese Migration and the Making of Hong Kong* (Hong Kong, 2013).
48. R. Holland, *Blue-Water Empire: The British in the Mediterranean since 1800* (London, 2012), chs. 2 and 3，對此有可信的說明。
49. See F. E. Bailey, *British Policy and the Turkish Reform Movement: A Study in Anglo-Turkish Relations, 1826–1853* (Cambridge, MA, 1942).
50. F. Tabak, *The Waning of the Mediterranean, 1550–1870: A Geo- historical Approach* (Baltimore, 2008).
51. R. Owen, *The Middle East in the World Economy 1800–1914* (Lon- don, 1981), ch. 5.

52. V. J. Puryear, 'Odessa: Its Rise and International Importance, 1815– 50', *Pacific Historical Review*, 3, 2 (1934), 193.

53. Ibid., 201.

54. A. Delis, 'From Lateen to Square Rig: The Evolution of the Greek- Owned Merchant Fleet and Its Ships in the Eighteenth and Nineteenth Centuries', *Mariner's Mirror*, 100, 1 (2014), 44–58.

55. G. Harlaftis and G. Kostelenos, 'International Shipping and National Economic Growth: Shipping Earnings and the Greek Economy in the Nineteenth Century', *Economic History Review*, 65, 4 (2012), 1, 403–27.

56. See G. J. Milne, 'Maritime Liverpool', in J. Belchem (ed.), *Liverpool 800: Culture, Character and History* (Liverpool, 2006), p. 260.

57. See *The Black Sea Pilot* [1855], 3rd edn. (London, 1884), p. 5.

58. 我借鑑了G. S. Graham的權威性文章'The Ascendancyof the Sailing Ship, 1850–85', *Economic History Review*, 9, 1 (1956), 74–88.

59. 見下文裡的精細計算：C. Brautaset and R. Grafe, 'TheQuiet Transport Revolution', in Oxford University, *Discussion Papersin Economic and Social History*, no. 62 (2006), online.

60. See E. C. Smith, *A Short History of Naval and Marine Engineering* (Cambridge, 1937), pp. 180ff.

61. See M. J. Daunton, *Coal Metropolis: Cardiff 1870–1914* (Leicester, 1977).

62. T. Boyns and S. Gray, 'Welsh Coal and the Informal Empire in South America, 1850–1913', *Atlantic Studies*, 13, 1 (2016), 65ff. The records of Cory Brothers are at the Glamorgan Archives.

63. See [US Navy Department], *Coaling, Docking, and Repairing Facilities of the Ports of the World . . .* [1885], 3rd edn. (Washington DC, 1892).

64. See P. A. Shulman, *Coal and Empire: The Birth of Energy Security in Industrial America* (Baltimore, 2015), p. 85.

65. 對此的描述，見J. Chalcraft, 'The Coal Heavers of Port Sa'id: State-Making and Worker Protest, 1869–1914', *International Labor and Working-Class History*, 60 (2001), 110–24.

66. 對此的精彩描述，見E. Newby, *The Last Grain Race* (Lon-don, 1956).

67. 我借鑑了D.Kennerley的文章，'Stoking the Boilers: Firemen and Trimmers in British Merchant Ships, 1850–1950', *International Journal of Maritime History*, 20, 1 (2008), 191–220.
68. Hyslop, '"Ghostlike" Seafarers'; M. Sherwood, 'Race, Nationality and Employment among Lascar Seamen, 1660 to 1945', *Journal of Ethnic and Migration Studies*, 17, 2 (1991), 233.
69. A. W. Kirkaldy, *British Shipping* (London, 1914), Appendix XVII. I have excluded US lake and river tonnage.
70. F. Harcourt, *Flagships of Imperialism: The P&O Company and the Politics of Empire from Its Origins to 1867* (Manchester, 2006); T. A. Bushell, *'Royal Mail': A Centenary History of the Royal Mail Line, 1839–1939* (London, 1939); F. E. Hyde, *Cunard and the North Atlantic 1840–1973: A History of Shipping and Financial Manage- ment* (London, 1975).
71. P.P. 1901 (300) Select Committee on Steamship Subsidies, *Report*, pp. 233ff.
72. Harcourt, *Flagships of Imperialism*, p. 214.
73. Chih-lung Lin, 'The British Dynamic Mail Contract on the North Atlantic: 1860–1900', *Business History*, 54, 5 (2012), 783–97.
74. See D. Keeling, 'Transatlantic Shipping Cartels and Migration between Europe and America, 1880–1914', *Essays in Economic and Business History*, 17, 1 (1999), 195–213.
75. Royal Commission on Shipping Rings, *Report*, P.P. 1909, xlvii, 4668, p. 12; Keeling, 'Shipping Cartels'.
76. Shipping Rings, *Report*, p. 78. However, six members of the Commis- sion registered fierce opposition to this conclusion.
77. See R. Woodman, *A History of the British Merchant Navy*, vol. 4: *More Days, More Dollars: The Universal Bucket Chain, 1885–1920* (London, 2016), pp. 34–47.
78. B. Taylor, 'Tramp Shipping', in *Ships and Shipping*, vol. 2 (n.d. but c.1914), p. 264.
79. See G. Boyce, 'Edward Bates and Sons, 1897–1915: Tramping Opera- tions in Recession and Recovery', *International Journal of Maritime History*, 23, 1 (2011), 13–50.
80. Woodruff, *Impact*, p. 272.

81. 根據以下著作算出：Kirkaldy, *British Shipping*, Appendix, XVII.
82. See Y. Kaukiainen, 'Journey Costs, Terminal Costs and Ocean Tramp Freights: How the Price of Distance Declined from the 1870s to 2000', *International Journal of Maritime History*, 18, 2 (2006), 17– 64, esp. 30.
83. 關於此論點，見R. Cohn, *Mass Migration Under Sail: European Immigration to the Antebellum United States* (Cambridge, 2009).
84. Woodruff, *Impact*, p. 260.
85. See B. Lubbock, *The Log of the 'Cutty Sark'*, 2nd edn. (Glasgow, 1945), p. 129.
86. D. A. Farnie, *East and West of Suez* (Oxford, 1969), p. 362.
87. Ibid., p. 751
88. D. Kumar (ed.), *The Cambridge Economic History of India*, vol. 2: *c.1757–c.1970* (New Delhi, 1982), pp. 835–7.
89. A. J. Sargent, *Seaways of the Empire* (London, 1918), pp. 65ff.
90. J. Conrad, 'The End of the Tether' in his *Youth. A Narrative, and Two Other Stories* (Edinburgh and London, 1902), p. 189.
91. H. J. Schonfield, *The Suez Canal* (Harmondsworth, 1939), p. 111.
92. Farnie, *Suez*, ch.21，有精闢的評論。
93. See D. M. Williams and J. Armstrong, 'Changing Voyage Patterns in the Nineteenth Century: The Impact of the Steamship', *International Journal of Maritime History*, 22, 2 (2010), 151–70.

第五章：美國門戶

1. A. Mackay, *The Western World: or Travels in the United States in1846–47*, 2 vols. (Philadelphia, 1849), quoted in J. W. Reps, Cities oftheMississippi (Columbia, MO, and London, 1994), p. 106.
2. T. E. Redard, 'The Port of New Orleans: An Economic History, 1821–1860', PhD thesis, Louisiana State University (1985), Appendix II, Table 10 (available online).

3. R. G. Albion, *The Rise of New York Port, 1815–1860* (New York, 1939), p. 105.
4. D. Drake, *Remarks on the Importance of Promoting Literary and Social Concert in the Valley of the Mississippi* (1833), quotedin E. Wattsand D. Rachels (eds.), *The First West: Writing from the American Frontier, 1776–1860* (Oxford, 2002), p.345.
5. S. P. Marler, *The Merchants' Capital* (Cambridge, 2013), p. 40.
6. F. Furstenberg, 'The Significance of the Trans-Appalachian Frontier in Atlantic History', *American Historical Review, 113,* 3 (June 2008), 673.
7. See D. W. Meinig, *The Shaping of America*, vol. 2: *Continental America, 1800–1867* (New Haven, 1993), p. 4。兩佛羅里達係後來一塊一塊逐步入手。
8. R. W. Van Alstyne, *The Rising American Empire* (Oxford, 1960), pp. 81, 86.
9. United States Census Office, *Agriculture of the United States in 1860* (Washington DC, 1864), p. 85; www.census.gov/library/publications/ dec/1860b.html.
10. See W. Johnson, *Soul by Soul: Life Inside the Antebellum Slave Mar- ket* (Cambridge, MA, 1999).
11. R. Campanella, *Bienville's Dilemma: A Historical Geography of New Orleans* (Lafayette, LA, 2008)，對此有最出色的描述。
12. 關於美國土著在打造此地方面所起的作用，見T. R. Kidder, 'Making the City Inevitable', in C. E. Colten (ed.), *Transforming New Orlean sand Its Environs* (Pittsburgh, 2000).
13. T. N. Ingersoll, *Mammon and Man on in Early New Orleans: The First Slave Society in the Deep South, 1718–1819* (Knoxville, 1999), p. 254。來自此城市的Judah Benjamin成為第一個公開表明猶太教徒身分的美國聯邦參議員。
14. N. Dessens, *From Saint-Domingue to New Orleans: Migration and Influences* (Gainesville, FL, 2007).
15. See D. T. Gleeson, *The Irish in the South, 1815–1877* (Chapel Hill, 2001), p. 53.
16. R. Campanella, 'An Ethnic Geography of New Orleans', *Journal of American History*, 94, 3 (2007), 704–15; Cabildo Museum, New Orleans.

17. Cabildo Museum, New Orleans.
18. See D. Grimsted, *American Mobbing, 1828–1861: Toward Civil War* (Oxford, 1998), p. 92.
19. U. B. Phillips, *Life and Labor in the Old South* (Boston, 1929), p. 151.
20. Theodore Clapp, *Autobiographical Sketches and Recollections* (Bos- ton, 1858), p. 119.
21. Nicholas Trist to Virginia Randolph, 11 August 1822, University of North Carolina, Southern Historical Collection 02104, Nicholas Philip Trist Papers, 1.2, Folder 24 (online).
22. *De Bow's Review*, 16, 5 (1854): 'Yellow Fever in New Orleans' (online).
23. J. A. Carrigan, *The Saffron Scourge: A History of Yellow Fever in Louisiana, 1796–1905* (Lafayette, LA, 1994), pp. 4, 5, 7.
24. A. Kelman, *A River and Its City: The Nature of Landscape in New Orleans* (Berkeley, 2003), p. 88.
25. Amos Lefavour to J. Whitney, 30 March 1842, Library of Congress, Whitney and Burnham Papers, MSS 45450, Box 1.
26. See J. B. Rehder, *Delta Sugar: Louisiana's Vanishing Plantation Land- scape* (Baltimore, 1999), p. 178.
27. See J. H. Moore, *Agriculture in Ante-Bellum Mississippi* [1958], 2nd edn. (Columbia, SC, 2010), ch. 1; M. J. Brazy, *American Planter: Stephen Duncan of Antebellum Natchez and New York* (Baton Rouge, 2006).
28. 對一八五〇年代納齊茲族社會的率直看法，見F. L. Olmsted, *The Cotton Kingdom* [1861], ed. Andintroduced by A. M. Schlesinger, Modern Library edn. (New York, 1969), pp. 416–26.
29. See C. S. Aiken, *William Faulkner and the Southern Landscape* (Athens, GA, 2009), ch. 4.
30. *Agriculture of the United Statesin 1860*, p. 85.
31. Moore, *Ante-Bellum Mississippi*, pp. 69, 180。白人人口已從七萬人增至三十五萬人。
32. 見R. Campanella的有趣專題論著，*Lincoln in NewOrleans* (Lafayette, LA, 2010).
33. 棉花王國在食品原料上自給自足一事，在以下文章裡得到一再重申：A. L. Olmstead and P. W. Rhode, 'Cotton, Slavery and the New History of Capitalism', *Explorations in Economic History*, 67 (2018), 13.

34. Redard, 'New Orleans', Appendix I, Table 3.
35. L. C. Hunter, *Steamboats on the Western Rivers* (Cambridge, MA, 1949), p.59.
36. P. F. Paskoff, *Troubled Waters: Steamboat Disasters, River Improvements, and American Public Policy, 1821–1860* (Baton Rouge, 2007), p. 39.
37. Hunter, *Steamboats*, pp. 644–5.
38. See T. S. Berry, *Western Prices before 1851: A Study of the Cincinnati Market* (Cambridge, MA, 1943), p. 69.
39. Paskoff, *Troubled Waters*, p. 34. 40.
40. Ibid., p. 159.
41. Olmstead and Rhode, 'Cotton, Slavery', 8.
42. W. W. Chenault and R. C. Reinders, 'The Northern-Born Community in New Orleans in the 1850s', *Journal of American History*, 51, 2 (1964), 232–47.
43. L. K. Salvucci and R. J. Salvucci, 'The Lizardi Brothers: A Mexican Family Business and the Expansion of New Orleans, 1825–1846', *Journal of Southern History*, 82, 4 (2016), 759–88.
44. W. Amory to Whitney and Burnham, 24 December 1842, Whitney and Burnham Papers, Box 1.
45. N. J. Dick and Co. to W. Newton Mercer, 8 April 1840. William New- ton Mercer Papers, Howard-Tilton Library, Tulane University, MSS 64, Box 1.
46. 對棉花代理商的權威性敘述，H. D. Woodman, *King Cotton and His Retainers: Financing and Marketing the Cotton Cropof the South, 1800–1925* (Lexington, KY, 1968).
47. J. H. Pease and W. H. Pease, 'The Economics and Politics of Charles- ton's Nullification Crisis', *Journal of Southern History*, 47, 3 (1981), 335–62.
48. E. L. Miller, *New Orleans and the Texas Revolution* (College Station, TX, 2004).

49. C. S. Urban, 'The Ideology of Southern Imperialism: New Orleans and the Caribbean, 1845–1860', *Louisiana Historical Quarterly*, 39, 1 (1956), 48–73.

50. 關於這些行動，見M. Karp, *This Vast Southern Empire: Slaveholders at the Helm of American Foreign Policy* (Cambridge, MA, 2016), pp. 193, 197.

51. J. Majewski and T. W. Wahlstrom, 'Geography as Power: The Political Economy of Matthew Fontaine Maury', *Virginia Magazine of History and Biography*, 120, 4 (2012), 347.

52. Marler, *Merchants' Capital*, p. 43.

53. See Redard, 'New Orleans'.

54. 見下文裡的地圖：J. Atack, F. Bateman, M. Haines and R. A. Margo, 'Did Railroads Induce or Follow Economic Growth? Urbanization and Pop- ulation Growth in the American Midwest, 1850–1860', *Social Science History*, 34, 2 (2010), 176, 177.

55. *Agriculture of the United States in 1860*, p.157.

56. J. F. Entz, *Exchange and Cotton Trade between England and the United States* (New York, 1840), p. 16 (online).

57. R. W. Fogel and S. L. Engerman, *Time on the Cross: The Economics of American Negro Slavery* (London, 1974), pp. 248–50; R. W. Fogel, *Without Consent or Contract: The Rise and Fall of American Slavery* (New York, 1989), p. 87. 當然，這掩蓋了美南奴隸與自由人在所得方面的懸殊差距。事實上，美南「自由」家庭的所得高出美國全國平均值甚多。見下文裡的所得估計：P. H. Lindert and J. G.Williamson, 'American Incomes 1774–1860', National Bureau of Economic Research Working Paper no. 18396 (2012), pp. 33, 36, at http://www.nber.org/papers/w18396.

58. L. Shore, *Southern Capitalists: The Ideological Leadership of an Elite, 1832–1885* (Chapel Hill, 1986), p. 48.

59. Moore, *Ante-Bellum Mississippi*, ch. 8.

60. 關於此說，見E. E. Baptist, *The Half Has Never Been Told: Slavery and the Making of American Capitalism* (NewYork, 2014), pp. 113, 126–7；關於此修正作法，見Olmstead and Rhode, 'Cotton, Slavery', 8–11.

61. J. Oakes, *The Ruling Race: A History of American Slaveholders* (New York, 1982, 1998), pp. 76–8. 對於南方實行「輪耕」的不利影響，以及其背後的生態原因見 *Vision of the Confederate Nation* (Chapel Hill, 2009), ch. 2.
62. D. P. McNeilly, *The Old South Frontier: Cotton Plantations and the Formation of Arkansas Society* (Fayetteville, AR, 2000), pp. 7ff.
63. C. Woods, *Development Arrested: The Blues and Plantation Power in the Mississippi Delta* (London, 1998, 2017), p. 54.
64. See L. K. Ford, *Deliver Us from Evil: The Slavery Question in the Old South* (New York, 2009), pp. 508ff.
65. D. Brown, 'A Vagabond's Tale: Poor Whites, Herrenvolk Democracy, and the Value of Whiteness in the Late Antebellum South', *Journal of Southern History*, 79, 4 (2013), 799–840.
66. M. O'Brien, *Conjectures of Order: Intellectual Life and the American South, 1810–1860*, vol. 1 (Chapel Hill, 2004), p. 17.
67. Grimsted, *Mobbing*, p. 159.
68. Oakes, *Ruling Race*, p. 150.
69. See J. B. Stewart, 'The Emergence of Racial Modernity and the Rise of the White North, 1790–1840', *Journal of the Early Republic*, 18, 2 (1998), 182.
70. C. Phillips, *The Rivers Ran Backward: The Civil War and the Remak- ing of the American Middle Border* (Oxford, 2016), p. 20.
71. Shore, *Southern Capitalists*, p. 63.
72. See R. B. Kielbowicz, 'Modernization, Communication Policy, and the Geopolitics of News, 1820–1860', *Critical Studies in Mass Communi- cation*, 3, 1 (1986), 30–32.
73. Marler, *Merchants' Capital*, pp. 122–3.
74. J. A. Nystrom, *New Orleans after the Civil War: Race, Politics, and a New Birth of Freedom* (Baltimore, 2010), p. 8.
75. 晚近對此重創的重新估算，見P. F. Paskoff, 'Measure of War: A Quantitative Examination of the Civil War's Destructiveness in the Confederacy', *Civil War History*, 54, 1 (2008), 35–62.
76. Marler, *Merchants' Capital*, chs. 6 and 7.

77. J. J. Jackson, *New Orleans in the Gilded Age: Politics and Urban Progress 1880–1896* (Baton Rouge, 1969), pp. 4–21, 209.
78. B. I. Kaufman, 'New Orleans and the Panama Canal, 1900–1914', *Louisiana History*, 14, 4 (1973), 335, 344.
79. A. J. Sargent, *Seaports and Hinterlands* (London, 1938), p. 118.
80. Marler, *Merchants' Capital*, p. 230.
81. From 'Folly on Royal Street in the Raw Face of God' (1964); www. cnhs.org>ourpages>auto.
82. 基本說明，見W. J. Eccles, *Francein America* (New York, 1972).
83. 蒙特婁建在美洲土著的老陸上運輸路線上。B. Rush-forth, 'Insinuating Empire: Indians, Smugglers, and the Imperial Geography of Eighteenth-Century Montreal', in J. Gitlin, B. Berglund and A. Arenson (eds.), *Frontier Cities: Encountersat the Crossroads of Empire* (Philadelphia, 2012), p.56.
84. 權威性描述，見D. G. Creighton, *The Empire of the St Lawrence* [1937] (Toronto, 1956).
85. 「當時人」的描述，見E. Ross, *Beyond the River and the Bay* (Toronto, 1970).
86. H. A. Innis, *The Fur Trade in Canada* (Toronto, 1930)，依舊是可信的描述。
87. A. Greer, *The Patriots and the People: The Rebellion of 1837 in Rural Lower Canada* (Toronto, 1993).
88. See J. M. S. Careless, *The Union of the Canadas: The Growth of Canadian Institutions, 1841–1857* (Toronto, 1967).
89. G. P. de T. Glazebrook, *A History of Transportation in Canada*, vol. 1: *Continental Strategy to 1867* (Toronto, 1938, 1964), p. 84.
90. J. H. S. Reid, K. McNaught and H. S. Crowe (eds.), *A Source-Book of Canadian History: Selected Documents and Personal Papers* (Toronto, 1959), pp. 131ff.
91. See D. C. Masters, *The Reciprocity Treaty of 1854* [1937] (Toronto, 1963), pp. 122–3; *Semi-Centennial Report of the Montreal Board of Trade* (Montreal, 1893), p. 62.
92. J. Young, *Letters to the Hon. Francis Lemieux, Chief Commissioner Public Works...* (Montreal, 1855), p. 9.
93. See D. McCalla, *Planting the Province: The Economic History of Upper Canada, 1784–1870* (Toronto, 1993).

94. 關於艾倫的經歷，見T. E. Appleton, *Ravenscrag: The Allan Royal Mail Line* (Toronto, 1974).
95. S. P. Day, *English America*, vol. 1 (1864), pp. 156ff.
96. See O. D. Skelton, *The Railway Builders* (Toronto, 1916); for a modern account, A. A. den Otter, *The Philosophy of Railways: The Transconti- nental Railway Idea in British North America* (Toronto, 1997), ch. 4.
97. *Montreal in 1856* (Montreal, 1856), pp. 25, 30; see https://static.torontopubliclibrary.ca/da/pdfs/37131055411417d.pdf.
98. B.-M. Papillon, 'Montreal's Growth and Economic Changes in Que- bec Province, 1851–1911', PhD thesis, Northwestern University (1986), available online, pp. 92ff.
99. D. McKeagan, 'Development of a Mature Securities Market in Mon- real from 1817 to 1874', *Business History*, 51, 1 (2009), 59–76.
100. D. C. Masters, *The Rise of Toronto, 1850–1890* (Toronto, 1947), ch. 3; J. M. S. Careless, *Toronto to 1918* (Toronto, 1984).
101. See W. L. Morton, *Manitoba: A History* (Toronto, 1957), ch. 4.
102. K. Bourne, *Britain and the Balance of Power in North America, 1815–1908* (London, 1967).
103. 「一個精明且最無原則的政黨領袖，已發展出一套使國人道德敗壞的政治腐敗體制」，係他所得到的蓋棺論定。被引用於G. T. Stewart, *The Origins of Canadian Politics* (Vancouver, 1986), p. 69.
104. D. G. Creighton, *John A. Macdonald: The Young Politician* (Toronto, 1952), offers a more sympathetic portrait of Macdonald.
105. P. B. Waite (ed.), *The Confederation Debates in the Province of Can- ada/1865* (Toronto, 1963), p. 101.
106. P. B. Waite, *The Life and Times of Confederation 1864–1867* (Toronto, 1962), ch. 10.
107. Den Otter, *Philosophy of Railways*, ch. 6.
108. See 'Donald Alexander Smith, 1st Baron Strathcona' and 'George Ste- phen', both in the *Dictionary of Canadian Biography* (online).
109. 關於加拿大太平洋鐵路，見H. A. Innis, *A History of the Canadian Pacific Railway* (Toronto, 1923); R. T. Naylor, *The History of Canadian Business, 1867–1914* [1975], newedn. (Toronto, 2006), vol. 1, ch. 8.
110. Figures in M. Q. Innis, *An Economic History of Canada* (Toronto, 1935), p. 286.

111. A. Dilley, *Finance, Politics, and Imperialism: Australia, Canada, and the City of London, c.1896–1914* (Basingstoke, 2012), p. 37.
112. Bodleian Library, MSS R. H. Brand, Box 26.
113. Dilley, *Finance*, p. 36.
114. 關於蒙特婁諸產業的成長，見R. D. Lewis, 'A City Trans-formed: Manufacturing Districts and Suburban Growth in Montreal, 1850–1929', *Journal of Historical Geography*, 27, 1 (2001), 20–35.
115. Dilley, *Finance*, p. 57.
116. 見美國統計部，'International Trade Statis- tics 1900–1960', at https://unstats.un.org/unsd/trade/imts/Historical% 20data%20 1900-1960.pdf.
117. See G. Tulchinsky, 'The Montreal Business Community, 1837–1853', in D. S. Macmillan (ed.), *Canadian Business History: Selected Studies, 1497–1971* (Toronto, 1972).
118. D. MacKay, *The Square Mile: Merchant Princes of Montreal* (Vancou- ver, 1987).
119. 他們的經歷可在*Dictionary of Canadian Biography*裡找到。
120. See 'Hugh Allan' in *Dictionary of Canadian Biography*.
121. See 'George Stephen' in *Dictionary of Canadian Biography*.
122. M. Slattery, 'Les Irlandais catholiques de Montréal', in G. Lapointe (ed.), *Société, culture et religion* à *Montréal, XIX–XX siècle* (Quebec, 1994), p. 44.
123. Den Otter, *Philosophy of Railways*, pp. 104–5.
124. See S. J. Potter, 'The Imperial Significance of the Canadian–American Reciprocity Proposals of 1911', *Historical Journal*, 47, 1 (2004), 81–100.
125. W. W. Swanson and P. C. Armstrong, *Wheat* (Toronto, 1930), pp. 214–16.
126. C. A. E. Goodhart, *The New York Money Market and the Finance of Trade, 1900–1913* (Cambridge, MA, 1969), Appendix 1.

127. A. Siegfried, *The Race Question in Canada* [Paris, 1906], pbk. edn. (Toronto, 1966), p. 185. For the Anglo-Protestants and their world, see M. W. Westley, *Remembrance of Grandeur: The Anglo-Protestant Elite of Montreal, 1900–1950* (Montreal, 1990).

128. J. Gilliland and S. Olson, 'Residential Segregation in an Industrial- izing City: A Closer Look', *Urban Geography*, 31, 1 (2010), 33.

129. Hugh MacLennan (1945)的著名小說之篇題。

130. 關於布拉薩的經歷，見C. Murrow, *Henri Bourassa and French-Canadian Nationalism: Opposition to Empire* (Montreal, 1968).

131. 淺顯易懂的指南，S. Mann Trofimenkoff, *The Dream of Nation: A Social and Intellectual History of Quebec* (Toronto, 1983), ch. 7.

132. D. Greasley and L. Oxley, 'A Tale of Two Dominions: Comparing the Macroeconomic Records of Australia and Canada since 1870', *Economic History Review*, 51, 2 (1998), 305ff.

133. W. A. Mackintosh, *The Economic Background to Dominion-Provincial Relations* [1939], pbk. edn. (Toronto, 1979), p.89.

134. D. Baillargeon, 'La Crise ordinaire: les ménagères montréalaises et la crise des années trente', *Labour/Le Travail*, 30 (1992), 136.

135. See T. Copp, 'The Condition of the Working Class in Montreal, 1897– 1920', in M. Horn and R. Sabourin (eds.), *Studies in Canadian Social History* (Toronto, 1974), p. 193.

136. Masters, *Toronto*, ch. 6.

137. J. Martin, 'How Toronto Became the Financial Capital of Canada', Rotman School of Management, University of Toronto, Case Study, (2012), p. 14.

138. A. R. M. Lower, 'Geographical Determinants in Canadian History', in R. Flerley (ed.), *Essays in Canadian History: Presented to George Mackinnan Wrong For His Eightieth Birthday* (Toronto, 1939).

139. *New York Daily Times (1850–1857)*, 27 March 1852 (online).

140. See N. M. Cool, 'Pelts and Prosperity: The Fur Trade and the Mohawk Valley, 1730–1776', *New York History*, 97, 2 (Spring 2016), 136.

141. See R. T. Aggarwala, '"I Want a Packet to Arrive": Making New York City the Headquarters of British America, 1696–1783',

New York His- tory, 98, 1 (Winter 2017), 34ff.

142. See E. G. Burrows and M. Wallace, *Gotham: A History of New York City to 1898* (Oxford, 1998), ch. 22.

143. 探討紐約利於發展航運之處的權威性論著，係 Albion, *The Rise of New York Port*.

144. See B. P. Murphy, *Building the Empire State: Political Economy in the Early Republic* (Philadelphia, 2015), pp. 208ff.

145. 此數字被引用於 J. D. B. De Bow, *The Industrial Resources, etc., of the Southern and Western States* (1853). See P. S. Foner, *Business and Slavery: The New York Merchants and the Irrepressible Conflict* (ChapelHill, 1941), p. 7.

146. W. Pencak and C. E. Wright (eds.), *New York and the Rise of Ameri- can Capitalism* (New York, 1989), p. xii.

147. W. Cronon, *Nature's Metropolis: Chicago and the Great West* (New York, 1991), pp. 70, 77.

148. M. G. Myers, *The New York Money Market*, vol. 1: *Origins and Development* (New York, 1931), p. 104.

149. Cronon, *Nature's Metropolis*, p. 322.

150. See E. K. Spann, *The New Metropolis: New York City, 1840–1857* (New York, 1981), pp. 406, 408–9.

151. *New York Daily Times*, 10 March 1852 (online).

152. Foner, *Business and Slavery*, p. 4.

153. T. Kessner, *Capital City: New York City and the Men Behind America's Rise to Economic Dominance, 1860–1900* (New York, 2003), p. 31.

154. C. R. Geisst, *Wall Street: A History* (Oxford and New York, 1997), p. 57; Kessner, *Capital City*, pp. 31ff.

155. S. Beckert, *The Monied Metropolis: New York City and the Consolida- tion of the American Bourgeoisie, 1850–1896* (Cambridge, 2001), p. 410.

156. See S. Bruchey, *Enterprise: The Dynamic Economy of a Free People* (Cambridge, MA, 1990), p. 384.

157. 權威性記述，係 A. D. Chandler Jr, *The Railroads: The Nation's First Big Business* (New York, 1965), and A. D. Chandler Jr, *The VisibleHand: The Managerial Revolution in American Business* (Cambridge, MA, 1977), chs. 3, 4, 5。關於評論，見 R.

R. John, 'Elaborations, Revisions, Dissents: Alfred D. Chandler, Jr.'s, *The Visible Hand* after Twenty Years', *Business History Review*, 71, 2 (1997), 151–200.

158. Beckert, *Monied Metropolis*, p. 141.

159. D. C. Hammack, 'Political Participation and Municipal Policy: New York City, 1870–1940', in T. Bender and C. E. Schorske (eds.), *Buda- pest and New York: Studies in Metropolitan Transformation, 1870–1930* (New York, 1994), p. 58.

160. J. Heffer, *Le Port de New York et le commerce extérieur américain (1860–1900)* (Paris, 1986), p. 7.

161. Ibid., p. 264.

162. E. Huntington, 'The Water Barriers of New York City', *Geographical Review*, 2, 3 (1916), 169–83.

163. A. M. Blake, *How New York Became American, 1890–1924* (Baltimore, 2006) 一書的中心思想。

164. See Bender and Schorske (eds.), *Budapest and New York*, 'Introduction'.

165. N. Harris, 'Covering New York City: Journalism and Civic Identity in the Twentieth Century', in Bender and Schorske (eds.), *Budapest and New York*, pp. 258–60.

166. Bruchey, *Enterprise*, p. 382.

167. R. C. O. Matthews, C. H. Feinstein and J. C. Odling-Smee, *British Economic Growth 1856–1973* (Stanford, 1982), p. 433.

168. L. E. Davis and R. J. Cull, *International Capital Markets and Ameri- can Economic Growth, 1820–1914* (Cambridge, 1994), p. 111.

169. See A. A. Stein, 'The Hegemon's Dilemma: Great Britain, the United States, and the International Economic Order', *International Organi- zation*, 38, 2 (1984), 355–86.

170. F. W. Taussig, *Some Aspects of the Tariff Question* (Cambridge, MA, 1934), p. 139.

171. 關於此，見 D. W. Meinig, *The Shaping of America, vol. 3. Transcon- tinental America, 1850–1915* (New Haven, 1998), p. 322.

172. See Goodhart, *New York Money Market*.

第六章：英國對印度沿海地區的統治

1. See S. Broadberry, J. Custodis and B. Gupta, 'India and the Great Divergence', *Explorations in Economic History*, 55, 1 (2015), 58–75.
2. See C. A. Bayly, *Rulers, Townsmen and Bazaars: North Indian Soci- ety in the Age of British Expansion, 1770–1870* (Cambridge, 1983), esp. ch. 7; for southern India, see D. Washbrook, 'South India 1770– 1840: The Colonial Transition', *Modern Asian Studies*, 38, 3 (2004), 479–516, esp. 507ff.
3. D. Kumar (ed.), *The Cambridge Economic History of India* (hereafter *CEHI*), vol. 2 (Cambridge, 1982), p. 837.
4. See T. Roy, 'Trading Firms in Colonial India', *Business History Review*, 88, 1 (2014), 9–42.
5. See M. Adas, *The Burma Delta: Economic Development and Social Change on an Asian Rice Frontier* (Madison, WI, 1974)。晚近的專題論著，見S. Turnell, 'The Chettiarsin Burma', www.econ.mq.edu.au/Econ_docs/research_papers2/2005_research_papers/chettiar.pdf.
6. 關於他們與東非的連結，見C. Markovits, Structure and Agency in the World of Asian Commerce in the Era of European Colonial Domination (*c*.1750–1950)', *Journal of the Economic and Social History of the Orient*, 50, 2/3 (2007), 114.
7. P.P. 1873 (C.820), Correspondence Respecting Sir Bartle Frere's Mis- sion to the East Coast of Africa: Frere to Lord Granville, 7 May 1873.
8. P.P. 1871 (C.216), Return of H.M. Ships on Station, April and Octo- ber, 1869 and 1870; J. B. Kelly, *Britain and the Persian Gulf, 1795–1880* (Oxford, 1968), p. 663.
9. Roy, 'Trading Firms', 9.
10. See G. Blake, *B.I. Centenary 1856–1956* (London, 1956), pp. 83, 159.
11. A. J. Sargent, *Seaways of the Empire* (London, 1918), ch. 3.
12. *Times of India* Digital Archive：我利用了《孟買時報》（*Bombay Times*）和《商業雜誌》（*Journal of Commerce*）一八四

六年七月十八、十九日和八月八日的報導。後來，在Lovat Fraser和Stanley Reed當主編期間（後者從一九〇七至一九二三年主編此報），《印度時報》，連同《加爾各答政治家》（*Calcutta Statesman*），成為為印度前兩大英語報。

13. A. Farooqui, *Opium City: The Making of Early Victorian Bombay* (Gurgaon, 2006), p. 56.

14. See P. Nightingale, *Trade and Empire in Western India, 1784–1806* (Cambridge, 1970), p. 46.

15. See L. Subramanian, *Indigenous Capital and Imperial Expansion: Bom- bay, Surat and the West Coast* (Delhi, 1996); Farooqui, *Opium City*.

16. C. Markovits, 'The Political Economy of Opium Smuggling in Early Nineteenth Century India', *Modern Asian Studies*, 43, 1 (2009), 89–111.

17. *Bombay Times and Journal of Commerce*, 3 November 1838.

18. F. Broeze, 'The External Dynamics of Port City Morphology: Bombay 1815–1914', in I . Banga (ed.), *Ports and Their Hinterlands in India, 1700–1950* (New Delhi, 1992), p. 258.

19. D. E. Haynes, 'Market Formation in Khandesh, *c.*1820–1930', *Indian Economic and Social History Review*, 36, 3 (1999), 275–302.

20. S. Guha, 'Forest Polities and Agrarian Empires: The Khandesh Bhils, *c.*1700–1850', *Indian Economic and Social History Review*, 33, 2 (1996), 144.

21. See E. M. Gumperz, 'City-Hinterland Relations and the Development of a Regional Elite in Nineteenth Century Bombay', *Journal of Asian Studies*, 33, 4 (1974), 586.

22. 見下文裡的有趣敘述：H.Inagaki, 'The Rule of Law and Emergency in Colonial India', King's College London, PhD thesis, 2016; available online.

23. 根據以下著作算出：S. M. Edwardes, *The Gazetteer of Bombay City and Island,* vol. 1 (Bombay, 1909), Appendix IV; T. E. Redard, 'The Port of New Orleans. An Economic History, 1821–1860', PhD phesis, Louisiana State University (1985), Appendix II, Table 10. 十盧布兌換一英鎊；五美元兌換一英鎊。

24. See F. Broeze, 'Underdevelopment and Dependency: Maritime India during the Raj', *Modern Asian Studies*, 18, 3 (1984), 438ff.
25. *Bombay Times and Journal of Commerce*, 6 October 1849.
26. Ibid., 20 August 1845.
27. 關於這些數字，*Bombay Times*, 12 March 1861.
28. 一八六一年四月，七艘駛往中國，八艘駛往倫敦，四十三艘駛往利物浦。*Bombay Times*, 5 April 1861.
29. See I. J. Kerr, *Building the Railways of the Raj, 1850–1900* (Delhi, 1997), chs. 2, 3, 4.
30. 最佳的敘述，見A. K. Bagchi, *The Evolution of the State Bank of India: The Roots, 1806–1876*, Part II, *Diversity and Regrouping, 1860–1876* (Bombay, 1987), chs. 25–7.
31. W. W. Hunter (ed.), *Imperial Gazetteer of India*, vol. 2 (1881), p. 209.
32. *Times of India* (hereafter *TOI*), 17 July 1874。一八六一年《孟買時報》大幅改名。
33. *TOI*, 2 March 1878.
34. See *Materials towards a Statistical Account of the Town and Island of Bombay* (Bombay, 1894), vol. 2, Appendix II, pp. 522ff.
35. *TOI*, 18 January 1872.
36. Ibid., 12 August 1879.
37. Ibid., 29 June 1875.
38. 商會報告：*TOI*, 2 November 1876.
39. See M. Vicziany, 'Bombay Merchants and Structural Changes in the Export Community, 1850 to 1880', in K. N. Chaudhuri and C. J. Dewey (eds.), *Economy and Society: Essays in Indian Economic and Social History* (Delhi, 1979), pp. 163–96.
40. *TOI*, 16 November 1874.
41. 事實上，傑吉博伊獲頒準男爵爵位——世襲爵位。
42. See *TOI*, 13 August 1877.

43. *TOI*, 28 June 1902.
44. J. S. Palsetia, 'Mad Dogs and Parsis: The Bombay Dog Riots of 1832', *Journal of the Royal Asiatic Society*, 3rd Series, 11, 1 (2001), 13–30.M. Sharafi, 'A New History of Colonial Lawyering: Likhovski and Legal Identities in the British Empire', *Law and Social Inquiry*, 32, 4 (2007), 1070–71.
45. M. Sharafi, 'A New History of Colonial Lawyering: Likhovski and Legal Identities in the British Empire', *Law and Social Inquiry*, 32, 4 (2007), 1070–71.
46. N. Green, *Bombay Islam: The Religious Economy of the West Indian Ocean, 1840–1915* (Cambridge, 2011), p. 121.
47. C. Dobbin, *Urban Leadership in Western India* (Oxford, 1972), p. 219.
48. *TOI*, 12 February 1889，報導了Lepel Griffin爵士的一場演說。
49. See Green, *Bombay Islam*, p. 6; *Bombay Presidency Gazette*, vol. IX, part 2: Gujarati Population: Muslims and Parsis (Bombay, 1899).
50. Green, *Bombay Islam*, pp. 95, 97.
51. *TOI*, 17 November 1886.
52. See G. Johnson, *Provincial Politics and Indian Nationalism: Bombay and the Indian National Congress, 1880 to 1915* (Cambridge, 1973); R. I. Cashman, *The Myth of the Lokamanya* (Berkeley, 1975).
53. R. Chandavarkar, *The Origins of Industrial Capitalism in India* (Cambridge, 1994), p. 250.
54. See I. Klein, 'Urban Development and Death: Bombay City, 1870– 1914', *Modern Asian Studies*, 20, 4 (1986), 725–54.
55. See A. H. Leith, *Report on the Sanitary State of the Island of Bombay* (Bombay, 1864).
56. A. R. Burnett-Hurst, *Labour and Housing in Bombay* (London, 1925), quoted in V. Anstey, *The Economic Development of India* (London, 1929), p. 499.
57. L.R.C. in *Journal of the Royal Statistical Society*, 89, 1 (1926), 155.
58. Klein, 'Urban Development', 745, 751.

59. S. B. Upadhyay, 'Communalism and Working Class: Riot of 1893 in Bombay City', *Economic and Political Weekly*, 24, 30 (1989), 69–75.
60. S. M. Edwardes, *The Gazetteer of Bombay City and Island* (Bombay, 1909), vol. 1, p. 448.
61. 關於此看法，見N. Charlesworth, *Peasants and Imperial Rule: Agriculture and Agrarian Society in the Bombay Presidency, 1850– 1935* (Cambridge, 1985).
62. See Gumperz, 'City-Hinterland Relations'.
63. C. Dobbin, 'Competing Elites in Bombay City Politics in the Mid- Nineteenth Century (1852–83)', in E. Leach and S. N. Mukherjee (eds.), *Elites in South Asia* (Cambridge, 1970), pp. 79–94.
64. See A. Seal, *The Emergence of Indian Nationalism* (Cambridge, 1971), pp. 226ff.
65. J. M. Brown, *Gandhi: Prisoner of Hope* (New Haven, 1990)，針對此主題的龐大文獻，提供了易懂的入門性介紹。甘地於一八九一至一八九二年在孟買尋覓律師工作，度過徒勞的一年。見R. Guha, *Gandhi Before India* (London, 2013), ch.3.
66. 兩本權威性專題論著：D. Hardiman, *Peasant Nationalists of Gujarat: Kheda District, 1917–1934* (Delhi, 1981); S. Mehta, *The Peasantry and Nationalism: A Study of the Bardoli Satyagraha* (New Delhi, 1984), on Bardoli District.
67. See P. Kidambi, 'Nationalism and the City in Colonial India: Bombay, *c*. 1890–1940', *Journal of Urban History*, 38, 5 (2012), 950–67。關於甘地與帕西人的含糊關係，既欣賞又批評的關係，見D. Patel, 'Beyond Hindu–Muslim Unity:Gandhi, the Parsis and the Prince of Wales Riots of 1921', *Indian Economic and Social History Review*, 55, 2 (2018), 221–47.
68. 關於蘇倫德拉納特．巴納吉從加爾各答來此創辦「溫和派會議」（Moderates' Conference）一事，見*TOI*, 1 November 1918.
69. See *Report of the Indian Taxation Enquiry Committee*, vol. 1 (Madras, 1925).
70. E. Thornton, *A Gazetteer of the Territories under the Government of the East-India Company...* (1857), p. 173.
71. J. R. Martin, 'A Brief Topographical and Historical Notice of Calcutta', *The Lancet*, 50, 1, 256 (1847), 330.
72. 關於加爾各答的起源，見R. Murphey, 'The City in the Swamp: Aspects of the Site and Early Growth of Calcutta', *Geographical*

Journal, 130, 2 (1964), 241–56; F. Hasan, 'Indigenous Cooperation and the Birth of a Colonial City: Calcutta, *c*.1698–1750', *Modern Asian Studies*, 26, 1 (1992), 65–82; K. Raj, 'The Historical Anatomy of a Contact Zone: Calcutta in the Eighteenth Century', *Indian Economic and Social History Review*, 48, 1 (2011), 55–82.

73. P. J. Marshall, 'The White Town of Calcutta under the Rule of the East India Company', *Modern Asian Studies*, 34, 2 (2000), 307–31.

74. 關於此城市的樣貌，見S. J. Hornsby, 'Discovering the Mercantile City in South Asia: The Example of Early Nineteenth-Century Calcutta', *Journal of Historical Geography*, 23, 2 (1997), 135–50.

75. 當時人的描述，見N. Allen, *The Opium Trade* (Boston, 1853), pp.5–7 (availableonline).

76. 從四六七〇箱（每箱重一一三磅）增至四萬九千箱。P. P. 1865 (94), *Opium: Return of Opium Exported... since the Year 1830...*

77. See Z. Yalland, *Traders and Nabobs: The British in Cawnpore, 1765– 1857* (Salisbury, 1987), pp. 100ff.

78. See T. Webster, 'An Early Global Business in a Colonial Context: The Strategies, Management, and Failure of John Palmer and Company of Calcutta, 1780–1830', *Enterprise and Society*, 6, 1 (2005), 98–133.

79. Hyde Clarke, *Colonization, Defence, and Railways in Our Indian Empire* (1857), p. 168 (online).

80. H. Mukherjee, *The Early History of the East Indian Railway, 1845– 1879* (Calcutta, 1994).

81. 一八八〇至一八八一年鴉片占印度出口總額將近兩成，但十年後已降至九%左右。見Kumar (ed.), *CEHI*, vol. 2, p. 845.

82. 一八八八年，從印度、斯里蘭卡進口的茶葉，首度超過從中國進口的茶葉。G. G. Chisholm, *Handbook of Commercial Geography*, 7th edn. (1908), p.127.

83. Kumar (ed.), *CEHI*, vol. 2, p.844.

84. A. K. Bagchi, 'European and Indian Entrepreneurship in India, 1900–1930', in Leach and Mukherjee (eds.), *Elites in South Asia*，對此有絕佳的描述。

85. See J. Forbes Munro, *Maritime Enterprise and Empire: Sir William Mackinnon and His Business Network, 1823–1893* (Woodbridge, 2003).

86. B. Gupta, 'Discrimination or Social Networks? Industrial Investment in Colonial India', *Journal of Economic History*, 74, 1 (2014), 146.
87. S. Sarkar, 'The City Imagined', in his *Writing Social History* (New Delhi, 1997), p. 164.
88. H. Leonard, *Report on the River Hooghly* (Calcutta, 1865), p. 8.
89. See Barun De, 'The History of Kolkata Port and the Hooghly River and Its Future', www.kolkataporttrust.gov.ind/showfile.php?layout= 1&lid=520.
90. See S. K. Munsi, *Geography of Transportation in Eastern India under the British Raj* (Calcutta, 1980), p. 113.
91. Ibid., pp. 83, 71.
92. *Imperial Gazetteer of India: Provincial Series, Bengal*, vol. 1 (Cal- cutta, 1909), p. 424.
93. See *Oxford Dictionary of National Biography*: 'Mackay, James Lyle, First Earl of Inchcape'.
94. Bagchi, 'European and Indian Entrepreneurship'.
95. See T. Bhattacharya, *The Sentinels of Culture: Class, Education and the Colonial Intellectual in Bengal, 1848–1885* (New Delhi, 2005), ch. 1: 'The Curious Case of the Bhadralok'.
96. 權威性專題論著，T. Raychaudhuri, *Europe Reconsidered: Perceptions of the Westin Nineteenth-Century Bengal* (Delhi, 1989).
97. Risley to Curzon, 7 February 1904, quoted in D. Banerjee, *Aspects of Administration in Bengal–1898–1912* (New Delhi, 1980), p.82.
98. 吉卜林的名句，見'City of Dreadful Night, Jan.–Feb.1888', in R. Kipling, *From Sea to Sea and Other Sketches: Letters of Travel*, vol. 2 (1919), pp. 201–69.
99. 對此的研究，見P. T. Nair, 'Civic and Public Services in Old Calcutta', in S. Chaudhuri (ed.), *Calcutta: The Living City*, vol. 1: *The Past* (Calcutta, 1990).
100. G. Stewart, *Jute and Empire: The Calcutta Jute Wallahs and the Landscapes of Empire* (Manchester, 1998), pp. 60ff.

101. R. K. Ray, *Urban Roots of Indian Nationalism: Pressure Groups and Conflict of Interests in Calcutta City Politics, 1875–1939* (New Delhi, 1979).

102. O. Goswami, 'Then Came the Marwaris', *Indian Economic and Social History Review*, 22, 3 (1985), 225–49 G. Oonk, 'The Emergence of Indigenous Industrialists in Calcutta, Bombay, and Ahmedabad, 1850–1947', *Business History Review*, 88, 1 (2014), 50ff.

103. Stewart, *Jute*, pp. 100ff.

104. O. Goswami, *Industry, Trade and Peasant Society: The Jute Economy of Eastern India, 1900–1947* (Delhi, 1991), p. 145.

105. Ibid., p. 146.

106. 見下文裡的分析：J. Gallagher, 'Congress in Decline. Bengal, 1930 to1939', *Modern Asian Studies*, 7, 3 (1973), 589–645.

107. T. Robertson, *Report on the Administration and Working of Indian Railways* (Calcutta, 1903), p. 35.

108. R. Mukerjee, *The Changing Face of Bengal: A Study in Riverine Economy* (Calcutta, 1938), p. 195.

109. 我借鑑了以下著作：T. Roy, *The Economic History of India 1857–1947* (New Delhi, 2000), esp. ch. 3；較晚近以類似思路所做的分析，見B. Gupta, 'Falling Behind and Catching Up: India's Transition from a Colonial Economy', *Economic History Review*, 72, 3 (2019), 803–27.

110. League of Nations, *The Net work of World Trade* (Geneva, 1942), pp. 99, 100.

111. See J. Chatterji, *The Spoils of Partition: Bengal and India, 1947–1967* (Cambridge, 2007).

112. T. Roy, 'The Transfer of Economic Power in Corporate Calcutta, 1950–1970', *Business History Review*, 91, 1 (2017), 7.

第七章：從南洋到長江

1. See E. M. Jacobs, *Merchant in Asia: The Trade of the Dutch East India Company during the Eighteenth Century* (Leiden, 2006).

2. Raffles to Colonel Addenbrooke, 10 June 1819, in V. Harlow and F. Madden (eds.), *British Colonial Developments 1774–1834:*

Select Documents (Oxford, 1953), p. 73;更完整的版本請見C. E. Wurtzburg, *Raffles of the Eastern Isles* [1954] (Oxford, 1986), p. 520.

3. Raffles Memorandum 1819, Harlow and Madden (eds.), *Colonial Developments*, p. 76.
4. Wurtzburg, *Raffles*, pp. 631ff.
5. G. F. Bartle, 'Sir John Bowring and the Chinese and Siamese Commercial Treaties', *Bulletin of the John Rylands Library, Manchester*, 4, 2 (1962), 303。寶寧的銀行家是最大鴉片商怡和洋行，寶寧的兒子是該商行的合夥人之一。
6. See G. S. Graham, *The China Station: War and Diplomacy, 1830–1860* (Oxford, 1978), p.284.
7. *Singapore Free Pressand Mercantile Advertiser*, 1 April 1847。《新加坡自由西報》(*Singapore Free Press*)、《海峽時報》(*Straits Times*)等新加坡報紙的檔案，可在以下網址找到：http://eresources.nlb.gov.sg/newspapers.
8. 見以下著作裡的生動敘述：P. D. Coates, *The China Consuls: British Consular Officers, 1843–1943* (Hong Kong, 1988), chs.1–6.
9. See A. R. Wallace, *The Malay Archipelago* [1869] (Oxford, 1986), chs. 10, 23 and 27.
10. Ibid., p.32.
11. 我借鑑了下文裡的有趣敘述：S. Dobbs, 'The Singapore River, 1819–1869: Cradle of a Maritime Entrepot', *International Journal of Maritime History*, 13, 2 (2001), 95–118.
12. See the *China Sea Directory*, vol. 1 (1867), pp. 7, 272.
13. See A. Milner, 'Singapore's Role in Constituting a "Malay" Narrative', in N. Tarling (ed.), *Studying ingapore's Past* (Singapore, 2012), pp. 125–45.
14. M'Culloch's *Commercial Dictionary*, new edn. (London, 1869), p. 1285
15. 數字來自*Colonial Office List* (1865).
16. See Wong Lin Ken, 'Singapore: Its Growth as an Entrepot Port, 1819– 1941', *Journal of Southeast Asian Studies*, 9, 1 (1978), Tables 1, 2, 3.

17. *China Directory*, p. 152.
18. M'Culloch's *Commercial Dictionary*, p. 1286.
19. 根據以下著作裡的數字算出：M'Culloch's *Commercial Dictionary*, pp. 163, 881, 1289, 1350。美國內戰導致「棉荒」，在這期間，孟買的總貿易額增長一倍，達到約七千萬英鎊。
20. 例如，參見以下著作裡對鴉片貿易的大力辯護：M'Culloch, *Commercial Dictionary*: 'Opium', pp. 977ff.
21. 見 'Blue Book 1877', 引自 *Straits Times*, 19 October 1878.
22. *Straits Times*, 1 January 1870.
23. 見一八七〇年二月二十六日《海峽時報》（*Straits Times*）裡，Eastern Telegraphic Company 的約翰．彭德的精細估計。
24. Wong, 'Singapore', Table 10.
25. See Wong, 'Singapore', Tables 6, 7, 8.
26. *Straits Times*, 12 February 1870.
27. Ibid., 18 May 1872.
28. Wong, 'Singapore', 69.
29. *Straits Times*, 4 September 1875.
30. *Straits Times Overland Journal*, 27 May 1876.
31. W. G. Huff, *The Economic Growth of Singapore* (Cambridge, 1994), p. 52.
32. Quoted in J. Loadman, *Tears of the Tree: The Story of Rubber – A Modern Marvel* (Oxford and New York, 2005), p. 83.
33. Huff, *Singapore*, p. 182.
34. Stephanie Po-yin Chung, 'Surviving Economic Crises in Southeast Asia and Southern China: The History of Eu Yan Sang Business Conglomerates in Penang, Singapore and Hong Kong', *Modern Asian Studies*, 36, 3 (2002), 59.
35. Huff, *Singapore*, p. 154。相對的，一八九二至一八九七年間，一年有三十萬左右的人通過紐約的伊利島，一九一四年達到將近九十萬人。

36. 我借鑑了以下著作：G. L. Hicks (ed.), *Overseas Chinese Remittances from Southeast Asia, 1910–1940* (Singapore, 1993)。此作以一九四一年、一九四二年、一九四三年台灣銀行的調查結果為基礎，而這些調查反映了日本人對中國金融資源的強烈興趣。

37. *Straits Times*, 18 June 1904.

38. Ibid., 3 January 1913.

39. *Singapore Free Press*, 27 April 1920.

40. 關於海峽華人，見Lee Poh Ping, *Chinese Society in Nineteenth Century Singapore* (Kuala Lumpur, 1978); M. R. Frost, '*Emporium in Imperio*: Nanyang Networks and the Straits Chinese in Singapore, 1819–1914', *Journal of Southeast Asian Studies*, 36, 1 (2005), 29–66;for a contemporary account, see J. D. Vaughan, *The Manners and Customs of the Chinese of the Straits Settlements* (Singapore, 1879), pp.3–6.

41. Lee, *Chinese Society*, pp. 72ff.

42. 被引用於Siew-Min Sai, 'Dressing Up Subjecthood: Straits Chinese, the Queue, and Contested Citizenship in Colonial Singapore', *Journal of Imperial and Common wealth History*, 47, 3 (2019), 459.

43. 最佳的敘述依舊是M. R. Godley, *The Mandarin-Capitalists from Nanyang: Overseas Chinese Enterprise in the Modernization of China 1893–1911* (Cambridge, 1981).

44. See C. M. Turnbull, 'The Malayan Connection', in Chan Lau Kit-ching and P. Cunich (eds.) *An Impossible Dream: Hong Kong University from Founding to Re-Establishment, 1910–1950* (New York, 2002).

45. Tzu-hui Celina Hung, '"There Are No Chinamen in Singapore"', *Journal of Chinese Overseas*, 5, 2 (2009), 260.

46. See D. P. S. Goh, 'Unofficial Contentions: The Postcoloniality of Straits Chinese Political Discourse in the Straits Settlements Legislative Coun cil', *Journal of Southeast Asian Studies*, 41, 3 (2010), 483–507.

47. 關於新加坡的都市發展，見R. Powell, 'The Axis of Singapore: South Bridge Road', in R. Bishop, J. Phillips and Wei-Wei Yeo (eds.), *Beyond Description: Singapore Space Historicity* (London, 2004); J. Beamish and J. Ferguson, *A History of Singapore Architecture: The Making of a City* (Singapore, 1985); N. Edwards, *The Singapore House and Residential Life 1819–1939* (Oxford, 1991).
48. B. S. A. Yeoh, *Contesting Space: Power Relations and the Urban Built Environment in Colonial Singapore* (Kuala Lumpur, 1996), pp.46–8ff.
49. Ibid., p.88.
50. See Michael Francis Laffan, *Islamic Nationhood and Colonial Indo- nesia: The Umma below the Winds* (London, 2003), pp. 149ff.
51. 見Tim Harper的出色文章，'Singapore, 1915, and the Birth of the Asian Underground', *Modern Asian Studies*, 47, 6 (2013), 1782–811.
52. 關於此短語，見Ibid., 1806.
53. 'Singapore and the Future of British Shipping at the Straits' by 'Impe- rium', *Straits Times*, 23 February 1903.
54. *Straits Times*, 10 December 1903.
55. Ibid., 24 October 1903.
56. Ibid., 21 January 1902.
57. See V. Anstey, *The Trade of the Indian Ocean* (London, 1929), p. 58.
58. See A. J. Sargent, *Seaways of the Empire* (London, 1918), pp. 26–7.
59. Huff, *Singapore*, p. 17.
60. 我依循以下著作裡的論點：Huei-Ying Kuo, *Networks beyond Empires: Chinese Business and Nationalism in the Hong Kong-Singapore Corridor, 1914–1941* (Leiden, 2014).
61. 對這些早期艱辛處境的最佳專題論著，係C. Munn, *Anglo-China: Chinese People and British Rule in Hong Kong, 1841–1880* (Hong Kong, 2001, 2009).

62. S. Bard, *Traders of Hong Kong: Some Foreign Merchant Houses, 1841–1899* (Hong Kong, 1993).
63. 我借鑑了Elizabeth Sinn的傑出專題論著，*Pacific Crossing: California Gold, Chinese Migration, and the Making of Hong Kong* (Hong Kong, 2013)：在美國的華人堅持抽在香港調製出的鴉片。見E. Sinn, 'Preparing Opium for America', *Journal of Chinese Overseas*, 1, 1 (2005), 16–42.
64. Ripon to Governor Robinson, 23 August 1894, in G. B. Endacott, *An Eastern Entrepôt: A Collection of Documents Illustrating the History of Hong Kong* (London, 1964).
65. Munn, *Anglo-China*, chs. 5, 6, 7
66. 一八九八年的數字是四十四%。Man-Houng Lin, 'Taiwan, Hong Kong, and the Pacific, 1895–1945', *Modern Asian Studies*, 44, 5 (2010), 1056ff.; Hui Po-keung, 'Comprador Politics and Middleman Capitalism', inTak-Wing Ngo (ed.), *Hong Kong's History* (Hong Kong, 1999), p.34.
67. E. J. Hardy, *John Chinamanat Home* (London, 1905) p.25.
68. 權威性敘述，係D. R. Meyer, *Hong Kong as a Global Metropolis* (Cambridge, 2000).
69. 對中國的條約口岸和其他開放口岸的精闢專題論著，R. Nield, *China's Foreign Places: The Foreign Presence in China in the Treaty Port Era, 1840–1943* (Hong Kong, 2015).
70. See M. Elvin, *Another History: Essays on China from a European Perspective* (Broadway, New South Wales, 1996), ch. 4; Linda Cook Johnson, *Shanghai: From Market Town to Treaty Port, 1074–1858* (Stanford, 1995).
71. Cooke Johnson, *Shanghai*, pp. 94–6.
72. 對此政治，社會演變的出色描述，係R. Bickers, 'Shanghailanders: The Formation and Identity of the British Settler Community in Shanghai, 1843–1937', *Past and Present*, 159 (1998), 161–211.
73. 關於此段描述，見C. E. Darwent, *Shanghai: A Handbook ForTravellers and Residents,* Shanghai (Shanghai, 1920); see also the beautifully illustrated P. Hibbard, *The Bund* (Hong Kong, 2007).

74. 權威性專題論著，係Yen-p'ing Hao, *The Commercial Revolution in Nineteenth-Century China: The Rise of Sino-Western Mercantile Capitalism* (Berkeley and London, 1986).
75. H. B. Morse, *The Trade and Administration of the Chinese Empire* (London, 1908), p. 146.
76. A. L. McElderry, *Shanghai Old-Style Banks (Ch'ien-Chuang), 1800– 1935: A Traditional Institution in a Changing Society* (Ann Arbor, MI, 1976), p. 50.
77. See R. Murphey, *Shanghai: Key to Modern China* (Cambridge, MA, 1953), p. 1
78. See R. Bickers, *Britain in China* (Manchester, 1999), p. 125.
79. 被引用於F. Wakeman Jr and Wen-hsin Yeh (eds.), *Shanghai Sojourners* (Berkeley, 1992), p.5.
80. 對約一九一九年時上海（歐洲人）社會的精彩描述，見R. Bickers, *Empire Made Me: An Englishman Adrift in Shanghai* (London, 2003), ch.3.
81. *North China Herald*, 5 December 1925.
82. Ibid., 25 October 1919, online.
83. See 'Shanghai in the Looking Glass' by 'M.E.T.', *North China Herald*, 20 September 1919, 763–5.
84. J. K. Fairbank, K. Frest Bruner and E. MacLeod Matheson (eds.), *The I.G. in Peking: Letters of Robert Hart: Chinese Maritime Customs, 1868–1907* (Cambridge, MA, 1975), vol.1, p. 15.
85. See H. van de Ven, *Breaking with the Past: The Maritime Customs Ser- vice and the Global Origins of Modernity in China* (New York, 2014).
86. *North China Herald*, 2 November 1929.
87. 我借鑑了下文裡的有趣敘述：A. Reinhardt, 'Navigating Imperialism in China: Steamship, Semicolony and Nation, 1860–1937', PhD dissertation, Princeton University (2002). Available online.
88. See Marie-Claire Bergère, *Shanghai: China's Gateway to Modernity* (Eng.trans., Stanford, 2009), ch. 10.

89. 晚近最佳的敘述，見R. Bickers, *Out of China: How the Chinese Ended the Eraof Western Domination* (London, 2017), chs. 1, 2 and 4.

90. See P. M. Coble Jr 'The Kuomintang Regime and the Shanghai Capi- talists, 1927–29', *The China Quarterly*, 77 (1979), 1–24.

91. 對此改變的權威性敘述，係J. Osterhammel, 'Imperialism in Transition: British Business and the Chinese Authorities, 1931–37', *The China Quarterly*, 98 (June 1984), 260–80.

92. 被引用於N. Horesh, *Shanghai's Bund and Beyond: British Banks, Banknote Issuance, and Monetary Policy in China, 1842–1937* (New Haven, 2009), pp. 146ff.

93. See G. E. Hubbard, *Eastern Industrialization and Its Effect on the West* (London, 1938), p. 193.

94. 見香港黃埔船塢有限公司（Hong Kong and Whampoa Dock Company Limited）的廣告，刊登於一九三〇年三月十三日的*China Mail*。Available online from Hong Kong Public Libraries at www.mmis.hkpl.gov.hk/old-hk-collection.

95. [British]NavalIntelligenceDivision, GeographicalHandbooksSeries, *China Proper*, vol. 3 (London, 1945), p. 325.

96. See *Hong Kong Daily Press*, 24 January 1930. Available as n.94.

97. 'Annual Report for 1930', *Hong Kong Daily Press*, 23 April 1931.

98. *China Mail*, 30 April 1930.

99. See T. Latter, 'Hong Kong's Exchange Rate Regimes in the Twentieth Century: The Story of Three Regime Changes', Hong Kong Institute for Monetary Research Working Paper no. 17/2004 (available online), pp. 15–16, 19.

100. S. Friedman in *Far East Survey* 8, 19 (27 September 1939), pp. 219–22. Quoted in L. F. Goodstadt, *Profits, Politics and Panics: Hong Kong's Banks and the Making of a Miracle Economy, 1935–1985* (Hong Kong, 2007), p. 42.

101. S. Tsang, *A Modern History of Hong Kong* (London and New York, 2004), pp. 107–8.

102. A. Maddison, *Contours of the World Economy, 1–2030 ad* (Oxford, 2007), pp. 164, 170.

103. S. L. Endicott, *Diplomacy and Enterprise: British China Policy 1933– 1937* (Vancouver, 1975), p. 20.

104. A. Feuerwerker, *The Chinese Economy, 1912–1949* (Ann Arbor, MI, 1968), pp. 16–17.

第八章：沿海大城的危機

1. W. Woodruff, *Impact of Western Man* (London, 1966), p. 313.
2. R. Findlay and K. H. O'Rourke, *Power and Plenty: Trade, War, and the World Economy in the Second Millennium* (Princeton, 2007), p. 404.
3. A. Estevadeordal, B. Frantz and A. M. Taylor, 'The Rise and Fall of World Trade, 1870–1939', *Quarterly Journal of Economics*, 118, 2 (2003), 359.
4. D. Kumar (ed.), *Cambridge Economic History of India*, vol. 2: *c. 1757–c.1970* (Cambridge, 1982), pp. 834–7.
5. 關於這些數字，見 Woodruff, *Impact*, Tables IV/2 and IV/3.
6. I. Stone, *The Global Export of Capital from Great Britain, 1865– 1914* (London, 1999), p. 411.
7. B. R. Mitchell, *European Historical Statistics 1750–1970*, pbk. edn. (London and Basingstoke, 1978), p. 47。一九一三年，歐洲的人口，不計入俄羅斯，約三億五千萬。
8. A. McKeown, 'Chinese Emigration in Global Context, 1850–1940', *Journal of Global History*, 5, 1 (2010), fig. 1.
9. S. S. Amrith, *Crossing the Bay of Bengal: The Furies of Nature and the Fortunes of Migrants* (Cambridge, MA, 2013), p. 118.
10. J. Belich, *Replenishing the Earth: The Settler Revolution and the Rise of the Anglo-World, 1783–1939* (Oxford, 2009), pp. 504, 507.
11. A. H. Jeeves, *Migrant Labour in South Africa's Mining Economy: The Struggle for the Gold Mines' Labour Supply 1890–1920* (Kingston and Montreal, 1985), Appendix One.
12. G. di Tella and D. C. M. Platt (eds.), *The Political Economy of Argen- tina 1880–1946* (London, 1986), p. 53; B. Sánchez-Alonso, 'Making Sense of Immigration Policy: Argentina, 1870–1930', *Economic History Review*, 66, 2 (2013), 608.

13. 關於此論點，見Herbert Feis的權威之作，*Europe: The World's Banker, 1870–1914* [1930], pbk. edn. (New York, 1965), p.13.
14. 被引用於A. Offer, 'Empire and Social Reform', *Historical Journal*, 26, 1 (1983), 122ff。勞合・喬治是財政大臣。
15. J. M. Keynes, 'Great Britain's Foreign Investments', *New Quarterly* (February 1910), reprinted in E. Johnson (ed.), *The Collected Writings of John Maynard Keynes*, vol. XV (Cambridge, 1971), pp. 55–6.
16. H. J. Mackinder, 'Geographical Conditions Affecting the British Empire, 1: The British Islands', *Geographical Journal*, 33, 4 (1909), 474.
17. Tirpitz to Stosch, 21 December 1895, in Grand-Admiral Tirpitz, *My Memoirs* (Eng. trans., London, 1919), vol. 1, p. 61.
18. *The Memoirs of Count Witte* (Eng. trans., Garden City, NY, 1921), p. 122.
19. See M.-W. Serruys, 'The Port and City of Ostend', *International Jour- nal of Maritime History*, 19, 2 (2007), 320.
20. R. Giffen, 'Some General Uses of Statistical Knowledge', *Journal of the Statistical Society of London* (Jubilee Volume, 1885), 100.
21. *Geographical Journal*, 12 (1898), 599–600.
22. *Economist*, 10 January 1914.
23. Ibid.
24. See A. G. Ford, *The Gold Standard, 1880–1914: Britain and Argen- tina* (Oxford, 1962), ch. 10.
25. 對這些事件的精闢剖析，見T. G. Otte, *July Crisis: The World's Descentin to War, Summer 1914* (Cambridge, 2015).
26. H. N. Dickson, 'The Redistribution of Mankind', *Geographical Jour- nal*, 42, 4 (1913), 383.
27. See G. G. Chisholm, 'The Free City of Danzig', *Geographical Journal*, , 4 (1920), 307. Chisholm是商業地理學界的英國權威。
28. 說德語的「波羅的海人」歷來支配俄羅斯的波羅的海諸省。見A. Henriksson, 'Riga', in M. F. Hamm (ed.), *The City in Late Imperial Russia* (Bloomington, IN, 1986), pp. 178–203.
29. See J. H. Bater, *St Petersburg: Industrialization and Change* (LondonandMontreal, 1976), pp. 213, 295.
30. 我借鑑了F. W. Skinner, 'Odessa and the Problem of Urban Modernization', in Hamm (ed.), *Late Imperial Russia.*

31. See F. Tabak, *The Waning of the Mediterranean* (Baltimore, 2008).
32. M'Culloch's *Commercial Dictionary,* new edn. (London, 1869), p. 1496
33. See L. Sondhaus, 'Austria and the Adriatic: The Development of Habs- burg Maritime Policy, 1797–1866', PhD thesis, University of Virginia, 1986 (online), pp. 179ff.
34. 例如，*The Times*, 18 November 1876. Times Digital Archive.
35. See the *Economist*, 26 February 1921.
36. 關於此事，見Jan Morris的出色簡史，*Trieste and the Meaning of Nowhere* (London, 2006).
37. *Economist*, 24 December1927, p. 7.
38. 關於此城市裡的生活環境，見F. M. Snowden, *Naples in theTime of Cholera, 1884–1911* (Cambridge, 1995)
39. V. Zamagni, *The Economic History of Italy, 1860–1990* (Oxford, 1993), p. 124.
40. M. Theunissen, 'Le Port moderne de Gênes', in Société Scientifique de Bruxelles, *Les Ports et leur fonction* économique, vol. 3 (Louvain, 1908), p. 11.
41. Advertisement in *The Times*, 23 August 1879.
42. See M. E. Tonizzi, 'Economy, Traffic and Infrastructure in the Port of Genoa, 1861–1970', in G. Boyce and R. Gorski (eds.), *Resources and Infrastructures in the Maritime Economy, 1500–2000* [2002] (Liver- pool Scholarship Online, 2019).
43. 我借鑑了下文裡的悲觀評價：Theunissen, 'Gênes'.
44. See R. Lawton and R. Lee, *Population and Society in Western Euro- pean Port-Cities c.1650–1939* (Liverpool, 2002), p. 75.
45. See R. J. B. Bosworth, *Italy, the Least of the Great Powers: Italian Foreign Policy before the First World War* (Cambridge, 1979), ch. 1.
46. 在馬賽的一流歷史博物館裡可看到借助圖片展示的市貌。
47. See J. T. Takeda, *Between Crown and Commerce: Marseille and the Early Modern Mediterranean*, (Baltimore, 2011), pp. 2, 10.

48. See P. Guiral, review of G. Rambert, *Marseille: la formation d'une grande cité moderne,* in *Géocarrefour*, 11, 3 (1935), 386–91.
49. See H. Blais and F. Deprest, 'The Mediterranean, a Territory between France and Colonial Algeria: Imperial Constructions', *European Review of History*, 19, 1 (2012), 53–7.
50. 關於這個（大多城居的）法屬白人殖民地移民社會，見D. Rivet, *Le Maghreb à l'épreuve de la colonization* (Paris, 2002), ch.5.
51. G. Rambert, *Marseille: la Formation d'une grande cité moderne* (Paris, 1934), ch. 3.
52. G. Blondel, 'Le Port de Marseille', in Société Scientifique de Bruxelles, *Les Ports et leur fonction* économique, vol. 2 (Louvain, 1907), pp. 103–23.
53. M. Borutta, 'De la Méridionalité à la Méditerranée: le Midi de la France au temps de l'Algérie coloniale', *Cahiers de la Méditerranée*, 87 (2013), pp. 385–401.
54. See the *Economist*, 16 April 1910, p. 839.
55. See Ş. Pamuk and J. G. Williamson (eds.), *The Mediterranean Response to Globalization before 1950* (London and New York, 2000), pp. 4, 51.
56. 被引用於Blondel, 'Marseille', p. 123.
57. For Bremen, see L. Maischak, *German Merchants in the Nineteenth-Century Atlantic* (Cambridge, 2013).
58. Nicollet, 'André Siegfried et Le Havre', Études Normandes, 38, 2 (1989), 36–48這個著名的政治地理學家來自其中一個家庭。
59. 對「倫敦城」的絕佳描述，見D. Kynaston, *The City of London: Golden Years, 1890–1914* (London, 1995).
60. R. C. Michie, *The City of London* (London, 1992), p. 17.
61. *Economist*, 10 January 1914, p. 14.
62. 在以下著作可找到有趣敘述：L. Rodwell Jones, *The Geography of London River* (London, 1931), p. 26.
63. 一九一一年時的數字是二萬八三八七名碼頭工人。G. Phillips and N. Whiteside, *Casual Labour: The Unemployment*

Question in the Port Transport Industry, 1880–1970 (Oxford, 1985), p. 41。利物浦的碼頭工人是二萬六九四六人。

64. 此段敘述，我借鑑了Rodwell Jones, *London River*；Bird, *The Major Seaports of the United Kingdom* (London, 1963), chs. 14–17; and the contemporary account by G. Eeckhout, 'Le Port de Londres', in Société Scientifique, *Les Ports*, vol. 2, pp. 9–25.

65. 當今對利物浦的最出色專題論著，係J. Belchem (ed.), *Liverpool 800: Culture, Character and History* (Liverpool, 2006).

66. Described in Bird, *Seaports*, ch. 12.

67. T. Baines, *Liverpool in 1859* (Liverpool, 1859), p. 65.

68. 見*Cox's Liverpool and Manchester Commercial Agents' Directory 1931–32* (Liverpool, 1932)裡的計畫。

69. See P. de Rousiers, 'Les fonctions économiques de Liverpool', in Société Scientifique de Bruxelles, *Les Ports et leur Fonction* économique, vol. 1 (Louvain, 1906), pp. 95–110.

70. S. Marriner, *The Social and Economic Development of Merseyside* (London, 1982), p. 94.

71. See G. J. Milne, 'Maritime Liverpool', in Belchem (ed.), *Liverpool 800*, p. 305.

72. T. Lane, *Liverpool, City of the Sea* (Liverpool, 1997), pp. 61ff.

73. P. Waller, *Democracy and Sectarianism: A Political and Social His- tory of Liverpool, 1868–1939* (Liverpool, 1981), p. 4.

74. See C. G. Pooley, 'Living in Liverpool: The Modern City', in Belchem (ed.), *Liverpool 800*, p. 214.

75. F. Neal, *Sectarian Violence: The Liverpool Experience, 1819–1914* (Manchester, 1988), pp. 224–43.

76. See J. Belchem and D. M. MacRaild, 'Cosmopolitan Liverpool', in Belchem (ed.), *Liverpool 800*, p. 375.

77. S. T. Bindoff, *The Scheldt Question to 1839* (London, 1945), ch. 9. 一八六三年終於付清應繳的費用。

78. *Economist*, 25 January 1913, pp. 9–11.

79. S. Moreels, M. Vandezande and K. Matthijs, 'Fertility in the Port City of Antwerp (1845–1920)', Working Paper for the Centre for Sociologi- cal Research, Leuven University, 2010 (available online), pp. 2, 3.

80. 重印於P. Gorceix (ed.), *La Belgique fin de siècle: Romans –Nouvelles–Théâtre* (Brussels, 1997), pp. 409–676.

81. 對安特衛普之商業的這番描述，見E. Dubois and M. Theunissen, 'Anvers et la vie économique nationale', in Sociátě Scientifique, *Les Ports*, vol. 1, pp. 111–49.
82. See J. Charles, 'Le Port de Rotterdam', in Société Scientifique, *Les Ports*, vol. 2, pp. 55–86.
83. T. Feys, *The Battle for the Migrants: The Introduction of Steamship- ping on the North Atlantic and Its Impact on the European Exodus* (Liverpool Scholarship Online, 2019), p. 81.
84. 詳細的敘述，見A. Demangeon, 'Les relations de la France du nord avec l'Amérique', *Annales de Géographie*, 123 (1913), 227–44.
85. 關於漢堡的複雜憲法安排，見R. J. Evans, *Death in Hamburg: Society and Politics in the Cholera Years 1830– 1910* (Oxford, 1987), ch. 1.
86. *Economist*, 1 November 1913, 'Shipping and Trade of Hamburg'.
87. Evans, *Death in Hamburg*, p. 69.
88. N. Ferguson, *Paper and Iron: Hamburg Business and German Politics in the Era of Inflation, 1897–1927* (Cambridge, 1995), pp. 33, 205.
89. See Evans, *Death in Hamburg*, pp. 299ff.
90. L. Cecil, *Albert Ballin: Business and Politics in Imperial Germany, 1888–1918* (Princeton, 1967), p. 155.
91. 引用同前註。
92. J. M. Keynes, *The Economic Consequences of the Peace* (London, 1919), p. 1.
93. W. Ashworth, *A Short History of the International Economy, 1850– 1950* (London, 1952), p. 63.
94. The best recent account of this can be found in A. Tooze, *The Deluge:The Great War and the Remaking of the Global Order, 1916–1931* (London, 2014).
95. M. Stopford, *Maritime Economics*, 2nd edn. (London, 1997), p. 54.

96. See L. Gall, G. Feldman, H. James, C.-L. Holtfrerich and H. E. Büschgen, *The Deutsche Bank 1870–1995* (Eng. trans., London, 1995), pp. 246–7.

97. 關於這些發展，見League of Nations, *The Network of World Trade* (Geneva, 1941) .

98. Sánchez-Alonso, 'Immigration Policy', 623.

99. 基本的專題論著，係J. M. Atkin, *British Overseas Investment 1918–1931* (New York, 1977).

100. H. James, *The End of Globalization: Lessons from the Great Depres- sion* (Cambridge, MA, 2001), pp. 48–9.

101. E. Staley, *World Economy in Transition: Technology versus Politics, Laissez Faire versus Planning, Power versus Welfare* (New York, 1939), p. 56.

102. W. M. Macmillan, *Warning from the West Indies* (London, 1936), issued as a 'Penguin Special' in 1938.

103. J. Iliffe, *A Modern History of Tanganyika* (Cambridge, 1979), p. 344.

104. 關於西非的情況，見A. G. Hopkins, *An Economic History of West Africa* (London, 1973), pp. 254–67.

105. H. Lister, 'Regional Policies and Industrial Development on Merseyside 1930–60', in B. L. Anderson and P. J. M. Stoney (eds.), *Commerce, Industry and Transport: Studies in Economic Change on Merseyside* (Liverpool, 1983), p. 151; F. Broeze, 'The Political Economy of a PortCity in Distress: Hamburg and National Socialism, 1933–1939', *InternationalJournalofMaritimeHistory*, 14, 2 (2002), 4.

106. 關於蒙特婁，見前註，頁197; D. Potts, 'Unemployed Workers in Adelaide: Assessing the Impact of the 1930s Depression', *Australian Historical Studies*, 19, 74 (1980), 125–31.

107. C. B. Schedvin, *Australia and the Great Depression* (Sydney, 1970), pp. 302–3; for Liverpool, see Marriner, *Merseyside*, p. 127; for Port Elizabeth, see G. Baines, 'A Progressive South African City? Port Elizabeth and Influx Control, ca. 1923–1953', *Journal of Urban His- tory*, 31, 1 (2004), 75–100.

108. S. G. Sturmey, *British Shipping and World Competition* (London, 1962), ch. 5.

109. See D. Rothermund, *The Global Impact of the Great Depression, 1929–1939* (London and New York, 1996), ch. 10.
110. See P. Alhadeff, 'Dependency, Historiography and Objections to the Roca Pact', in C. Abel and C. M. Lewis (eds.), *Latin America, Eco- nomic Imperialism and the State: The Political Economy of the External Connection from Independence to the Present* (London, 1985), pp. 391–2.
111. 見*The World's Economic Crisisand the Way of Escape*裡他的演說，Halley Stewart Lecture 1931 (London, 1932), pp. 80–81.
112. M. J. Bonn, *Wandering Scholar* (London, 1948), pp. 318–19.
113. 關於這些預測，見M. J. Bonn, *The Crumbling of Empire: The Disintegration of World Economy* (London, 1938), ch. 6.
114. 當時人的有力陳述，見S. K. Datta, *Asiatic Asia* (London, 1932).
115. Staley, *World Economy in Transition*, pp. 34ff. Staley was drawing on the ideas in L. Mumford, *Technics and Civilization* (New York, 1934).

第九章：士麥那教訓

1. See E. Frangakis-Syrett, *The Commerce of Smyrna in the Eighteenth Century (1700–1820)* (Athens, 1992).
2. A. W. Kinglake, *Eothen: Traces of Travel brought Home from the East* [1844] (Nelson Classic edn., n.d.), p. 53.
3. M'Culloch's *Commercial Dictionary*, new edn. (London, 1869), p. 1308.
4. 關於貿易成長，見R. Owen, *The Middle East the World Economy 1800–1914* (London, 1981), chs.4and8.
5. A. Kitroeff, 'The Greek Diaspora in the Mediterranean and the Black Sea, as Seen through American Eyes (1815–1861)', in S. Vryonis Jr (ed.), *The Greeks and the Sea* (New York, 1993), p. 165.
6. 見以下著作裡搭配絕佳插圖的敘述：S. Zandi-Sayek, *Ottoman Izmir: The Rise of a Cosmopolitan Port 1840–1880* (Minneapolis, 2012).
7. M.-C. Smyrnelis, *Smyrne: la ville oubliée?* (Paris, 2006), p. 115.

8. See J. McCarthy, *Death and Exile: The Ethnic Cleansing of Ottoman Muslims, 1821–1922* (Princeton, 1995).
9. See M. Aksakal, *The Ottoman Road to War in 1914* (Cambridge, 2008), p. 48.
10. 權威性專題論著，係M. Llewellyn Smith, *Ionian Vision: Greece in Asia Minor 1919–1922* (London, 1973).
11. 關於美國的情況，見 J. Atack, F. Bateman, M. Haines and R. A. Margo, 'Did Railroads Induce or Follow Economic Growth? Urbanization and Population Growth in the American Midwest, 1850–1860', *Social Science History*, 34, 2 (2010), 171–97.
12. The 'Corelates of War' website lists around 290.
13. A. Doyle, *Crisis and Decline in Bunyoro: Population and Environ- ment in Western Uganda 1860–1955* (Oxford and Athens, OH, 2006)，提供了一個令人沮喪的個案研究。
14. B. Etemad, *Possessing the World: Taking the Measurement, of Colonisation from the Eighteenth to the Twentieth Century* (Eng. trans., New York and Oxford, 2007), p.94.
15. R. B. Marks, *China: Its Environment and History* (Lanham, MD, 2012), p. 229.
16. R. Nield, *China's Foreign Places: The Foreign Presence in China in the Treaty Port Era, 1840–1943* (Hong Kong, 2015)，對未獲履行的承諾有精闢的研究。
17. D. Hamer, 'Wellington on the Urban Frontier', in D. Hamer and R. Nicholls (eds.), *The Making of Wellington 1800–1914* (Wellington, 1990), pp. 227–52.
18. 關於哥倫比亞的情況，見E. Bassi, *An Aqueous Territory: Sailor Geographies and New Granada's Transimperial Greater Caribbean World* (Durham, NC, 2016)。哥倫比亞的「國家建造者」致力於否定其加勒比海過去。
19. See T. J. Wertenbaker, *Norfolk: Historic Southern Port* (Durham, NC, 1931, 1962), pp. 172ff.
20. See I. Bowman, *The Pioneer Fringe* (New York, 1931)。關於巴西，見P. Monbeig, 'The Colonial Nucleus of Barãode Antonina, São Paulo', *Geographical Review*, 30, 2 (1940), 260–71.
21. See 'Aden le Volcan', *Le Monde*, 1 August 2017, pp. 2–4.

22. A. A. Sikainga, *'City of Steel and Fire': A Social History of Atbara, Sudan's Railway Town, 1906–1984* (Portsmouth, NH, 2002).
23. Ibid., p. 66.
24. See M. Frenz, 'Representing the Portuguese Empire: Goan Consuls in British East Africa, *c.*1910–1963', in E. Morier-Genoud and M. Cahen (eds.), *Imperial Migrations: Colonial Communities and Diaspora in the Portuguese World* (Basingstoke and New York, 2012), pp. 195–6.
25. Royal Institute of International Affairs, *World Agriculture: An Inter- national Survey* (London, 1932).
26. See R. C. Allen, *Farm to Factory: A Reinterpretation of the Soviet Industrial Revolution* (Princeton, 2003), ch. 1.
27. R. Baldwin, *The Great Convergence* (Cambridge, MA, 2016)，對此一改變有非常出色的描述。
28. See the 'Maritime Economy' supplement, *TheTimes*, 17 October 2018。鹿特丹、安特衛普、漢堡、洛杉磯是全球前二十大口岸裡僅有的非亞洲口岸。
29. 見以下著作裡的中肯分析：A. Giridharadas, *Winners Take All: The Elite Charade of Changing the World* (London and New York, 2019), pp. 146ff.

進階閱讀

此篇幅的用意，不在為此書所用到的資源提供完整的書單。引用書目的詳情，可在每章的注釋和參考書裡找到。此部分毋寧說是從我在撰寫此書時所認為最有用、最有趣、最富啟發性的書籍、文章裡，挑出其中的犖犖大者呈現給讀者。

通史

有特別多元的資料，能讓人深入理解置身全球環境裡的口岸城市的政治、社會、文化。就十九世紀以及之後的口岸城市來說，資料尤其豐富。報紙是重要的資料來源，而且已有愈來愈多報紙資料可透過數位檔案取得，儘管它們總是反映了報業老闆的主觀意識。孟買《印度時報》（*Times of India*）、新加坡《海峽時報》（*Strait Times*）、香港《德臣西報》（*China Mail*）、上海《北華捷報》（*North China Herald*）都可在線上閱覽，倫敦《泰晤士報》、《紐約時報》、其他某些英國、加拿大、美國報紙亦然。《經濟學人》的歷史檔案也很有用。英國國會文件也已上線。麥庫洛克（M'Culloch）的《商業詞典》（*Commercial Dictionary*, London, 1869），蘊藏驚人豐富的資訊，有助於了解商品、貨幣、商業習慣作法、全球各地口岸（我使用的是H. Reid所編的版本）。喬治・奇斯霍姆（G. Chisholm）的第七版《商業地理手冊》（*Handbook of Commercial Geography*, London, 1908）既有詳實扼要的商品資訊，也簡明說明了運輸連結和商業情況。

邁克爾・喬治・穆爾哈爾（Michael George Mulhall）的《統計學詞典》（*The Dictionary of Statistics*, London, 1827），也提供大量資訊，其中有些信實可靠，有些則較不可靠。十九世紀問世了多份《指南》（*Directory*），以助引航員詳細掌握風向、水流、地標、岩礁之類危機、進港須知，從這些《指南》可一窺往日的帆船世界。詹姆士・霍爾斯堡（James Horsburgh）的《印度指南》（*India Directory*），《往返東印度群島、中國、新荷蘭（等地）的航行指南》（*Directions for Sailing to and from the East Indies, China, New Holland* [etc.], 3rd edn [London, 1827]），是這方面的典型例子。或許諸多不同時期的地圖集，傳達了其繪製者的許多知識和期望。它們也指出使用量最大的航運路線、地圖的分布、有利或妨礙口岸城市擴張腹地的地形。從倫敦皇家地理學會（Royal Geographical Society）的刊物《地學雜誌》（*Geographical Journal*）、美國地理學會（American Geographical Society）的刊物《地理學評論》（*Geographical Review*），可擷取到許多有趣的資料，尤以地理學家樂於以描述性口吻寫作之時期的這類刊物為然。

就晚近的海事史學術著作來說，第一個要提的是《國際海事史刊物》（*International Journal of Maritime History*）。口岸城市史並非新的研究主題，但晚近全球史的當紅，已加諸它新的動力，或許也賦予它更活潑的比較研究意涵。法國史家是最早認真看待口岸間往來的史家之一。費爾南・布勞岱爾（Fernand Braudel）《菲利浦二世時代的地中海和地中海世界》（*Mediterranean and the Mediterranean World in the Age of Phillip II* [1949]，英譯本，London, 1827）或許是出自二十世紀史家之手的最耀眼著作，不久，又有皮耶・修呂（P. Chaunu）的十一卷本大作《Séville et l'Atlantique, 1504–1650》（Paris, 1955-1960），問世。在英語圈，D. K. Basu主編《The Riseand Growth of the Colonial Port Cities in Asia》（Santa Cruz, 1979）、法蘭克・布魯茲（F. Broeze）主編《Brides of the Sea: Port Cities of Asia from the16th–20th Centuries》（Kensington, 1989），說明了此主題的研究潛力。就全球性的口岸城市史來說，在哈爾福德・麥金德（H. Mackinder）的《民主的理想與現實》（*Democratic Ideals and Reality*, London, 1919）一書裡，可找到仍然有用的觀點。此書的撰寫初衷，係要提醒調停者認識地緣政治現實。P. Curtin《世界歷史上的跨文化貿易》（*Cross-Cultural Trade in World History*, Cambridge, 1984），精闢描述了離開母國之僑商的角色（至那時為止鮮少得到承認的角色）。隆納・芬德利（R. Findlay）及凱文・奧弗克（K. H. O'Rourke）《Powerand Plenty: Trade, War, and the World Economy in the Second Millennium》（Princeton,

2007），係概論經濟轉變的上乘之作。霍普金斯（A. G. Hopkins）主編的《世界史中的全球化》（*Globalization in World History*, London, 2002），開闢了一個新視角。林肯・佩恩（L. Paine）《海洋與文明》（*The Sea and Civilization*, New York, 2015），提出絕妙的概述，尤以在上古和現代早期方面為然。詹姆斯・貝利希（J. Belich）的《Replenishing the Earth: The Settler Revolution and the Rise of the Anglo-World, 1783–1939》（Oxford, 2009）是必讀之作。

蒸汽問世前的世界

Barrington Windsor Cunliffe, *By Steppe, Desert and Ocean: The Birth of Eurasia* (Oxford, 2015)敘述歐亞大陸的早期「全球化」，而且搭配了許多插圖。

Victor Lieberman, *Strange Parallels: Southeast Asia in Global Context, c.800–1830* (Cambridge, 2003, 2009)二冊，探討範圍不只限於東南亞，還遠及印度、中國、日本、歐洲，全面呈現社會、政治方面的變遷。

Fernand Braudel, *Civilization and Capitalism, 15th–18th Century* [1967–79]（英譯本，London, 1981, 1982, 1984），精彩介紹了現代之前世界經濟的成長。

André Wink, *Al-Hind: The Making of the Indo-Islamic World* (Lei-den, 1990–2004)三冊，描述某

個世界和該世界與外界的關聯，那是大部分西方讀者所不熟悉的關聯。

關於中古歐洲，Peter Spufford, *Power and Profit: The Merchant in Medieval Europe* (London, 2002)，可以和Stephan R. Epstein, *Freedom and Growth: The Rise of States and Markets in Europe, 1300–1750* (London, 2000)，搭配閱讀。

Mark Elvin, *The Pattern of the Chinese Past* (London, 1973)，依舊是說明中國的經濟成長為何在西元約一三〇〇年時已停止的權威之作。

Alfred W. Crosby, *The Columbian Exchange: The Biological and Cultural Consequences of 1492* (Westport, Conn., 1972)，探究了哥倫布遠航對歐亞大陸和美洲的雙重衝擊。

海運貿易的新模式，可在兩本權威性的專題論著裡得到認識：Ralph Davis, *The Rise of the Atlantic Economies* (London, 1973)、Holden Furber, *Rival Empires of Trade in the Orient, 1600–1800* (Minneapolis, 1976)。

I. K. Steele, *The English Atlantic 1675–1740* (Oxford, 1986)及C. Northcote Parkinson, *Trade in the Eastern Seas, 1793–1813* (Cambridge, 1937)，描述了航海方面所要克服的難題。J. H. Elliott, *Empires of the Atlantic World: Britain and Spain in America 1492–1830* (New Haven, 2006)，提供了亟需的比較性歷史。

Richard Drayton, *Nature's Government: Science, Imperial Britain and the 'Improvement' of the*

World (New Haven, 2000)，考察了當時科學家和學者的角色。

亞當・斯密（Adam Smith）的《國富論》（*Wealth of Nations*, 1776），是了解十八世紀中期商業心態的最佳入門書，可找到無數種版本。

蒸汽時代

談工業化與蒸汽動力的著作汗牛充棟。易懂的入門書，包括David Saul Landes, *The Unbound Prometheus: Technological Changeand Industrial Development in Western Europe from 1750 to the Present* (Cambridge, 1969)、E. A. Wrigley, *Continuity, Chance and Change: The Character of the Industrial Revolution in England* (Cambridge, 1988)、R. C. Allen, *The British Industrial Revolution in Global Perspective* (Cambridge, 2009)、N. Crafts, *British Economic Growth during the Industrial Revolution* (Oxford, 1985)，提醒世人勿誇大其衝擊。

Andreas Malm, *Fossil Capital: The Rise of Steam Power and the Roots of Global Warming* (London, 2016)，說明棄用水力的動機，斥責現行許多著作的技術決定論。

Daniel Headrick的三本書，描述歐洲人如何運用他們的新技術：*The Tools of Empire: Technology and European Imperialism in the Nineteenth Century* (New York, 1981)、*The Tentacles of Progress:*

Technology Transfer in the Age of Imperialism, 1850-1940 (New York, 1988)、*The Invisible Weapon: Telecommunications and International Politics, 1851-1945* (New York, 1991)

William Woodruff, *Impact of Western Man: A Study of Europe's Role in the World Economy 1750–1760* (London, 1966)是集明確資訊的大全，極值得參考。

Herbert Feis, *Europe, the World's Banker, 1870–1914* (New York, 1930)，依舊是說明資本轉移的權威之作——資本轉移大有利於新世界經濟的平順運行。

David Kynaston, *The City of London: Golden Years, 1890–1914* (London, 1995)精彩描述了倫敦的中心地位。在中東產生的衝擊，未在本書得到探討，但在Roger Owen, T*he Middle East in the World Economy 1800–1914* (London, 1981)一書中，得到令人信服的探究。汽船的（逐漸）崛起，可在Gerald Sandford Graham的精闢文章裡得到了解：'The Ascendancy of the Sailing Ship 1850–85', *Economic History Review*, 9, 1 (1956), 74–88。

J. Forbes Munro, *Maritime Enterprise and Empire: Sir William Mackinnon and His Business Network, 1823–1893* (Woodbridge, 2003)，描述此時期某大航運企業的成長。

Douglas A. Farnie, *East and West of Suez: The Suez Canal in History, 1854–1956* (Oxford, 1969)是權威性的歷史書，講述歐亞之間更快速的連結所帶來的改變。

Geoffrey Blainey, *The Tyranny of Distance: How Distance Shaped Australia's History* (Melbourne,

1966) 提醒世人，距離仍然是重要因素。

Mark Harrison, *Contagion: How Commerce Has Spread Disease* (New Haven, 2012)，探討全球化較不為人樂見的一面。

已有許多具有新意的著作，以海上生活為題。如 Joseph Conrad 記載即將步入尾聲的帆船時代。Joseph Rudyard Kipling 在 '*M' Andrew's Hymn*' and '*Mulholland's Contract*' 將汽船入詩。

Alan Villiers, *Sons of Sindbad* (London, 1940)，神奇重現了東非阿拉伯三角帆船的航海世界。

北美

Donald William Meinig 的書必讀：*The Shaping of America: A Geographical Perspective on 500 Years of History*, in four volumes，尤其他的 *Continental America, 1800–1867* (New Haven, 1993)。

Richard Campanella 兩本精湛的專題論著，有助於理解紐奧良的崛起：*Bienville's Dilemma: A Historical Geography of New Orleans* (Lafayette, LA, 2008)、*Lincolnin New Orleans: The 1828–1831 Flatboat Voyages and Their Place in History* (Lafayette, L A, 2010)。

Scott P. Marler 以令人信服的方式探討了此城市的經濟。放眼世界，只有少數地區比北美得到史家更多的關注：*The Merchants' Capital: New Orleans and the Political Economy of the Nineteenth-*

Century South (Cambridge, 2013)。

James Oakes汗牛充棟的著作裡我認為這本特別讓人獲益良多：*The Ruling Race: A History of American Slaveholders* (New York, 1982, 1998)。

美南奴隸制靠集體暴力支撐，但David Grimsted這本書以抽絲剝繭（且引發爭議）的方式探究了此一集體暴力背後的想法和心態，高明重現了美南南部奴隸社會的文化：*American Mobbing, 1828–1861: Toward Civil War* (Oxford, 1998) W. Johnson, *River of Dark Dreams: Slavery and Empire in the Cotton Kingdom* (Cambridge, 2013)。

Frederick Law Olmsted一八五〇年代遊歷美南，寫下大量日記，後來設計了紐約中央公園。見他的*The Cotton Kingdom* [1861], in A. M. Schlesinger (ed.), Modern Library edn (New York, 1969). C. S. Aitken, *William Faulkner and the Southern Land scape* (Athens, GA, 2009)，探討北密西西比，讀來引人入勝。

*Historical Atlas of Canada*三卷本，精彩呈現加拿大的歷史，遠不只是一套地圖集，尤其參見第二卷。R. L. Gentilcore (ed.), *The Land Transformed, 1800–1891* (Toronto, 1993)。

The *Dictionary of Canadian Biography*，不只是個單純的線上詞典。每個詞條都呈現豐富的歷史。

Harold Innis為橫貫大陸的加拿大經濟研究奠下基礎，其研究成果招來不少爭論和批判，但依舊是奠基之作。尤其參見他的*The Fur Trade in Canada: An Introduction to Canadian Economic*

History (New Haven, 1930 and later editions)。

講述蒙特婁商人之雄心抱負的權威之作，係Donald Creighton, *The Commercial Empire of the St Lawrence* [1937] (Toronto, 1956)。也參見Gerald Tulchinsky, *The River Barons: Montreal Businessmen and the Growth of Industry and Transportation, 1837–1853* (Toronto, 1977)。

A. A. den Otter, *The Philosophy of Railways: The Transcontinental Railway Idea in British North America* (Toronto, 1997)，精闢探究了鐵路興建熱和其政治。

Hugh MacLennan, *Two Solitudes* (Toronto, 1945)，以虛構手法重現蒙特婁判然兩分的文化和社會，其書名後來成為陳詞濫調。

關於紐約，Robert G. Albion, *The Rise of New York Port 1815–1860* (New York, 1939)，非他書所能及。

Edwin G. Burrows和Mike Wallace, *Gotham: A History of New York City to 1898* (Oxford, 1998)，敘述翔實，資訊豐富。

探究金融情況讀：T. Kessner, *Capital City: New York City and the Men behind America's Rise to Economic Dominance, 1860–1900* (New York, 2003), S. Beckert, *The Monied Metropolis: New York City and the Consolidation of the American Bourgeoisie, 1850–1896* (Cambridge, 2001)及C. R. Geisst, *Wall Street: A History* (Oxford and New York, 1997)

商業史的權威之作，說明大企業在紐約崛起上所扮演的角色。A. D. Chandler Jr, *The Visible Hand: The Managerial Revolution in American Business* (Cambridge, 1977)。說明紐約透過鐵路與中西部聯通一事的重要性。W. Cronon, *Nature's Metropolis: Chicago and the Great West* (New York, 1991)。

英國對印度沿海地區的統治

T. Roy, *The Economic History of India 1857–1947* (New Delhi, 2000)，淺顯易懂且內容信實。

A. Farooqui, *Opium City: The Making of Early Victorian Bombay* (Gurgaon, 2006)，強調鴉片出口中國對孟買商業壯大所起的重要作用。

P. Kidambi, *The Making of an Indian Metropolis: Colonial Governance and Public Culture in Bombay, 1890–1920* (Aldershot, 2007)，係晚近問世出身學者之手的歷史書。

R. Chandavarkar, *The Origins of Indus-trial Capitalism in India* (Cambridge, 1994)，係探究孟買棉業的力作。

N. Green, *Bombay Islam: The Religious Economy of the West Indian Ocean, 1840–1915* (Cambridge, 2011)，說明孟買作為伊斯蘭大城的重要地位。

G. Johnson, *Provincial Politics and Indian Nationalism: Bombay and the Indian National Congress, 1880 to 1915* (Cambridge, 1973)及D. Hardiman, *Peasant Nationalists of Gujarat: Kheda District 1917–1934* (Delhi, 1981)，有助於理解英國統治期間孟買與孟買管轄區之腹地間的關係。N. Charlesworth, *Peasants and Imperial Rule: Agriculture and Agrarian Society in the Bombay Presidency, 1850–1935* (Cambridge, 1985)，描述孟買的農業背景。

I. J. Kerr, *Building the Railways of the Raj, 1850–1900* (Delhi, 1997)，探討一根本主題。

S. Chaudhuri (ed.), *Calcutta: The Living City*, Vol. 1: *The Past* (Calcutta, 1990)，涵蓋孟買市的社會史、文化史。

P. Marshall, *Bengal: The British Bridgehead–Eastern India, 1740–1828* (Cambridge, 1987)，探討孟買作為英國人之偏遠分部的早期歷史。

G. Stewart, *Jute and Empire: The Calcutta Jute Wallahs and the Landscapes of Empire* (Manchester, 1998)，描述英國人對加爾各答之主要產業與出口的支配地位。

T. Raychaudhuri, *Europe Reconsidered: Perceptions of the West in Nineteenth-Century Bengal* (Delhi, 1989)，描述孟加拉對格格不入之西方文化的回應本身的模稜兩可特性。

J. Gallagher, 'Congress in Decline: Bengal, 1930 to 1939', *Modern Asian Studies*, 7, 3 (1973) 589–645，揭露在兩次世界大戰之間那些年信印度教的民族主義者所面臨的政治兩難。

J. Chatterji, *The Spoils of Partition: Bengal and India, 1947–1967* (Cambridge, 2007)，討論獨立時孟加拉遭分割所帶來的結果。

東南亞與中國

A. Reid, *Southeast Asia in the Age of Commerce, 1450–1680*, 2 vols. (NewHaven, 1988, 1993)，精闢描述了東南亞大環境。

E. M. Jacobs, *Merchant in Asia: The Trade of theDutch East India Company during the Eighteenth Century* (Leiden, 2006)，有助於理解荷蘭東印度公司的角色。

C. E. Wurtzburg的大部頭傳記*Raffles of the EasternIsles* [1954] (Oxford, 1986)，以新加坡的「創建者」史丹福·萊佛士（Stamford Raffles）為主題，但如今史家對他的殖民地英雄的地位，抱持著懷疑的觀點。

Alfred Russel Wallace，查爾斯·達爾文在世時的對手，以自己的理論體系和達爾文相抗衡，在東南亞待過許多年。他的*The Malay Archipelago* [1869] (Oxford, 1986)，不只是自然史傑作，也是遊記文學傑作。

C. M. Turnbull, *A History of Singapore, 1819–1975* (London and Kuala Lumpur, 1977)，易懂的歷

史書，後來出現多種版本。

Carl A. Trocki針對鴉片在東南亞貿易裡的重要性著述甚豐，見他的*Opium and Empire: Chinese Society in Colonial Singapore, 1800–1910* (Ithaca NY, 1990)及*Singapore: Wealth, Power and the Culture of Control* (Abingdon, 2006).

W. G. Huff, *The Economic Growth of Singapore* (Cambridge, 1994)係必讀之書。

J. D. Vaughan, *The Manners and Customs of the Chinese of the Straits Settlements* [1879] (KualaLumpur, 1971)，傳達了當時歐洲人的看法。

M. R. Godley, *The Mandarin-Capitalists from Nanyang: Overseas Chinese Enterprise in the Modernization of China, 1893–1911* (Cambridge, 1981)，說明了在此期間新加坡與中國大陸人之間日益密切的連結。講述香港史的書汗牛充棟，探究其作為殖民地之早期歷史的最佳著作，係C. Munn, *Anglo-China: Chinese People and British Rule in HongKong, 1841–1880* (Hong Kong, 2001, 2009).

E. Sinn, *Pacific Crossing: California Gold, Chinese Migration, and the Making of Hong Kong* (Hong Kong, 2013)，說明了香港作為中國沿海地區之轉口港的崛起過程。

S. Tsang, *A Modern History of Hong Kong* (Lon-don, 2004)，係包羅廣泛的歷史書。

J. M. Carroll, *Edge of Empires: Chinese Elites and British Colonials in Hong Kong* (Hong Kong, 2007)，道出地理位置獨特之香港的社會、文化緊張。D. Meyer, *Hong Kong as a Global Metropolis*

(Cambridge, 2000)，著墨於香港作為重要金融中心的角色。

Robert Bickers是上海租界史領域的龍頭學者。他的文章，'Shanghai landers: The Formation and Identity of the British Settler Community in Shanghai, 1843–1937', *PastandPresent,* 159 (1998), 161–211，開啟先河，接著以*Empire Made Me: An Englishman Adrift in Shanghai* (London, 2003)一書，更深入探究此主題。

H. B. Morse, *The Trade and Administration of the Chinese Empire* (London, 1908)，呈現當時人如何理解中國、如何因應中國人的習慣作法。Yen-p'ing Hao, *The Commercial Revolution in Nineteenth-Century China: The Rise of Sino-Western Mercantile Capitalism* (Berkeleyand London, 1986)，係說明買辦角色的權威之作。

P. Hibbard, *The Bund, Shanghai* (Hong Kong, 2007)，講述上海「主街」的歷史，附有精彩插圖。

大城

R. Lawton and R. Lee (eds.), *Population and Society in WesternEuropean Port-Cities, c.1650–1939* (Liverpool, 2002)，係值得一讀的概論。

M. B. Miller, *Europe and the Maritime World: A Twentieth-Century History* (Cambridge, 2012)，

係必讀之作。現今對歐洲口岸城市的研究紛然雜陳。倫敦得到厚遇。

R. C. Michie, *The City of London* (London, 1992)，探討其金融職能，還有商業職能。L. Rodwell Jones, *The Geography of London River* (London, 1931)，以倫敦的碼頭區為主題。Both London and Liverpool docklands are dealtwith commandingly in J. Bird, *The Major Seaports of the UnitedKingdom* (London, 1963)，以權威姿態同時探討了倫敦、利物浦的碼頭區。J. Belchem (ed.), *Liverpool 800: Culture, Character and History* (Liverpool, 2006)，精闢說明了利物浦的歷史。N. Ferguson, *Paperand Iron: Hamburg Business and German Politics in the Era of Inflation, 1897–1927* (Cambridge, 1995)、R. J. Evans, *Death in Hamburg: Society and Politics in the Cholera Years 1830–1910* (Oxford, 1987)兩書，都以漢堡為主題。

Jan Morris寫了散發獨特氣息的的里雅斯特史：*Trieste and the Meaning of Nowhere* (London, 2006).

A. Tooze, *The Deluge: The Great War and the Remaking of the Global Order, 1916–1931* (London, 2014)，精闢剖析了一九一四年之前世界經濟的衰亡。

國家圖書館出版品預行編目資料

解鎖世界：從口岸城市看蒸汽世紀如何打開技術、商業、文化、意識形態、地緣政治、環境等全球化的關鍵發展與影響／約翰・達爾文（John Darwin）作；黃中憲譯. -- 初版. -- 臺北市：麥田出版：英屬蓋曼群島商家庭傳媒股份有限公司城邦分公司發行, 2021.10
面；　公分
譯自：Unlocking the world : port cities and globalization in the age of steam 1830-1930.
ISBN 978-626-310-069-5（平裝）
1.工業革命　2.世界史
555.29　　110011442

歷史選書

解鎖世界

從口岸城市看蒸汽世紀如何打開技術、商業、文化、意識形態、地緣政治、環境等全球化的關鍵發展與影響

Unlocking the World: Port Cities and Globalization in the Age of Steam, 1830-1930

作　　者／約翰・達爾文（John Darwin）
翻　　譯／黃中憲
特約編輯／劉懷興
主　　編／林怡君

國際版權／吳玲緯
行　　銷／巫維珍　陳欣岑　何維民　吳宇軒　林欣平
業　　務／李再星　陳紫晴　陳美燕　葉晉源
編輯總監／劉麗真
總 經 理／陳逸瑛
發 行 人／涂玉雲
出　　版／麥田出版
10483臺北市民生東路二段141號5樓
電話：(886)2-2500-7696　傳真：(886)2-2500-1967
發　　行／英屬蓋曼群島商家庭傳媒股份有限公司城邦分公司
10483臺北市民生東路二段141號11樓
客服服務專線：(886) 2-2500-7718、2500-7719
24小時傳真服務：(886) 2-2500-1990、2500-1991
服務時間：週一至週五09:30-12:00・13:30-17:00
郵撥帳號：19863813　戶名：書虫股份有限公司
讀者服務信箱E-mail：service@readingclub.com.tw
麥田網址／https://www.facebook.com/RyeField.Cite/
香港發行所／城邦（香港）出版集團有限公司
香港灣仔駱克道193號東超商業中心1/F
電話：(852)2508-6231　傳真：(852)2578-9337
馬新發行所／城邦（馬新）出版集團Cite (M) Sdn Bhd.
41-3, Jalan Radin Anum, Bandar Baru Sri Petaling, 57000 Kuala Lumpur, Malaysia.
電話：(603)9056-3833　傳真：(603)9057-6622
讀者服務信箱：services@cite.my

封面設計／兒日設計
印　　刷／前進彩藝有限公司

■2021年10月1日　初版一刷

定價：650元
ISBN 978-626-310-069-5